清华大学优秀博士学位论文丛书

誓起民权移旧俗
——梁启超早期政治思想的形成

李天伶（Li Tianling）著

Transforming the Old Mores with People's Authority
— the Formation of Liang Ch'i-ch'ao's Early Political Thought

清华大学出版社
北京

内 容 简 介

本书系统考察了梁启超 1896—1903 年之间的思想历程，从政治思想的视角突出梁启超以教育为核心的变法主张，通过对《变法通议》《新民说》等核心文本的分析，刻画出梁启超早期政治思想从侧重民智转向侧重民德；着重讨论了孟德斯鸠、卢梭、耶林和伯伦知理对梁启超所产生的影响，特别强调孟德斯鸠对政治美德的论述构成梁启超公德思想的主要来源，而公德思想及之后的私德转向是梁启超在建国关切下提出的核心主张；通过对梁启超早期政治思想进程的刻画与分析，提出全新的理解视角，即以共和主义视角来理解梁启超早期的政治思想，更有助于突出梁启超对德的关注、呈现梁启超思想中的复杂面向。

版权所有，侵权必究。举报：010-62782989，beiqinquan@tup.tsinghua.edu.cn。

图书在版编目（CIP）数据

誓起民权移旧俗：梁启超早期政治思想的形成 / 李天伶著. -- 北京：清华大学出版社，2024.6. -- （清华大学优秀博士学位论文丛书）. -- ISBN 978-7-302-66494-9

I. D092.52

中国国家版本馆 CIP 数据核字第 2024J49P95 号

责任编辑：梁　斐
封面设计：傅瑞学
责任校对：欧　洋
责任印制：杨　艳

出版发行：清华大学出版社
　　　　网　　址：https://www.tup.com.cn，https://www.wqxuetang.com
　　　　地　　址：北京清华大学学研大厦 A 座　　邮　编：100084
　　　　社 总 机：010-83470000　　　　　　　　　邮　购：010-62786544
　　　　投稿与读者服务：010-62776969，c-service@tup.tsinghua.edu.cn
　　　　质量反馈：010-62772015，zhiliang@tup.tsinghua.edu.cn
印 装 者：三河市东方印刷有限公司
经　　销：全国新华书店
开　　本：155mm×235mm　　印　张：21.25　　字　数：358 千字
版　　次：2024 年 7 月第 1 版　　　　　　　　印　次：2024 年 7 月第 1 次印刷
定　　价：129.00 元

产品编号：102881-01

一流博士生教育
体现一流大学人才培养的高度（代丛书序）①

人才培养是大学的根本任务。只有培养出一流人才的高校，才能够成为世界一流大学。本科教育是培养一流人才最重要的基础，是一流大学的底色，体现了学校的传统和特色。博士生教育是学历教育的最高层次，体现出一所大学人才培养的高度，代表着一个国家的人才培养水平。清华大学正在全面推进综合改革，深化教育教学改革，探索建立完善的博士生选拔培养机制，不断提升博士生培养质量。

学术精神的培养是博士生教育的根本

学术精神是大学精神的重要组成部分，是学者与学术群体在学术活动中坚守的价值准则。大学对学术精神的追求，反映了一所大学对学术的重视、对真理的热爱和对功利性目标的摒弃。博士生教育要培养有志于追求学术的人，其根本在于学术精神的培养。

无论古今中外，博士这一称号都和学问、学术紧密联系在一起，和知识探索密切相关。我国的博士一词起源于2000多年前的战国时期，是一种学官名。博士任职者负责保管文献档案、编撰著述，须知识渊博并负有传授学问的职责。东汉学者应劭在《汉官仪》中写道："博者，通博古今；士者，辩于然否。"后来，人们逐渐把精通某种职业的专门人才称为博士。博士作为一种学位，最早产生于12世纪，最初它是加入教师行会的一种资格证书。19世纪初，德国柏林大学成立，其哲学院取代了以往神学院在大学中的地位，在大学发展的历史上首次产生了由哲学院授予的哲学博士学位，并赋予了哲学博士深层次的教育内涵，即推崇学术自由、创造新知识。哲学博士的设立标志着现代博士生教育的开端，博士则被定义为独立从事学术研究、具备创造新知识能力的人，是学术精神的传承者和光大者。

---

① 本文首发于《光明日报》，2017年12月5日。

博士生学习期间是培养学术精神最重要的阶段。博士生需要接受严谨的学术训练,开展深入的学术研究,并通过发表学术论文、参与学术活动及博士论文答辩等环节,证明自身的学术能力。更重要的是,博士生要培养学术志趣,把对学术的热爱融入生命之中,把捍卫真理作为毕生的追求。博士生更要学会如何面对干扰和诱惑,远离功利,保持安静、从容的心态。学术精神,特别是其中所蕴含的科学理性精神、学术奉献精神,不仅对博士生未来的学术事业至关重要,对博士生一生的发展都大有裨益。

独创性和批判性思维是博士生最重要的素质

博士生需要具备很多素质,包括逻辑推理、言语表达、沟通协作等,但是最重要的素质是独创性和批判性思维。

学术重视传承,但更看重突破和创新。博士生作为学术事业的后备力量,要立志于追求独创性。独创意味着独立和创造,没有独立精神,往往很难产生创造性的成果。1929年6月3日,在清华大学国学院导师王国维逝世二周年之际,国学院师生为纪念这位杰出的学者,募款修造"海宁王静安先生纪念碑",同为国学院导师的陈寅恪先生撰写了碑铭,其中写道:"先生之著述,或有时而不章;先生之学说,或有时而可商;惟此独立之精神,自由之思想,历千万祀,与天壤而同久,共三光而永光。"这是对于一位学者的极高评价。中国著名的史学家、文学家司马迁所讲的"究天人之际,通古今之变,成一家之言"也是强调要在古今贯通中形成自己独立的见解,并努力达到新的高度。博士生应该以"独立之精神、自由之思想"来要求自己,不断创造新的学术成果。

诺贝尔物理学奖获得者杨振宁先生曾在20世纪80年代初对到访纽约州立大学石溪分校的90多名中国学生、学者提出:"独创性是科学工作者最重要的素质。"杨先生主张做研究的人一定要有独创的精神、独到的见解和独立研究的能力。在科技如此发达的今天,学术上的独创性变得越来越难,也愈加珍贵和重要。博士生要树立敢为天下先的志向,在独创性上下功夫,勇于挑战最前沿的科学问题。

批判性思维是一种遵循逻辑规则、不断质疑和反省的思维方式,具有批判性思维的人勇于挑战自己,敢于挑战权威。批判性思维的缺乏往往被认为是中国学生特有的弱项,也是我们在博士生培养方面存在的一个普遍问题。2001年,美国卡内基基金会开展了一项"卡内基博士生教育创新计划",针对博士生教育进行调研,并发布了研究报告。该报告指出:在美国和欧洲,培养学生保持批判而质疑的眼光看待自己、同行和导师的观点同样非常不容易,批判性思维的培养必须成为博士生培养项目的组成部分。

对于博士生而言,批判性思维的养成要从如何面对权威开始。为了鼓励学生质疑学术权威、挑战现有学术范式,培养学生的挑战精神和创新能力,清华大学在2013年发起"巅峰对话",由学生自主邀请各学科领域具有国际影响力的学术大师与清华学生同台对话。该活动迄今已经举办了21期,先后邀请17位诺贝尔奖、3位图灵奖、1位菲尔兹奖获得者参与对话。诺贝尔化学奖得主巴里·夏普莱斯(Barry Sharpless)在2013年11月来清华参加"巅峰对话"时,对于清华学生的质疑精神印象深刻。他在接受媒体采访时谈道:"清华的学生无所畏惧,请原谅我的措辞,但他们真的很有胆量。"这是我听到的对清华学生的最高评价,博士生就应该具备这样的勇气和能力。培养批判性思维更难的一层是要有勇气不断否定自己,有一种不断超越自己的精神。爱因斯坦说:"在真理的认识方面,任何以权威自居的人,必将在上帝的嬉笑中垮台。"这句名言应该成为每一位从事学术研究的博士生的箴言。

提高博士生培养质量有赖于构建全方位的博士生教育体系

一流的博士生教育要有一流的教育理念,需要构建全方位的教育体系,把教育理念落实到博士生培养的各个环节中。

在博士生选拔方面,不能简单按考分录取,而是要侧重评价学术志趣和创新潜力。知识结构固然重要,但学术志趣和创新潜力更关键,考分不能完全反映学生的学术潜质。清华大学在经过多年试点探索的基础上,于2016年开始全面实行博士生招生"申请-审核"制,从原来的按照考试分数招收博士生,转变为按科研创新能力、专业学术潜质招收,并给予院系、学科、导师更大的自主权。《清华大学"申请-审核"制实施办法》明晰了导师和院系在考核、遴选和推荐上的权力和职责,同时确定了规范的流程及监管要求。

在博士生指导教师资格确认方面,不能论资排辈,要更看重教师的学术活力及研究工作的前沿性。博士生教育质量的提升关键在于教师,要让更多、更优秀的教师参与到博士生教育中来。清华大学从2009年开始探索将博士生导师评定权下放到各学位评定分委员会,允许评聘一部分优秀副教授担任博士生导师。近年来,学校在推进教师人事制度改革过程中,明确教研系列助理教授可以独立指导博士生,让富有创造活力的青年教师指导优秀的青年学生,师生相互促进、共同成长。

在促进博士生交流方面,要努力突破学科领域的界限,注重搭建跨学科的平台。跨学科交流是激发博士生学术创造力的重要途径,博士生要努力提升在交叉学科领域开展科研工作的能力。清华大学于2014年创办了"微沙龙"平台,同学们可以通过微信平台随时发布学术话题,寻觅学术伙伴。3年来,博士生参与和发起"微沙龙"12 000多场,参与博士生达38 000多人次。"微沙龙"促进了不同学科学生之间的思想碰撞,激发了同学们的学术志趣。清华于2002年创办了博士生论坛,论坛由同学自己组织,师生共同参与。博士生论坛持续举办了500期,开展了18 000多场学术报告,切实起到了师生互动、教学相长、学科交融、促进交流的作用。学校积极资助博士生到世界一流大学开展交流与合作研究,超过60%的博士生有海外访学经历。清华于2011年设立了发展中国家博士生项目,鼓励学生到发展中国家亲身体验和调研,在全球化背景下研究发展中国家的各类问题。

在博士学位评定方面,权力要进一步下放,学术判断应该由各领域的学者来负责。院系二级学术单位应该在评定博士论文水平上拥有更多的权力,也应担负更多的责任。清华大学从2015年开始把学位论文的评审职责授权给各学位评定分委员会,学位论文质量和学位评审过程主要由各学位分委员会进行把关,校学位委员会负责学位管理整体工作,负责制度建设和争议事项处理。

全面提高人才培养能力是建设世界一流大学的核心。博士生培养质量的提升是大学办学质量提升的重要标志。我们要高度重视、充分发挥博士生教育的战略性、引领性作用,面向世界、勇于进取,树立自信、保持特色,不断推动一流大学的人才培养迈向新的高度。

邱勇

清华大学校长

2017年12月

丛书序二

以学术型人才培养为主的博士生教育,肩负着培养具有国际竞争力的高层次学术创新人才的重任,是国家发展战略的重要组成部分,是清华大学人才培养的重中之重。

作为首批设立研究生院的高校,清华大学自20世纪80年代初开始,立足国家和社会需要,结合校内实际情况,不断推动博士生教育改革。为了提供适宜博士生成长的学术环境,我校一方面不断地营造浓厚的学术氛围,另一方面大力推动培养模式创新探索。我校从多年前就已开始运行一系列博士生培养专项基金和特色项目,激励博士生潜心学术、锐意创新,拓宽博士生的国际视野,倡导跨学科研究与交流,不断提升博士生培养质量。

博士生是最具创造力的学术研究新生力量,思维活跃,求真求实。他们在导师的指导下进入本领域研究前沿,汲取本领域最新的研究成果,拓宽人类的认知边界,不断取得创新性成果。这套优秀博士学位论文丛书,不仅是我校博士生研究工作前沿成果的体现,也是我校博士生学术精神传承和光大的体现。

这套丛书的每一篇论文均来自学校新近每年评选的校级优秀博士学位论文。为了鼓励创新,激励优秀的博士生脱颖而出,同时激励导师悉心指导,我校评选校级优秀博士学位论文已有20多年。评选出的优秀博士学位论文代表了我校各学科最优秀的博士学位论文的水平。为了传播优秀的博士学位论文成果,更好地推动学术交流与学科建设,促进博士生未来发展和成长,清华大学研究生院与清华大学出版社合作出版这些优秀的博士学位论文。

感谢清华大学出版社,悉心地为每位作者提供专业、细致的写作和出版指导,使这些博士论文以专著方式呈现在读者面前,促进了这些最新的优秀研究成果的快速广泛传播。相信本套丛书的出版可以为国内外各相关领域或交叉领域的在读研究生和科研人员提供有益的参考,为相关学科领域的发展和优秀科研成果的转化起到积极的推动作用。

感谢丛书作者的导师们。这些优秀的博士学位论文,从选题、研究到成文,离不开导师的精心指导。我校优秀的师生导学传统,成就了一项项优秀的研究成果,成就了一大批青年学者,也成就了清华的学术研究。感谢导师们为每篇论文精心撰写序言,帮助读者更好地理解论文。

感谢丛书的作者们。他们优秀的学术成果,连同鲜活的思想、创新的精神、严谨的学风,都为致力于学术研究的后来者树立了榜样。他们本着精益求精的精神,对论文进行了细致的修改完善,使之在具备科学性、前沿性的同时,更具系统性和可读性。

这套丛书涵盖清华众多学科,从论文的选题能够感受到作者们积极参与国家重大战略、社会发展问题、新兴产业创新等的研究热情,能够感受到作者们的国际视野和人文情怀。相信这些年轻作者们勇于承担学术创新重任的社会责任感能够感染和带动越来越多的博士生,将论文书写在祖国的大地上。

祝愿丛书的作者们、读者们和所有从事学术研究的同行们在未来的道路上坚持梦想,百折不挠!在服务国家、奉献社会和造福人类的事业中不断创新,做新时代的引领者。

相信每一位读者在阅读这一本本学术著作的时候,在汲取学术创新成果、享受学术之美的同时,能够将其中所蕴含的科学理性精神和学术奉献精神传播和发扬出去。

清华大学研究生院院长

2018 年 1 月 5 日

导师序言

共和主义的古今之变

关于梁启超早期的政治思想,以往的研究已经不少;而流行的观点,呈现出明显的两极对立。一种观点以萧公权、黄克武为代表,认为梁启超是自由主义者;另一种观点以张灏、狭间直树为代表,认为梁启超是国家主义者。可以说,这两种观点都"言之成理,持之有故"。从梁启超的著述中不难看到,他珍视自由的价值,也重视国家的意义。于是,理解的焦点就落在自由与国家在梁启超那里被如何关联起来这个问题上。具体来说,断言梁启超为自由主义者的学者一方面需要说明自由何以是梁启超政治思想的根本,另一方面需要说明梁启超对国家的重视如何与他的自由主义主张相协调;而断言梁启超为国家主义的学者一方面需要说明国家何以是梁启超政治思想的根本(或梁启超何以转向国家主义),另一方面需要说明梁启超对自由的珍视如何与他的国家主义相协调(或梁启超在转向国家主义之后如何看待自由)。

《誓起民权移旧俗——梁启超早期政治思想的形成》一书来自李天伶的博士学位论文,在其中,她力图回到历史现场,从梁启超所受影响的角度切入,就梁启超早期的政治思想著作——从《变法通议》到《新民说》——展开逐一的文本分析。她不仅详细考察了戊戌前康有为、严复对梁启超政治思想的重要影响,也深入探讨了戊戌流亡后孟德斯鸠、卢梭、耶林、伯伦知理等欧洲政治思想家在梁启超政治思想形成过程中所产生的巨大影响。正是基于这种详细深入的文本分析,李天伶得出了与以往研究颇为不同的结论,即,共和主义,才是梁启超政治思想的不褪的底色。质言之,相比于上述两种流行的观点,对梁启超政治思想的共和主义解读能够更好地说明自由和国家在梁启超那里何以都非常重要,且能够更好地说明二者以何种方式关联起来。李天伶在书中基于梁启超早期政治思想著作的时间顺序展开文本分析,她由此而提出的很多颇有新意的看法都有根有据,相信读者在阅读过程中不难留意到。我在此试图提供一种更为简约化的理论描绘,力求将梁启超政治思想的共和主义面目及其内部所包含的张力以粗线条的方式突显出来。

要观察西方政治哲学的古今之变,一个恰当的方法其实是聚焦于共和主义思潮,毕竟,无论是以柏拉图、亚里士多德为代表的古希腊政治哲学还是以波利比乌斯、西塞罗为代表的古罗马政治哲学,都表明共和主义是"古典政治哲学的主要资产",[①]而作为现代政治哲学起点的马基雅维利的思想,正意味着现代共和主义的第一个版本。古今共和主义之所以能够共享一名,自然是因为二者有类同之处。概而言之,作为一种以公民为核心的政治共同体论述,共和主义在刻画理想的政治生活时最重视公民身份、公民美德与公民自治等价值。古典共和主义将政治生活理解为基于人的本性,将政治共同体的目的厘定为公民通过沟通审议实现其共同美善(common good),因而特别重视公民美德在政治生活中的意义,甚而至于认为政治统治的核心就在于公民美德的培育。现代共和主义也强调公民美德之于政治统治的重要性,但由于其所对应的政治共同体不再被构想为一个基于目的论意义上的人的本性(teleological human nature)的自然共同体,而是被构想为一个基于人的基本权利的自由共同体,所以其公民美德论述已然发生了根本性的变化。

把目光拉到晚清中国,李天伶的研究告诉我们,梁启超的政治思想,正是在他对西方现代共和主义的接受过程中形成的。她的研究也提示我们,儒家传统的政治思想,在梁启超接受西方共和主义的过程中可能充当了重要的前见。梁启超对西方现代共和主义的认可,最显著地体现在两个方面:一是他对国家有机体论的接受,一是他对公民美德的重视。值得指出的是,这两个方面,我们能够在黑格尔那里同时看到,而这么说显然并非胡乱联系。

史料很容易证明,戊戌流亡日本之后,梁启超很快就接触到了伯伦知理的国家有机体论,并明确表达了服膺之情。一般的印象是,流亡日本后的梁启超一直汲汲于以民权与宪政为基础构想一个新中国,这自然不错,但如果忽略了他很早就接受了伯伦知理的国家有机体论,则不可能对他的政治思想的形成过程有一个正确理解。事实上,那种认为梁启超的政治思想存在

[①] 萧高彦:《西方共和主义思想史论》,商务印书馆,2016年,第8页。

一个从自由主义转向国家主义的过程的看法不可能不陷入这一错误理解。从另一个方面来说,将梁启超的政治思想的特质厘定为国家主义,其前提正是将国家有机体论判定为国家主义。

国家有机体论肇始于柏拉图,用来理解古典共和主义的国家观念是比较恰当的。就此而言,国家的有机性能且只能通过个体美善与共同美善之间的关系来理解。"美善"意味着生活的目的论维度,无论是个体的生活,还是共同体的生活;而有机性关联于部分与整体之间的功能性联系,只有通过个体与共同体生活的目的论维度才能呈现。具体来说,正是因为个体的美善与共同美善根本上来说是一致的,作为部分的个体才能够经由自己积极、能动的生活而与作为整体的共同体生活保持一致,而作为整体的共同体才能够基于自己的美善观念容纳、肯认作为其成员的个体。因此说,国家的有机性无非就是个体生活与共同体生活基于目的论维度的统一。

概言之,以有机体的比喻来论说国家,预设了个体美善与共同美善的一致性,而这正是古典共和主义的基础性伦理信念。但这并非伯伦知理的国家有机体论。伯伦知理的国家有机体论,其实是来自黑格尔,可以说是经过了现代性"洗礼"的、新的国家有机体论。当黑格尔将国家理解为有机体时,他想强调的意涵与这一比喻的古典用法并无二致,质言之,通过这个比喻,他想说的是,"对于国家而言,个体既是手段,也是目的"。[①] 问题在于,黑格尔所谓的"理性国家",首先是基于作为现代人的自由的个人权利观念建立起来的。这就意味着,黑格尔意义上的有机国家,必然预设个人权利与共同美善的一致性。但这种一致性根本无法得到保证,原因自然在于,个人权利与共同美善在逻辑上是互相排斥的关系:基于个人权利构想一个政治秩序,必然反对将共同美善作为政治秩序的根基;基于共同美善构想一个政治秩序,必然反对将个人权利作为政治秩序的根基。或者从相互批评的角度来说,坚持以共同美善为国家构成的基本原理的古典哲人会认为基于个人权利不可能形成一个良好的政治秩序——这一批评也呈现于黑格尔对社会契约论的批评中;坚持以个人权利为国家构成的基本原理的现代哲人则会认为基于共同美善所形成的政治秩序必然导致对个人权利的压制——这一批评恰恰有助于我们理解何以黑格尔等人的国家有机体论会被判定为国家主义。

论者或谓,我们应当从历史辩证的角度、而不是从理念建构的角度去理

[①] 弗雷德里克·拜赛尔:《黑格尔》,王志宏、姜佑福译,北京:华夏出版社,2019,第280页。

解黑格尔的有机国家论。① 此论诚然有一定道理,而问题依然存在且相当严重:如果有机国家竟然是自我拆台、自我解构的,何以能够成为一个自生长、自组织的生命体?

对于来自德国思想家的国家有机体论所存在的内在矛盾,其实也就是现代共和主义的内在困境,梁启超并无明确的意识;而在论及公民美德时,此种困境也以某种模糊的方式呈现出来。古典共和主义理所当然地重视美德,是名副其实的美德政治(politics of virtue),因为个体美善与共同美善的一致性为公民美德的可能性与重要性奠定了基础。当孟德斯鸠将共和国的原理厘定为美德,且以爱国来总括相应的公民美德时,他所指的共和国正是古代那种小国寡民式的城邦国家。孟德斯鸠的言下之意正是,这种国家构想仅仅因其规模就已不再适用。因此,现代共和主义虽仍以重视公民美德为其基本特征之一,但此一议题的实质意义在其整体思想语境中已然发生了根本性的变化。在这个问题上值得一提的仍然是黑格尔。正如萧高彦所指出的,"黑格尔将'公民美德'的议题,抽离了孟德斯鸠民主制的脉络,成为所有历史理性所建构出的真实国家中公民所备的主观意识。"② 梁启超在汲汲于建设一个新中国的现实关切中大谈公民美德问题,自然表明他在这个议题上的看法更接近黑格尔,而非孟德斯鸠,尽管他基本上没有谈到黑格尔。

在分析梁启超的公民美德论时,几乎没有人会忽略《新民说》中的那个重要转变,即从《论公德》一篇到《论私德》一篇的转变。在综合前人研究的基础上,李天伶对此也进行了详细的论述,并对前后两篇的转变做出了清晰的刻画。但无论如何解释这个转变,我们始终无法消除这两篇之间的张力。一方面,梁启超说自己提出私德的问题是顺着先前论公德的思路继续推进,因为在他看来,公德与私德之间的关系是相属而非对待,或者更直接地说,从私德到公德只欠一推,如果忽略私德则"所以推之具而不存也"。另一方面,在后一篇提出私德的重要性时,梁启超实际上已经修改了在前一篇中对公德与私德的划分方式,从而也已经修改了公德与私德的基本定义。根据李天伶的发现和概括,前后两篇"公德私德理解方式转变的实质是划分标准的转变,将依照对象进行划分转变为依照主体进行划分,即《论私德》中的公德与私德不再是对公与对私,而是团体所具有和个人所具有,并且团体所具

---

① 参见萧高彦:《西方共和主义思想史论》,第287页以下。
② 萧高彦:《西方共和主义思想史论》,第284页。

有的公德完全基于个人所具有的私德。这一转变可以说明：首先，美德不分公私，皆为个人所具有，而且皆具有公共的意义；再者，一个团体的美德必然以组成团体之个人的美德为基础，团体美德由个人美德凝聚而成。"①这就是梁启超在后一篇所说的"德一而已，无所谓公私"的确义。如果说前一篇中论公德是基于公私领域的现代区分，那么，后一篇中"德无所谓公私"的新论断就意味着梁启超对这一区分提出了根本性的质疑。

实际上我们看到，李天伶在此做出了一个在我看来非常大胆的断言，这也是本书给我的最大启发，即，她认为，梁启超对公民美德的论述，更接近古典共和主义而非现代共和主义。倘若真的是如此，我们就能够从《论私德》一篇中看到一个最为保守的梁启超，从而有必要对其早期政治思想进行全盘性的重新审视。质言之，从《论公德》倡导道德革命到《论私德》断言德无新旧，是否意味着梁启超从现代共和主义走回到了古典共和主义？鉴于梁启超思想的多变性和复杂性，我们可能无法对此问题做出斩钉截铁的断言，但这个问题的提出本身就是极有意义的。

李天伶本科、硕士分别在吉林大学和北京大学学习政治学和政治理论，之后考入清华大学哲学系，在我的指导下攻读中国哲学专业的博士学位。她对中国哲学有很广泛的兴趣，也发表过相关研究论文。在我的建议下，她最终选择梁启超早期政治思想的形成作为博士论文选题。为此她广泛阅读了大量原始文献和二手文献，并在逐一消化这些文献的基础上形成了一个以论带史、以史拓论的写作提纲。论文完成后顺利通过答辩，并被评为清华大学优秀博士论文，从而获得了清华大学出版社的出版资助。我相信，本书的出版不仅能够使读者对梁启超早期政治思想的形成过程有一个全面、清晰的认识，同时也会启发读者去思考一系列更为深层次的政治理论问题。

唐文明
清华大学哲学系

---

① 李天伶：《誓起民权移旧俗——梁启超早期政治思想的形成》。

摘 要

《变法通议》与《新民说》标志着梁启超早期政治思想的两端,对应的时间大致是 1896 年至 1903 年。这一时期,梁启超在政治实践中展开以救国为目的的写作,其著述基于晚清变局并且包含对传统与现代、中国与西方的思考。梁启超早期政治思想,从其经历来看,可以分为执笔《时务报》时期、执教时务学堂时期和初到日本时期。从其思想演进来看,从《时务报》到时务学堂,其思想逐渐激进;戊戌变法后流亡到日本,其思想先是相对趋于缓和,之后再度转入激进,在 1902 年前后达到顶点;1903 年美洲之行后,梁启超的思想转向保守。

在执笔《时务报》时期的核心文本《变法通议》中,梁启超呈现了其思想的传统面向,以孔子之教为学生为学的志向,以三代之制为学校制度的典范。在康有为与严复的影响下,梁启超从民智出发解决官制问题。梁启超从学校出发讨论变法,将科举归于学校,将取士并入教育。这一进路将教育视为政治的首要关切,呼应了传统儒家的思考方式,与朱子和黄宗羲对学校的讨论相一致,也体现了梁启超从整体上重塑国家生活秩序的视野和努力。

到日本之后,在孟德斯鸠、卢梭、耶林、伯伦知理等现代西方思想家的影响下,梁启超的救国关切进一步明晰为建立一个现代中国,并且在放弃保皇之后将建国目标与新民思想结合在一起。国家与国民的关系成为梁启超着重关注的主题,其以国民与国家为一体。民权主张在梁启超思想中是一贯的:在执笔《时务报》时期,梁启超便表达了民权的主张;至时务学堂时期,梁启超的民权主张进一步凸显;到日本之后,梁启超继续提倡民权,并在 1901 年所作的《自励》第二首中明言"誓起民权移旧俗"。但到日本以后,在民权的实现方式上,梁启超逐渐由侧重于民智转向侧重于民德。梁启超在《新民丛报》创刊号上刊登的《本报告白》一文中言明,《新民丛报》以培养国民公德为宗旨,这也是《新民说》最初的写作宗旨。民德的主题被凸显出来。梁启超所理解的公德指政治美德,这是受孟德斯鸠影响的结果。孟德斯鸠影响着梁启超对中国历史与现实的理解及对中国未来政治方案的选择。

1903年梁启超思想发生转变之后,民权被安置在秩序之下,公德以私德为基础。在现实政治制度选择方面,梁启超由民主共和政体转向开明专制政体。对于梁启超早期政治思想的形成,相较于自由主义与国家主义,共和主义可以提供一个更为全面且适宜的理解视角。

关键词:梁启超;《变法通议》;《新民说》;孟德斯鸠;共和主义

Abstract

"On Reform" and "The New Citizen" indicated the two points of Liang Ch'i-ch'ao's political thought in the early period, which was from 1896 to 1903 roughly. In this period of time, Liang's writing aimed at saving the country, which was done in the political practice. His writings were based on the changed situation of late Ch'ing Dynasty and reflected the thought of the relation between ancient and modern China, as well as the relation between China and western countries. Liang Ch'i-ch'ao's early thought could be divided into three phases, including the period of working for the Current Affairs, of teaching in the Academy of Current Affairs, and of the early time in Japan. From the first to the second period, Liang's thought underwent a process of radicalization. After the Reform Movement in 1898, Liang left China to Japan. In this period of time, Liang's thought became moderate firstly, then radicalized again. In general, 1902 was the most radical time for Liang's thought. After the trip to America, Liang's thought turned to conservativeness.

"On Reform" was the most important writing in the period of working for the Current Affairs, in which Liang expressed his traditional mind. He asserted that regarding the teaching of Confucius as the aspiration of students and that regarding the institutions of learning of the Three Dynasties as the model of realistic system. Under the influence of K'ang Yu-wei and Yen Fu, Liang started from democratic intelligence to solve the problem of Official System. Liang began the "On Reform" with institutions of learning. He advocated that the Imperial Examination System should be included into institutions of learning, which meant that the Official Selection System should be belonged to education. Thinking highly of institutions of learning and education in the view of politics showed that politics focused on the whole life. And thinking highly of institutions of learning and education in the view of politics was the way of consideration adopted by confucianist, which consisted with the discussion of Chu-tzu and Huang Tsung-his on institutions of learning.

After arriving in Japan, Liang was influenced by modern western thinkers, such as Montesquieu, Rousseau, Jhering and Bluntschli. Under the influence of these thinkers, the goal of saving the country in Liang's thought crystalized into building a modern China. Liang combined the goal of building a modern China with the thought of hsin-min after giving up the plan of protecting the emperor. Nation and national which were in an organic unity in Liang's thought became a distinct theme emphasized by Liang. Liang's thought about People's authority was consistent. Liang expressed his support for people's authority in the period of working for the Current Affairs, then made it clear in the period of teaching in the Academy of Current Affairs, and asserted people's authority continuously in the period of the early time in Japan. In 1901, he wrote down a line in the second of the "Self-encourage" that he vowed to transform the old mores with people's authority. But after arriving in Japan, in Liang's thought, the actualization of people's authority depends no longer so much on democratic intelligence but on democratic virtue. The "Introduction" published in the first issue of the Periodical of New Citizen demonstrated this change of emphasis. In this passage, Liang declared that the aim of the Periodical of New Citizen was to cultivate national's democratic virtue, which was also the aim of "the New Citizen" initially. Democratic virtue had become an outstanding subject. In Liang's comprehension, democratic virtue meant political virtue. Such an idea was influenced by Montesquieu. Liang's comprehension on the history and reality of China was influenced by Montesquieu, in addition Liang's choice for the future regime of China was also influenced by Montesquieu. After the change of Liang's thought in 1903, people's authority was settled under order, and democratic virtue was based on virtue of character. Regarding the choice for realistic regime, Liang transferred from democratic republic to enlightened despotism. Compared with liberalism and nationalism, the perspective of republicanism could provide us with a more comprehensive and adequate understanding of the formation of Liang's early political thought.

Keywords: Liang Ch'i-ch'ao; On Reform; The New Citizen; Montesquieu; Republicanism

目　录

第 1 章　绪论 ··· 1
1.1　研究背景与选题意义 ································· 1
1.2　文献综述 ·· 4
1.3　结构与创新点 ·· 15

第 2 章　《变法通议》中的教育与政治 ···················· 23
2.1　变法与传统 ·· 23
2.1.1　反思与检省：洋务派与守旧者 ············· 23
2.1.2　责难与回应：传统与时见 ··················· 28
2.1.3　变法与西学：异地与夷夏 ··················· 32
2.2　变法始于学校 ······································· 38
2.2.1　紧迫且根本：学校与教育 ··················· 38
2.2.2　传统之典范：制度与师道 ··················· 41
2.2.3　教育之重心：合科举于学校 ················ 47
2.3　康有为与严复的影响 ································ 52
2.3.1　阐述与差异：梁启超与康有为 ············· 52
2.3.2　影响与区别：梁启超与严复 ················ 64

第 3 章　民智与民权：时务学堂时期的教育实践与政治主张 ····· 82
3.1　从《时务报》到时务学堂 ·························· 82
3.1.1　一贯与推进：民智与民权 ··················· 82
3.1.2　学约之纲领：为学与行教 ··················· 91
3.1.3　学会之践行：凝聚与自治 ··················· 107
3.2　《读〈孟子〉界说》中的政治思想 ················ 110
3.2.1　申论民权思想 ································ 110
3.2.2　宣扬大同理想 ································ 116

　　　　3.2.3　对照仁义之性 ································· 125
　3.3　《读〈春秋〉界说》中的政治思想 ··························· 129
　　　　3.3.1　三世进化与民政之世 ··························· 129
　　　　3.3.2　明义之书与改制之书 ··························· 139
　　　　3.3.3　万世公法与世界主义 ··························· 147
　3.4　批驳与反思 ··· 152
　　　　3.4.1　湖南士绅的批驳 ······························· 152
　　　　3.4.2　梁启超自身的反思 ····························· 158

第 4 章　立宪与共和：孟德斯鸠对梁启超的影响 ················· 164
　4.1　梁启超对孟德斯鸠政体理论的阐释与转化 ················· 164
　　　　4.1.1　"近世欧洲四大家"中的孟德斯鸠 ················· 164
　　　　4.1.2　改造孟德斯鸠的政体分类思想 ··················· 166
　　　　4.1.3　中国专制政体论 ······························· 171
　4.2　关联于教育的专制批判 ······························· 173
　　　　4.2.1　作为批判资源的政体原则学说 ··················· 173
　　　　4.2.2　"专制政体无教育" ····························· 174
　　　　4.2.3　引用孟德斯鸠进行专制批判 ····················· 178
　4.3　基于共和主义视角的理解 ····························· 182
　　　　4.3.1　全体国民掌握最高权力 ························· 182
　　　　4.3.2　分权制衡 ····································· 184
　　　　4.3.3　孟德斯鸠的共和美德与梁启超的公德 ············· 188

第 5 章　国民与国家：卢梭、耶林与伯伦知理对梁启超的影响 ······ 195
　5.1　梁启超与卢梭 ······································· 195
　　　　5.1.1　卢梭的影响与评价：非革命的"革命"之功 ········· 195
　　　　5.1.2　民约的前提与宗旨：自由与平等 ················· 200
　　　　5.1.3　公意的本质与体现：主权与法律 ················· 204
　　　　5.1.4　政府的性质与创制：行政与委托 ················· 212
　5.2　梁启超与耶林 ······································· 217
　　　　5.2.1　权利与斗争 ··································· 217
　　　　5.2.2　权利与义务 ··································· 221
　　　　5.2.3　权利与人格 ··································· 223

5.3 梁启超与伯伦知理 ································· 227
　5.3.1 一致性与张力：国家与国民 ··················· 227
　5.3.2 建立新国家：国民与民族 ····················· 238
　5.3.3 反思共和：美德困境与专制循环 ··············· 241

第6章 《新民说》中的公德与私德 ···················· 249
6.1 德育与公德 ····································· 249
　6.1.1 《新民丛报》的德育宗旨 ····················· 249
　6.1.2 公德思想的激进性及其限度 ··················· 253
　6.1.3 采补公德：国家观念及国民身份认知 ··········· 257
6.2 公德之条目 ····································· 261
　6.2.1 利群贯通公德诸条目 ························· 261
　6.2.2 公德诸条目中的现代观念 ····················· 263
　6.2.3 公德诸条目中的精神品格 ····················· 273
6.3 德育与私德 ····································· 278
　6.3.1 对"论德而别举其公"的反思 ·················· 278
　6.3.2 不可须臾离之私德 ··························· 283
　6.3.3 安身立命之德教 ····························· 288

结语 ·· 296

参考文献 ·· 305

致谢 ·· 314

第1章 绪　　论

1.1 研究背景与选题意义

　　梁启超是晚清时期最重要的思想家之一，在国家经受危难与巨变的时局中影响并指引着当时的国人寻找未来的方向。梁启超的影响与指引不只限于他所生活的时代，还广泛且深刻地延续到后世，包括如今我们所生活的时代。梁启超笼罩性地影响着后世的思想家、政治家，也潜在地影响着后世的普通人，可以说，梁启超塑造了现代中国的很多思想观念。只是后人因为一直处于其思想的笼罩之下，所以如果没有经过有意识的反思，很难意识到自身的思想观念是受梁启超影响的结果。阅读梁启超的著述是一个思想溯源的过程，为当下习以为常的思想观念找到现代意义上的源头，看到中国现代思想最初在中西碰撞、古今转化的过程中所呈现的样貌。梁启超身处晚清最动荡的时期，是在国家与文明陷入生死存亡危机的时刻探索走出危机的道路。梁启超及时人面临的是后人无法想象的黑暗处境，应对的是当时根本无力应对的沉重灾难，在这样的历史形势之下，梁启超思考着关乎国家、国民及教育的，重要、紧迫且根本的问题。梁启超在晚清非常时期所思考的问题对于后世依然具有指导意义，不仅因为后世所面临的问题在很大程度上与晚清时期具有一致性，还因为梁启超的思考与论述是敏锐而富有洞见的。

　　以梁启超为研究对象是基于梁启超在晚清时期独特的历史地位，同时期几乎没有人能像梁启超一样，同时做到在思想与实践方面影响时人并推动历史进程，对传统与现代予以接受并尝试转化，对中国与西方进行阐释并提倡融汇。将研究对象进一步限定在梁启超早期（1896—1903）的政治思想是因为：首先，从梁启超的一生来说，早年是其思想的起点，从梁启超早期政治思想进入梁启超的思想，是从开端处了解梁启超，这为以后顺次进入梁启超不同时期的思想奠定基础；再者，梁启超早期政治思想在其一生当中具有非常重要的地位，蕴含着其思想所经历的一次重大变化，即发生在1903年左右的由激进转向保守的变化;最重要的是,梁启超早期政治思想具有极为丰富的内容,同时运用中国传统和西方传统中的思想资源,思考并试图解决当时中国所面临的问题。梁启超在这一时期的著述既包含对于中国传统的理解,又包含对于西方传统的引介。此外,梁启超在这一时期的著述还同时具有思想性与实践性,其思想内容与政治实践直接相关。梁启超在时务学堂时期的教育实践即是对其变法主张的践行。就梁启超早期的政治思想来说,无论是其所运用的中西资源,还是其所具有的实践指向,均是值得不断研究和阐释的对象。对于政治思想这一角度来说,政治不是指狭义上仅与权力相关的领域,也不是指政治、经济、文化领域划分下的政治领域,而是指关乎国家状态、国民生活的整体性的安排。政治的内涵与目的是对整全性的生活予以安顿,因而政治指向整体性的关切。整体性的关切正是梁启超早期著述所具有的特征。从政治思想这一指向整体性的视野出发更有助于呈现出梁启超思想关切的整体性。教育、人伦、美德、文明,这些直观看上去与通常所理解的政治似乎不太相关的问题,在以整全性安排为目的的政治理解中均能够得到展开。这些也是梁启超在晚清变局中进行政治思考时尤为重视的问题与领域。

晚清时期的危机不仅指国家遭到来自列强的侵略,还指文明面临来自西方的挑战。危机的双重性决定了,以救国为目标的梁启超及其同时代的人需要同时对这两重危机予以回应。在思考如何使国家摆脱侵略、实现富强的同时,还必须思考如何面对和理解身处其中的文明传统。在此前提下,梁启超所思考的如何建立一个现代中国的问题就必然包含如何安置文明传统的面向。对于中国所承载的文明传统来说,在遭遇西方文明时所面临的最大挑战是:以自由平等为代表的现代思想直接冲击着传统人伦秩序;以民权立宪为代表的政治诉求从根本上动摇着延续中的君主政体。张灏将19世纪90年代中期到20世纪初期称为中国近代的转型时代。① 张灏通过转型时代强调的是,传统中国在进行现代转型的过程中经历了前所未有的变化。在这个意义上,这一转型时代具有极为特殊的意义。而梁启超正是这一转型时代中的核心人物。张灏指出,梁启超思想的形成时期与这一转型时代相重合,而且梁启超对于处在转型时代的中国产生了极为重大的影

---

① 关于张灏对转型时代的讨论,参见张灏:《转型时代在中国近代思想史与文化史上的重要性》,任锋编校:《转型时代与幽暗意识》,上海:上海人民出版社,2018年,第151—162页。

响。① 因此,以梁启超为切入点,在很大程度上可以看到中国现代转型时期的思想面貌。

狭间直树在东亚近代文明的背景中观察梁启超所产生的影响,将梁启超置于"东亚近代文明圈"中考察梁启超对于东亚文明近代化进程的意义。狭间直树特别强调梁启超在传播西方近代思想方面的作用,认为正是在东亚国家广泛接受西方近代思想的前提下,"东亚近代文明圈"才得以形成,而在这一过程中,最大的功臣便是梁启超。② 从狭间直树的论述中可以看出,其对"东亚近代文明圈"的理解以东亚国家接受西方近代文明为前提,其在评价梁启超时所采取的视角及所依据的理由为:梁启超对西方近代思想的传播使中国乃至东亚其他国家接触到西方近代思想,促进了"东亚近代文明圈"的形成。狭间直树对"东亚近代文明圈"形成前提的理解是否合适是一个需要加以反思的问题,但其通过东亚近代文明的视角将文明的问题关切揭示了出来。具体到中国当时的处境,这一文明的问题关切体现的即是中西问题。

基于中国在晚清时期的历史处境,结合张灏对转型时代的概括与狭间直树对文明的关切,可以更清楚地看到,在晚清的变局中,中西问题与古今问题交汇在一起。西方文明对于当时的中国来说是一种外来的、全新的文明,这种外来的、全新的文明依托现代科技给中国带来巨大的冲击,这种冲击是全面且深刻的,甚至动摇了作为文明之根基的经典教化。梁启超及同时代的人在力量占据绝对优势的西方文明中看到的是先进与进步,相较之下,在当时中国文明的外在形态中看到的却是陈旧与落后。用西方所承载的"新"的进步的思想,批评中国所承载的"旧"的落后的思想,便成为晚清时局中的一个趋势。梁启超的思想中也具有这一面向。与此同时,处于客观立场上的时人觉知到,经典教化构成国人安身立命的根基,否定根基相当于灭亡文明与教化,确立起经典教化的根基或许才是解决危机的根本途径。梁启超的思想中同样具有这一面向。因此,梁启超思想中的张力及时局的复杂性提醒后人,追求进步只是梁启超思想的一个面向,确立根基同样是其所寻求的方向。揭示出梁启超对经典教化根基的追求,构成梁启超政治思

---

① 张灏:《梁启超与中国思想的过渡:1890—1907》,崔志海、葛夫平译,北京:中央编译出版社,2016年,"前言"第1页。
② 狭间直树:《梁启超:东亚文明史的转换》,高莹莹译,北京:北京大学出版社,2021年,第2、6—7页。

想研究的经典意义。

对于后人来说,梁启超及同时代的人所身处的历史处境是难以想象的。后人很难真正理解晚清时期的士人在国家遭受侵略、文明传统遭受撼动时的不安、困惑与痛苦,以及在此种情况下对于未来所秉持的信念、信心与信仰。在面对梁启超的著述时,对于其激烈的批判性文字、前后矛盾的表述以及不够严谨的论证,不应以后世的标准加以审视。激烈的批判性文字中有其审慎的底线,前后矛盾的表述中有其基于时局而做出的调整,不够严谨的论证背后也有其明确的用意。而这些或容易被过度发挥、或容易被加以忽视的论述,实际上包含着梁启超留给后人的指引。通过辨析梁启超的论述,梳理梁启超的思想资源,可以进一步获得具有现实意义的启示。在这一过程中,因为梁启超在中国思想史上具有深远的影响,所以除了可以获得具有现实意义的启示之外,还可以获得具有思想史意义的发现。此外,梁启超论述中的不当之处经过历史的进一步放大,可能已然成为后世习以为常的认知,而研究梁启超的政治思想有助于梳理和澄清习俗中的不当理解,将过度的思想认知重新安置到适宜的限度之内。这是梁启超政治思想研究所具有的反思意义。

梁启超研究已经积累了丰富的研究成果,这些丰富的研究成果为进一步研究提供了充足的资源。梁启超研究所积累的成果几乎可以覆盖人文与社会科学的全部学科门类。直接以梁启超的政治思想为研究对象的研究成果,以陈敏荣《梁启超与中国近代政治思想范式转换研究》为代表。陈敏荣借鉴托马斯·库恩(Thomas S. Kuhn,1922—1996)在《科学革命的结构》一书中所使用的"范式"概念,用以概括中国古今的政治思想。陈敏荣通过讨论梁启超的自由思想、民权思想、法治与立宪思想、新民思想、民族主义思想及关于社会主义的论述,以主题的方式系统梳理了梁启超的政治思想,并且强调,以梁启超为代表的中国近代思想家,对中国政治思想古今范式的转换起到重要的推动作用。梁启超在不同学科领域内获得长期且广泛的关注,有关梁启超的研究具有丰富且深入的成果,这正说明梁启超的思想本身是全面且深刻的,也足以证明,梁启超的思想是值得攀登的高山和值得探索的宝藏。

1.2 文献综述

梁启超思想的形成在很大程度上体现着,甚至决定着中国现代思想的形成,同时,梁启超又是居于历史处境中的个体,其思想受到历史形势的影响。将梁启超的思想与其所面对的历史处境结合起来,思考个人思想与历史之间的相互作用,是梁启超研究的重要思路和议题。勒文森(Joseph R. Levenson,1920—1969)的著作《梁启超与中国近代思想》采取的便是这一历史处境与个体思想相结合的思路。在结构上,勒文森将每一编划分为两章,在其中的第一章进行历史叙述,概述梁启超的政治实践,在随后的第二章进行思想阐释,分析梁启超的政治思想。① 勒文森的著作是海外第一本研究梁启超思想的专著,在学术史上具有重要的意义。勒文森对梁启超思想的分析虽然不乏洞见,但囿于以西方为中心的立场,其对梁启超思想的分析更多的是基于自身的设定,而没能真正进入梁启超思想的内部。崔志海在《评海外三部梁启超思想研究专著》一文中,对勒文森这部著作进行了反思性的评述。② 张灏的著作《梁启超与中国思想的过渡:1890—1907》基于梁启超思想与特定历史时期的紧密关联,以梁启超思想为核心观察中国思想在晚清时期的现代转变。张灏认为,研究梁启超的思想,是探讨其所处时代之思想变化的理想切入点,张灏评价梁启超称,梁启超是当时最有声望的作者。③ 从呈现方式上来讲,勒文森和张灏的著作都在划分阶段的基础上展开对梁启超思想的论述,与此类似,张朋园的研究同样采取分阶段论述的方式。《梁启超与清季革命》是张朋园研究梁启超晚清时期思想主张的著作,在"自序"中,张朋园评价梁启超这一时期的思想称:"从他办《时务报》开始,中经执教时务学堂而至戊戌维新,他的求变思想,由孕育而成熟,欲求付诸行动。戊戌政变避居日本后,一面继续言论鼓吹,一面与孙中山携手,节节演变,非常引人入胜。"④

因为梁启超在晚清以来中国现代思想观念形成过程中起到决定性的作用,所以与现代性相关的观念史研究会将梁启超作为引入或传播现代观念的重要一环,纳入观念史的发展脉络当中。如闫小波的著作《近代中国民主观念之生成与流变——一项观念史的考察》,便将梁启超的民权思想作为近代中国民主观念生成过程的一个认知阶段;⑤ 李华兴等著《索我理想之中

---

① 勒文森:《梁启超与中国近代思想》,刘伟、刘丽、姜铁军译,成都:四川人民出版社,1986年,"序言"第2—3页。
② 崔志海:《评海外三部梁启超思想研究专著》,《近代史研究》,1999年第3期。
③ 张灏:《梁启超与中国思想的过渡:1890—1907》,第105页。
④ 张朋园:《梁启超与清季革命》,上海:上海三联书店,2013年,"自序"第1页。
⑤ 闫小波:《近代中国民主观念之生成与流变——一项观念史的考察》,南京:江苏人民出版社,2012年,第141—182页。

华：中国近代国家观念的形成与发展》将梁启超的国家思想作为近代国家学说的组成部分。① 就民主及民权观念来说，虽然梁启超与其他晚清时期的思想家对民权的宣扬构成近代民主观念兴起的一个阶段，但梁启超及很多晚清时期的思想家在论述中会对民权与民主进行区分，认为民权与君主制相容，而民主意味着通过革命推翻君主制，②有些晚清时期的思想家甚至提倡民权而反对民主。熊月之在《中国近代民主思想史》中揭示了这一现象。③ 此外，熊月之指出，梁启超的民权思想在戊戌变法时期、辛亥革命准备时期和民国建立之后均发挥了较大的影响作用。④ 就梁启超民权思想的特点来说，熊月之将其概括为三点：第一，关联于民智而讲民权，主张"议院以学校为本"，强调民主启蒙；第二，对民权的主张曾一度激进，主张民主革命；第三，提出地方自立的主张。⑤

关于梁启超是否主张革命，以往的研究在这一问题上是存在争议的，有学者认为梁启超在思想最为激进的时期曾主张革命，持相反观点的学者则认为，梁启超始终主张改良。从熊月之的讨论来看，其认为梁启超曾主张革命。张朋园尤为强调梁启超与革命的亲缘性。在《梁启超与清季革命》的"绪论"中，张朋园指出："谈到他的政治生命，说他是立宪运动者，固为一般论任公者所公认；然而未尝不可以说他是个革命运动者，因为他实与革命有过一段因缘。"⑥黄宗智在《梁启超与近代中国自由主义》中指出，梁启超的思想不仅有改良的一面，还有革命的一面，并且提到，梁启超的写作为辛亥革命铺设了道路。⑦ 黄克武在《一个被放弃的选择：梁启超调适思想之研究》中认为，梁启超的思想代表着调适的取向，即改良的取向。在分析中，黄克武将政治领域的选择与文化领域的态度结合在一起，从整体上论述梁启超的思想是一种调适的思想，认为梁启超1903年访美之后思想态度虽然发

---

① 李华兴、张元隆、李海生：《索我理想之中华：中国近代国家观念的形成与发展》，合肥：安徽教育出版社，2005年，第222—236页。
② 梁启超：《爱国论·三·论民权》，见梁启超：《梁启超全集》第一集，汤志钧、汤仁泽编，北京：中国人民大学出版社，2018年，第700页；梁启超：《立宪法议》，见《梁启超全集》第二集，第280页。
③ 熊月之：《中国近代民主思想史》，上海：上海社会科学院出版社，2002年，第8—12页。
④ 熊月之：《中国近代民主思想史》，第25页。
⑤ 熊月之：《中国近代民主思想史》，第279—304页。此外，书中第六章第三节的内容亦是对梁启超民权思想的集中论述。参见熊月之：《中国近代民主思想史》，第352—368页。
⑥ 张朋园：《梁启超与清季革命》，"绪论"第1页。
⑦ Huang P C, Liang Ch'i-ch'ao and Modern Chinese Liberalism, Washington: University of Washington Press, 1972, p. 5.

生了变化,由激进变为保守,但其调适的取向前后一致。① 张灏认为,在讨论梁启超对革命与改良的态度时应注意区分两个领域,即政治的领域与传统的领域。梁启超对两个领域的态度没有必然的联系,因此,在分析梁启超对革命与改良的态度时应分别看待这两个领域。② 此处仅讨论政治领域,就政治领域来说,张灏指出,梁启超对革命的态度犹豫且复杂,在不同的地方阐释出彼此矛盾的观点。张灏以《释革》及《近世第一女杰罗兰夫人传》为例,说明梁启超并不支持推翻王朝统治意义上的革命;同时以《新民说·论进步》一篇对破坏的讨论及 1902 年 5 月写给康有为的信中所表达的排满主张为据,说明梁启超认为有暴力推翻清政府的必要。张灏的结论是,梁启超这一时期对于实现政治理想的道路是没有明确答案的,对于选择革命还是改良内心是存在矛盾的。③ 此外,张灏还强调,梁启超所使用的革命概念与后世所理解的暴力推翻王朝统治不同,梁启超所使用的革命概念不必然指向王朝革命。张灏的论述应当是认为,虽然梁启超在使用革命概念时不必然指推翻王朝的革命,但梁启超的思想中确实含有暴力推翻王朝的面向,存在着一个对革命犹豫不定的阶段。④ 张灏总体上认为,梁启超虽然与革命派进行了论战,但从两方的文章来看,"他们的一致性远胜于他们的分歧",进一步来说,"他们的分歧更多的是在方法上,而不是在最终社会目标上",例如,虽然革命派主张通过革命建立共和制,梁启超倾向于通过变革建立君主立宪制,但两者均以民主化为理想,并且均倾向于国家主义。⑤

庄泽晞在《梁启超的革命论及其转变(1897—1903)》一文中,针对戊戌变法前至明确反对革命这段时间梁启超对革命的态度进行了梳理。⑥ 庄泽晞认为,考察梁启超在这段时间是否主张革命不应依据革命派的论述,也不应依据他人的评价,而应当依据梁启超自己在公开及私下场合的"自述"。按照庄泽晞的梳理,在梁启超回忆性的论述,如《鄙人对于言论界之过去及将来》《清代学术概论》《时务学堂札记残卷序》当中,梁启超自述其在戊戌之前的时务学堂时期曾有"革命排满共和之论";戊戌政变后,流亡至日本的

---

① 黄克武:《一个被放弃的选择:梁启超调适思想之研究》,北京:新星出版社,2006 年,第 1、22—23、36 页。
② 张灏:《梁启超与中国思想的过渡:1890—1907》,第 165 页。
③ 张灏:《梁启超与中国思想的过渡:1890—1907》,第 166 页。
④ 张灏:《梁启超与中国思想的过渡:1890—1907》,第 165—168 页。
⑤ 张灏:《梁启超与中国思想的过渡:1890—1907》,第 229—230 页。
⑥ 庄泽晞:《梁启超的革命论及其转变(1987—1903)》,《近代中国》,2017 年。

梁启超在与志贺重昂的笔谈中提到，戊戌变法以来，其因为意识到朝政腐朽溃败并非光绪帝本意，故而放弃革命救国的主张，转而主张扶翼皇上，以革命为救国之下策，并且认为革命在当下尤为不可行；而在与康有为一同开展保皇计划的同时，梁启超一度与主张革命的孙中山有较为频繁的接触，研究者往往据此认为梁启超此时有革命之志。但庄泽晞认为，梁启超乃是出于广泛联络人才以成大事的发心而接触革命派，主张打破同门之界，"阔达大度，开诚布公"。庄泽晞指出，梁启超与革命派联络不等于其怀有革命之志；但是在1902年5月，梁启超在给康有为的信中表达出对清政府彻底失望的态度，认为扶翼光绪帝是无法实现的，指出必须通过"排满"来救中国，必须以民族主义建国，此时，梁启超重提革命主张；到1903年，梁启超先后在写给蒋观云和康有为的信中提到革命派的革命之论在社会造成混乱，并表示不敢再言革命。至此，梁启超彻底放弃了革命的主张。从这一时期梁启超的公开言论及私下书信中可以看出，梁启超前后两次主张革命，并两次放弃革命。但梁启超在1911年广州起义之后发表的《粤乱感言》及1915年筹安会成立之后答英文《京报》记者的采访中，均明确表示他本人向来不赞成革命，认为革命对于国家来说是极为不幸的祸患。在《鄙人对于言论界之过去及将来》中，梁启超称："自癸卯甲辰以后之《新民丛报》，专言政治革命，不复言种族革命。"①庄泽晞的梳理呈现了梁启超革命论的变化及其对革命的整体性认识。从梁启超在革命问题上的进退与转变可以看出，他的思想中同时包含着激进与保守的面相，正如他在《清代学术概论》中评价自己时所提到的："保守性与进取性常交战于胸中，随感情而发，所执往往前后相矛盾。"②而梁启超否定自身曾主张革命的态度或许可以说明，他总体上不赞同通过暴力革命的方式推翻政权，其主张革命乃是受激于清政府的过度腐败，革命被视为是形势逼迫之下最终迫不得已的结果，或者说，如果清政府不进行变法的话，革命将不得不发生。所以，应当将梁启超所主张的革命与革命派所主张的革命加以区分，两者相区别的要点在于，他对待革命有一种"不忍"的态度。

对于梁启超1903年的思想转变，研究者也有不同的刻画，存在争议的地方主要在于：首先，梁启超思想上的这次变化是突然发生的，还是经历了一个酝酿积累的过程？再者，与此相关，这次变化是发生在1903年到访美

---

① 梁启超：《鄙人对于言论界之过去及将来》，见《梁启超全集》第十五集，第31页。
② 梁启超：《清代学术概论·二十六》，见《梁启超全集》第十集，第279页。

洲之后,还是在美洲之行以前就已经有了端倪？张朋园倾向于强调转变的发生突然且迅速,并对转变的原因进行了分析。[1] 梁启超年谱的编订者也认为梁启超自美洲返回日本后言论骤然改变。[2] 张灏倾向于认为,梁启超这一时期的思想转变不是突然发生的,而是其思想中潜在的要素在新的刺激下显现的结果。张灏揭示出,梁启超对共和民主制的忧虑和对政治权威的强调,不完全是因为其在美洲之行途中见到了美国民主制的弊端及美洲华人圈的乱象,还因为当时处于明治时期的日本政府采取了加强"中央集权"的策略,梁启超是受到日本思想界由英美自由主义转向德国国家主义思潮的影响。[3] 梁启超在1903年的这次思想转变不仅体现为对激进革命的彻底放弃,还体现为由强调自由与民权转向强调统一与秩序,由推崇民主共和政体转向主张开明专制政体,由主张人民主权转向主张国家主权。土屋英雄从民权与国权的角度刻画梁启超的这次转变,认可梁启超这一时期在思想上存在由强调民权到强调国权的变化,但同时指出,存在变化不意味着梁启超在强调民权时是脱离国权而单纯地强调民权,也不意味着其转向强调国权之后是彻底地否定民权而单纯地强调国权。土屋英雄认为,梁启超观念中的民权与国权始终是一贯的,虽然在主张的侧重上发生了转变,但其对民权与国权之一贯性的理解是不变的,而且都与救国的关切紧密相关。[4]

《新民说》文本本身便包含了梁启超1903的这次思想转变。《新民说》的写作在第十七节《论尚武》之后发生了中断,正是梁启超1903年的美洲之行导致了《新民说》写作的中断——从第十八节《论私德》开始,后面的内容都是梁启超美洲之行以后写就的。1902年2月8日《新民丛报》创刊号出版,创刊号上刊登的《本报告白》一文言明了《新民丛报》的办刊宗旨,这一宗旨可以视为《新民说》最初写作时的宗旨。宗旨中提到,本报"重在国家主义教育",所论"务在养吾人国家思想"。[5] 这里提到的"国家主义教育"及"国家思想"即是《新民说》从一开始至中断以前所强调的"公德"的内容,《新民说》第五节《论公德》是《新民说》中断之前的核心。中断之后以《新民说》为

---

[1] 张朋园：《梁启超与清季革命》,第107—116页。
[2] 丁文江、赵丰田编,欧阳哲生整理：《梁任公先生年谱长编（初稿）》,北京：中华书局,2010年,第171页。
[3] 张灏：《梁启超与中国思想的过渡：1890—1907》,第185页。
[4] 土屋英雄：《梁启超的"西洋"摄取与权利—自由论》,见狭间直树编：《梁启超·明治日本·西方——日本京都大学人文科学研究所共同研究报告》（修订版）,北京：社会科学文献出版社,2012年,第141页。
[5] 梁启超：《本报告白》,见《梁启超全集》第二集,第460页。

题重新刊出的第一篇便是第十八节《论私德》，从题目上就可以看出，梁启超此时所强调的内容与之前不同。陈来在《梁启超的公德说与私德说》一文中，刻画了《新民说》中梁启超由提倡公德到强调私德的变化，认为对于梁启超的《新民说》，不应只看到其前期写就的《论公德》及公德主张所体现的现代面向，并且以此为据认为梁启超对传统持批评的态度；还应看到梁启超转变之后写就的《论私德》及私德思想所呈现的梁启超对传统美德的重视。陈来强调，梁启超论调重点转向私德不等于对之前所主张的公德予以否定，而是意识到之前单纯提倡公德存在不足，故而提出私德主张，并以私德为公德的基础，从而完善自己的伦理道德思想。陈来将梁启超在《新民说》中所呈现的伦理道德思想概括为"公德—私德互补论"，并从反思启蒙的意义上指出，梁启超的这一理解不仅超越了同时代的学者，也为"五四"一代学者所不及，可以说其规定了伦理道德反思的限度。① 张灏认为，梁启超在《新民说》中断后重新在《新民说》结构内发表《论私德》，此后于1905年延续《论私德》编成《德育鉴》与《节本〈明儒学案〉》，这一系列围绕私德展开的论述并不代表梁启超思想转向中国传统，而是以更极端的方式延续着之前所提倡的公德；并且指出，梁启超此时的著作体现着"激进的集体主义"理想和尚武精神，而这一更极端的推进与梁启超对国家理性的强调有关。② 张灏采取集体主义或国家主义的视角来看待梁启超在《新民说》中的转变，因此得出这一判断；而集体主义或国家主义的视角是其基于个人主义与幽暗意识来看待梁启超公德思想的结果。也就是说，张灏站在个人主义的立场，基于幽暗意识，认为梁启超的公德思想属于集体主义或国家主义③，在此基础上，认为梁启超的私德主张是对集体主义或国家主义的进一步推进，即"激进的集体主义"。唐文明在《现代儒学与人伦的规范性重构——以梁启超的〈新民说〉为中心》一文中，基于梁启超在《新民说》中的论述，借助耶林的权利理论与霍耐特的承认理论，阐释出通过现代意义上的人格平等之承认对传统人伦进行规范性重构的思路，即在传统人伦中植入对于人格平等之承认的理解。经过重构之后的人伦关系均奠基于个人的独立自由与个体间的相互

---

① 陈来：《梁启超的公德说与私德说》，见《儒学美德论》，北京：生活·读书·新知三联书店，2019年，第101—158页。文章原题为《梁启超的"私德"论及其儒学特质》，发表在《清华大学学报》（哲学社会科学版）2013年第1期上。
② 张灏：《梁启超与中国思想的过渡：1890—1907》，第209—214页。
③ 张灏认为梁启超的新民思想是集体主义，参见张灏：《梁启超与中国思想的过渡：1890—1907》，第161—162页。

承认的基础上。唐文明指出,梁启超所提供的人伦规范性重构的思路,有助于为传统伦常与现代平等理念之间的张力寻找到一个两全的解决方案。①

针对《新民说》,狭间直树作有《〈新民说〉略论》,收入其主编的《梁启超·明治日本·西方——日本京都大学人文科学研究所共同研究报告》一书当中;2012年秋,狭间直树应邀在清华大学国学研究院讲学,在八次讲座中有一讲主要讨论《新民说》,这次讲学的讲稿以《东亚近代文明史上的梁启超》为题出版;在2021年翻译出版的《梁启超:东亚文明史的转换》一书中,狭间直树对《新民说》及同时期的文章进行了梳理。狭间直树指出,标志着梁启超思想转向的《论私德》一篇,是梁启超基于国家主义对破坏国家主义者进行的批判,而不是为了说明与公德互为补充的私德。② 按照狭间直树的理解,梁启超写作《论私德》的目的不在于强调私德本身,而是将私德作为批判的工具,其批判的对象则是言论影响日益扩大的革命派。狭间直树的这一理解揭示出,梁启超在写作《论私德》时依然没有脱离国家主义的关切,这一揭示非常重要。同时,狭间直树的理解还揭示出,《论私德》一篇具有批判的意义,这一点也很重要。但仅仅将《论私德》一篇视为批判的工具,会消解其所具有的并且更为根本的、德育的意义。在狭间直树的阐释中,梁启超的转变意味着,由以全体国民为对象转向以革命派为对象,由以国家主义教育全体国民转向以私德批判革命派。③ 再者,狭间直树认为,访美的经历只是导致梁启超思想变化的原因之一,最重要的影响因素则是1903年之后革命派与革命之论的蓬勃兴起。④ 此外,狭间直树还认为,梁启超在《新民说》中所强调的国家主义思想是其在日本形成的理解,在《论私德》中将王学作为立足点,也不只是其传统意识的结果,更是受吉本襄、井上哲次郎等在鹿鸣馆时代之后,以复兴阳明学矫正全盘欧化思潮影响的结果。⑤

梁启超思想中的日本渊源同样是梁启超研究中的一个重要议题。梁启

---

① 唐文明:《现代儒学与人伦的规范性重构——以梁启超的〈新民说〉为中心》,《云梦学刊》,2019年第6期。
② 狭间直树:《〈新民说〉略论》,见狭间直树编:《梁启超·明治日本·西方——日本京都大学人文科学研究所共同研究报告》(修订版),第80页。
③ 狭间直树:《〈新民说〉略论》,见狭间直树编:《梁启超·明治日本·西方——日本京都大学人文科学研究所共同研究报告》(修订版),第79页。
④ 狭间直树:《〈新民说〉略论》,见狭间直树编:《梁启超·明治日本·西方——日本京都大学人文科学研究所共同研究报告》(修订版),第80页。
⑤ 狭间直树:《〈新民说〉略论》,见狭间直树编:《梁启超·明治日本·西方——日本京都大学人文科学研究所共同研究报告》(修订版),第81页。

超于1898年戊戌政变后流亡到日本,至1912年中华民国成立后回到中国,在这十四年的时间里,除了访美、访澳及几次短暂离开日本之外,梁启超一直在日本生活。初到日本至1903年访美前,梁启超通过日本学者的著作与译著集中接触西方思想家的思想学说,这些新思想对他产生了极大的影响,塑造着他对世界的认知和对中国未来的思考。同时,梁启超又迅速地将自己接触到的新思想转化为著述,通过报刊传播给国人。日本学者的著作与译著在梁启超接受西方思想的过程中起着桥梁与中介的作用,而日本学者自身的理解与解读也在一定程度上影响了他对西方思想的理解。日本学者的梁启超研究着重揭示梁启超思想与明治日本之间的关联。在狭间直树的主持下,日本京都大学人文科学研究所于1993年至1996年成立了研究班,以"梁启超研究——以日本为媒介对近代西方的认识"为主题展开研究,研究班成员共同研究梁启超接受西方思想过程中的日本因素。[①] 中国学者郑匡民的著作《梁启超启蒙思想的东学背景》,也是在这一问题意识下展开研究的学术成果。郑匡民的研究同样着重揭示日本学者的著作与译著对梁启超理解西方思想的过程所造成的影响。对梁启超思想当中日本因素的研究,为理解梁启超的思想提供了一条重要的参照线索。

在梁启超思想中的日本因素得到重视的同时,如何看待日本因素在梁启超接受西方思想过程中的意义,如何判定日本因素在何种限度上对梁启超产生影响,也成为学界反思和讨论的问题。崔志海在为郑匡民《梁启超启蒙思想的东学背景》所撰写的书评《梁启超与日本——评郑匡民〈梁启超启蒙思想的东学背景〉》一文中,对梁启超思想中的日本因素这一议题作了整体上的反思。崔志海指出,梁启超思想中的日本因素作为梁启超研究的议题本身是非常重要的,在这一议题下着重解释日本因素对梁启超的影响也是必要的,但需要注意的是:首先,不能因为重视日本因素而忽略了梁启超思想中的其他渊源,例如中国传统思想及由其他途径获得的西方思想;再者,梁启超思想有其自身的延续性,很多思想在其赴日之前便已经形成,梁启超从日本学者的著作与译著中获得的思想,一部分可能是全新的,另一部分可能是对之前思想的进一步确证,或者说使之前的思想变得更为清晰,不能将日本因素作为梁启超全部思想的开端,但不可否认的是,梁启超在日本

---

① 狭间直树编:《梁启超·明治日本·西方——日本京都大学人文科学研究所共同研究报告》(修订版),"中文版序一"第3页;郑匡民:《梁启超启蒙思想的东学背景》,上海:上海书店出版社,2009年,"引言"第2页。

获得了非常丰富的思想资源;此外,梁启超并不是一个被动的接受者,而是一个主动的选择者和创造者,他接受日本学者的理解有其内在的理由,梁启超在日本学者的著作或译著中找到了自己所认同的思想,从中找到了适用于当时之中国的"药方",或者进一步可以说,如果梁启超直接面对西方思想家的著作,其可能做出与日本学者相同的解读,而这在很大程度上与当时之中国与明治初期的日本具有相似的处境有关;总体上,梁启超将从日本学者那里获得的西方思想加以吸收,经过思考,再次输出的是带着其自身理解的思想学说。① 如果不限于梁启超思想中的日本因素这个议题,从梁启超思想的整体来看,在与中国传统相对的新学方面,日本因素及日本学者背后的西方思想源头均是极为重要的思想资源,在研究梁启超思想的过程中均应予以重视。

关于如何评价梁启超,即梁启超是一位持有自由主义立场的思想家还是一位持有国家主义立场的思想家,也是以往梁启超研究中争议较大的问题。黄克武在《一个被放弃的选择:梁启超调适思想之研究》中对这一问题进行了讨论,黄克武认为梁启超以自由主义为基础,其对自由的理解类似于英国的穆勒(John Stuart Mill,1806—1873),但与穆勒的理解不完全相同。黄克武提出,梁启超的自由主义思想是一种"非穆勒主义式的个人自由",这种个人自由的特点为,以保障个人为基础,同时认可个人与群体之间具有密不可分的关系,因此在思想上会强调保障群体,但保障群体的目的是保障个人,保障群体只是保障个人的方法。② 黄克武提到,萧公权同样认为梁启超的思想与穆勒所代表的自由传统相似。③ 萧公权在为张朋园《梁启超与清季革命》所作的序言中曾表达了相似的观点。④ 但张灏与黄克武的主张相反。在《一个被放弃的选择:梁启超调适思想之研究》一书的"自序"中,黄克武提到张灏不认同书中对梁启超思想在个人自由问题上的理解,张灏认为梁启超没有个人至上的观念,相较于个人,梁启超更重视群体,群的观念是其政治思想的核心,合群是其首要目的。⑤ 狭间直树在《〈新民说〉略论》

---

① 崔志海:《梁启超与日本——评郑匡民〈梁启超启蒙思想的东学背景〉》,载《近代史研究》,2004年第4期。

② 黄克武:《一个被放弃的选择:梁启超调适思想之研究》,第32—33页。

③ 黄克武:《一个被放弃的选择:梁启超调适思想之研究》,第3页。

④ 萧公权:《萧公权先生序》,见张朋园:《梁启超与清季革命》,上海:上海三联书店,2013年。

⑤ 黄克武:《一个被放弃的选择:梁启超调适思想之研究》,"自序"第2页;张灏:《梁启超与中国思想的过渡:1890—1907》,第72—82、114、117、147—148、150—152页。

中指出黄克武的论述似乎不妥,狭间直树认为,对梁启超来说,国家与新民在内涵与外延上是完全重合的,梁启超对国家与国民的论述是,以国家作为第一义,同时正面切入国民个人的问题,国民与国家同时作为梁启超思想中的两个轴心,就像椭圆有两个焦点。① 结合狭间直树对梁启超《新民说》以国家主义为中心的分析,可以看出,狭间直树虽然对梁启超《新民说》的分析侧重于国家主义,但并不认为梁启超是毫不承认国民权利的国家主义者。

关于梁启超对中国传统的态度,勒文森在《梁启超与中国近代思想》中给出了一个判断,即梁启超在理智上疏远了中国传统,在感情上连接着中国传统。萧公权在为张朋园《梁启超与清季革命》所作的序言中对勒文森著作的评价,一定程度上可以揭示出勒文森这一判断存在的问题。萧公权称:"作者不能体会任公立言的意旨和精神。"② 对于勒文森的判断,张灏直接进行了回应,认为"这个论断似乎太简单化了",并进一步指出梁启超没有完全失去对儒家传统的认同。③ 但在张灏看来,梁启超对儒家传统的认同又是有限的,而且失去了其所认为的最核心的部分。④ 陈来在《梁启超的"私德"论及其儒学特质》一文中对张灏的观点进行了反思,认为应当避免通过单一的概念界定和理解儒家思想传统。⑤ 黄克武强调梁启超的思想深受中国传统的影响。⑥

这里涉及的便是张灏提到的,分析梁启超对革命的态度应区分两个领域中的第二个领域,即传统的领域。张灏总体上认为梁启超对中国传统思想的认同不高。他给出的结论是,梁启超在公开的场合没有对儒家思想提出彻底的批评,但在私下的场合则表达出对儒家思想的批判。对于这一现象,张灏的解释是:"人们可以推测,也许正是梁的文化自尊心导致他没有公开批判儒家思想。"⑦ 关于梁启超对待中国传统的态度,张灏给出的结论需要进一步进行辨析。与结论相比,张灏的分析更值得关注。梁启超在传统领域主张革命的直接表现是其在《新民说》中提倡公德。梁启超将其提倡

---

① 狭间直树:《〈新民说〉略论》,见狭间直树编:《梁启超·明治日本·西方——日本京都大学人文科学研究所共同研究报告》(修订版),第78页。
② 萧公权:《萧公权先生序》,见张朋园:《梁启超与清季革命》,上海:上海三联书店,2013年。
③ 张灏:《梁启超与中国思想的过渡:1890—1907》,第83、168页。
④ 张灏:《梁启超与中国思想的过渡:1890—1907》,第224页。
⑤ 陈来:《梁启超的"私德"论及其儒学特质》,《清华大学学报》(哲学社会科学版),2013年第1期。
⑥ 黄克武:《一个被放弃的选择:梁启超调适思想之研究》,第25—27、33—34页。
⑦ 张灏:《梁启超与中国思想的过渡:1890—1907》,第171—172页。

公德的行为视为发明一种新道德,并将宣扬公德的论说视为道德革命之论。张灏指出,梁启超的表述经常含有夸张的成分,其所主张的道德革命既没有全盘接受西方的道德,也没有彻底排斥中国传统的道德,其道德革命主张的实质是对中西的"选择综合"。① 张灏进一步指出,公德与私德构成梁启超理解中西道德的基础,而公德与私德结合起来才构成完整的道德体系,因此,梁启超在批评中国传统道德的时候针对的是中国传统道德缺乏公德的面向,其对传统的批评不针对私德。② 而且从私德的角度来看,梁启超对私德保有很高的认同,对私德的认同体现着梁启超认同传统的一面。③ 认同传统的另一个体现是,梁启超认为,以孝为核心的儒家家庭伦理是理所当然的。④ 而批评中国传统缺乏公德,具体来说,是对中国传统道德之于现代公民的意义提出质疑。⑤ 在梁启超对于传统的态度问题上,张灏的这些分析颇具启发意义,应当将这些分析与其所提出的结论分别对待。

1.3　结构与创新点

1896年8月,梁启超担任《时务报》主笔,刊载于《时务报》的《变法通议》是梁启超公开发表的具有广泛影响的第一部著述,是梁启超思想研究中具有开端意义的文本。1902年至1903年,三十岁的梁启超集中撰写《新民说》,《新民说》内部呈现了梁启超这一时期所经历的思想变化,是梁启超思想研究中的核心著述。1903年访美之后刊出的《新民说·论私德》一篇则是《新民说》中具体体现梁启超思想转变的一节,梁启超论说的重点由之前提倡公德转为强调私德。而《论私德》之后的两篇,《论政治能力》与《论民气》在很大程度上脱离了《新民说》原本的脉络,而且发表间隔的时间都很长。⑥《变法通议》与《新民说》,具体来说是《新民说·论私德》及之前的部分,构成梁启超思想的两个节点,两个节点及中间的部分构成梁启超早期政

---

① 张灏:《梁启超与中国思想的过渡:1890—1907》,第168页。
② 张灏:《梁启超与中国思想的过渡:1890—1907》,第169页。
③ 张灏:《梁启超与中国思想的过渡:1890—1907》,第169—170页。
④ 张灏:《梁启超与中国思想的过渡:1890—1907》,第169页。
⑤ 张灏:《梁启超与中国思想的过渡:1890—1907》,第170页。
⑥ 狭间直树指出,不能将《新民说》理解为始终如一的作品,1904年之后梁启超周围的环境发生了很大的变化,《新民说》后半部分的写作"夹进许多异质"。参见狭间直树主讲:《东亚近代文明史上的梁启超》,2016年,第81页;狭间直树:《〈新民说〉略论》,见狭间直树编:《梁启超·明治日本·西方——日本京都大学人文科学研究所共同研究报告》(修订版),第83—85页。

治思想的形成进程。若按照阶段进行划分,梁启超这段时期的思想进程大体可以分为:执笔《时务报》时期,执教时务学堂时期及初到日本至写作《新民说》时期。

本书第1章为《绪论》,第2章主要讨论梁启超执笔《时务报》时期的政治思想,以《变法通议》为核心,侧重分析梁启超思想当中的传统面向,揭示其从学校制度开始讨论变法的特征,突出其将教育作为变法的重心。重视学校与教育是儒家的传统。儒家以三代为典范,认为学校具有政治意义,可以关联于明末清初时期黄宗羲所作的《明夷待访录·学校》;将科举归于学校,将取士并入教育,可以追溯至宋代理学家朱熹所作的《学校贡举私议》。此外,这一章还涉及康有为与严复对梁启超所产生的影响,以及梁启超与两者在思想上所存在的差异。第3章主要讨论梁启超执教时务学堂时期的政治思想,以梁启超为时务学堂所作的学案及对学生札记与提问的回复为核心,侧重于其对民权与大同的论述。《读〈孟子〉界说》和《读〈春秋〉界说》是这一时期的核心文本,梁启超通过《孟子》阐述民权与大同思想,通过《春秋》阐述进化史观与世界主义的思想,而其对《孟子》的讨论又基于《春秋》。总的来说,第2章与第3章讨论的是梁启超在戊戌变法之前的政治思想,从第4章开始则是讨论梁启超流亡日本之后的思想内容。

第4章单独讨论孟德斯鸠(Montesquieu,1689—1755)对梁启超所产生的影响。因为"梁启超与孟德斯鸠"是梁启超研究中非常有意义但以往受关注不多的主题,因此第4章对此予以集中讨论,主要讨论孟德斯鸠在梁启超初到日本的这段时间对其所产生的影响,及梁启超在阐述孟德斯鸠政治思想的过程中所进行的改造,并进一步揭示梁启超的孟德斯鸠阐释所具有的思想史意义。第5章围绕国民与国家、民权与国权问题展开讨论,揭示出梁启超以建立现代中国为目标的根本关切。这一章以卢梭(J. J. Rousseau, 1712—1778)、耶林(Rudolf von Jhering, 1818—1892)和伯伦知理(J. K. Bluntschli, 1808—1881)三位思想家为线索,讨论梁启超的思想侧重从民权与自由到统一与秩序的转变,并进一步说明转变背后具有一贯性的是对国家国民一体性的理解。第6章主要围绕《新民说》展开论述,说明《新民丛报》与《新民说》呈现出梁启超政治思想的侧重由民智转向民德,由此突出美德的主题。对公德的讨论再次涉及孟德斯鸠对梁启超所产生的影响,即在国家与政治层面理解公德,进而说明现代国家必须以美德为基础。这一章的讨论还突出梁启超公德思想的激进性及其对于传统思想所具有的批判性,但同时提示出其激进性与批评性又是具有限度的。梁启超对私德的讨论基于对"论德而别举其公"的反思,强调他在确立经典根基方面的意义。梁启超主张以儒家工夫培养私德,虽然论述的重点转向了私德,但与之前论公德时期相一致的是其对建国的关切,根据梁启超论述重点的私德转向及一贯的建国关切可以得出,个人品格意义上的美德对建立现代国家具有奠基性的意义。最后一章是全书的结语。本书整体上的创新点可以概括为以下几个方面:

第一,揭示出梁启超的变法思想始于教育且归于教育。按照通常的理解,变法属于一般意义上的政治领域,但梁启超在《变法通议》中首先讨论的是学校,属于教育领域的问题。梁启超从学校与教育问题开始对于变法的讨论,这说明,他的政治思想关照的是国民整全性的生活与国家整体性的未来。就教育问题来说,如果看到其背后承载的是文明的传统与对经典的传承,教育则意味着教化,而关注整全性生活安排的政治从根本上来说就是教化,由此能够更加深刻地理解梁启超从学校与教育问题开始讨论变法的思想关切。梁启超在《变法通议》中论证当时之中国应当向西方学习时,提到了孔子的为学之教,说明中国传统教化以"学"为德。结合《变法通议》的历史背景,甲午战争中,开展三十余年洋务运动的中国不敌同时进行明治维新的日本,这场极富屈辱性的失败加重了中国原本就已深重的危机。面对国家所面临的紧迫时局及对变法的急切要求,梁启超提出的变法主张却是从无法直接解决当下问题的学校开始。变革科举制、培养变法人才不是由梁启超首次提出的主张,在他之前的维新思想家已经有所讨论,但梁启超将其置于变法的首位,这体现的是他从根本问题出发寻找解决紧迫问题方案的思路。学校与教育构成《变法通议》的起点,进入《新民说》的论述则会发现,个人品格意义上美德构成《新民说》论说侧重发生转向之后的基点。对个人品格意义上的美德进行培育的德育同样属于教育。将梁启超早期政治思想的前后两端联系起来,可以发现,其变法主张可以概括为始于教育且归于教育。这构成刻画梁启超早期政治思想的一个新线索。

第二,具体分析孟德斯鸠、卢梭、耶林和伯伦知理四位西方现代政治思想家对梁启超所产生的影响,特别强调孟德斯鸠对梁启超所产生的影响。戊戌政变后,梁启超流亡至日本,在日本借助日本学者的著作和译著接触到丰富的西方思想资源。从政治思想的角度来讲,梁启超认为,西方早期近代思想家的政治思想最适用于当时的中国,因此编译出版了《近世欧洲四大家政治学说》一书,辑译霍布斯、洛克、卢梭和孟德斯鸠的政治思想。在这本书的"例言"中,梁启超言明,书中辑译的内容主要来自中江兆民所译《理学沿革史》，译本原著作者为法国学者富耶（Alfred Fouillée，1838—1912），洛克部分的内容来自在日中国留学生创办的《国民报》的汉译本。《近世欧洲四大家政治学说》所涉及的四位思想家中，卢梭和孟德斯鸠均对梁启超产生了极大的影响，卢梭对梁启超的影响，或者说梁启超对卢梭的阐释在以往的梁启超研究中有比较多的讨论，相比之下，孟德斯鸠对梁启超的影响，或者说梁启超对孟德斯鸠的阐释则较少受到关注。

孟德斯鸠对梁启超所产生的影响主要表现在：首先，孟德斯鸠对专制政体及君主政体的刻画成为梁启超批评当时中国政治制度的思想资源，梁启超在进行专制批判时常常引用孟德斯鸠的观点；再者，梁启超在介绍孟德斯鸠政治思想的过程中提出了在思想史领域产生巨大影响的认知，例如，认为中国自秦以来两千余年的政治制度为专制政体；又如，将孟德斯鸠所论专制政体、君主政体与共和政体的政体分类进行改造，在理解上将君主政体与专制政体等同起来，并将孟德斯鸠所论英国政体纳入政体分类当中，从而提出君主专制政体、君主立宪政体、民主共和政体的政体分类叙述，而这成为后世思想史领域刻画孟德斯鸠政体分类思想时通行的表述；此外，尤为重要的一点是，孟德斯鸠对共和政体政治美德的论述影响着梁启超对公德的理解，即认为公德是一种政治美德，公德意味着爱国、爱平等。对梁启超来说，虽然公德的概念来自福泽谕吉，但其对公德的理解来自孟德斯鸠。在思考如何建立现代国家这一问题关切下，梁启超将公德作为现代国家得以建立的基础。在反思历史制度、阐述政治理论及思考国家未来的关键问题上，孟德斯鸠均对梁启超产生了巨大的影响，进而也通过梁启超对中国思想界产生了深远、深刻但潜在的影响。具体揭示孟德斯鸠对梁启超所产生的影响，既是对梁启超思想中的西方资源进行阐释，也是对后世习以为常的认知进行溯源。

第三，从共和主义的视角理解梁启超。梁启超从孟德斯鸠的思想中获得了公德作为政治美德的意涵，并将公德视为现代国家得以建立的基础。正是基于公德是现代国家得以建立的基础这一理解，梁启超以培养国民的国家思想，即公德，为初衷写作了《新民说》。萧高彦在《西方共和主义思想史论》中刻画了共和主义的思想史脉络，共和主义经历了从古典共和主义到现代共和主义的古今转化。萧高彦指出，西方古典共和主义以政治参与及公民德行为主要特征，其在发展成为现代共和主义的过程中，形成了两条彼此间存在张力的共和主义脉络：一条是经由马基雅维利（Niccolò Machiavelli，1469—1527）到卢梭的现代激进民主共和主义，这一脉络强调公民政治自由与人民主权原则；另一条是经由孟德斯鸠进一步发展出来的宪政共和主义，这一脉络强调分权制度与权力制衡原则。参照萧高彦对共和主义的刻画可以发现，梁启超的政治思想与共和主义的要素存在诸多相符之处，而且即便是其思想中存在张力的部分，也能够在共和主义视角下获得恰当的安置，在获得相应安置的同时保留着原本的张力。通过共和主义的视角，梁启超的政治思想获得了更完整的呈现。

从共和主义的视角来看梁启超的公德主张，他强调国民养成国家观念、关心国家事务、履行国家义务，体现的主要是古典共和主义重视美德的特征。从这个视角来看梁启超的政治思想，美德的维度得以凸显。同时，在古典共和主义的视角下，梁启超思想当中国民与国家的关系也能得到恰当的安置。古典共和主义所理解的个人与共同体的关系是：个人一定处于政治共同体当中，在政治共同体当中实现自我的本性，获得最完满的生活。在政治共同体当中理解个人，个人与共同体构成相互成全的关系，这正是梁启超理解国民与国家关系的方式。在梁启超的理解中，国民与国家之间不是对立的关系，国民与国家是一体的。梁启超认为，国民生活在国家当中，国家为国民的生活提供保障，国民为国家承担义务，国家由国民构成，民权决定着国权。西方现代以个人主义为基础的自由主义思想认为，个人与国家或社会之间存在紧张的关系，以这种理解为前提，国家被视为需要加以防范的对象，这不是梁启超理解国家的出发点，因而从自由主义视角理解梁启超具有无法克服的理论困境。与此相对，重视群体的视角认为个人完全为群体的利益服务，这与梁启超对国民的重视相背离，因而从群体主义视角或国家主义视角理解梁启超完全丢失了国民的维度。据此，就国民与国家关系这一问题来说，相较于以个人主义为基础的自由主义视角与以群体利益为目的国家主义视角，共和主义的视角，特别是古典共和主义的视角，能够更加完整地呈现梁启超思想中的国民维度与国家维度，并且恰当地揭示梁启超以国民与国家为一体的理解。

结合梁启超的思想转变来看，在 1903 年思想发生巨大转向之前，梁启超强调民权与自由，以卢梭人民主权思想为医治中国的药方，视民主共和政体为向往的政治理想，[①] 同时强调立宪与宪法，以君主立宪为政体之最良

---

① "誓将适彼世界共和政体之祖国，问政求学观其光。"梁启超：《二十世纪太平洋歌》，见《梁启超全集》第十七集，第 602 页。

者。① 在梁启超的思想中，立宪与民权紧密相关，宪法规定着君权、官权与民权的界限，为民权提供保障。虽然梁启超论及民权时大多以不否定君权为前提，但在讨论卢梭人民主权思想和孟德斯鸠共和政体的性质时，其所讨论的政治共同体中是没有君位的，这体现着梁启超思想中的激进面向。梁启超这一时期思想中的激进面向可以通过现代激进民主共和主义的视角加以理解。而其对立宪的强调则可以通过现代宪政共和主义的视角加以理解。在1903年思想发生巨大转变之后，梁启超强调统一与秩序，以伯伦知理国家主权思想作为医治中国的药方，放弃共和政体，以开明专制作为现实政治制度的方案。对于梁启超转变后的政治思想，共和主义同样可以作为理解的视角。因为梁启超正是基于国民参与政治生活的能力及具备政治美德的状况，作出当时不宜施行共和政体的判断。也就是说，梁启超自身正是在共和主义的视角与标准下，对当时的国民状况加以衡量，从而决定放弃以共和政体作为当时的制度选择。梁启超的这一转变，以及他在现实中对共和政体的暂时放弃体现的是其对共和主义视角的运用。从另一个角度来说，共和主义在政体类型上不只包括民主共和政体，就古典共和主义指向混合政体来说，共和主义作为一个思想脉络本身不排斥君主的存在。而梁启超也在立宪的基础上认同君主立宪政体与民主共和政体名异而实同②，并且将民主共和政体称为民主立宪政体③。立宪所体现的宪法之下的分权与制衡原则正是现代宪政共和主义的特征。在这个意义上，现代宪政共和主义既可以为梁启超同时认同民主共和政体与君主立宪政体提供理解的视角，也可以为他暂时放弃民主共和政体转向君主立宪政体甚至开明专制提供理解的视角。其中的关键在于以立宪为要义，而宪法又关联于民权。在宪法与民权的意义上，君主立宪政体与民主共和政体具有实质上的共同点。梁启超在《立宪法议》中指出："宪法与民权，二者不可相离。""不知有君主之立宪，有民主之立宪，两者同为民权，而所以驯致之途亦有由焉。"④

两种现代共和主义所具有的特征同时存在于梁启超的思想当中，两种现代共和主义之间所具有的张力也同样存在于梁启超这一时期的思想当中，他既主张人民主权，又认同对权力进行划分与限制。正是这一对张力使

---

① "君主立宪者，政体之最良者也。"梁启超：《立宪法议》，见《梁启超全集》第二集，第278页。
② 梁启超：《各国宪法异同论》，见《梁启超全集》第十八集，第199页。
③ 梁启超：《立宪法议》，见《梁启超全集》第二集，第278页。
④ 梁启超：《立宪法议》，见《梁启超全集》第二集，第280页。

得梁启超对孟德斯鸠的分权思想既赞同又批评。从政治理论上来讲,他对孟德斯鸠分权理论的批评涉及对主权权力与政府权力不加区分的问题,而这是孟德斯鸠分权理论本身所具有的问题,也是卢梭批评孟德斯鸠分割主权的理由。梁启超也认识到了这一问题,称孟德斯鸠的分权理论没有摆脱混合政体。若分别从国体与政体的角度来看,梁启超后来在针对袁世凯筹安会事件所写的《异哉所谓国体问题者》中进行了更清晰的解释,认为需要加以变革的是政体,也就是变专制为立宪,至于国体,则因顺时势,时势中是君主制则采用君主立宪制,时势中是民主制则采用民主共和制。由此可以看出,梁启超所主张的政治变革的核心是制定宪法与确立民权,不以推翻君主制为目的,但主张君权必须得到限制。而宪法与限权正是现代宪政共和主义所强调的要素。

总体上来说,从共和主义的视角理解梁启超,既能够突出他重视美德这一重要的思想特征,又能够使其对国民与国家关系的理解得到恰当的安置,同时能够体现梁启超思想的前后变化,并且能够涵容他同一时期思想当中所具有的张力。此外,从共和主义的视角理解梁启超,也能够对以往关于梁启超属于自由主义还是国家主义的争论予以回应,即自由主义与国家主义似乎都无法呈现梁启超思想的整体面貌,而共和主义的视角在呈现梁启超思想的整体面貌方面更具优势。

第四,揭示梁启超对于人伦的现代诠释。因为政治关照的是对整全性的生活予以安置,而人伦既构成人们现实生活的真实处境,又是经典教化的核心内容,所以必然成为政治思想所关切的内容。但正是作为人们生活处境与教化核心的人伦在晚清变局中受到了颠覆性的冲击,人伦与以自由平等为代表的现代思想显得格格不入。批判者以自由平等为标准,认为君臣、父子、夫妇之间的人伦秩序是压迫、束缚与奴役的象征。排外者以其所理解的人伦为理由,认为西方自由平等思想毁坏纲常,使人无异于禽兽。人伦与现代自由平等思想之间的张力,是中国与西方两个文明传统在现代相遇之后激烈迸发并且持续存在的问题,也是梁启超早年进行政治思考时一直十分重视的问题。他既不像极端批判者那样主张打破人伦,也不像极端排外者那样主张拒斥现代西方思想,而是试图为人伦寻找现代的诠释方式,或者说寻找平衡人伦与现代西方思想的理解模式与生活方式。在这一过程中,梁启超对传统人伦进行适当的调整与转化,使其适应现代的历史境遇。对人伦进行现代诠释,使梁启超思想对于传统与现代具有双重意义,也使其对于探索如何建立起现代中国的历史进程发挥着极为重要的作用。现代性虽然不是一个必然的方向,也存在很多问题,但却是传统中国必须面对的现实处境。

　　梁启超对人伦进行现代诠释的具体内容为,首先,梁启超认为,人与人之间必然存在主辅之别,但主辅之别不等于压制与奴役,因为每个人都具有独立的人格,在人格独立方面每个人都是平等的,人与人之间应当互相尊重彼此独立平等的人格。再者,就具体的人伦来说,针对君臣一伦,梁启超认为,君臣关系不是主奴关系,不是奴役与被奴役的关系,而是合作的关系。聚焦到忠之德,梁启超指出,忠的对象不应当是君,而应当是国,君亦当忠于国。针对父子之伦,梁启超特别强调的是,父母应当尊重子女独立的人格。梁启超在戊戌变法之前便已经开始对人伦进行现代诠释,在《新民说》中进行了更系统的论述,其在诠释时特别强调平等思想与现代国家思想。揭示梁启超对人伦进行现代诠释所具有的意义,既为理解梁启超提供了新的视角,也为传统思想的现代转化提供了新的方向。

第 2 章 《变法通议》中的教育与政治

2.1 变法与传统

2.1.1 反思与检省：洋务派与守旧者

《变法通议》是梁启超较早时期的著述，主要由陆续刊登于《时务报》①的诸篇文章构成，写作时间集中在戊戌变法之前的 1896 年及 1897 年，另有最后两篇文章作于戊戌变法之后初到日本之时，于 1898 年 12 月至 1899 年 1 月，分三期刊登于他在日本创办的《清议报》上。《梁启超全集》收录的《变法通议》大体以刊登时间为序，呈现其最初发表的状态。②

---

① 《时务报》由汪康年、黄遵宪、梁启超等创办于上海，1896 年 8 月 9 日（光绪二十二年七月初一日）发行首刊。创刊时，汪康年担任总理，梁启超担任撰述。麦孟华、章太炎、徐勤、欧榘甲曾佐理撰述。关于《时务报》的创办，梁启超作有《创办〈时务报〉源委》。《戊戌变法史述论稿》在反思梁启超所述的基础上对《时务报》的创办过程进行了梳理。参见蔡乐苏、张勇、王宪明：《戊戌变法史述论稿》，北京：清华大学出版社，2001 年，第 339—374 页。

② 相较《饮冰室合集》收录的《变法通议》，《梁启超全集》在收录时对篇章顺序进行了调整，将《论女学》与《论幼学》，《学校余论》与《论译书》，《论变法必自平满汉之界始》与《论金银涨落》之间的先后顺序分别进行了对调。调整之后的篇章顺序为：《变法通议》自序》《论不变法之害（《变法通议》一）》《论变法不知本原之害（《变法通议》二）》《论学校一（《变法通议》三之一）总论》《论学校二（《变法通议》三之二）科举》《论学校三（《变法通议》三之三）学会》《论学校四（《变法通议》三之四）师范学校》《论学校五（《变法通议》三之五）幼学》《论学校六（《变法通议》三之六）女学》《论学校七（《变法通议》三之七）译书》《学校余论（《变法通议》三之余）》《论商务十（《变法通议》七之十）金银涨落》《续变法通议论变法必自平满汉之界始（《变法通议》外篇一，续《时务报》五十册）》《论变法后安置守旧大臣之法（《变法通议》四）官制篇》。各篇在《时务报》及《清议报》发表时对应的册数和时间为：《自序》在《时务报》第一册，1896 年 8 月 9 日；《论不变法之害》在第二册，1896 年 8 月 19 日；《论变法不知本原之害》在第三册，1896 年 8 月 29 日。另有《续论变法不知本原之害》，在第三十九册，1897 年 9 月 15 日。《梁启超全集》将两篇合在了一起，即《全集》中《论变法不知本原之害》一文中，从"去岁，李相国使欧洲"到结尾，是《续论变法不知本原之害》中的内容，两篇发表的时间相隔一年。《总论》在第五册和第六册，1896 年 9 月 17 日及 27 日；《科举》在第七册和第八册，1896 年 10 月 7 日和 17 日；《学会》在第十册，1896 年 11 月 5 日；《师范学校》在第十五册，1896 年 12 月 25 日；《幼学》在第十六册至第十九册，1897 年 1 月 3 日及 13 日，2 月 22 日，3 月 3 日；《女学》在（接下页注释）

从《变法通议》写作的时间来看,《变法通议》作于鸦片战争之后五十余年,洋务运动开展三十余年之时,且在甲午战争爆发及《马关条约》签署不久之后。在梁启超看来,若参照同样推行变法的日本的情形,洋务运动理应在当时收获一定的成效。但就现实情况来看,梁启超认为,洋务运动不仅在效果上不能令人满意,而且若按当前的方向继续下去,国家将会陷入更加危险、更为艰难的境地,所以必须对现行的变法措施进一步推行变法,在已经施行变法之时主张进一步的变法,以期在亡羊之后寻求补牢之方,"亡羊补牢,未为迟也"①。就洋务运动所推行的措施来说,梁启超的评价为:"前此之言变者,非真能变也,即吾向者所谓补苴罅漏,弥缝蚁穴,漂摇一至,同归死亡,而于去陈用新,改弦更张之道,未始有合也。""今之言变法者,其荦荦大端,必曰练兵也、开矿也、通商也。"②《变法通议》以反思洋务运动为前提,甲午战争前后,对洋务运动的反思在部分思想家当中已形成一定的共识,王韬、郑观应、薛福成、马建忠、陈炽、胡礼垣等均对洋务运动存在的问题进行

(接上页注释) 第二十三册和第二十五册,1897 年 4 月 12 日及 5 月 2 日;《译书》在第二十七、第二十九册和第三十三册,1897 年 5 月 22 日、6 月 10 日及 7 月 20 日;《学校余论》在第三十六册,1897 年 8 月 18 日;《金银涨落》在第四十三册,1897 年 10 月 26 日。《论变法必自平满汉之界始》在《清议报》第一册和第二册,1898 年 12 月 23 日及 1899 年 1 月 2 日;《论变法后安置守旧大臣之法》在第四册,1899 年 1 月 22 日。从《变法通议》各篇的命名上可以看出,已刊的篇章应该只是梁启超写作计划的一部分,另有其他部分的内容没能呈现出来。在《〈变法通议〉自序》一篇的结尾,梁启超称:"为六十篇,分类十二,知我罪我,其无辞焉。"由此可以看出梁启超针对《变法通议》的写作计划。此外,戊戌变法期间,光绪帝曾召见梁启超并命其进呈《变法通议》。梁启超在向光绪帝进呈《变法通议》时对篇目进行了调整,进呈本《变法通议》与最初刊登于《时务报》上的版本篇目有所不同。关于进呈本《变法通议》及梁启超写作《变法通议》的计划,参见茅海建:《梁启超〈变法通议〉进呈本阅读报告》,《近代史研究》,2016 年第 6 期;茅海建:《戊戌时期康有为、梁启超的思想》,北京:生活·读书·新知三联书店,2021 年,第 507—520 页。

① 梁启超:《论不变法之害(〈变法通议〉一)》,见《梁启超全集》第一集,第 27 页。
② 梁启超:《论变法不知本原之害(〈变法通议〉二)》,见《梁启超全集》第一集,第 29 页。此外,在梁启超看来,洋务运动将变法措施集中于这几个领域,一个重要的原因还在于,时人过于听信西人之言。梁启超论及 1896 年李鸿章出使欧洲时俾斯麦给予的治国之道,称德国之强在于练兵,中国之患在于兵少且不练,船械窳且乏。但梁启超告诫时人:"亡天下者,必此言也。"梁启超作出如此判断的原因在于,西人所言应当予以变法的领域,如练兵、置器、铁路、轮船、开矿等,都是西方有利可图的领域,西人所言乃是为其国谋利,而非有益于中国。因此,梁启超认为,明智者不应对西人言论"深信谨奉",更不能将西人所言作为变法的方向。梁启超引用英国传教士李提摩太(Timothy Richard,1845—1919)在《西铎》中的言论进一步言明:"西官之为中国谋者,实以保护本国之权利耳。"梁启超:《论变法不知本原之害(〈变法通议〉二)》,见《梁启超全集》第一集,第 31—32 页。再者,关于任用西人的问题,在陈启云的研究中,梁启超反对任用西人是其态度与上海广学会政策提议存在冲突的一个表现。参见陈启云:《梁启超与清末西方传教士之互动研究——传教士对于维新派影响的个案分析》,宋鸥译,《史学集刊》,2006 年第 4 期。

反思①，并提出进一步在制度上进行变革的方案。清廷内部同样形成主张维新变法和推行新政的趋势②。梁启超在《变法通议》中主张，变法应由洋务派所重视的军械兵器转向更根本的制度与学术的层面。

其实，洋务大臣并非对只重视船炮武备的变法方向没有反思。梁启超在《论学校二(〈变法通议〉三之二)科举》一文的结尾部分，通过小字夹注的方式全文摘录了一封恭亲王奕䜣的奏折。在这封奏折中，恭亲王奕䜣表达出对当下洋务运动只重轮船枪炮之务的反思，并主张学习西人制器之度数，延聘西人讲解制器背后的自然科学。他在奏折中称："臣等伏查此次招考天文、算学之议，并非务奇好异，震于西人术数之学也。盖以西人制器之法，无不由度数而生，今中国议欲讲求制造轮船机器诸法，苟不藉西士为先导，俾讲明机巧之原，制作之本，窃恐师心自用，枉费钱粮，仍无裨于实际，是以臣等衡量再三，而有此奏。……不知中国所当学者，固不止轮船枪炮一事，即以轮船枪炮而论，雇买以应其用，计虽便而法终在人，讲求以彻其原，法既

---

① 李喜所、元青：《梁启超新传》，北京：商务印书馆，2015年，第24—25页。
② 《梁任公先生年谱长编(初稿)》在光绪二十一年乙未(1895年)条目中对新政情形有所刻画。参见丁文江、赵丰田编，欧阳哲生整理：《梁任公先生年谱长编(初稿)》，北京：中华书局，2010年，第26页。《戊戌变法史述论稿》对李鸿章及张之洞身边的维新风气进行了刻画，特别强调了汪康年的维新思想与行动。参见蔡乐苏，张勇，王宪明：《戊戌变法史述论稿》，第340—346页。另外，陈启云指出，甲午战争之后，戊戌变法之前，维新变法获得了更广泛的认同。主要表现在：第一，上海传教士组织广学会(SDK，Society for the Diffusion of Christian and General Knowledge in Shanghai；原名同文书会，the Chinese Book and Tract Society)于1895年刊印的介绍西方的出版物受到空前欢迎；第二，广学会总干事李提摩太于1895年10月至1896年2月在北京访问，访问期间受到北京士绅的欢迎；第三，由传教士林乐知主编的上海广学会的机关刊物《万国公报》，当时在中国具有广泛的影响；第四，1896年8月，《时务报》于上海首次刊行便受到极大的欢迎。由此，陈启云认为当时已经形成了炽热的改革浪潮。同时，陈启云指出，西方传教士创办的报刊和翻译的西学著作对康有为和梁启超产生很大影响。康有为与梁启超皆与李提摩太有过交往，1895年李提摩太在北京期间与康有为和梁启超相识。根据李提摩太在《亲历晚清四十五年》中的记述，在得知李提摩太需要一名秘书时，梁启超"自告奋勇，表示愿意服务"，在其居于北京的那段时间里，梁启超一直协助他工作。参见陈启云：《梁启超与清末西方传教士之互动研究——传教士对于维新派影响的个案分析》，宋鸥译，《史学集刊》，2006年第4期。关于李提摩太对梁启超的记述，参见李提摩太：《亲历晚清四十五年——李提摩太在华回忆录》，李宪堂、侯林莉译，北京：人民出版社，2011年，第239页。此外，关于康有为通过西方传教士的译著了解西学的问题，茅海建在《从甲午到戊戌：康有为〈我史〉鉴注》中亦有提及，并以冯自由在《革命逸史》中的叙述作为参考。参见茅海建：《从甲午到戊戌：康有为〈我史〉鉴注》，北京：生活·读书·新知三联书店，2009年，第136页。亦可参见茅海建：《中学或西学？——戊戌时期康有为、梁启超学术思想与政治思想的底色》，《广东社会科学》，2019年第4期。

明而用将在我,盖一则权宜之策,一则久远之谋,孰得孰失,不待辨而明矣。"①梁启超十分认同奏折所论的内容,痛惜当时的奏议没能得到很好的推行:"得旨依议,其时正当日本初次遣人出洋学习之时耳,此议若行,中学与西学,不至划为两途,而正途出身之士大夫,莫不挈心此间以待用,至今三十年,向之所谓编检及五品以下官,皆位卿孤矣。用以更新百度,力图富强,西方大国,犹将畏之,而况于区区之日本乎!乃彼时倭文端方以理学名臣,主持清议,一时不及平心详究,遂以用彝变夏之说,抗疏力争,遽尼成议。"②梁启超指出,恭亲王奕䜣上呈这封奏折时正值日本初次派遣留学生,中国若能在当时学习西学,则中西之学不至划为两途,而且中国也将成为有实力的强国。从梁启超对恭亲王奕䜣奏折的评价也可以看出,他认为应当对洋务运动予以变革的地方在于应向西方学习西学。梁启超这里看到并认同的是向西方学习西学的主张,但没有意识到奏折中所指的西学主要指格致之学,因而没有针对这一点进行批评。在梁启超看来,向西方学习格致之学是不够的,其《变法通议》中主张的是向西方学习政学。

除恭亲王奕䜣在奏折中对洋务运动进行的反思之外,梁启超还提到,1875年(光绪元年)清廷筹议海防事宜,郭嵩焘上奏《条议海防事宜疏》,在讨论海防事宜的同时,论及如何向西方学习及明晰本末之制的内容。郭嵩焘在这封奏折中称:"窃以为中国与洋人交涉,当先究知其国政、军政之得失,商情之利病,而后可以师其用兵制器之方,以求积渐之功。如今各口设立机器局及遣中国子弟赴西洋学习其法度、程式,皆积渐之功,收效数十年

---

① 梁启超:《论学校二(〈变法通议〉三之二)科举》,见《梁启超全集》第一集,第48—49页。这封奏折是恭亲王奕䜣于1867年年初上奏的,强调在京师同文馆中增设一馆以讲求天文和算学的必要性。在这封奏折之前,恭亲王等于1866年年末上奏了一封请求在京师同文馆中增设天文算学馆奏折,提议"招收满汉举人、恩、拔、副、岁、优贡生,并前项正途出身之五品下京外各官,考试录取,延聘西人在馆教习",两封奏折内容相承接。这两封奏折的内容引起张盛藻、倭仁等大臣的反对,且二人先后上奏。由同文馆增设天文算学馆引发的争论在当时持续了半年的时间,成为晚清同治初年一项重要的文化与政治事件。有关同文馆之争的始末,参见项锷:《再论同文馆之争》,《深圳大学学报》(人文社会科学版),2006第2期;刘广京:《一八六七年同文馆的争议——洋务运动专题研究之一》,《复旦学报》(社会科学版),1982年第5期;佐藤慎一:《近代中国的知识分子与文明》,刘岳兵译,南京:江苏人民出版社,2006年,第50页。奏章原文可参见中国科学院近代史研究所史料编辑室、中央档案馆明清档案部编辑编:《洋务运动》第二册,上海:上海人民出版社,1961年,第22—27页。

② 梁启超:《论学校二(〈变法通议〉三之二)科举》,见《梁启超全集》第一集,第48—49页。

第 2 章 《变法通议》中的教育与政治

之后者。其行之之本则在乎审轻重之势，明曲直之机，求通变之才，务真实之用。西洋之法，通国士民一出于学，律法、军政、船政下及工艺，皆由学升进而专习之。……故夫政教之及人本也，防边末也，而边防一事，又有其本末存焉。敬绎六条之议：如练兵、制器、造船、理财，数者皆末也；至言其本，则用人而已矣。"①郭嵩焘认识到，相较于用兵制器之方，律政法度具有更根本的意义，应当在这些领域向西方学习，以求积渐之功。同时，郭嵩焘还认为，就政教与防边来说，以政教为本；就边防内部之事来说，以用人为本。郭嵩焘基于本末对变法诸业的分析是非常深刻的，尤其提出"政教之及人本也"这一点，但其提及的务本建议没能得到落实，当时国家存在的问题一直延续到梁启超写作《变法通议》的时期，并且变得日益严重。

梁启超在《〈西政丛书〉叙》中同样对洋务派的变法措施进行了反思："互市以后，海隅士夫怵念于败衄，归咎于武备，注意于船械，兴想于制造，而推本于格致。……然而旧习未涤，新见未莹，则咸以为吾中国之所以见弱于西人者，惟是武备之未讲，船械之未精，制造之未习，格致之未娴，而于西人所以立国之本末，其何以不戾于公理，而合于吾圣人之义，则瞠乎未始有见。"②总体上，梁启超认为洋务派所关注的领域并不是导致中国贫弱现状的本原。洋务派重视武备船械制造，并以格致之学为西方致强之本原，格致之学指自然科学。但梁启超认为，格致之学并不是西方致强的本原，因而也不应成为向西方学习的根本之学。在梁启超看来，更根本的领域在于，决定"西人所以立国之本末"的政学。梁启超在反思洋务运动的基础上，将向西方学习的领域推进至"政学"。《变法通议》体现了梁启超对洋

---

① 郭嵩焘奏折的原文，参见郭嵩焘撰：《郭嵩焘奏稿》，杨坚校补，长沙：岳麓书社，1983 年，第 344 页。严复于 1871 年从福州船政学堂毕业，之后在李鸿章和沈葆桢的奏议之下，于 1877 年以清廷公派生的身份到英国伦敦留学，这批留学生的华监督为李凤苞，洋监督为日意格，马建忠作为随员一同前往。严复先至朴次茅斯(Portsmouth)大学院学习海军驾驶，与当时清廷第一任驻英公使郭嵩焘结识。在郭嵩焘的帮助下，严复被保送至格林尼治皇家海军学院(Greenwich Naval College)学习。在对西方富强原因之本末的理解方面，郭嵩焘对严复产生了很大的影响，严复在《论世变之亟》一文中对郭嵩焘所论亦有引用。关于严复留学及与郭嵩焘相识的经历，参见罗耀九主编：《严复年谱新编》，厦门：鹭江出版社，2004 年，第 36—40 页。关于郭嵩焘对严复的影响，参见本杰明·史华兹：《寻求富强：严复与西方》，叶凤美译，南京：江苏人民出版社，2005 年，第 19—20 页；郭道平：《19 世纪后期关于"富强"的本末观——以郭嵩焘和严复为中心》，《北京大学学报》(哲学社会科学版)，2014 年第 2 期。

② 梁启超：《〈西政丛书〉叙》，见《梁启超全集》第一集，第 194 页。

务运动的反思、总结与评价,理解《变法通议》应以梁启超对洋务运动的反思为前提。

从《变法通议》的内容来看,梁启超倡议变法既针对当时主导变法的洋务官员,又针对当时反对施行变法的守旧者。针对洋务官员,梁启超强调的是当时所推行的变法存在很大的问题,针对守旧者,梁启超强调的是推行变法的必要性。总体而言,梁启超主张应在更深入、更本原的层面推行变法。无论是主导变法的洋务官员,还是反对变法的守旧者,这两个群体均是对变法本身有所认知且有所反思的群体,但大多数国民对于变法处于没有觉知的状态。梁启超希望能够同时唤醒三者:令洋务官员认识到,轮船枪炮反映的只是表面之强,其背后有更为根本的"所以强之理由",而所以强之根本理由并不来自格致之学,而是来自政学,故而应向西方学习政学;令守旧者意识到,传统并不排斥变法,并且惟有通过变法才能守护传统,因而必须推行变法;令无觉知者认识到,国家与文明正处于深重的危机之中,必须通过变法挽救危机中的国家与文明。在反思洋务运动的基础上,梁启超直面中西之学的遭遇,从学校科举制度开始对变法的讨论,以提升民智才力为变法的目的,这些构成梁启超在《变法通议》中所讨论的主要议题。

2.1.2 责难与回应:传统与时见

梁启超写作《变法通议》的目的在于推行变法,而变法必将对传统带来挑战,因此,如何处理变法与传统的关系,直接关乎变法主张在文明传统内部能否被接受。梁启超在《变法通议》中多次论及变法与传统的关系,重视这一问题本身可以说明,他所主张的变法一定不以否定和丢弃传统为前提。此外,梁启超重视变法与传统的关系也与守旧者有关,因为守旧者拒绝变法的理由是,变法破坏了世代因袭的祖宗之法。

针对守旧者的这一立场,梁启超首先从天道的层面揭示出变易乃是天道固有的本性与现象,并非人为所致,并将变易称为"公理"。"故夫变者,古今之公理也。……上下千岁,无时不变,无事不变,公理有固然,非夫人之为也。"[1]但梁启超认为天道的变易惟有通过人的参与才能获得趋向于善的保证,否则会有趋向于敝的可能:"今夫自然之变,天之道也,或变则善,或变

---

[1] 梁启超:《〈变法通议〉自序》,见《梁启超全集》第一集,第21页。

则敝,有人道焉,则智者之所审也。"①梁启超实际上是在强调人的重要性,这里体现出其受到了《天演论》的影响。梁启超基于天道揭示出变易的绝对性与恒常性,同时也在强调人在促成变易趋向于善的过程中具有不可替代的意义。

梁启超从讨论天道进而过渡到讨论治国,指出祖宗之制、祖宗之法与天道一样,一直处于变易当中。即使是最初所制定的善法,若只是世世代代听之任之地加以施行,则其同样会有趋向于敝的可能。因此必须在施行的过程中对祖宗之制、祖宗之法加以调整,从而使最初的善制善法能够始终在趋向于善的方向上运行。"惟治亦然,委心任运,听其流变,则日趋于敝;振刷整顿,斟酌通变,则日趋于善。"②按照这样的理解,变法实际上是对传统制度进行必要的调整,从而使传统之制成为一项运行于当下的良善的制度。据此,梁启超所提倡的变法既不是对传统的毁坏,也不是对传统的背叛,而是一种谨慎敏锐且负责任的坚守。相反,拒绝变法者恰恰是陷溺传统的人,是没能守护传统的人,拒绝变法者所守的不是作为善法的传统,而是当下的时风观念与因循的惯性之制。如梁启超在《〈变法通议〉自序》中所论:"吾揆之于古,一姓受命,创法立制,数叶以后,其子孙之所奉行,必有以异于其祖、父矣,而彼君民上下,犹偭焉以为吾今日之法吾祖。前者以之治天下而治,蕲然守之,因循不察,渐移渐变,百事废弛,卒至疲敝,不可收拾。"③

这里涉及时下与传统的关系问题。首先,时下之制固然由传统演变而来,与传统具有一贯性和统一性,但与传统又有分别。居于时下的个体应当对时下保持敏锐的省察与警惕,基于传统检省时下的弊病,并及时对时下之制进行调整,从而推行适应时势的善制。以时下为传统,无察于时下的弊病,是对时下与传统缺乏理性的认知。梁启超在《变法通议》中试图向守旧者阐明时下与传统之间的关系,并以此作为推行变法的理论基础。再者,以守时下为守传统的人蔽于所见,拒绝对传统制度进行适时且及时的调整,最终将使真正的传统堕入无法挽救的境地。这正是令梁启超最为担心和忧虑的事情,也是令他最为痛心和悲愤的事情。这更是梁启超向国人倡言变法的根本原因,即变法是为了挽救和守护国人共同生活于其中的文明传统。他觉察到,若按照守旧者的立场和洋务官员的方向,以孔子之学为根基的中

---

① 梁启超:《〈变法通议〉自序》,见《梁启超全集》第一集,第21页。
② 梁启超:《〈变法通议〉自序》,见《梁启超全集》第一集,第21页。
③ 梁启超:《〈变法通议〉自序》,见《梁启超全集》第一集,第21页。

国文明传统将会陷入绝境。

在《论不变法之害》一文中,梁启超首先列举印度、突厥、波兰、非洲、中亚洲回部、越南、缅甸、高丽这些因守旧而败落的国家和地区,作为反面的教训警醒国人若不行变法则会重蹈其覆辙;他继而列举俄国、德国和日本三个因施行变法而日渐强盛的国家,作为正面应该效仿的对象告诫国人应当向其学习实行变法以图自强;接着,梁启超还提到,西班牙与荷兰两个国家于三百年前原本"属地遍天下",而因"内治稍弛"随即沦落,而暹罗原本与越南和缅甸"同一绵薄",但"稍自振厉",则"岿然尚存"。① 由此,基于世界各国的历史经验,梁启超揭示出变法与国力之间的关系,并希望国人能鉴往知来,改变现有的积习和弊政,寻求治国的善政。这里梁启超连续引用孟子的论述以说明国人必善治其国的道理:"孟子曰:国必自伐然后人伐之。又曰:未闻以千里畏人者也。又曰:能治其国家,谁敢侮之。"②梁启超还通过列举清代先帝曾施行诸多变法措施的方式对守旧者的责难予以回应,提及先帝在服色、文字、历法、赋法、役法、刑法、礼制等方面的变法举措,进而说明无论是前代之法还是本朝之法,皆非不可改变,应为经世考虑,因时变制,以求善法。③ 梁启超列举清代先帝所推行的变法措施,用意还在于,说明时下推行变法乃是继承清代一直以来"善变"的传统。但需要注意的是,不能因沿着梁启超的论证思路而忽略一个事实,即他此时所提倡的变法与清代先帝所推行的制度变革存在巨大的差异,甚至可以说具有本质上的不同。两者的不同之处在于,晚清时局在西方文明冲击下所产生的变法要求触及了文明传统的内核,而梁启超所列举的清代先帝所推行的制度变革不触及这一内核。

其实梁启超也并非对其所倡变法的特殊性全然没有意识,他深知中国当时所遭遇的西方文明与中国历史上曾经遭遇过的外来文明极为不同,西方文明所带来的危机也前所未有,因而危机所逼迫的变法当属不同的层次与性质。如其在《论不变法之害》中称:"秦后至今,垂二千年,时局匪有大

---

① 梁启超:《论不变法之害(〈变法通议〉一)》,见《梁启超全集》第一集,第24页。
② 梁启超:《论不变法之害(〈变法通议〉一)》,见《梁启超全集》第一集,第24页。
③ 梁启超:《论不变法之害(〈变法通议〉一)》,见《梁启超全集》第一集,第24—25页。康有为在《上清帝第一书》中亦有相似的论述:"今论治者,皆知其弊,然以为祖宗之法,莫之敢言变,岂不诚恭顺哉?然未深思国家治败之故也。今之法例,虽云承列圣之旧,实皆六朝、唐、宋、元、明之弊政也。我先帝抚有天下,不用满洲之法典,而采前明之遗制,不过因其俗而已,然则世祖章皇帝已变太祖、太宗之法矣。"康有为:《上清帝第一书》,见《康有为全集》第一集,姜义华、张荣华编校,北京:中国人民大学出版社,2007年,第183页。

殊,故治法亦可不改。"①"使能闭关画界,永绝外敌,终古为独立之国,则墨守斯法,世世仍之,稍加整顿,未尝不足以治天下,而无如其忽与泰西诸国相遇也。"②认为晚清时期中国所处的时局、所面临的危机是前所未有的,这在晚清士人当中构成一定的共识。③ 此外,将解决危机的途径归为学习西学,在当时也形成了一定的共识,严复是主张学习西学的代表,但在具体理解上,严复与梁启超又有所不同。在《论世变之亟》的结尾处,严复警醒国人要意识到国家现今所处的局势非常危险、所遭遇的祸患非常深重,并将这一局势和祸患归罪于国人的怙私心态,认为国人的这种心态造成了拒绝向西方学习的结果。就《论世变之亟》中的论述来看,严复要强调的是,西方的到来给近代中国造成了前所未有的变化,即中国正面临着前所未有的、可能导致亡国灭种的危机,但这一危机又不单单来自于西方,国人的怙私心态是导致祸患至此的根源。因此,解决危机、达至富强的途径是,去除面对西方时所持有的私心和偏见,学习西学。西方与西学是严复所强调的要点,他认为应以学习西学本身为目的,这与梁启超所提出的变法主张不完全相同。在梁启超思想中,学习西学不构成目的本身,而且,梁启超会同时考虑传统思想的现代意义。此外,严复在《论世变之亟》中讨论的重点,亦不在于梁启超在《变法通议》中所强调的,学习西方的内容应该由轮船枪炮转向政学与制度或"所以然之理"这个维度。

梁启超还指出,法因时而变,但"圣人制礼,万世不易"④。他在《〈变法通议〉自序》中提到:"代兴者审其敝而变之,斯为新王矣。"⑤这一论述是受

---

① 梁启超:《论不变法之害(〈变法通议〉一)》,见《梁启超全集》第一集,第 25 页。
② 梁启超:《论不变法之害(〈变法通议〉一)》,见《梁启超全集》第一集,第 26 页。
③ 严复与康有为对于晚清的变局也持有同样的判断。就严复来说,如其在《论世变之亟》开篇所言:"呜呼! 观今日之世变,盖自秦以来未有若斯之亟也。"严复在行文中称:"虽然,使至于今,吾为吾治,而跨海之汽舟不来,缩地之飞车不至,则神州之众,老死不与异族相往来。富者常享其富,贫者常安其贫。明天泽之义,则冠履之分严;崇柔让之教,则嚣凌之氛泯。偏灾虽繁,有补苴之术;奸宄虽夥,有剿绝之方。此纵难言郅治乎,亦用相安而已。而孰意患常出于所虑之外,乃有何物泰西其人者,盖自高颡深目之伦,杂出此结袵编发之中,则我四千年文物声明,已奂然有不终日之虑。"在结尾处,严复再次强调:"故其端起于大夫士之怙私,而其祸可至于亡国灭种,四分五裂,而不可收拾。由是观之,仆之前言,过乎否耶。"参见严复著:《论世变之亟》,见《严复集》第一册,第 1—5 页。在《原强》一文中,严复从人种的角度阐述危难的时局:"吾辈一身即不足惜,如吾子孙与中国之人种何。""此皆著自古昔者也。其间递嬗,要不过一姓之废兴,而人民则犹此人民,声教则犹古声教,然则即无讳,损益可知。"参见严复:《原强》,见《严复集》第一册,第 9 页。
④ 梁启超:《论不变法之害(〈变法通议〉一)》,见《梁启超全集》第一集,第 25 页。
⑤ 梁启超:《〈变法通议〉自序》,见《梁启超全集》第一集,第 21 页。

今文经学影响的结果,是运用今文经学的思想解释变法的意义。就梁启超此处的论述来说,首先,这里的新王与圣人或许不应理解为有所实指,而应理解为对审时度势的变法者的赞美,同时也是对适应时势的变法措施的赞美。此外,就"代兴者审其敝而变之,斯为新王矣"这一论断来说,世人不能以此为依据任意变革制度,梁启超这里强调的是,使祖法趋向于善的变法是每个时代都要推行的事业。再者,世人也不能以变法作为理解圣王的标准,梁启超论述的重点不在于如何理解圣王,而在于强调应该适时地推行变法。除此之外,还应该明确的是,就变革祖法而言,所变的乃是一时之制,所不能变的是祖法中承载的圣人之意。如梁启超在《论不变法之害》中所论:"《记》曰:法先王者法其意。今泥祖宗之法,而戾祖宗之意,是乌得为善法祖矣乎。"①

2.1.3 变法与西学:异地与夷夏

《〈变法通议〉自序》及《论不变法之害(〈变法通议〉一)》前半部分均是从整体上论证变法的必要性,并未明确提出要推行的新法究竟为何,直到《论不变法之害》这篇的中间乃至偏后的部分,梁启超才提到要推行的新法是西人所行之法,是西人治国之道。所以,就《变法通议》的写作来说,在真正提出以西人之法为变法的取法对象之前,梁启超实际上做了很长的铺垫。而作为新法的西人之法在《变法通议》中第一次被提及,是在梁启超代责难者所发出的疑问当中。"难者曰:法固因时而易,亦因地而行,今子所谓新法者,西人习而安之,故能有功,苟迁其地,则弗良矣。"②在前面的讨论中,梁启超主要围绕变法的必要性展开论述,讨论至此,则触及了可行性的问题。针对责难者所怀疑的西人之法能否地异而行的问题,梁启超总体上的回应是:"泰西治国之道,富强之原,非振古如兹也,盖自百年以来焉耳。举官新制,起于嘉庆十七年。"③在"起于嘉庆十七年"之后,梁启超在小字夹注中说明:"先是,欧洲举议院及地方官,惟拥厚赀者能有此权。是年,拿破仑变西班牙之政,始令人人可以举官。"由梁启超的解释可以看出,他对西方的古今之变有所认知,认识到西方现行的治国之道乃是西方近现代之事,与古代不

---

① 梁启超:《论不变法之害(〈变法通议〉一)》,见《梁启超全集》第一集,第25页。
② 梁启超:《论不变法之害(〈变法通议〉一)》,见《梁启超全集》第一集,第26页。
③ 梁启超:《论不变法之害(〈变法通议〉一)》,见《梁启超全集》第一集,第26页。

同。梁启超了解西方现代化变革的一个重要途径是阅读当时传教士有关西方历史的译著。在提到欧洲变革乃是西方近百年之事后面,他用小字注明:"英人李提摩太近译《泰西新史揽要》言之最详。"①梁启超对西方治国之道在中国的适应性问题似乎没有太多忧虑,如其所论:"然则吾所谓新法者,皆非西人所故有,而实为西人所改造,改而施之西方,与改而施之东方,其情

---

① 梁启超:《论不变法之害(〈变法通议〉一)》,见《梁启超全集》第一集,第 26 页。《泰西新史揽要》原名《十九世纪史》(*History of the Nineteenth Century*),作者是英国人罗伯特·麦肯齐(Robert Mackenzie),1889 年于伦敦首次出版。中译本为李提摩太(Timothy Richard,1845—1919)口译,蔡尔康笔录而成,译文摘要于 1894 年在上海《万国公报》连载,初名《泰西近百年来大事记》,完整版于 1895 年由上海广学会出版,名为《泰西新史揽要》。梁启超最初对西学的了解,主要是通过西方传教士的译著和著作。在《清代学术概论》中,梁启超记述其在万木草堂求学时的经历称:"草堂常课,除《公羊传》外,则点读《资治通鉴》《宋元学案》《朱子语类》等,又时时习古礼。千秋、启超弗嗜也,则相与治周、秦诸子及佛典,亦涉猎清儒经济书及译本西籍,皆就有为决疑滞。"梁启超:《清代学术概论·二十五》,见《梁启超全集》第十集,第 277 页。关于西方传教士在晚清所产生的影响,参见王飚:《传教士文化与中国文学近代化变革的起步》,《汉语言文学研究》,2010 年第 1 期。1895 年 2 月,梁启超与康有为一同到北京参加会试,居于北京的这段时间,梁启超结识了谭嗣同、陈炽、杨锐、吴季清、吴铁樵等人。1896 年 4 月,梁启超到上海之后,又结识了黄遵宪、马相伯、马眉叔、严复等人。参见丁文江、赵丰田:《梁任公先生年谱长编(初稿)》,第 19—31 页。新结识的士人在西学方面给梁启超带来新的影响。如梁启超在 1895 年给夏曾佑的一封信中提到:"弟在此新交陈君次亮状,此君由西学入,气魄绝伦,能任事,甚聪明,与之言,无不悬解,洵异才也。"参见丁文江、赵丰田编:《梁任公先生年谱长编(初稿)》,第 28 页。又如《曼殊室戊辰笔记》所记,梁启超在上海担任《时务报》主笔时与马相伯、马眉叔兄弟学习拉丁文,"伯兄以作报论之余暇,更从丹徒马相伯、眉叔兄弟学习拉丁文"。参见丁文江、赵丰田编:《梁任公先生年谱长编(初稿)》,第 30 页。此外,《梁任公先生年谱长编(初稿)》第 32 页收录的《时务报时代之梁任公》一段中对此亦有记述,同时这一段还述及马眉叔所作《马氏文通》与严复所译《天演论》均在未出版之前示以梁启超。严复于 1896 年《时务报》第七册刊出后写给梁启超的信中亦提到将《天演论》译稿寄给梁启超。参见严复:《与梁启超书》三封之第一封,见《严复集》第三册,第 513—514 页。此时与梁启超结识交往的士人对其产生的影响不仅局限于西学方面,梁启超在《清代学术概论》中回忆称:"启超屡游京师,渐交当世士大夫,而其讲学最契之友,曰夏曾佑、谭嗣同。""而启超之学受夏、谭影响亦至巨。"《梁任公先生年谱长编(初稿)》第 29 页收录了此段论述。关于谭嗣同对梁启超的影响,《梁任公先生年谱长编(初稿)》引述《曼殊室戊辰笔记》中的记述称:"更喜谭佛学。"另外,《梁任公先生年谱长编(初稿)》还引述了梁启超创作的小说《新中国未来记》中的段落,认为小说中讲述的内容同样可以证明康有为《长兴学记》和谭嗣同《仁说》对梁启超产生了深刻的影响。参见丁文江、赵丰田编:《梁任公先生年谱长编(初稿)》,第 23、16—17 页。关于梁启超与谭嗣同相识的时间,在以往的研究中存在不同的观点。根据梁启超在《三十自述》中的记述,其与谭嗣同相识是在 1895 年,但汤志钧认为是 1896 年梁启超在北京时,另有研究认为是 1896 年梁启超到上海后。吴天任《梁启超年谱》取梁启超自述的时间,李喜所《梁启超新传》取汤志钧的研究成果。参见吴天任:《订补梁任公先生年谱序例》,见《梁启超年谱》第一册,广州:广东人民出版社,2018 年,"序例"第 4 页;李喜所、元青:《梁启超新传》,北京:商务印书馆,2015 年,第 62 页。

形不殊,盖无疑矣。"①梁启超对这一问题没有太多忧虑的原因在于,"况蒸蒸然起于东土者,尚明有因变致强之日本乎",②即以同属于东方的日本作为参照,看到日本因学习西方而变得强盛,据此相信西人之法可以行诸东方,并且能够帮助中国实现强国的目的。③ 但事实上,西方治国之道在中国的适应性问题是一个真实存在的问题,而且如果进行更细致的思考,会涉及如何进行学习,在哪些领域内进行学习,在怎样的程度上进行学习,以及与自身传统如何相融等一系列的问题。所以,虽然这里梁启超以日本为例认为将西方治国之道行之于中国并不存在异地适应性的问题,但这个问题本身并不像梁启超所论述的那样简单,而且日本的经验也不能直接为中国提供借鉴。

学习西方治国之道,除了存在异地适应性的问题,还存在"用彝变夏"观念的阻碍问题。梁启超对"用彝变夏"观念的回应主要包括两个角度。首先,从学的角度,梁启超强调不耻学于人是古时圣人之德:"孔子曰:天子失官,学在四彝。春秋之例,彝狄进至中国则中国之。古之圣人未尝以学于

---

① 梁启超:《论不变法之害(〈变法通议〉一)》,见《梁启超全集》第一集,第 26 页。
② 梁启超:《论不变法之害(〈变法通议〉一)》,见《梁启超全集》第一集,第 26 页。
③ 关于梁启超早年对日本的了解,狭间直树在《东亚近代文明史上梁启超》一书中有所讨论。狭间直树指出,梁启超此时了解日本的一个信息来源是,黄遵宪于 1887 年完成,并于 1896 年前后发行的《日本国志》,另一个来源是康有为。参见狭间直树主讲:《东亚近代文明史上的梁启超》,第 22—26 页。虽然康有为于 1896 年年底开始编写《日本书目志》,但茅海建在《从甲午到戊戌:康有为〈我史〉鉴注》中指出,在此之前康有为便对日本的书目予以关注。参见茅海建:《从甲午到戊戌:康有为〈我史〉鉴注》,北京:生活·读书·新知三联书店,2009 年,第 182—183 页。梁启超作有《读〈日本书目志〉书后》,从译者的角度强调《日本书目志》的意义,并全文摘录了康有为所作《自序》的内容。《读〈日本书目志〉书后》刊登在 1897 年 11 月 15 日(光绪二十三年十月二十一日)出版的《时务报》第四十五册上。从康有为所作《自序》可以看出其对洋务运动的反思:"然泰西之强,不在军兵炮械之末,而在其士人之学。"此外,康有为在《自序》中还表达出其对取法日本的理解:"泰西之变法,至迟也,故自倍根至今五百年,而治艺乃成。日本之步武泰西,至速也,故自维新至今三十年,而治艺已成。大地之中,变法而骤强者,惟俄与日也。俄远而治效不著,文字不同也。吾今取之至近之日本,察其变法之条理先后,则吾之治效,可三年而成,尤为捷疾也。"梁启超:《读〈日本书目志〉书后》,见《梁启超全集》第一集,第 284 页;康有为:《日本书目志·自序》,见《康有为全集》第三集,第 263—264 页。关于康有为《日本书目志》的内容,王宝平在《康有为〈日本书目志〉资料来源考》一文中指出,《日本书目志》实出自日本《东京书籍出版营业者组合员书籍总目录》一书,康有为对原书进行了删减和改动。参见王宝平:《康有为〈日本书目志〉资料来源考》,《文献》,2013 年第 5 期。

人为慙德也。"①梁启超在这条解释中引用了《左传》②的内容,并对韩愈在《原道》③中所论《春秋》如何判分夷夏的内容进行了改写。梁启超这里要说明的意思是,就作为一种美德的"学"来说,向他人学习一直以来是儒家传统的一部分,古代圣人亦教人学于人,而且是不问学识地位长幼地学于人。再者,从中西之学关系的角度,梁启超言明,变法所涉及的各个领域,如生活技

---

① 梁启超:《论不变法之害(〈变法通议〉一)》,见《梁启超全集》第一集,第 26 页。
② "孔子曰:天子失官,学在四夷"一句出自《左传》昭公十七年。鲁昭公十七年秋,"郯子来朝,公与之宴",论及上古官名来历,继而"仲尼闻之,见于郯子而学之",并且"既而告人曰:'吾闻之,天子失官,学在四夷,犹信'"。就"天子失官,学在四夷"一句来说,此句常与《庄子·天下》中"道术将为天下裂"及《汉书·艺文志》基于刘歆《七略》而阐述的诸子本于王官学一起,用以刻画春秋时期从官学到私学的思想史演变,即春秋以前学在官府,学术为官学所垄断,春秋时期官学衰败失守,学术散入民间,私学由此产生。胡适于 1917 年 4 月完成的《诸子不出于王官论》对诸子本于王官学的论述提出质疑和批评,柳诒徵在 1921 年 11 月发表于《史地学报》第 1 卷第 1 期上的《论近人讲诸子之学者之失》一文中对胡适的观点进行了反驳,在当时引起学者对这一问题的讨论。在胡适写作《诸子不出于王官论》之前,梁启超在 1902 年至 1904 年发表于《新民丛报》上的《论中国学术思想变迁之大势》一文中对这一思想史脉络已有刻画。此外,章太炎于 1906 年在《国粹学报》上发表的《诸子学略说》对这一问题亦有讨论。直到现在,这依然是受到很多关注和讨论的问题。张鸿与王贞所作《"私学产生于春秋时期"属于重大学术误判》引用杜预注和王肃在其编纂的《孔子家语》中的注,说明孔子所论并非官学衰败私学兴起之事。杜预注为:"失官,官不修其职也。传言圣人无常师。"王肃注为:"孔子称官学在四夷,疾时之废学也。"就王肃注来说,张鸿与王贞强调,王肃注中所言的"官学"并非与私学相对之官学,而是指典章制度之学,孔子其实是在惋惜并感叹鲁国学术的衰落,真正的学术存在民间乃至更为遥远的四夷之地,即"疾时之废学"乃是孔子所言的重点。参见张鸿、王贞:《"私学产生于春秋时期"属于重大学术误判》,《江海学刊》,2015 年第 6 期。就"天子失官,学在四夷"一句来说,思想家还据此阐述"礼失求诸野"的思想,并为西学中源说提供论证。明末清初以来,西方传教士将西学传入中国,很多中国学者认为西学源于中国,西学中所讨论的道理实为中国古代圣人已言之事,而中国古代圣人之言在中国渐渐失传,其言传至西方,为西人所学。这一过程,在持"西学中源"思想的学者看来,或为"窃取",或为"慕化",西人所言终归非为其所独创。"西学中源"说在清初主要涉及天文历算领域,到清中期扩展到其他自然科学领域,到晚清时期则延伸到西方社会与政治制度方面,而且成为守旧者和变法者共同的言说。只是守旧者用其证明中学实则优于西学,而变法者用其证明现代西方的治国之道可以行于中国,即论证变法的可行性,为推行变法减少阻力。参见李忠林:《西学中源说论略——从夷夏之防到师夷长技》,《史林》,2018 年第 2 期。
③ 韩愈在《原道》中称:"孔子之作《春秋》也,诸侯用夷礼则夷之,进于中国则中国之。"《原道》主要针对当时佛学盛行的现象,因为佛学甚至淹没由三代传承到孔子及孟子的先王之道、先圣之学,其揭露佛学毁弃伦常的主张,认为当以夷狄之礼待之。韩愈将毁弃伦常的佛学对应于夷狄之法,从而强调其与先王之道、先圣之学存在本质上的区别。但从韩愈在《原道》中的论述来看,韩愈在论及夷狄时并没有怀着"天朝上国"的优越者心态,而是在对待伦常态度的差异性层面上区分夷狄之法与先王之道、先圣之学。此外,就梁启超所论来说,韩愈此处并没有梁启超所讲的"古之圣人未尝以学于人为慙德也"的意思,梁启超这里的用意主要是,从"学"作为一种美德的角度论证应该向西方学习,推行变法。

艺、商业财政、学校教育、政治与官僚、律法与刑罚、地方秩序与风俗习惯、外交使节、工业生产、礼仪制度、天文地理乃至自然科学,均为中国传统本有之事,在传统经典中已有记载,并为圣人先儒所言说。① 将变法所向之西政、西律、西制、西仪归于中国自身传统的思路并非为梁启超一人所有,其将西学视为中国本有之事的理解方式与明末清初以来学者所主张的"西学中源"说相承继。②

在"西学中源"的问题上,严复认为,虽然从义理上看,西学中的很多思想与中国古代经典中所阐释的内容相似,但不能据此说西学源于中学。严复在为译著《天演论》所作的《自序》中提到:"此岂可悉谓之偶合也耶? 虽然,由斯之说,必谓彼之所明,皆吾中土所前有,甚者或谓其学皆得于东来,则又不关事实,适用自蔽之说也。夫古人发其端,而后人莫能竟其绪;古人拟其大,而后人未能议其精,则犹之不学无术、未化之民而已。祖父虽圣,何救子孙之童昏也哉。"严复反对将中学作为西学的源头,并且认为,就中学自身来说,其内部存在后人未能很好承继古人思想的问题。在如此理解中西之学及中学自身现状的基础上,严复提出学习西学的主张:"是以生今日者,乃转于西学得识古之用焉。此可为知者道,难与不知者言也。"③

由此可以看出,梁启超与严复虽然都提倡学习西学,但对中西之学关系的理解有所不同,如果从古今之别的视角来看,在这一问题上,梁启超的理解方式更倾向于传统,严复的理解方式更倾向于现代。但梁启超从夷夏观念出发并不影响其接受西学,而且梁启超基于夷夏观念对学习西学的论证或许更容易为当时的国人所接受。而严复在这一时期所表达出的,对中西之学有其各自传统的理解,从后世的立场来看则更为可取。此外,在作于1897年的《与严幼陵先生书》一文中,梁启超在回应《古议院考》的问题时称:"实则启超生平最恶人引中国古事以证西政,谓彼之所长,皆我所有。此实吾国虚憍之结习,初不欲蹈之,然在报中为中等人说法,又往往自不免。"④结合梁启超此处的讨论,就其所论中西学术关系的问题来说,他的论述可能包含着言说之法方面的考虑,即如何论述才能令世人接受变法的主

---

① 梁启超:《论不变法之害(〈变法通议〉一)》,《梁启超全集》第一集,第26页。
② 关于"西学中源"说的发展脉络,从黄宗羲开始,包括方以智、王夫之、王锡阐、梅文鼎,到清中期的阮元,再到晚清时期的冯桂芬、王韬、郑观应,乃至康有为、谭嗣同、唐才常均持有这一见解。参见李忠林:《西学中源说论略——从夷夏之防到师夷长技》,《史林》,2018年第2期。
③ 参见赫胥黎著,严复译著:《天演论》,北京:华夏出版社,2002年,第7页。
④ 梁启超:《与严幼陵先生书》,《梁启超全集》第一集,第533页。

张。但此种论述,似乎也不能仅仅作为言说之法来理解,而应将思想表达与言说之法两个方面结合起来进行理解。

针对学习西学面临着来自夷夏观念的阻碍这一问题,梁启超是在自身持有夷夏观念的前提下,试图寻找解决的方案。他在讨论中西之学关系时,将西学的种种内容视为中国古代所本有,这一点可以证明他的态度。再者,梁启超在《变法通议》中经常使用"天下"这一概念,这同样可以体现出其持有夷夏的观念。在《论不变法之害》一篇中,梁启超在讨论治法弊病时称:"今夫立法以治天下,则亦若是矣,法行十年或数十年或百年而必敝,敝而必更求变,天之道也。"①在《论变法不知本原之害》一篇中,当论及"以兵务为西人之长技故而以之为我国之急图"的言论时,梁启超如此评价这一言论:"嗟乎!亡天下者,必此言也。"②在《论幼学》一篇中,梁启超在总结积弊时称:"日敝一日,而儒者遂以无用闻于天下。"③同样在《论幼学》一篇中,在讨论到文法书时,梁启超称:"中国以文采名于天下,而教文法之书,乃无传焉。"④康有为在论述变法图强时也表现出其持有夷夏的观念,如在作于1888年的《上清帝第一书》中,康有为称:"精神一变,岁月之间纪纲已振,十年之内富强可致,至二十年,久道化成,以恢属地,而雪仇耻不难矣。"⑤康有为这里将恢复属地作为变法的成效,从中可以看出其思想中包含着夷夏观念。虽然康有为和梁启超都持有夷夏观念,但他们都不排斥西学,而且主张学习西方的制度与学术。就梁启超所使用的"天下"概念来说,亦不能仅仅从夷夏观念的角度来理解,还应注意到,其具有超越具体文明的秩序化的意涵。如在《论不变法之害》一文中,梁启超称:"故夫法者,天下之公器也。征之域外则如彼,考之前古则如此。"⑥"要而论之:法者,天下之公器也;变者,天下之公理也。大地既通,万国蒸蒸,日趋于上,大势相迫,非可阏制。"⑦

严复在提倡西学时同样感受到了夷夏观念所带来的阻力。严复称:"夫与华人言西治,常苦于难言其真。存彼我之见者,弗察事实,辄言中国为礼义之区,而东西朔南,凡吾王灵所弗届者,举为犬羊夷狄,此一蔽也。明识

---

① 梁启超:《论不变法之害(〈变法通议〉一)》,见《梁启超全集》第一集,第27—28页。
② 梁启超:《论变法不知本原之害(〈变法通议〉二)》,见《梁启超全集》第一集,第31页。
③ 梁启超:《论学校五(〈变法通议〉三之五)幼学》,见《梁启超全集》第一集,第61页。
④ 梁启超:《论学校五(〈变法通议〉三之五)幼学》,见《梁启超全集》第一集,第63页。
⑤ 康有为:《上清帝第一书》,见《康有为全集》第一集,第183页。
⑥ 梁启超:《论不变法之害(〈变法通议〉一)》,见《梁启超全集》第一集,第27页。
⑦ 梁启超:《论不变法之害(〈变法通议〉一)》,见《梁启超全集》第一集,第28页。

之士,欲一国晓然于彼此之情实,其议论自不得不存是非善否之公。而浅人怙私,常置其誉仇而背本,此又一蔽也。而不知徒塞一己之聪明以自欺,而常受他族之侵侮,而莫与谁何?公等念之,今之夷狄,非犹古之夷狄也。"[①]严复指出,国人在对待西学的态度上存在的弊病在于:首先,依彼我之见将中国以外的地区视为蛮夷之地;再者,以一己之私见而非公允之标准对他者进行判断。严复所指出的这两个弊病皆从夷夏观念而来,他要说明的是,不能以夷夏观念看待西方与中国。

其实,梁启超所论及的"故夫法者,天下之公器也,征之域外则如彼,考之前古则如此",还具有超出"西学中源"说与夷夏观念之外的思想内容。此处的讨论传达出一种借助西方现代治国之道打开中国自身传统面向的思想倾向。或者说,学习西方本身不是目的,学习西方不是要让中国成为西方,而是让中国从危机中摆脱出来,成为更好的中国。在这个过程中,西方的思想与制度是供中国参照与学习的资源,而在参照与学习的同时,更重要且更根本的工作是深入中国自身的传统当中,深研自身传统中的义理与精神,使其与现代经世治国之法相结合。

2.2 变法始于学校

2.2.1 紧迫且根本:学校与教育

梁启超在《时务报》刊出的《变法通议》只是其完整写作计划的一部分[②],在可见的篇章背后,是梁启超没有完成的写作计划,也是没能呈现出来的变法主张。在刊出的《变法通议》当中,学校制度是梁启超讨论的核心内容,而且位列变法方案的第一条。梁启超何以在一部具有明确当下现实指向的、以变法这一政治关切为主题著述里首先讨论学校制度,是一个值得关注和反思的问题。

在《论不变法之害》一文的最后,梁启超在总结变法必要性时称:"要而论之:法者,天下之公器也;变者,天下之公理也。大地既通,万国蒸蒸,日趋于上,大势相迫,非可阏制。变亦变,不变亦变。变而变者,变之权操诸

---

① 严复:《论世变之亟》,见《严复集》第一册,第 2 页。
② 茅海建:《戊戌时期康有为、梁启超的思想》,北京:生活·读书·新知三联书店,2021 年,第 507—520 页。

在困境之中重新立定根基,并且在此根基之上再次强大起来。

在《论学校一·总论》一篇的开篇,梁启超基于春秋三世说论证力与智的关系:"吾闻之,《春秋》三世之义,据乱世以力胜,升平世智力互相胜,太平世以智胜。"① 据此,梁启超得出结论,当今之世决定强弱胜败的因素由力转向智,西方之强在于智强,所以中国欲自强亦当强于智:"世界之运,由乱而进于平,胜败之原,由力而趋于智,故言自强于今日,以开民智为第一义。"②"民智"是连接教育与变法救国的枢纽,是触及变法本原的问题,在《论学校五(〈变法通议〉三之五)幼学》一篇的结尾处,梁启超对这一问题进行了较为明晰的揭示。梁启超称:"《康诰》曰:作新民。国者民之积也,未有其民不新,而其国能立者。彼法国、日本维新之治,其本原所自,昭昭然矣。""衣食足,礼义兴,以此导民,何民不智。以此保国,何国不强。孟子不云乎:逸居而无教,则近于禽兽。"③ 梁启超揭示出教育与保国的关系,两者之间的关键节点即在于民,民是教育的对象,是构成国的主体,民所接受的教育程度决定着国能否屹立于世间。从这里可以看出,梁启超在此时已经在国与民的结构中思考"新民"与救国的问题,虽然其对民与国还未形成完全现代化的理解。此外,由梁启超的论述还可以看出,其所主张的教民思想亦与孟子相一贯。

2.2.2 传统之典范:制度与师道

智关联于学,学又关联于教,学与教同时指向学校制度,教的对象与学的主体则是一国之民。"智恶乎开?开于学;学恶乎立,立于教。"④ 这里揭示了梁启超思考学校制度的思想进路:由智及学,由学及教,教是学校的职能。思考学校制度时,梁启超以三代学校制度为典范⑤,认为三代学校制度构成典范的地方在于:首先,立学有等,"家有塾,党有庠,术有序,国有学";

---

① 梁启超:《论学校一(〈变法通议〉三之一)总论》,见《梁启超全集》第一集,第 34 页。
② 梁启超:《论学校一(〈变法通议〉三之一)总论》,见《梁启超全集》第一集,第 34 页。
③ 梁启超:《论学校五(〈变法通议〉三之五)幼学》,见《梁启超全集》第一集,第 70 页。
④ 梁启超:《论学校一(〈变法通议〉三之一)总论》,见《梁启超全集》第一集,第 34 页。
⑤ 康有为在早年撰写的《教学通义》中,以从黄帝到周公所形成的教学制度为典范:"周公兼三王而施事,监二代以为文,凡四代之学皆并设之。"康有为:《教学通义》,见《康有为全集》第一集,第 20—21 页。但康有为所论与梁启超所论的侧重有所不同。康有为是基于制度本身刻画制度的完备及其在历史中的变化,进而希望能在现实中将古代美备的制度再次呈现出来。梁启超是针对现实制度中的弊病,以三代之制为典范,参照三代之制对现行制度进行改革。二者虽然都将视野朝向三代以及上古,但思路并不完全相同。

其次，入学有年，"八岁入小学，十五岁而就大学"；再者，受学有序，"六年教之数与方名，九年教之数日，十年学书计，十有三年学乐诵诗，成童学射御，二十学礼"；此外，课学有程，"比年入学，中年考校，以离经辨志为始事，以知类通达为大成"。①梁启超此段对于完备学制的概括主要引自《礼记·学记》和《礼记·内则》两篇。在这段概述之后，他同样借助《礼记》中的内容提出应设立不同类别的学校："《大学》一篇，言大学堂之事也；《弟子职》一篇，言小学堂之事也；《内则》一篇，言女学堂之事也；《学记》一篇，言师范学堂之事也。"②由此可以看出，梁启超在学校制度方面，以三代传统作为理想和典范，以《礼记》作为经典依据，在具体类别方面，特别强调大学、小学、女学和师范学堂，这一点可对应于《变法通议》后面几篇所讨论的科举、幼学、女学和师范学校。

除此之外，梁启超在这里还提到了《管子》，将其作为讨论农、工、商学的代表，体现出他对于专门领域和专业之学的关注与重视。"凡国之民，都为五等：曰士、曰农、曰工、曰商、曰兵。士者，学子之称，夫人而知也。然农有农之士，工有工之士，商有商之士，兵有兵之士。"③梁启超分析指出，中国在各领域落后于西方的原因在于，在每一个具体的领域均缺乏专业之学："今夫有四者之名，无士之实。"④即农而不士，工而不士，商而不士，兵而不士。各个领域之士即掌握各领域专业之学之人，"不士"即缺乏掌握各领域专业之学之人。从初衷上来说，梁启超是出于现代国家的需要强调专门领域与专业之学，从影响上来说，他的这一主张促进了现代教育的开启。总体上，他对学校制度的理解与设想植根于中国古代的儒家传统，同时顺应于现代国家的治国要求。

另外，尤为值得关注的一点是，梁启超特别重视学校地域分布的层级性，即从家庭所在的邻里，到国家每一层级管辖的范围之内，都应建有学校。其在概括三代学校之制时将立学之等放在第一条，也是在强调这一点。梁启超如此描述他心中的理想状态："群萃而州处，相语以事，相示以功，故其父兄之教不肃而成，其子弟之学不劳而能。"⑤黄宗羲在《明夷待访录·学校》中也提到民间诸生皆得师而教之的地方学官制度，并总结称："故郡邑

---

① 梁启超：《论学校一（〈变法通议〉三之一）总论》，见《梁启超全集》第一集，第34页。
② 梁启超：《论学校一（〈变法通议〉三之一）总论》，见《梁启超全集》第一集，第34页。
③ 梁启超：《论学校一（〈变法通议〉三之一）总论》，见《梁启超全集》第一集，第35页。
④ 梁启超：《论学校一（〈变法通议〉三之一）总论》，见《梁启超全集》第一集，第35页。
⑤ 梁启超：《论学校一（〈变法通议〉三之一）总论》，见《梁启超全集》第一集，第34页。

无无师之士。"①

在学校制度体系方面,梁启超强调建设大学堂、师范学堂、小学堂和女子学堂,并主张向日本学习。就前面三类学校的关系来说,梁启超认为师范学校是大学的基础,同时,师范学校和小学相互配合,所以建立学校制度,实际上要从师范学校和小学校开始。梁启超在强调师范学校、小学校和女学时,不仅仅提到强调学校制度本身,还包含对师道的强调。而师道又不仅包括为师者的为师之道,还包括国家对为师者的尊重,如梁启超所论:

> 《书》曰:作之君,作之师。《记》曰:人,其父生而师教之。是以民生于三,事之如一,其重之也如此,非苟焉而已。古者学校,皆国家所立,教师皆朝廷所庸,故《大戴》七属,言学则任师,《周官》九两,言以贤得民,而《学记》一篇,乃专标诲人之术,以告天下之为人师者。②

在论及师道时,梁启超同样以三代作为典范,强调古时尊崇师道的传统。其所引述的典籍虽然都是在讨论君的语境之内来讨论师的重要性,但他并不以君为前提来讨论师,而是独立地强调师的重要地位,强调学必有师。"故夫师也者,学子之根核也。"③师道具有双重意义,一方面,为师者要注重诲人之术;另一方面,国于师必有所养,民于师必有所敬。只有从国的层面重视师道,师道才能真正地确立起来。

从师范学堂应立科目来看,梁启超主张参照日本所教之事,并对此加以

---

① 黄宗羲著,吴光主编:《黄宗羲全集》第一册,杭州:浙江古籍出版社,2012年,第10页。
② 梁启超:《论学校四(〈变法通议〉三之四)师范学校》,见《梁启超全集》第一集,第54页。在这一段论述中,梁启超引用《尚书》《礼记》《国语》《大戴礼记》《周礼》几部经典对师的讨论,以说明为师者的重要地位。引文的出处及原文依次为:"《书》曰:作之君,作之师"出自《尚书·周书·泰誓》,原文为"天佑下民,作之君,作之师";"《记》曰:人,其父生而师教之"出自《礼记·礼运》,原文为"故天生时而地生财,人,其父生而师教之,四者君以正用之,故君者立于无过之地也";"是以民生于三,事之如一"出自《国语·晋语一》,原文为"武公伐翼,杀哀侯,止栾共子曰:'苟无死,吾以子见天子,令子为上卿,制晋国之政。'辞曰:'成闻之:民生于三,事之如一。父生之,师教之,君食之。非父不生,非食不长,非教不知生之族也。'";"故《大戴》七属,言学则任师"出自《大戴礼记·文王官人》,原文为"九用有微,乃任七属:一曰国则任贵,二曰乡则任贞,三曰官则任长,四曰学则任师,五曰族则任宗,六曰家则任主,七曰先则任贤";"《周官》九两,言以贤得民"出自《周礼·天官冢宰·大宰》,原文为"以九两系邦国之民:一曰牧,以地得民;二曰长,以贵得民;三曰师,以贤得民;四曰儒,以道得民;五曰宗,以族得民;六曰主,以利得民;七曰吏,以治得民;八曰友,以任得民;九曰薮,以富得民"。
③ 梁启超:《论学校四(〈变法通议〉三之四)师范学校》,见《梁启超全集》第一集,第54页。

损益。在列举日本所教之事后,梁启超称:"今请略依其制而损益之:一须通习六经大义;二须讲求历朝掌故;三须通达文字源流;四须周知列国情状;五须分学格致专门;六须伤习诸国语言。"①其实,师范学堂应立的科目与变革科举应设的科目基本是一致的,这一一致性也是必然的,体现的是教与学的一致性。所以,对士人学子的要求也是对为师者的要求,构成师者为师之道的一部分:"以上诸事,皆以深知其意,能以授人为主义,至其所以为教之道,则微言妙义,略具于《学记》之篇,循而用之,殆庶几矣。"②梁启超再次强调了《礼记·学记》一篇在师道方面的意义。承载师道的经典文本,除了《礼记·学记》一篇之外,梁启超还提到:"古之教学者,不可得见矣,顾其为道,散见于七十子后学所记者,若《曲礼》,若《少仪》,若《保傅》,若《学记》,若《文王世子》,若《弟子职》,何其详也。"③梁启超重视七十子后学所记的内容,认为其在呈现古代师道方面具有重要的意义。由此,梁启超强调师道的背后是对孔子之教与经典之学的重视。

尊崇师道的另一个重要体现是,古时入学者必祀孔。梁启超引述《礼记·文王世子》中的论述称:"《记》曰:凡入学者,必释奠于先圣先师。所以一志趣,定向往,崇教而善道也。"④这里体现出梁启超认为释奠于孔子极为重要,认为祀孔是确定为学志向之事,亦是崇教善道之事。他强调祀孔乃是针对当时兼祀文昌、魁星以求科第的情形,认为如此无异于"改其初服,而倍其师也"⑤。因而祀孔在梁启超的思想中不仅是重要的事业,还是非常严肃且关乎原则的事业。祀孔居于如此重要地位的原因在于,梁启超认为,祀孔关乎教之取向与学之志向,是对两者的规定与指引。祀孔是对孔子及其所开创的整个师教传统的敬重,也是对师道的敬重。据此,梁启超是在教与学、孔子与师道的意义上强调入学者必释奠于孔子。

就祭孔问题来说,严复于《救亡决论》一篇中评述圣祖对待西学态度时论及"从祀文庙"之事。从严复所论来看,在这一问题上其态度与梁启超不同。严复称:"不独制艺八股之无用,圣祖早已知之,即如从祀文庙一端,汉

---

① 梁启超:《论学校四(〈变法通议〉三之四)师范学校》,见《梁启超全集》第一集,第56页。
② 梁启超:《论学校四(〈变法通议〉三之四)师范学校》,见《梁启超全集》第一集,第56页。
③ 梁启超:《论学校五(〈变法通议〉三之五)幼学》,见《梁启超全集》第一集,第57页。《论幼学》一篇另以《幼学通议》为名于1898年上半年发表在《湘学报》第29—35册上,且于同年收入《中西学门径书七种》,并在上海大同译书局出版。
④ 梁启超:《论学校五(〈变法通议〉三之五)幼学》,见《梁启超全集》第一集,第61页。《礼记·文王世子》原文为:"凡始立学者,必释奠于先圣先师。"
⑤ 梁启超:《论学校五(〈变法通议〉三之五)幼学》,见《梁启超全集》第一集,第61页。

人所视为绝大政本者,圣祖且以为无关治体,故不许满人得鼎甲,亦不许满人从祀孔子庙廷,其用意可谓远矣。而其所以不废犹行者,知汉人民智之卑,革之不易,特聊顺其欲而已。"[①]从两人对这一问题所持有的不同理解来看,严复与梁启超此时在对待中国传统的态度方面有所不同,严复更多以西学为出发点,甚至以之为标准和唯一指向,故而对传统进行更彻底的批评;梁启超更多是在中国传统当中反思传统,对传统与弊病进行区分,接受西方但以中国传统为根基,所以会基于教与学及孔子与师道的意义强调释奠孔子的重要性。

此外,关于传统的典范性,梁启超还强调幼学在德性养成方面的意义,即教育具有成德成性的意义。他有关德性之教的论述既体现出其与孟子思想的一致性,又体现出其与康有为思想的一贯性[②],而且同时重视朱子与陆象山在修身成人方面的教化:

> 《记》曰:少成若性。谓其耳目未杂,习气未入,质地莹洁,受教易易也。故《曲礼》《少仪》《弟子职》等篇,谨其洒扫应对,导以忠信笃敬,大抵熏陶其德性之事,十居八九焉。朱子曰:小学是做人的样子。陆子曰:虽不识一字,亦须还我堂堂地做个人。人而无教,则做人之道尚不自知,虽谓非人可矣。[③]

梁启超在这一段论述中依次论及《大戴礼记·保傅》《礼记》的内容及朱子和陆象山的讨论。梁启超对教育的理解以人的天性为基础,教育是对天

---

① 严复:《救亡决论》,见《严复集》第一册,第49页。
② 成德成性之教是康有为尤为重视的问题。在《教学通义·德行第十六》一篇中,康有为称:"人人宜学者,莫如德行,人人宜讲者,莫如德行,至易至简,化民成俗,莫善于此,莫捷于此,风俗人心将蒸蒸于善而不自知。"康有为:《教学通义》,见《康有为全集》第一集,第47页。在《论幼学》一篇的结尾,在讨论挑选宜诵诗书时,康有为称:"皆当选其厚人伦、美风化、养性情者。"《论幼学》一篇或许即为《教学通义》所缺《幼学》一篇,《康有为全集》中《论幼学》一篇的注释对此有所说明。康有为:《论幼学》,见《康有为全集》第一集,第60页。在《长兴学记》一篇中,康有为称:"夫性者,受天命之自然,至顺者也。不独人有之,禽兽有之,草木亦有之……若名之曰人,性必不远。故孔子曰:性相近也。夫相近,则平等之谓。故有性无学,人人相等,同是食味、别声、被色,无所谓小人,无所谓大人也。有性无学,则人与禽兽相等,同是视听运动,无人禽之别也。"康有为:《长兴学记》,见《康有为全集》第一集,第341页。在对性的理解这一点上,康有为基于气质而言性,与孔子、孟子对于性的理解有所不同,但在强调教对于成性的意义这一点上,康有为与孔子、孟子是一致的,而这一点也是梁启超与康有为的一贯之处。
③ 梁启超:《论学校五(〈变法通议〉三之五)幼学》,见《梁启超全集》第一集,第69页。

性的成就,成德与成人的理解也是基于教育与天性之间的关系。在讨论幼学时,梁启超强调成德之教或成性之教还体现出"初始"的重要性①,亦即朱子所强调的"小学"的意义。梁启超认为,从孩童的角度来说,教育是开启智慧,培养美德、习惯与兴趣;从为师者的角度来说,教育是顺应孩童的天性,引导其进入经典,帮助其涵养美德、认知世界、获得技能;从经典的角度来说,经义本身是教育的出发点与目的。以科举考试为导向的教育同时违背了三者:无视孩童的天性,沦丧师道的意义,将经典变成阶段性的工具。这是梁启超所批评的重点。由此可以看出,梁启超对幼学现状的批评是关联于科举制展开的,同时涉及师道的问题②,对当时幼学形态的批评体现着梁启超在学校问题上的整体性思考。

天性之教原本是顺应天性、涵养天性的,但与之背离的情况是,所施加的措施非但不利于涵养天性,反而带来对天性的桎梏和毁弃。《孟子·告子上》第8章阐述的即是这一道理,《孟子》的原文为:

> 孟子曰:"牛山之木尝美矣,以其郊于大国也,斧斤伐之,可以为美乎?是其日夜之所息,雨露之所润,非无萌蘖之生焉,牛羊又从而牧之,是以若彼濯濯也。人见其濯濯也,以为未尝有材焉,此岂山之性也哉?虽存乎人者,岂无仁义之心哉?其所以放其良心者,亦犹斧斤之于木也,旦旦而伐之,可以为美乎?其日夜之所息,平旦之气,其好恶与人相近也者几希,则其旦昼之所为,有梏亡之矣。梏之反覆,则其夜气不足以存;夜气不足以存,则其违禽兽不远矣。人见其禽兽也,而以为未尝有才焉者,是岂人之情也哉?故苟得其养,无物不长;苟失其养,无物不消。孔子曰:'操则存,舍则亡;出入无时,莫知其乡。'惟心之谓与?"

孟子在这一段中由山木论到人,山木于日夜之间依其本性生长,受雨露之所润,如此呈现出其本性之美。伐木者"斧斤伐之",加之牛羊"从而牧

---

① 关于幼学的意义,康有为在《论幼学》一篇中称:"其事至切实,一则为学世事之基,使长不失职;一则为人义之始,使长可为人。乃人道之必然,理势之至顺者也。"康有为:《论幼学》,见《康有为全集》第一集,第59页。
② 康有为在《教学通义·师保第三十》一篇中亦有对科举制下号称师者的批评。康有为称:"今惟童幼诸生乃有师保,舍是而号称师者,非考试之举主,则贵要之奥援,绝无教训德义之学,徒为系援富贵之阶。""终日所接,苟非寮吏,则隶役也。所闻者,非彖杖流笞,则斗斛毫厘也。至德要道,无所入于耳,前言往行,无所启于心"。康有为:《教学通义》,见《康有为全集》第一集,第57页。

之",使得牛山呈现出光秃秃的状态,即"是以若彼濯濯也",但光秃秃的状态不是山的本性,原本依本性而生出的"萌蘖",在其处于新芽状态时就被伐木者和牛羊残害掉了。就人来说,同样如此。人本有仁义美善之心,这是人的本性,于日夜之间受平旦之气的涵养,而有所梏亡的行为,使其放其良心,毁坏其美。放其良心也不是人的本性,原本依本性而发见的良心,在处于微萌之时便因不足以存养而被残害掉了。梁启超认同孟子对于天性之教的理解,认同天性的存在,同时强调教育在涵养天性方面的重要意义,并据此批评戕害天性人心的行为和现象。梁启超在讨论孟子此段论述时,没有论及的一点是,人心存养是十分精微的事情,稍有不慎就会有所遗失。这在孟子所引述的孔子的论述中有明显的体现,即"操则存,舍则亡;出入无时,莫知其乡"。朱子对此处的注解亦强调了这一点:"孔子言心,操之则在此,舍之则失去,其出入无定时,亦无定处如此。孟子引之,以明心之神明不测,得失之易,而保守之难,不可顷刻失其养。学者当无时而不用其力,使神清气定,常如平旦之时,则此心常存,无适而非仁义也。"① 此外,朱子还在注解的最后特别强调了孟子此段论述对于学者为学的意义:"孟子发此夜气之说,于学者极有力,宜熟玩而深省之也。"②

2.2.3 教育之重心:合科举于学校

对于学校制度,梁启超的总体主张为"改科举,归于学校"。在提出这一总体主张之前,梁启超对科举制提出了尖锐的批评,揭示出科举制的弊病。梁启超认为现行科举制模式的实质是一种愚民之制:

> 先王欲其民智,后世欲其民愚。天下既定,敌国外患既息,其所虑者,草泽之豪杰,乘时而起,与议论之士,援古义以非时政也,于是乎为道以钤制之。国有大学,省有学院,郡县有学官,考其名犹夫古人也,视其法犹夫古人也,而问其所以为教,则曰"制义"也,"诗赋"也,"楷法"也,不必读书通古今而亦能之,则中材以下,求读书、求通古今者希矣。③

从这段论述可以看出:第一,梁启超以古代先王之制作为衡量现行制

---

① 朱熹:《孟子集注·告子章句上》,见《四书章句集注》,北京:中华书局,2012年,第338页。
② 朱熹:《孟子集注·告子章句上》,见《四书章句集注》,第338页。
③ 梁启超:《论学校一(〈变法通议〉三之一)总论》,见《梁启超全集》第一集,第35页。

度的标准,得出科举制钤制士人议论的判断,这一判断直接关联于他对学会的提倡;第二,梁启超揭示出科举制使得士人学子放弃真正重要的道与学,即科举导致废学;第三,当时并非没有学校,既有学校最大的问题在于,这些学校看似保留着古时的名称与法度,实际上教授的完全是与科举考试有关的内容,而非真正之学。针对第三点,梁启超进一步指出:"今之同文馆、广方言馆、水师学堂、武备学堂、自强学堂、实学馆之类,其不能得异才,何也?其言艺之事多,言政与教之事少。其所谓艺者,又不过语言文字之浅,兵学之末,不务其大,不揣其本,即尽其道,所成已无几矣。"①此处分析了洋务派开设的新式学堂中存在的问题,即言艺不言政与教,而且所言之艺又只局限于浅显地了解外文与兵务。基于新式学堂存在的问题,梁启超提出:"一曰科举之制不改,就学乏才也;二曰师范学堂不立,教习非人也;三曰专门之业不分,致精无自也。"②梁启超洞察到当时教育中极为根本的三个问题,即整体上缺乏教育与培养过程的问题,缺乏为师者的问题及没有对专业领域进行划分的问题。

梁启超进一步指出,经由科举选出的官员相当于"未学"之人。如此,国家形成"胥吏学之,而官未学也"③的局面,国家一切公事将委于胥吏之手,"六部书办、督抚幕客、州县房科,上下其手,持其短长,官无如何也",乃至"全局糜烂,成一吏、例、利之天下,祸中腹心,疾不可为"。④可见,科举制作为取士制度,其成为士人学子的标准和方向,直接决定着国家官员的学识素养,进而影响着官制,官制问题是关乎国家统治核心的问题。由此可以理解,梁启超何以将其变法思想概括为:"变法之本,在育人才,人才之兴,在开学校,学校之立,在变科举,而一切要其大成,在变官制。"⑤

由官吏的问题,梁启超再次论及中国传统之学的问题:"是故西学之学

---

① 梁启超:《论学校一(〈变法通议〉三之一)总论》,见《梁启超全集》第一集,第38页。
② 梁启超:《论学校一(〈变法通议〉三之一)总论》,见《梁启超全集》第一集,第39页。
③ 梁启超:《论学校一(〈变法通议〉三之一)总论》,见《梁启超全集》第一集,第37页。
④ 梁启超:《论学校一(〈变法通议〉三之一)总论》,见《梁启超全集》第一集,第37页。
⑤ 梁启超:《论变法不知本原之害(〈变法通议〉二)》,见《梁启超全集》第一集,第30—31页。康有为在《教学通义》中曾论及教、学、官的划分。康有为称:"今推虞制,别而分之,有教、有学、有官。教,言德行遍天下之民者也;学,兼道艺登于士者也;官,以任职专于吏者也。"虽然康有为和梁启超都单独提到官,但讨论的侧重有所不同。康有为讨论官的问题,立足于古代的官师之制,指向士人立业之后所从事的专门之业,其与立业之前所习的幼学与六艺之学不同,即官与学相区别。康有为对官的讨论以古代制度为中心。梁启超讨论官的问题,针对的是当时为官者缺乏学识素养和职业能力的现状,对官的讨论以现实问题及改革策略为中心。康有为:《教学通义》,见《康有为全集》第一集,第21页。

校不兴,其害小;中学之学校不兴,其害大。西学不兴,其一二浅末之新法,犹能任洋员以举之;中学不兴,宁能尽各部之堂司、各省之长属,而概用洋员以承其乏也?此则可为流涕者也。"①从这一段论述中可以看出梁启超对中西之学的态度。虽然《变法通议》以讨论变法与新学作为背景,但其流露出,在这一时期梁启超的思想当中,中学居于根基性的地位。就中学来说,梁启超认为真正的学是研习经与教,经即承载孔子之教的经典,教即孔子之教。相较之下,科举之学实为"于经无与","于教无与"之事。②梁启超感慨:"然则堂堂大教,乃反藉此疲敝之科举以图存。"③

由此,科举制看似以经与教为核心,实则对经与教构成了败坏。在这个意义上,梁启超将孔子之教、经典之学与科举制中经的呈现方式区分开来。当时西方传教士及西文学堂中的士人对中国传统教化有很多贬斥性的言论,梁启超称:"今吾盖见通商各岸之商贾,西文学堂之人士,攘臂弄舌,动曰四书六经为无用之物,而教士之著书发论,亦侃侃言曰:中国之衰弱,由于教之未善。夫以今日帖括家之所谓经,与考据家之所谓经,虽圣人复起,不能谓其非无用也,则恶能禁人之不轻薄之而遗弃之也?"④梁启超对科举制的批评及对经与教的澄清实际上构成了对这些言论回应。同时,梁启超对孔子之教与经典之学为真正之教化与经典的揭示,捍卫和守护了中国传统的孔子之教与经典之学。

通过对现行科举制的批评,梁启超揭示出,科举包含着愚民的倾向,导致废学的结果,侵蚀着官员制度,败坏了孔子之教与经典之学。进而,梁启超指出,科举制问题的根源在于只取士不教化,所以解决科举制问题的关键在于"改科举,归于学校"⑤。改变现行以取士为核心的制度,转向以培养和教育为核心的制度,建立现代学校,将科举合于学校,将取士之制合于教化之制,使学校在完成教化目的的同时实现取士的功能。梁启超所论"改科举,合于学校"的举措与朱子在《学校贡举私议》中的论述相一致。

"改科举,归于学校"也是取法三代的结果。梁启超指出:"古者科举,皆出学校,学校制废,而科举始毕矣。"⑥他认为,三代时期教化与取士合而

---

① 梁启超:《论学校一(〈变法通议〉三之一)总论》,见《梁启超全集》第一集,第37页。
② 梁启超:《论学校一(〈变法通议〉三之一)总论》,见《梁启超全集》第一集,第37页。
③ 梁启超:《论学校一(〈变法通议〉三之一)总论》,见《梁启超全集》第一集,第38页。
④ 梁启超:《论学校一(〈变法通议〉三之一)总论》,见《梁启超全集》第一集,第38页。
⑤ 梁启超:《论学校一(〈变法通议〉三之一)总论》,见《梁启超全集》第一集,第40页。
⑥ 梁启超:《论学校二(〈变法通议〉三之二)科举》,见《梁启超全集》第一集,第41页。

为一,皆在学校,后世学校制度衰败,真正意义上的科举制不复存在。据此,他希望能够建立从下至上的完备的教化体系,使学子能够受教于其地,学校在施行教化的基础上完成取士职能。梁启超引用《礼记·王制》的记述来说明施教与取士同归于学校的情形,同时强调学子在其所居之地受教的状态,并在小字夹注中引用《国语》《周礼》和《尚书大传》中的论述作为佐证。"《王制》所记,有秀士、选士、俊士、进士之号。当其为秀士也,家、党、术、乡教之;当其为选士也,司徒教之;当其为俊士也,大乐正教之。故升秀士于司徒者,乡大夫也;升选士于学者,司徒也;升俊士于司马而告于王者,大乐正也。"①由为师者教育并推选学子的优点在于,使学子与为师者"居处相迹,耳目相习",并且有助于选出于德行与道艺方面均十分优秀的士人。

在基于三代之制明确提出"改科举,归于学校"之后,梁启超再次强调学校与教育是紧迫且根本的事业:"亡而存之,废而举之,愚而智之,弱而强之,条理万端,皆归本于学校。"②"今国家不欲自强则已,苟欲自强,则悠悠万事,惟此为大,虽百举未遑,犹先图之。"③梁启超呼吁,变法的方向应转向

---

① 梁启超:《论学校二(〈变法通议〉三之二)科举》,见《梁启超全集》第一集,第41页。《礼记·王制》中的论述为:"命乡论秀士,升之司徒,曰选士。司徒论选士之秀者而升之学,曰俊士。升于司徒者不征于乡,升于学者不征于司徒,曰造士。""大乐正论造士之秀者,以告于王,而升诸司马,曰进士。司马辨论官材,论进士之贤者,以告于王,而定其论。论定然后官之,任官然后爵之,位定然后禄之。"梁启超对《礼记·王制》中的这两段论述进行了概括,强调居地之学,即乡学的意义,同时突出学官选士的重要性。对比梁启超的概括和《礼记·王制》中的论述可以发现,梁启超没有提及"造士",而《礼记·王制》中有论及。孙希旦在《礼记集解》中对"造士"进行了解释:"盖选士、俊士二者,皆谓之造士,谓其学业有成,故免其徭役以优异之。"孙希旦:《礼记集解》,北京:中华书局,1989年,第364页。此外,《礼记·王制》除了有对俊秀者之升的讨论之外,还有对不帅教者之罚的讨论,梁启超在此处虽未提及,但其在辩驳苏轼为反对王安石变法而上疏宋神宗的奏章时对此有所提及:"先王之教其民,若诲其子弟,故既有选秀之升,而亦有不帅教之罚,上下一体,痛切相关,此太平之所由也。后世去古甚远,不明先王之意,徒据今日之敝政,以绳古制。"梁启超:《论学校二(〈变法通议〉三之二)科举》,见《梁启超全集》第一集,第44页。

② 梁启超:《论学校一(〈变法通议〉三之一)总论》,见《梁启超全集》第一集,第38页。

③ 梁启超:《论学校一(〈变法通议〉三之一)总论》,见《梁启超全集》第一集,第39页。就康有为在《上清帝第二书》中所论来说,在变法方案上,他主张"变之之法,富国为先",继而为"养民之法",然后是"教民之法"。在论及"教民之法"时,康有为对现行科举制提出批评,并提出变革科举制的主张。康有为称:"学校之设选举之科,先王之法盛矣。然汉、魏以经学举孝廉,唐、宋以词赋重进士,明以八股取士,我朝因之。诵法朱子,讲明义理,亦可谓法良意美矣。然功令禁用后世书,则空疏可以成俗;选举皆限之名额,则高才多老名场。……题难,故少困于搭截,知作法而忘义理;额隘,故老逐于科第,求富贵而废学业。标之甚高,束之甚窄。甚至鉴于明末,因噎废食,上以讲学为禁,下以道学为笑。故任道之儒既少,才智之士不多,乃至嗜利无耻,荡成风俗,而国家缓急,无以为用。法弊至此,亦不得不少变矣。"康有为:《上清帝第二书》,见《康有为全集》第二集,第37—41页。

建立学校制度与发展教育,政府财政投入亦应以学校为先,以根本之事为紧迫之事。"今不惜糜重帑以治海军,而不肯舍薄费以营学校,重其所轻,而轻其所重。"①虽然梁启超的这些文字发表于报刊,而非出现在学术论著当中,但不只是情感的抒发和修辞的堆砌,而是对时局的判断和对现实的思考,也是其自身思想的体现。

在论及学校制度的方向时,梁启超提出:"采西人之意,行中国之法;采西人之法,行中国之意。其总纲三:一曰教,二曰政,三曰艺。"②就梁启超所提出的"采西人之意,行中国之法;采西人之法,行中国之意"来说,他实际上是主张,于西人可取之处有所取,无论是"取法"还是"取意",但宗旨是将所取之处行之于中国并且有益于中国。梁启超这里提示出,向西方学习必须以中国自身的传统与实际作为根基。在《西学书目表》的《读西学书法》一文中,梁启超同样阐明了以中学为根基的理解:"要之,舍西学而言中学者,其中学必为无用,舍中学而言西学者,其西学必为无本。无用无本,皆不足以治天下。"③梁启超通过本与用来讲中学和西学,对中西之学关系的理解与中体西用论的区别在于,不是主张以中学为体,以西学为用,或者说不是只在体上讲中学,在用上讲西学,而是在承认中西之学皆自有体用的前提下,强调基于中学来学习西学,也就是说在学习西学的过程中不能丧本。同时,梁启超也是在强调,必须要学习西学,因为没有西学作为参照,对于如何运用中学便会感到迷茫。

对于梁启超"改科举,归于学校"的主张,还需要注意的一点是,梁启超在《变法通议》中虽然对现行科举制有诸多严厉的批评,但他并不主张在当时立即彻底废除科举制。并且,梁启超认为,从历史长期视角来看,基于《春秋》的立场,相比世卿制,科举制本身是一项善制善法。"科举敝政乎?科

---

① 梁启超:《论学校一(〈变法通议〉三之一)总论》,见《梁启超全集》第一集,第39页。
② 梁启超:《论学校一(〈变法通议〉三之一)总论》,见《梁启超全集》第一集,第38页。《长兴学记》是1891年康有为在广州长兴里讲学时所作的学规。他在这篇学规中称:"天下道术至众,以孔子为折中;孔子言论至多,以《论语》为可尊;《论语》之义理至广,以'志于道,据于德,依于仁,游于艺'四言为至该。今举四言为纲,分注条目,以示入德焉。"康有为:《长兴学记》,见《康有为全集》第一集,第342页。
③ 梁启超:《西学书目表·读西学书法》,见《梁启超全集》第一集,第180页。

举,法之最善者也。古者世卿,《春秋》讥之,讥世卿①,所以立科举也。"②梁启超将世卿制与科举制分别对应于据乱世与升平世,以表示制度上存在进步,科举制有助于解决世卿制之下世家之子与平民之子均少有人读书的问题。

从梁启超"讥世卿,所以立科举也"的表述可以看出,他所论的科举制不只是指通常所言的隋唐科举制,而是指更广泛意义上的与世卿制相对的选官取士制度。所以,对梁启超有关科举制的论述,应当从更广泛的选官制度的角度来理解。"改科举,合于学校"的主张体现的是梁启超对取士与教育关系的思考,教育居于第一位,取士只是教育的一个环节。

2.3 康有为与严复的影响

2.3.1 阐述与差异:梁启超与康有为

就《变法通议》的写作来说,根据梁启超的自述,康有为对其产生了很大的影响。在《〈说群〉自序》一文的开篇,梁启超称:"启超问治天下之道于南海先生,先生曰:以群为体,以变为用,斯二义立,虽治千万年之天下可已。启超既略述所闻,作《变法通议》。"③由此可见,梁启超写作《变法通议》与康有为有直接的关系,而且康有为向梁启超提出了群与变的主题。此外,梁启超在一封写给汪康年的弟弟汪诒年的信中称:"启超之学,实无一字不出于南海,前者变法之议,未能征引,已极不安。日为掠美之事,弟其何以为人。"④在"前者变法之议"后面,梁启超在小字夹注中言明:"此虽天下人之

---

① 根据曾亦《论儒家的"象贤"说对政治权力过渡的一种阐释——兼论〈春秋公羊传〉"讥世卿"及儒家对封建制的不同理解》一文的梳理,"讥世卿"在《春秋公羊传》中的文本出处为"隐三年,夏,四月,辛卯,尹氏卒",《春秋公羊传》云:"尹氏者何?天子之大夫也。其称尹氏何?贬。曷为贬?讥世卿。世卿,非礼也";"宣十年,齐崔氏出奔卫",《春秋公羊传》云:"崔氏者何?齐大夫也。其称崔氏何?贬。曷为贬?讥世卿。世卿,非礼也"。曾亦引述第一处文本的何休注说明,孔子讥世卿是对春秋时所见史实而言,是对末世之制的批评,并不涉及西周时期的状况。参见曾亦、黄伟:《论儒家的"象贤"说对政治权力过渡的一种阐释——兼论〈春秋公羊传〉"讥世卿"及儒家对封建制的不同理解》,《复旦学报》(社会科学版),2018 年第 4 期。
② 梁启超:《论学校二(〈变法通议〉三之二)科举》,见《梁启超全集》第一集,第 41 页。
③ 梁启超:《〈说群〉自序》,见《梁启超全集》第一集,第 196 页。
④ 梁启超:《复汪诒年书》,见《梁启超全集》第十九集,第 436 页。

公言,然弟之所以得闻此者,实由南海。"在"未能征引"后面同样以小字注明:"去年之不引者,以报之未销耳。"①接着"弟其何以为人"一句,梁启超称:"弟之为南海门人,天下所共闻矣。若以为见一康字,则随手丢去也,则见一梁字,其恶之亦当是矣。为销报计,则今日之《时务报》谁敢不阅?谓因此一语而阅报者即至裹足,虽五尺之童,知其不然矣。公何虑耶?"②在"其恶之亦当是矣"之后的小字夹注中,梁启超称:"闻南海而恶之,亦不过无识之人耳。即如去年强学之举,京师、上海应者如响,自顷在桂林开学会,全省响应,可知公理固在人心也。若因强学之中止而谓然,则宁可谓杭州书院之中止。汉、申各报之诬谤,而谓恶穰卿之人多耶?欧阳锜谓谭复生为穷凶极恶,亦将避之,而不敢征引谭说耶。"③由这些论述同样可以看出,梁启超在《变法通议》中呈现出来的变法思想,很大程度上是受到康有为影响的结果。

从《变法通议》和《〈说群〉自序》的内容来看,在《变法通议》中,梁启超未直接言明其变法思想实际上来自于康有为,但在行文中有对康有为的论述有所引用。在《〈说群〉自序》中,梁启超直接言明其有关变法的思考来自于康有为,在写给汪诒年的书信中,梁启超更加强调了这一点。从这封书信的内容可以看出,在变法问题上,虽然康有为对梁启超产生了非常直接的影响,但梁启超出于《时务报》发行的考量,迫于现实的舆论对康有为有所回避。在《变法通议》中梁启超没有过多引述的康有为的变法思想,实际上是其思考变法问题的源头。

关于康有为对梁启超变法思想的影响,需要注意的一点是,这里所讨论的变法思想与孔子改制思想不同④,两者是具有不同关切和指向的两个问题,梁启超受到康有为启发并在《变法通议》中进行阐释的是前者而非后者,

---

① 梁启超:《复汪诒年书》,见《梁启超全集》第十九集,第436页。
② 梁启超:《复汪诒年书》,见《梁启超全集》第十九集,第436页。
③ 梁启超:《复汪诒年书》,见《梁启超全集》第十九集,第436页。
④ 1891年(光绪十七年),康有为与朱一新的书信论学因《新学伪经考》而起,在往来书信当中,有一封康有为写给朱一新的书信题为《答朱蓉生书》。在这封书信中,康有为对变法和孔子改制的区别有所澄清。康有为在论及其宣扬孔子之道的次序时称:"先辟伪经,以著孔子之真面目;次明孔子之改制,以见生民未有。"接着,康有为在小字夹注中称:"朴言改制自是一端,于今日之宜改法亦无预,足下亦误会。"康有为:《与朱一新论学书牍·答朱蓉生书》,见《康有为全集》第一集,第325页。关于康有为与朱一新的论学背景,参见朱维铮:《康有为和朱一新》,《中国文化》,1991年第5期。

即揭示时局危难,批评时政弊病,主张学习西方,提倡变法图治。①

梁启超于戊戌变法之后、初到日本之时作《戊戌政变记》,开篇即记述康有为上书变法之事及其变法主张,依次论及康有为于1888年(光绪十四年)的上书和1895年(光绪二十一年)的两次上书。在论及康有为1888年的上书时,梁启超称:"自光绪十四年,康有为以布衣伏阙上书,极陈外国相逼、支那危险之状,并发俄人蚕食东方之阴谋,称道日本变法致强之故事,请厘革积弊,修明内政,取法泰西,实行改革。"在论及1895年的上书时,梁启超称:"及乙未之役,复至京师,将有所陈,适和议甫就,乃上万言书,力陈变法之不可缓,谓宜乘和议既定、国耻方新之时,下哀痛之诏,作士民之气,则转败为功,重建国基,亦自易易。书中言改革之条理甚详。"在论及此次上书之后的再次上书时,梁启超称:"五月,康有为复上书,言变法之先后次第,盖前书仅言其条理,未及下手之法也"。②通过梁启超的这些引述可以看出,康有为在上书中表达的变法思想对梁启超产生了直接且深刻的影响。

此外,1895年梁启超与康有为在北京一同参加科举考试时,因清廷与日本议和之事联合在京举人发起公车上书,上书的核心主张为拒和、迁都和变法。③康有为是这次联合举人公车上书的发起者,梁启超是最直接的参与者。公车上书之后,梁启超又协助康有为在北京创办与上海传教士所办《万国公报》同名的北京《万国公报》,后改名为《中外纪闻》,并创立了强学

---

① 康有为在1888年到北京参加科举考试时作《上清帝第一书》,虽然作为一篇奏章,这篇文章没能上呈给慈禧和光绪帝,但这篇文章表达了康有为的变法思想,并对梁启超产生了影响。如在揭示世变之巨、时局之危时,康有为称:"今海外略地已竟,合而伺我,真非常之变局也。""而强邻四逼于外,教民蓄乱于内,一旦有变,其何以支?我既弱极,则德、奥、意、丹、葡、日诸国亦狡焉思启,累卵之危,岂有过此,臣所为日夜忧惧也。"在批评时政之弊时,康有为称:"窃观内外人情,皆酣嬉偷惰,苟安旦夕,上下拱手,游869从容,事无大小,无一能举。有心者叹息而无所为计,无耻者嗜利而借以营私。大厦将倾而处堂为安,积火然然而寝薪为乐,所谓安其危而利其灾者。""官不择材而上且鬻官,学不教士而下且患无学。"在评价西方时,康有为称:"近者洋人智学之兴,器艺之奇,地利之辟,日新月异。"在论及应变旧法时,康有为称:"夫治国之有法,犹治病之有方也,病变则方亦变。若病既变而仍用旧方,可以增疾,时既变而仍用旧法,可以危国。""尤望妙选仁贤,及深通治术之士,与论治道,讲求变法之宜而次第行之。""臣所欲言者三,曰变成法、通下情、慎左右而已。"康有为:《上清帝第一书》,见《康有为全集》第一集,第180—184页。

② 梁启超:《戊戌政变记》,见《梁启超全集》第一集,第478页。对戊戌变法的历史研究指出,梁启超在《戊戌政变记》中所言戊戌变法过程并不完全合于历史事实,不能将其视为历史的真实情况,但可以作为梁启超思想内容的反映。

③ 康有为在《上清帝第二书》即公车上书中称:"伏乞皇上下诏鼓天下之气,迁都定天下之本,练兵强天下之势,变法成天下之治而已。"康有为:《上清帝第二书》,见《康有为全集》第二集,第33页。

会,突出变法当中"兴学"的主题。1912年10月31日,梁启超在自日本归国之后,于北京大学召开的欢迎会上发表《莅北京大学校欢迎会演说辞》。在这篇演讲中,梁启超提及创办强学会的用意及强学会的性质。梁启超称:"时在乙未之岁,鄙人与诸先辈,感国事之危殆,非兴学不足以救亡,乃共谋设立学校,以输入欧美之学术于国中。""是以诸先辈不能公然设立正式之学校,而组织一强学会。""且于讲学之外,谋政治之改革,盖强学会之性质,实兼学校与政党而一之焉。"① 梁启超主张通过兴学来救国,在其思想中,兴学、变革与救国是紧密联系的。上述在康有为影响下的变法思想及与康有为一同从事的政治实践构成梁启超到上海《时务报》担任主笔写作《变法通议》的背景。

《变法通议》以变法为主题,论及对教与学的理解问题。梁启超在《变法通议》中所呈现的对教与学的理解在很大程度上也是受康有为思想影响的结果,但在具体阐述的过程中,梁启超思考的进路和论述的角度似乎与康有为又不完全相同,而康有为自身对教与学的理解亦有变化,或者说具有不同的面向。②

在《教学通义·原教第一》一篇中,康有为对教、学、官进行了区分。康有为称:

> 今推虞制,别而分之,有教、有学、有官。教,言德行遍天下之民者也;学,兼道艺登于士者也;官,以任职专于吏者也。下于民者浅,上于士者深;散于民者公,专于吏者私。先王施之有次第,用之有精粗,

---

① 梁启超:《莅北京大学校欢迎会演说辞》,《梁启超全集》第十五集,第51页。康有为在《上海强学会章程》的开篇指出:"本会专为中国自强而立。以中国之弱,由于学之不讲,教之未修,故政法不举。"同样阐明了学与教对于政具有基础性的意义,并且强调二者与强国具有紧密的联系。康有为:《上海强学会章程》,见《康有为全集》第二集,第93页。《戊戌变法史述论稿》指出,上海强学会除了对北京强学会有承继关系之外,还与汪康年等人此前拟于上海创办的中国公会有所关联,康有为所撰《上海强学会章程》与《中国公会章程》亦具有一定的承继关系,并提到汤志钧对此持有不同的观点。参见蔡乐苏、张勇、王宪明:《戊戌变法史述论稿》,第350—352页。

② 梁启超与康有为之间的思想差异,可能在二人相识早年就已经存在。《戊戌变法史述论稿》从《汪康年师友书札》中摘录了一封吴铁樵写给汪康年的书信,吴铁樵在信中提到梁启超与康有为的思想存在差异。这封书信的写作时间是1896年年初,在北京强学会因遭到弹劾改为官书局之后,而《时务报》尚未正式创办之前。吴铁樵在信中称:"卓如近在闲住,意欲到沪助公,或在鄂译书局觅一事。渠未写信,属代致,均望公筹之。康徒唯此人可与也。迩日与之极熟,窥其旨亦颇以康为不然,而不肯出之口,此其佳处。公不可无以报之。"从吴铁樵书信的内容可以看出,梁启超此前表现出了异于康有为的思想倾向。参见蔡乐苏、张勇、王宪明:《戊戌变法史述论稿》,第362页。

而皆以为治,则四代同之。微而分之,曰教、学;总而名之,曰教。后世不知其分孽之精,于是合教于学,教士而不及民,合官学于士学,教士而不及吏,于是三者合而为一。而所谓教士者,又以章句词章当之,于是一者亦亡,而古者教、学之法扫地尽矣。二千年来无人别而白之,治之不兴在此。今据虞制别教、学,鉴孽条理,推求变坏,知所鉴观,以反其本,则教、学有兴。①

康有为基于虞制对后世所理解的"学"进行辨析,认为后世所理解的"学"是有问题的,而且正是对"学"的错误理解导致了"治"的问题。按照康有为的分析,后世之"学"的问题首先在于"合教于学",即混同了"教"与"学",其次还在于"合官学于士学",即混同了"官学"与"士学"。如此理解"学"所导致的结果是,最后"学"只指向"士学",即为学者之学。由于"教"针对的是天下之民,"官"针对的是专职之吏,所以"合教于学""合官学于士学"导致的结果是,天下之民与专职之吏皆失教失学。康有为区别"教""学""官"的目的在于,将"教"与"官"从"学"中独立出来,恢复针对天下之民的"教"与针对专职之吏的"官学",从而改变后世只有教士之"士学"的局面。由此可以看出,康有为在教与学的问题上特别强调两个面向,即对民间平民进行教化的面向和对专职官吏进行教化的面向。② 康有为指出,"教"与"学"总而名之曰教,没有称总而名之曰学,原因在于,"学"只针对在学校中求学的士人学子,只指向学校中的教化,归到"学"意味着针对平民的教化和针对官吏的教化失去了独立的地位。

康有为在论述中提到"散于民者公""专于吏者私"。这里所论及的"公"应理解为广泛,"私"应理解为专门或专有。在《教学通义·备学第二》一篇中,康有为对"公学"与"私学"的内容进行了阐释。康有为称:

> 周公兼三王而施事,监二代以为文,凡四代之学皆并设之,三百六十之官皆兼张之,天人之道咸备,其守官举职皆有专学,以范人工,理物曲,各专其业,传其事。若太卜掌《易》,太师掌《诗》,外史掌《书》,宗伯掌《礼》,其余农、工之事皆然。官司之所守,即师资之所在。秦人以吏

---

① 康有为:《教学通义·原教第一》,见《康有为全集》第一集,第21页。
② 关于康有为基于教、学、官的区分强调遍民之教与职官之教意义,参见唐文明:《敷教在宽:康有为孔教思想申论》,北京:中国人民大学出版社,2012年,第57—58页。

为师,犹是古法。盖黄帝相传之制,至周公而极其美备,制度、典章集大成而范天下,人士循之,道法俱举。盖经纬人天,绝无遗憾,而无事于师儒学校之矜矜言道也。

然察其为政,虽六官皆学,而有公学、私学之分。公学者,天下凡人所共学者也,私学者,官司一人一家所传守者也。公学者,幼壮之学,私学者,长老之学。公学者,身心之虚学;私学者,世事之实学。公私必相兼,私与私不相通。①

在第一段论述中,康有为首先阐述了职官之学的内容,对应于"教""学""官"中的"官"。由这段论述可以看出,康有为以古代官师之制作为制度的典范。但就梁启超在《变法通议》中的论述来看,古代官师之制并不是梁启超的制度理想。梁启超在《论学校一(〈变法通议〉三之一)总论》一篇中提出"官未学也"②的批评时,强调了为官者应当有所学,指出为官者应具备为官所必需的学识素养与专业能力,但没有将古代的官师之制作为制度改革的目标与方向。

在第二段论述中,康有为言明,职官之学同时包含"公学"与"私学"。康有为在《教学通义·原教第一》中指出,"官,以任职专于吏者也",并且"专于吏者私",由此可知,职官之学对应于"私学"。在此段中,康有为又称职官之学同时包含"公学"与"私学",两处讨论似乎存在不一致之处。但事实并非如此,康有为的讨论各有侧重。要理解康有为所强调的内容,还需进一步明确其"公学"的意涵。在《教学通义·公学第三(上)》一篇中,康有为具体阐释了"公学"的含义。康有为称:

公学凡四:一曰幼学,《尔雅》以释训诂,《少仪》以习礼节也;二曰德行学,"六德"则智、仁、圣、义、中、和,"六行"则孝、友、睦、姻、任、恤也;三曰艺学,礼、乐、射、御、书、数也;四曰国法,本朝之政令、教治、戒禁也。四者天下之公学,自庶民至于世子莫不学之。庶民不徒为士,凡农、工、商、贾必尽学之,所谓公学也。③

---

① 康有为:《教学通义》,见《康有为全集》第一集,第21页。
② 梁启超:《论学校一(〈变法通议〉三之一)总论》,见《梁启超全集》第一集,第37页。
③ 康有为:《教学通义》,见《康有为全集》第一集,第21页。

根据这段论述,"公学"即"自庶民至于世子莫不学之"之学,具体来说,包括修习训诂与礼节的幼学,修习"六德""六行"的德行之学,修习"六艺"的艺学与修习本朝政令、教治、戒禁的国法之学。康有为对"公学"的强调主要有两点:第一,"自庶民至于世子莫不学之",而庶民不仅仅包括为士者,农、工、商、贾皆为庶民,故而皆当学习"公学"。此处强调农、工、商、贾皆为庶民,皆当学习"公学",与区分"教""学""官"时强调"教"的平民化趋向与广泛性特征是一致的。第二,古代"六艺"之学实为"公学",是"农、工、商、贾"皆当学习之学,而不仅仅是为士者之学。此处康有为强调的是,"六艺"之学在古代是一种通识之学。在《教学通义·公学第三(中)》一篇中,康有为称:"然益可证'六艺'为古凡民之通学,非待为士而后能。若以为士,则古者农、工、商、贾无不从士出身,故其民释耒耜则习礼乐之容,振削牍则通论说之用,与朝廷之士殆无以异。《诗》称兔罝之野人,可作公侯之腹心。"①回到前面提到的问题,讨论"专于吏者私"时,康有为强调的是官学作为专门之学的性质;讨论职官之学同时包含"公学"与"私学"时,康有为强调的是通识之学的基础性和普遍性,所有庶民皆当学习,从事专门之职的职官也不例外。

"公学"的意义在于"惇行孝弟"②,私学的意义在于"以范人工,理物曲,各专其业,传其事"③。由此,"公学"指向美德培养,意在通识,重在普遍,主要针对任事之前的人生阶段。"私学"指向职业传承,意在专精,基于志向,主要针对任事之后的人生阶段。康有为称:"至三十任事,博学无方,视其所好。所谓博学,乃世事之学,士人则分任六官,民家则各择九职,始为私学也。'六艺'为公,故为有方之学。百职为私,故为无方之学。有方之学为人所宜知,凡人皆重而习之。无方之学不责人以共能,故各视其志。古人言公私之学,莫彰明于此矣。"④

在讨论"公学"与"私学"的问题时,康有为特别突出"农、工、商、贾"之民,强调"农、工、商、贾"皆当学习"公学",同时与专掌"六艺"的官师一样,"农、工、商、贾"之民皆当"以官为师,终身迁转不改"。⑤ 从康有为的论述可以看出,他同时持有基于现代观念的对专门之学的认知与基于古代制度的对官师之制的理想,但古代官师之制的理想在其思想中处于更根本、更重要

---

① 康有为:《教学通义》,见《康有为全集》第一集,第 23 页。
② 康有为:《教学通义》,见《康有为全集》第一集,第 21—22 页。
③ 康有为:《教学通义》,见《康有为全集》第一集,第 21 页。
④ 康有为:《教学通义》,见《康有为全集》第一集,第 22 页。
⑤ 康有为:《教学通义》,见《康有为全集》第一集,第 25 页。

的位置。梁启超在《论学校一(〈变法通议〉三之一)总论》一文中提出农之士、商之士、兵之士的理解①,亦是在强调士之外的民皆当有学。梁启超讨论的要义在于揭示出专业之学的缺失导致国家缺乏专业之才的结果,治国乏才是其讨论的要点。康有为在《教学通义》开篇处同样论及治国乏才的问题。康有为指出:"朝无才臣,学无才士,阃无才将,伍无才卒,野无才农,府无才匠,市无才商,则国弱。"②但康有为解决治国乏才问题的方式是"反古复始,创法立制"。康有为称:

> 今天下治之不举,由教学之不修也。今天下学士如林,教官塞廷,教学恶为不修?患其不师古也。今天下礼制、训诂、文词皆尚古,恶为不师古?曰:师古之糟粕,不得其精义也。善言古者,必切于今;善言教者,必通于治。今之民,犹古之民也,不待易世;今之治,犹古之治也,不必胶法。上推唐、虞,中述周、孔,下称朱子,明教学之分,别师儒官学之条,举"六艺"之意,统而贯之,条而理之,反古复始,创法立制。王者取法,必施于世。③

在这段论述中,康有为虽然讨论到"切于今"和"通于治",但无论是分析天下之治所存在的问题④,还是提出修明天下之治的解决方案,他都表达出明显的师古与返古的态度。⑤古代特别是三代之制是梁启超在《变法通议》中所推崇的制度典范,但梁启超不以重建古制为理想,对待三代之制的态度是法先王之意。⑥

此外,梁启超同样从普遍的民出发讨论教民的问题。他在《论学校一

---

① 梁启超:《论学校一(〈变法通议〉三之一)总论》,见《梁启超全集》第一集,第35页。
② 康有为:《教学通义》,见《康有为全集》第一集,第19页。蔡乐苏等在《戊戌变法史述论稿》中指出,康有为此论承袭龚自珍《乙丙之际箸议第九》一文。参见蔡乐苏、张勇、王宪明:《戊戌变法史述论稿》,第120页。
③ 康有为:《教学通义》,见《康有为全集》第一集,第19页。
④ 康有为还将时局之祸归于伪经,在《致朱蓉生书》中,康有为称:"今吾国家尚未知息肩之所,即此一端,伪经之祸已不忍言。"康有为:《与朱一新论学书牍·致朱蓉生书》,见《康有为全集》第一集,第315页。
⑤ 虽然康有为在《教学通义》中亦强调"从今"之学,并以周制为"从今"之制,"以时王为法",但康有为主张复周,是以复周为"从今"。所以"从今"之学亦体现出复古的倾向。康有为:《教学通义·从今第十三》,见《康有为全集》第一集,第45页。
⑥ 梁启超:《论不变法之害(〈变法通议〉一)》,见《梁启超全集》第一集,第25页。

《〈变法通议〉三之一)总论》一篇中称:"孔子言以不教战,是谓'弃民'。""有不帅教者,乡官简而以告,其视之重而督之严也如此,故使一国之内,无一人不受教,无一人不知学。""举国之人,与国为体,填城溢野,无非人才,所谓'以天下之目视,以天下之耳听,以天下之虑虑'。三代盛强,盖以此也。"①从梁启超在教民问题上的论述可以看出,他对"教"同样持有广泛与整体的理解。

在《变法通议》当中,梁启超主要围绕学校制度讨论教的问题,其理想是通过学校教育解决现行科举制只取士不教育的问题。在《教学通义》中,康有为在辨析"教""学""官"的基础上,以官师之制和教学之别为典范,并进一步讨论学校与学,"道法备于周公,教学大备,官师咸修,盖学之极盛也"②,"古者道与器合,治与教合,士与民合。公学务于有用,则凡民皆遍习而不限。以员专学,以吏为师,则入官有所专习,而世守其业"③。与之相对,官学失守、遍民之教亡失之后,存留的学校制度及其所承载的学不足以遍及天下之民,亦不足以成就养民治国之治。④ 在论及学校时,康有为强调学校不能承载遍民之教的功能与意义,强调"教"与"学"的区别。对比梁启超与康有为的讨论,梁启超对于教与学的理解与康有为有所不同。首先,梁启超没有特别基于民与士来区分教与学,而是更倾向于从整体上基于施教与为学的关系来理解二者。在论及传统学术与教化时,孔子之教、孔子之学,或者经典之教、经典之学均指向应该尊崇的、真正意义上的学术与教化传统。与此相关,梁启超虽然论及教民,但没有在康有为的意义上强调学校之教与遍民之"教"之间的区别。即梁启超与康有为一样认为应当施行遍及于民的教化,但梁启超所论及的实现方式主要是,在国家行政的每个层级范围内设立学校,包括面向专门之学的学校。⑤ 对于康有为来说,单就学校来讲,学校只是教育制度的一个方面,其主要满足的是对士的教育,不能完成对民和官的教育。但在反思科举制的语境之下,康有为同样将古代学校与取士一体的制度视为美备的善法。⑥

---

① 梁启超:《论学校一(〈变法通议〉三之一)总论》,见《梁启超全集》第一集,第34—35页。
② 康有为:《教学通义·失官第七》,见《康有为全集》第一集,第33页。
③ 康有为:《教学通义·立学第十二》,见《康有为全集》第一集,第40页。
④ 康有为:《教学通义·失官第七》《教学通义·敷教第二十八》,见《康有为全集》,第一集,第33—35、53页。
⑤ 梁启超:《论学校一(〈变法通议〉三之一)总论》,见《梁启超全集》第一集,第34页。
⑥ 康有为称:"学校之设选举之科,先王之法盛矣。"康有为:《上清帝第二书》,见《康有为全集》第二集,第41页。

在与朱一新的论学书信《答朱蓉生书》(1891)中,康有为论及其对中西之学的态度及教授门人时的次序。康有为称:"故仆以为必有宋学义理之体,而讲西学政艺之用,然后收其用也。故仆课门人,以身心义理为先,待其将成学,然后许其读西书也。"①康有为与梁启超都并重中西之学,在这一问题上,两人的思想具有一致性。但在这一段论述后面,康有为称:"然此为当时也,非仆今学也。"康有为此语说明其自身的学术思想发生了转变。就转变的原因及转变之后的思想关切来说,康有为称:"仆昔者以治国救民为志,今知其必不见用,而热力未能销沮,又不佞佛,以为木石必有以置吾心,故杜门来,专以发明孔子之学,俾传之四洲,行之万世为事。"②就发明孔子之学的途径来说,康有为称:"或者孔子道至大至中,不患不行,是亦不然。仆以为行不行,专问力而已,力者何?一在发挥光大焉,一在宣扬布护焉。""以国力行其教,必将毁吾学宫而为拜堂,取吾制义而发挥《新约》,从者诱以科第,不从者绝以戮辱,此又非秦始坑儒比也。""仆今发明之,使孔子之道有不藉国力而可传者,但能发敷教之义,宣扬布护,可使混一地球。"③此外,康有为自述其思想关切为:"故仆之急急以强国为事者,亦以卫教也。"④

根据前引康有为在《答朱蓉生书》中的阐述,首先,康有为的思想关切由"以治国救民为志"转向"不藉国力"的"卫教"。⑤ 其实在写作《教学通义》时,康有为在思想上已经倾向于以孔子之教作为主要关切。从《教学通义》的内容来看,康有为虽然推崇孔子,但以周代官师之制作为制度典范,康有为在《教学通义》中的论述围绕周代官师之制与孔子之学两个线索展开。其次,康有为提出"不借国力"的传教途径。"不借国力"与"传教"是康有为此处论及"敷教"时所强调的两个要点。康有为在《教学通义》中也讨论了"敷教"的问题,从"下逮于民"的角度强调"敷教"与面向士的学校不同,两者不能混淆。"夫学校之深美,只能救士,未可化民。"⑥就"敷教"问题来说,康有

---

① 康有为:《与朱一新论学书牍·答朱蓉生书》,见《康有为全集》第一集,第314页。
② 康有为:《与朱一新论学书牍·答朱蓉生书》,见《康有为全集》第一集,第314页。
③ 康有为:《与朱一新论学书牍·答朱蓉生书》,见《康有为全集》第一集,第314页。
④ 康有为:《与朱一新论学书牍·答朱蓉生书》,见《康有为全集》第一集,第314页。
⑤ 关于康有为早年思想的转变,参见唐文明:《敷教在宽:康有为孔教思想申论》,第26—27页。
⑥ 康有为:《教学通义·敷教第二十八》,见《康有为全集》第一集,第53页。

为在《教学通义》中所论与在《答朱蓉生书》中所论,侧重有所不同。①

若对照梁启超在《变法通议》中的论述则可知,梁启超同样强调孔子之学,但主要是从学术与教育的角度,强调学者不应基于科举应试的功利目的求学,而应以孔子之学本身作为学业志向,为师者同样应传授真正意义上的孔子之教与经典之学。此外,梁启超还从尊教重道的角度阐明以孔子之学为志向的重要性,如在《论幼学》一篇中,梁启超强调初入学者当释奠于孔子。② 在《万木草堂小学学记》一篇的题记中,梁启超言明此篇乃是"略依"康有为《长兴学记》,"演其始教之言"。在这篇文章中,梁启超列出了"传教"一条,称:"孔子改制立法,作六经以治万世,皜皜乎不可尚矣!乃异道来侵,辄见篡夺,今景教流行,挟以国力,奇悍无伦,而吾教六经,舍帖括命题之外,诵者几绝,他日何所恃而不沦胥哉!虽然,《中庸》之述祖德,则曰'施及蛮貊',《春秋》之致太平,则曰'大小若一',圣教之非直不亡,而且将益昌,圣人其言之矣。《记》曰:'其人存,则其政举'。佛教、耶教之所以行于东土者,有传教之人也。吾教之微,无传教之人也。教者,国之所以受治,民之所以托命也。吾党丁此世变,与闻微言,当浮海居彝,共昌明之。非通群教,不能通一教,故外教之书,亦不可不读也。"③此外,在《论学会》一篇中,梁启超在具体讨论"设会之目"时称:"二曰建立孔子庙堂,陈主会中,以著一尊。"④康有为在作于1895年的《上海强学会章程》中指出:"今设此会,聚天下之图书器物,集天下之心思耳目,略仿古者学校之规,及各家专门之法,以广见闻而开风气,上以广先圣孔子之教,下以成国家有用之才。""立学堂以教人才,创讲堂以传孔教。"⑤结合以上论述,关于孔子之学问题,梁启超同时从学与教两个角度展开讨论,康有为似乎更多地侧重于教,两者在重视孔子之学这一点上是一致的。

在《学校余论(〈变法通议〉三之余)》一篇中,梁启超进行了类似于总结式的讨论,由对现行学校制度的担忧引出对教与学问题的整体性反思,论及

---

① 唐文明指出,两者的区别在于,在《教学通义》中,康有为"侧重于从国家治理的角度言教化",而在《答朱蓉生书》中,康有为"强调如何使孔教成为一个全球性的普世教化"。关于康有为在《教学通义》中所论敷教与在《答朱蓉生书》中所论敷教之间的差异,及在《教学通义》中所论敷教与在《上清帝第二书》《上清帝第三书》乃至戊戌变法期间奏章中所论措施之间的连续性,参见唐文明:《敷教在宽:康有为孔教思想申论》,第103—116页。
② 梁启超:《论学校五(〈变法通议〉三之五)幼学》,见《梁启超全集》第一集,第61页。
③ 梁启超:《万木草堂小学学记》,见《梁启超全集》第一集,第277—279页。
④ 梁启超:《论学校三(〈变法通议〉三之三)学会》,见《梁启超全集》第一集,第50页。
⑤ 康有为:《上海强学会章程》,见《康有为全集》第二集,第93—94页。

"教之之道""教之之人""今日之学"和"为学之人"。在梁启超的思想中,这四者又在中西之学的问题上相贯通。关于"教之之道"与"教之之人",梁启超称:"夫所谓教之未得其道者,何也?自古未有不通他国之学,而能通本国之学者;亦未有不通本国之学,而能通他国之学者。"①"无徒重西文教习,而必聘通儒为华文教习,以立其本;无仅学西文,而必各持一专门之西学,以致其用。"②关于"今日之学"与为学之人,梁启超称:"今日之学,当以政学为主义,以艺学为附庸。"③"故今日欲储人才,必以通习六经经世之义,历代掌故之迹,知其所以然之故,而参合之于西政,以求致用者为第一等。"④六经之义、历代掌故为梁启超在《变法通议》中一贯重视的学术内容,从讨论变革科举取士的科目到论及对为师者的学术要求,再到此处总结性的论述,是梁启超反复强调的学术面向。而这亦是康有为所重视的为学结构,同时也是康有为的老师朱次琦所阐述的读书之实学的内容。⑤ 梁启超此处所论"政学"指治道之学,"艺学"指专门之学。与《学校总论》一篇所论"一曰教,二曰政,三曰艺"⑥相比,梁启超在《学校余论》一篇中特别突出政学,具有更明显的致用倾向。同时,相比艺学而强调政学,与由重视专门之业到重视制度与法的进路相对应。但致用以通经为前提,而且政学不仅突出"政",亦在强调"学",所以学与教依然是梁启超所关注的根本问题。总体而言,梁启超称:

> 今中国而不思自强则已,苟犹思之,其必自兴政学始,宜以六经诸

---

① 梁启超:《学校余论(〈变法通议〉三之余)》,见《梁启超全集》第一集,第 88 页。
② 梁启超:《学校余论(〈变法通议〉三之余)》,见《梁启超全集》第一集,第 89 页。
③ 梁启超:《学校余论(〈变法通议〉三之余)》,见《梁启超全集》第一集,第 89 页。
④ 梁启超:《学校余论(〈变法通议〉三之余)》,见《梁启超全集》第一集,第 90 页。在《万木草堂小学学记》一篇的"穷理"一条中,梁启超对六经诸子之理与致用之端进行了解释。梁启超称:"六经诸子,古者皆谓之道术,盖所以可贵者,惟其理也。故曰:'法先王者,法其意。'""究其致用,有二大端:一曰定宪法以出政治,二曰明格致以兴艺学。"梁启超:《万木草堂小学学记》,见《梁启超全集》第一集,第 278 页。
⑤ 在修身读书与通经致用的学术进路方面,康有为从朱次琦处获益很多,并对梁启超产生很大影响。《戊戌变法史述论稿》引用简朝亮在《朱九江先生讲学记》中记载的朱次琦教授门人的"四行五学","修身之实四,曰:敦行孝弟,崇尚名节,变化气质,检摄威仪","读书之实五,曰:经学、史学、掌故之学、性理之学、辞章之学",并进一步揭示出"四行五学"成为康有为教授弟子的"成法",而万木草堂脱胎于礼山草堂,钱穆《中国近三百年学术史》对此亦有论及。参见蔡乐苏、张勇、王宪明:《戊戌变法史述论稿》,第 70—74 页。梁启超在湖南执教的时务学堂对万木草堂又有所承继。
⑥ 梁启超:《论学校一(〈变法通议〉三之一)总论》,见《梁启超全集》第一集,第 38 页。

子为经①,而以西人公理、公法之书辅之,以求治天下之道;以历朝掌故为纬,而以希腊、罗马古史辅之,以求古人治天下之法;以按切当今时势为用,而以各国近政近事辅之,以求治今日之天下所当有事。苟由此道,得师而教之,使学者知今日之制度,何者合于古,何者戾于古,何者当复古,何者当变古;古人之制度,何者视今日为善,何者视今日为不善,何者可行于今日,何者不可行于今日;西人之制度,何者可行于中国,何者不可行于中国,何者宜缓,何者宜急。条理万端,烛照数计,成竹在胸,遇事不挠,此学若成,则真今日救时之良才也。②

在这一段总括性的论述中,首先,梁启超就学与用的关系划分了三个层次:以六经诸子为经,以历朝掌故为纬,以按切实事为用;并且从三个层次当中依次取道,取法,取事;同时在三个层次内部区分了主辅,分别以中国传统之学及中国当今时势为主,以西方古今之学及西方近政近事为辅。接着,梁启超在"得师而教之"的前提下,阐明通经致用之学所要明晰的内容。梁启超的阐述包含了古代、现今、中国、西方四个维度,既以中国传统经典为标准,又考虑到中国现实的可行性;既主张学习西方的思想资源,又关注到其在中国的适应性;同时注意到缓急次第的问题。这段论述大体上呈现出梁启超对于传统与现代、中国与西方的整体性的思考,并且体现出他以古代为典范、以现今为考量的传统面向③及以中学为根基,以西学为借鉴的思想底色。

2.3.2 影响与区别:梁启超与严复

1894年甲午中日战争中国战败,1895年清廷与日本议和,身处北洋系

---

① 梁启超在此后添加注释称:"经学必以子学相辅,然后知经学之用,诸子亦皆欲以所学易天下者也。"梁启超:《学校余论(〈变法通议〉三之余)》,见《梁启超全集》第一集,第90页。

② 梁启超:《学校余论(〈变法通议〉三之余)》,见《梁启超全集》第一集,第90—91页。

③ 虽然梁启超呈现出了传统的视野,但在当时"新学"的影响之下,梁启超实际是将西方的"公理之学"作为通经致用的标准,即作为衡量六经诸子之理与现今法度技艺的标准。《万木草堂小学学记》一文有"穷理"一条。在"穷理"一条中,梁启超首先阐明以六经诸子为理、以"定宪法以出政治"和"明格致以兴艺学"为致用的理解。接着,梁启超便言明以"公理之学"为标准衡量古人之言与现实法度。梁启超称:"輓近公理之学盛行,取天下之事物,古人之言论,皆当衡之、量度之,以定其是非,审其可行不可行。盖地球大同太平之治,殆将萌芽矣。学者苟究心此学,则无似是而非之言,不为古人所欺,不为世法所挠,夫是之谓实学。若夫孟子所谓深造自得,左右逢源,又其大成之事也。"梁启超:《万木草堂小学学记》,见《梁启超全集》第一集,第278页。

统内部①的严复于1895年2月至5月在天津《直报》上发表了四篇政论文章,依次为《论世变之亟》《原强》《辟韩》和《救亡决论》,其中《救亡决论》发表于议和达成之后。史华兹(Benjamin I. Schwartz,1916—1999)评价这几篇文章称,这些文章反映了严复的基本观点,构成其日后翻译工作的基础,相当于日后译著的绪论。②

严复的文章构成梁启超写作《变法通议》的现实语境,同时也构成后人理解梁启超《变法通议》的前提。严复在《论世变之亟》中强调了当时中国所遭遇的巨大变化及所面临的危难处境,梁启超在《变法通议》中对时局作出了相同的判断,并为此感到忧虑与痛心;在《原强》③中,严复描述了当时中国积弱的状态,同时就这一状态提出了尖锐的批评,梁启超在《变法通议》中亦有相关的论述;《辟韩》一文曾于1897年4月12日(光绪二十三年三月十一日)在《时务报》第二十三册中转载,其中涉及的君民关系问题是当时有识之士共同关注和思考的核心议题;在《救亡决论》一文中,严复对八股之学展开了激烈的批评,并由此关联到对中国政教学术整体的批评,将挽救中国积弱状况的唯一出路归于现代西方的格致之学。科举、学校与教育问题是梁启超在《变法通议》中着重讨论的主题,向西方学习同样是梁启超所提倡的改变中国时局的途径。但需要注意的是,在诸多具有一致性的方向之下,在阐述具体问题的过程当中,梁启超的思想与严复的思想呈现出诸多不同之处。此外,就思想关系上来说,不仅严复影响了梁启超,梁启超对严复也产生了影响。

梁启超受到严复影响的直接表现是,在《变法通议》中,梁启超引用严复的观点与论述。梁启超在《论幼学》一篇中引用了严复《救亡决论》中批评科举制的讲法:"吾友严又陵之言曰:八股之害,锢智慧,坏心术,滋游手。当其做秀才之日,务使之习为剿窃诡随之事,致令羞恶是非之心,旦莫梏亡。消磨岁月于无用之地,堕坏志节于冥昧之中,长人虚骄,昏人神智。"④从引

---

① 《戊戌变法史述论稿》强调严复曾身处北洋系统内部,从北洋系统中分离出来对变法进行反思。参见蔡乐苏、张勇、王宪明:《戊戌变法史述论稿》,第239页。
② 本杰明·史华兹著,叶凤美译:《寻求富强:严复与西方》,南京:江苏人民出版社,2005年,第28页。
③ 严复在1896年《时务报》第七册刊出之后写给梁启超的信中谈及《原强》诸篇,称其"尤属不为完作",并在信的结尾处称:"拟更删益成篇,容十许日后续呈法鉴何如。"严复:《与梁启超书》三封之第一封,见《严复集》第三册,第513—514页。
④ 梁启超:《论学校五(〈变法通议〉三之五)幼学》,见《梁启超全集》第一集,第69页。

文"致令羞恶是非之心,且莫梏亡"一句可以看出,严复化用了孟子的讲法,梁启超引用此语表明其认同严复对八股的批评。梁启超这里引述的内容,在严复《救亡决论》原文中并非连续的一段,梁启超将严复概括八股之害的内容和对"坏心术"的讨论以及一段总结性的论述整合到了一起。就对待科举制的态度来说,虽然这一时期严复和梁启超都批评科举制所存在的弊端,但对于在实践中如何处理科举制这一问题上,两人持有不同的观点。严复会明确提出"废八股"的主张,但在《变法通议》中,梁启超不讲"废科举",而是讲"改科举""变科举"。如其在《学校总论》一篇中提到,"但使能改科举,归于学校",在《论科举》一篇中提到,"故欲兴学校、养人才,以强中国,惟变科举为第一义,大变则大效,小变则小效"。①

梁启超在《变法通议》中还引用了严复所译《天演论》的内容。在《论女学》一篇中,由母亲教育问题进一步论至胎教时,梁启超在小字夹注中摘录了《天演论》中的论述,证明女学对于保种的意义。梁启超在小字夹注中称:

> 侯官严君又陵译《天演论》云:无官者不死,以其未尝有生也,而有官者,一体之中有其死者焉,有其不死者焉,而不死者又非精灵魂魄之谓也。可死者甲,不死者乙,判然两物,如草木之根荄枝干等,甲之事也;而乙则离母附子,代可微变而不可以死,或可分其少分以死,而不可以尽死,此动植所莫不然者也。是故一人之身,常有物焉,乃祖、父之所有,而托生于其身,盖自得生受形以来,递嬗迤降,以至于今。此胎教所以然之公理。②

在这一段论述当中,除了最后一句"此胎教所以然之公理"为梁启超所言之外,其余皆为摘录的严复所译《天演论》中的内容。梁启超摘录的这段论述出自严复在《天演论》下卷论一《能实》篇中所加的"复案",主要阐述的是生物遗传的道理。严复译著《天演论》成稿后,译稿的部分内容最早刊登

---

① 梁启超:《变法通议》,见《梁启超全集》第一集,第40、47页。
② 梁启超:《论学校六(〈变法通议〉三之六)女学》,见《梁启超全集》第一集,第74页。

在天津的《国闻汇编》上,刊登的时间是 1897 年年底至 1898 年年初。① 在《天演论》正式刊登出版之前,梁启超便读到严复的译稿②,并在思想上受其影响。在前引一段论述的后面,梁启超还提到了严复的另外一段讨论,并加以评述:

> 严君与余书又云:生学公例言,一人之生其心思、材力、形体、气习,前则本数十百代祖父母之形神阅历积委而成,后则依乎见闻师友与所遭之时与地而化。其论极精,欲言保种者,非措意于此二义不可。欲措意于前一义,则胎教为之根原;欲措意于后一义,则胎教尤为根原之根原。此学数十年后必大明于天下,今日则鲜不以为迂远无用矣。③

梁启超所提及的论述依然与遗传相关,并论及师友及环境对个体的影响,梁启超在此基础上进一步进行阐释。首先,梁启超对所引严复之论极为肯定;其次,梁启超将问题转向保种,所引严复之论虽然没有直接提及保

---

① 1897 年 12 月 18 日,《国闻汇编》第 2 册刊登了《译〈天演论〉自序》和《〈天演论〉悬疏(未完)》两篇。之后,1898 年年初的第 4 册、第 5 册、第 6 册连载了《〈天演论〉悬疏》的部分内容。后来,《天演论》由严复好友卢木斋(1856—1948)进行抄录,卢木斋将稿件寄给其弟卢慎之进行刊刻,即成"慎始基斋"本,列入"沔阳卢氏慎始基斋丛书"。1898 年 6 月,严复在"慎始基斋"校样的基础上进行修改,并依照吴汝纶的意见为各篇增添了小标题,修改后的版本总体上包括吴汝纶为其作的序言《吴序》,严复自己所作的《自序》《译例言》,及导言十八篇和正论十七篇,如此,《天演论》定本形成并正式出版。在此之后,《天演论》还被多次出版。《天演论》原名《进化论与伦理学》(*Evolution and Ethics*),原书最初为英国生物学家赫胥黎(Thomas Henry Huxley,1825—1895)于 1893 年在牛津大学所作讲座的讲稿,后于 1894 年以《进化论与伦理学》为书名出版,《天演论》是该书的一个节译本。王栻主编的《严复集》第五册收录了慎始基斋本《天演论》及严复译《天演论》的手稿本。在罗炳良主编的《影响中国近代史的名著》系列中,严复译著《天演论》采用的亦是慎始基斋本,李珍所作《〈天演论〉评介》介绍了严复译著《天演论》的刊行及出版情况。参见李珍:《〈天演论〉评介》,见赫胥黎著,严复译著:《天演论》,第 23—25 页;罗耀九主编:《严复年谱新编》,厦门:鹭江出版社,2004 年,第 104—111 页;李楠、姚远:《严复〈国闻汇编〉及其天演论传播》,《西北大学学报》(自然科学版),2013 年第 2 期。

② 严复在为《天演论》所作的《译例言》中提到:"稿经新会梁任公、沔阳卢木斋诸君借钞,皆劝早日付梓。"参见赫胥黎著,严复译著:《天演论》,第 10 页。此外,《梁任公先生年谱长编(初稿)》于 1896 年处收录了《时务报时代之梁任公》中的一段记述,这段记述同样记录了在《天演论》正式出版之前,梁启超便已读到严复的译文。"马眉叔先生所著之《马氏文通》,与严又陵先生所译之《天演论》,均以是年脱稿,未出版之先,即持其稿以示任兄。"参见丁文江、赵丰田编:《梁任公先生年谱长编(初稿)》,第 32 页。

③ 梁启超:《论学校六(〈变法通议〉三之六)女学》,见《梁启超全集》第一集,第 74 页。

种,但保种亦是严复所关注和强调的一个重要问题①;最后,梁启超将遗传与教育问题关联在一起,实际是以遗传为基础讨论教育问题,回到其所讨论的胎教问题,进而证明女学具有本原性的意义。据此,就引文所涉及的内容来看,梁启超接受并认同严复所阐述的道理,同时在严复所论的基础上有更进一步的阐释,最终回到自身的问题意识与思想路径当中。此外,梁启超在《论学校七(〈变法通议〉三之七)译书》一篇中,还提到严复翻译《天演论》采用的是意译的方法,认同严复所采用的译法并对严复用其所学完成《天演论》这一译著非常认可。梁启超称:"凡译书者,将使人深知其意,苟其意靡失,虽取其文而删增之、颠倒之,未为害也,然必译书者之所学,与著书者之所学,相去不远,乃可以语于是。近严又陵新译《治功天演论》用此道也。"②

梁启超在《变法通议》中基于三世说论证"言自强于今日,以开民智为第一义"③,他对民智的强调与严复的影响有关。严复在《原强》中提出以民智、民力、民德为自强之本,三者当中"又以民智为最急"④;在《原强》修订稿中提出以"鼓民力""开民智""新民德"三端为当下之要政,而"新民德之事,尤为三者之最难"⑤。在1895年《马关条约》签订前后发表于天津《直报》的四篇政论文章中,严复多次提及民智、民力、民德的问题,虽然具体组合与顺序有所变化,但"三民思想"⑥构成严复思想中的一个重要议题。除民智、民力、民德之外,严复还会提到民气,如在《原强》中批评当时中国积弱现状时指出疆场之事战败不足为悲,真正可悲之处在于"民智之已下,民德之已衰,与民气之已困耳"⑦。在论及人种强弱时严复指出:"客尚不知种之相强弱者,其故有二:有鸷悍长大之强,有德慧术智之强;有以质胜者,有以文胜者。以质胜者,游牧射猎之民是也。……虽然,强矣,而未进夫化也。若夫

---

① 严复在为《天演论》所作的《自序》中写道:"赫胥黎氏此书之旨,本以救斯宾塞任天为治之末流,其中所论,与吾古人有甚合者,且于自强保种之事,反复三致意焉。"赫胥黎著,严复译著:《天演论》,第10页。

② 梁启超:《论学校七(〈变法通议〉三之七)译书》,见《梁启超全集》第一集,第86页。

③ 梁启超:《论学校一(〈变法通议〉三之一)总论》,见《梁启超全集》第一集,第34页。

④ 严复:《原强》,《严复集》第一册,第14页。

⑤ 严复:《原强》修订稿,《严复集》第一册,第27—30页。

⑥ 关于严复的"三民思想",参见林家有、赵立彬:《论严复的"三民思想"》,《广东社会科学》,1999年第4期。

⑦ 严复:《原强》,《严复集》第一册,第9页。

中国之民，则进夫化矣，而文胜之国也。"①严复将人种之强划分为"以质胜"和"以文胜"，并将其纳入进化序列当中，梁启超基于三世说理解"以力胜"和"以智胜"与之相似。②

其实民智也是康有为所关注的议题，他在早期的著述中同样提出开民智的主张。在《上清帝第二书》中，康有为提到："夫才智之民多则国强，才智之士少则国弱。……故今日之教，宜先开其智。"③在《万身公法书籍目录提要》一篇中，康有为在介绍《实理公法全书》提要时提到："自有此书，古圣之得失，纤毫毕见；生民之智学，日益不穷。"④由此可以看出，民智问题是康有为、严复与梁启超的共同关切。在康有为与严复的直接影响下，梁启超围绕民智展开讨论，而强调民智的背后其实是对民权的期待，关联现实的目的则是实现救国。

严复关于民智、民力、民德的论述不仅影响着《时务报》时期的梁启超，还持续影响着流亡到日本之后的梁启超。在《新民说》中，梁启超多次提到民智、民力、民德问题，从中同样可以看到严复对其所产生的影响。严复提出民智、民力、民德与其对中国当时整体状况的分析有关。首先，严复认为中国积贫积弱的现状并非实行善法善制就能有所改变，无论是奉行中国古代"祖宗之成宪"，还是对西洋富强之政"踵而用之"，皆不能改变中国贫弱的现状，反而会使状况更加严重。进而，严复指出，中国积贫积弱的根本原因在于国民，"中国者，固病夫也"⑤。既然如此，那么解决中国积弱状况的方法必然是针对国民的措施。对于解决措施，严复总体上将其概括为中国欲图自强则必须"标本并治"⑥。其中"标"针对的是"救目前之溃败"，具体措施为"收大权、练军实，如俄国所为是已"。⑦"本"指向的是长久的基础，"不为其本，则虽治其标，而不久亦将自废"，具体措施则为"于民智、民力、民德三者加之意"，三者之中"又以民智为最急"。⑧ 在《原强》修订稿中，严复对三者进一步展开讨论，并在顺序上作了调整。如严复称："是故国之强弱贫

---

① 严复：《原强》，见《严复集》第一册，第10页。
② 梁启超：《论学校一（〈变法通议〉三之一）总论》，见《梁启超全集》第一集，第34页。
③ 康有为：《上清帝第二书》，见《康有为全集》第二集，第42页。
④ 康有为：《万身公法书籍目录提要》，见《康有为全集》第一集，第143页。
⑤ 严复：《原强》，见《严复集》第一册，第13页。
⑥ 严复：《原强》，见《严复集》第一册，第14页。
⑦ 严复：《原强》，见《严复集》第一册，第14页。
⑧ 严复：《原强》，见《严复集》第一册，第14页。

富治乱者,其民力、民智、民德三者之征验也,必三者既立而后其政法从之。"①"是以今日要政,统于三端:一曰鼓民力,二曰开民智,三曰新民德。"②严复在强调民智、民力、民德的同时对民性进行了激烈的批评,这一点也影响着梁启超。在严复看来,中国国民的民性"知损彼之为己利,而不知彼此之两无所损而共利,然后为大利",如此则"上下举不能自由,皆无以自利",故而"富强之政,亦无以行于其中"。③ 所以他对于洋务运动的反思是,虽然提倡洋务以来在诸多方面学习西方,但国家依然处于存亡之际,究其原因,乃是民性的缘故,以至于西方至美之制、富强之机"迁地弗良",甚至,严复还提及,国民之性唯独与鸦片一端有"相召相合而不可解者"。④ 此外,关于国民与国家富强的关系,严复指出:"是故富强者,不外利民之政也,而必自民之能自利始;能自利自能自由始;能自由自能自治始,能自治者,必其能恕、能用絜矩之道者也。"⑤严复这里对自治、自由、自利关系的讨论也影响着梁启超《新民说》的写作。

关于严复对梁启超的影响,史华兹指出,在1895年至1898年间,梁启超深受严复文章和译著的影响。史华兹还指出,就梁启超后来的发展来说,严复对他的影响比康有为对他的影响更为深刻。⑥ 其实不仅是严复影响着梁启超,梁启超在《时务报》上发表的文章也影响着严复。严复在《原强》修订稿中对其于1895年3月发表在天津《直报》上的《原强》一文进行了较大的修改,从修改的内容可以看出严复吸收了梁启超在《变法通议》中的论述。如《原强》修订稿结尾处直接引用梁启超的论述称:"善夫吾友新会梁任公之言曰:'万国蒸蒸,大势相逼,变亦变也,不变亦变。变而变者,变之权操诸己;不变而变者,变之权让诸人。'"⑦严复所引用的这段论述是梁启超《变法通议》中《论不变法之害》一篇结尾处的内容。《论不变法之害》一文发表于1896年8月19日(光绪二十二年七月十一日)出版的《时务报》第二册上。⑧

---

① 严复:《原强》修订稿,见《严复集》第一册,第25页。
② 严复:《原强》修订稿,见《严复集》第一册,第27页。
③ 严复:《原强》,见《严复集》第一册,第15页。
④ 严复:《原强》,见《严复集》第一册,第15页。
⑤ 严复:《原强》,见《严复集》第一册,第14页。
⑥ 参见本杰明·史华兹:《寻求富强:严复与西方》,第31、55页。
⑦ 严复:《原强》修订稿,见《严复集》第一册,第32页。
⑧ 此外,史华兹指出严复对于三代到秦的政治堕落的理解来自于梁启超和谭嗣同。参见本杰明·史华兹:《寻求富强:严复与西方》,第43—44页。

第 2 章 《变法通议》中的教育与政治

而这一时期严复对《时务报》的认可和赞赏,也可以视作其认同梁启超思想与事业的体现。1896 年 9 月 24 日(光绪二十二年八月十八日),《时务报》第七册出版之前,严复曾有一封信同时写给汪康年和梁启超,在这封信中严复称:

> 昨公度观察抵津,稔大报一时风行。于此见神州以内人心所同,各怀总干蹈厉之意。此中消息甚大,不仅振聩发聋、新人耳目已也。不佞囊在欧洲,见往有一二人著书立论于幽仄无人之隅,逮一出问世,则一时学术政教为之斐变。此非取天下之耳目知识而劫持之也,道在有以摧陷廓清、力破余地已耳。使中国而终无维新之机,则亦已矣,苟两千年来申商斯高之法,熄于此时,则《时务报》其嚆矢也。甚盛!甚盛!
>
> 寄上汇票百元,到时乞与察入,付据。区区不足道,聊表不佞乐于观成此事之心云尔。①

从严复在信中所写内容来看,严复对《时务报》的赞赏主要在于,《时务报》所宣扬的思想在国民中产生了广泛的影响,这与严复所主张的"开民智"与群治相关,亦与严复所理解的制度与人心的关系有关。严复认为,善政必须以国民状况为基础,与国民素质相适应,在国民整体具备基本素质的基础上善政才能建立并发挥效用。所以,严复认为仅有少数有识之士"著书立论"是有问题的,其言论主张纵然能在学术政教方面带来改变,但没有广泛的国民基础与之相适应,所带来的改变只是暂时性的,所产生的功效也只是摧毁和破坏性的。对于这一问题,严复在《原强》一文中有所阐述。严复指出:"今夫民智已下矣,民德已衰矣,民力已困矣。有一二人焉,谓能旦暮为之,无是理也。何则?有一倡而无群和也。是故虽有善政,莫之能行。善政如草木,置其地而能发生滋大者,必其天地人三者与之合也,否则立槁而已。"②由此可以看出,他将国民之民智、民力、民德作为善政得以施行的基础。严复的这一理解也一直存在于梁启超的思想当中。严复在《原强》修订稿中保留了这段阐释所承载的思想意涵,只是在表述方面做了调整。在《原强》修订稿中,严复称:"是故苟民力已茶,民智已卑,民德已薄,虽有富强之

---

① 严复:《与汪康年书》,见《严复集》第三册,第 505 页。
② 严复:《原强》,见《严复集》第一册,第 13 页。

政,莫之能行。盖政如草木焉,置之其地而发生滋大者,必其地肥硗燥湿寒暑与其种性最宜者而后可。否则,萎挫而已,再甚则僵槁而已。"①在《原强》两稿当中,严复在这一段论述之前皆引用了苏轼和斯宾塞(Herbert Spencer,1820—1903)的观点,在这一段之后皆对王安石变法进行了评论。在修订稿中,严复称:"苏子瞻曰:'天下之祸,莫大于上作而下不应。上作而下不应,则上亦将穷而自止。'斯宾塞尔曰:'富强不可为也,政不足与治也。相其宜,动其机,培其本根,卫其成长,则其效乃不期而自立。'……往者,王介甫之变法也,法非不良,意非不美也,而其效浸淫至于亡宋,此其故可深长思也。管、商变法而行,介甫变法而敝,在其时之风俗人心与其法之宜不宜而已矣。"②结合上下文所论可以更清晰地看出严复要表达的思想——他意在说明,制度与人心相适应,人心是制度的基础,制度需要与人心相合。因此,要改变中国积弱的状况,必须从人心处采取措施。若将人心进一步具体化,其包含的则是严复所讨论的民力、民智、民德的内容。

关于严复对制度与人心关系的理解,首先,他将中国积弱的原因归于人心,即责于人而非责于制。其次,他认为制度以人心为基础,即不强调制度对人心的教育作用。在这一问题上,梁启超在《变法通议》中的论述似乎与严复所论不同,梁启超更倾向于责于制或者说责于法而非责于人,并且认为制度对人心有规制和教化的作用。如梁启超在《论变法不知本原之害》中反思当朝官员任事能力时指出:"然而西官之能任事也如彼,华官之不能任事也如此。故吾曰:不能尽为斯人咎也,法使然也。立法善者,中人之性可以贤,中人之才可以智,不善者反是。"③

严复在《原强》修订稿中论及如何进民德时,提及通过设议会实现国民各私其国,进而合私为公的主张,似乎亦阐释出了通过制度教化人心的思想,但这一段在《原强》最初的刊出稿中是没有的,是后来在修订过程中增补的内容。严复称:"是故居今之日,欲进吾民之德,于以同力合志,联一气而御外仇,则非有道焉使各私中国不可也。顾处士曰:民不能无私也,圣人之制治也,在合天下之私以为公。然则使各私中国奈何?曰:设议院于京师,而令天下郡县各公举其守宰。是道也,欲民之忠爱必由此,欲教化之兴必由此,欲地利之尽必由此,欲道路之辟、商务之兴必由此,欲民各束身自好而争

---

① 严复:《原强》修订稿,见《严复集》第一册,第26页。
② 严复:《原强》修订稿,见《严复集》第一册,第26页。
③ 梁启超:《论变法不知本原之害(〈变法通议〉二)》,见《梁启超全集》第一集,第30—31页。

濯磨于善必由此。"①此外,严复将《时务报》评价为"申商斯高"之法的"嚆矢",似乎与梁启超的用意存在偏离。梁启超虽然于当时强调变法,但在《变法通议》中,从制度方面来讲,梁启超将三代学校制度作为典范;从教与学的方面来说,梁启超强调孔子之教与经典之学,而并不以"申商斯高"之法为宗。

《时务报》第七册出版之后,严复同样有一封写给梁启超的信。信中,严复提到《原强》之不完备并计划对其进行修改,亦提到将《天演论》译稿寄给梁启超,同时对梁启超与马眉叔学习拉丁文之事表示肯定并鼓励其坚持此事。除此之外,严复还在信中给予梁启超很高的评价并对其提出长远的期待。严复称:"至其宏纲大旨,则与足下争一旦之命,胜负之数,真未可知。况足下年力盛壮如此,聪明精锐如此,文章器识又如此,从此真积力久,以至不惑、知命之年,则其视无似辈岂止吹剑首者一哄已哉。梁君梁君,无怠,嗟乎! 士顾愿力何如耳。"②

在对群的理解上,严复也对梁启超产生了极大的影响。《变法通议》中,讨论学会的《论学会》一篇则是基于群的认知。学会与讲学相关联,梁启超指出,学会之亡,乃是清朝汉学家禁止讲学所致,又以"纪昀为之魁"③。若从制度角度来看,学会与学校分属于两种不同的制度,但梁启超将其列入学校的论题之下,原因在于,在功能方面学会与学校具有相似的意义,即两者均具有培养心智、发扬学术的意义。如梁启超在阐述学校与学会两者在培养心智方面的关系及意义时称:"学校振之于上,学会成之于下,欧洲之人,以心智雄于天下,自百年以来矣。"④"今欲振中国,在广人才,欲广人才,在兴学会。"⑤由此可见,学会与学校是相配合的,同时,学会主要面向学校之外更为广泛的社会群体,其意义一面指向学,一面指向群,总体来说指向"群心智"。讲学是学会的一项重要职能,就讲学的意义来说,康有为在作于1891年的《长兴学记》中称:"孔子曰:学之不讲,是吾忧也。陆子曰:学者一人抵当流俗不去。故曾子谓以文会友,以友辅仁。朋友讲习,磨励激发,不可寡矣。顾亭林鉴晚明讲学之弊,乃曰:今日只当著书,不当讲学。于是,后进沿流,以讲学为大戒。""故国朝读书之博,风俗之坏,亭林为功之首,

---

① 严复:《〈原强〉修订稿,见《严复集》第一册,第31—32页。
② 严复:《与梁启超书》,见《严复集》第三册,第514页。
③ 梁启超:《论学校三(〈变法通议〉三之三)学会》,见《梁启超全集》第一集,第51页。
④ 梁启超:《论学校三(〈变法通议〉三之三)学会》,见《梁启超全集》第一集,第50页。
⑤ 梁启超:《论学校三(〈变法通议〉三之三)学会》,见《梁启超全集》第一集,第52页。

亦罪之魁也。今与二三子剪除棘荆,交易陋习,昌言追孔子讲学之旧。"①在作于1895年的《京师强学会序》一文中,康有为提出:"徒以风气未开,人才乏绝,坐受陵侮。""盖学业以讲求而成,人才以摩厉日出。"②随后,在代张之洞所作的《上海强学会序》一文中,康有为提出:"天下之变岌岌哉!夫挽世变在人才,成人才在学术,讲学术在合群。"③康有为的论述同样体现出学会具有发扬学术、养成人才、凝聚合群的意义。

但学会又是基于和面向专业之学的,所以不能仅仅从广泛性和基层性的角度来理解学会。在这一点上,梁启超未给出明确的说明,但这确实是学会在建立和发展过程中需要明晰的、具有方向性和宗旨性的问题。就学会建立的进程而言,梁启超的计划是,"先设总会",进一步于各地"广立分会"。就学会产生的影响而言,梁启超的期待是,"积小高大,扩而充之,天下无不成学之人矣","遵此行之,一年而豪杰集,三年而诸学备,九年而风气成"。④此前,于1895年6月,公车上书之后,北京强学会成立之前,梁启超在写给夏曾佑的信中提到学会及报馆对于人心与风气的意义。梁启超称:"此间亦欲开学会,颇有应者,然其数甚微。庶欲开会,非有报馆不可。报馆之议论,既浸渍于人心,则风气之成不远矣。"⑤从梁启超对学会的期待来看,他所强调的是学人、学术与学风三个方面,其理想是在全国范围内形成涵盖各种类别的、分布于各个层级的、充满学术氛围的学术共同体。无论是就现实的需要而言,还是就长远的发展而言,对学会的提倡同样反映出梁启超以学为紧迫且根本之事务的思想主张。而对学人、学术与学风三个方面的期待亦体现出梁启超对于学本身的理解。

对群的理解是提倡学会的学理基础。在《论学会》一文的开篇,梁启超便强调群对于"道",或者说对于"学"与"智"的意义。"道莫善于群,莫不善于独。独故塞,塞故愚,愚故弱;群故通,通故智,智故强。"⑥而对群的强调是基于对个人与国家关系的理解,"星地相吸而成世界,质点相切而成形体,

---

① 康有为:《长兴学记》,见《康有为全集》第一集,第342页。
② 康有为:《京师强学会序》,见《康有为全集》第二集,第89页。
③ 康有为:《上海强学会序》,见《康有为全集》第二集,第92页。
④ 梁启超:《论学校三(〈变法通议〉三之三)学会》,见《梁启超全集》第一集,第52页。
⑤ 梁启超:《致夏曾佑书》,见《梁启超全集》第十九集,第472—473页。
⑥ 梁启超:《论学校三(〈变法通议〉三之三)学会》,见《梁启超全集》第一集,第50页。

数人群而成家,千百人群而成族,亿万人群而成国,兆京陔秭壤人群而成天下"①,即从构成的意义上,通过群同时强调个人与国家两端。透过梁启超的阐述可以看出,其对于群的理解受到西方传入的自然科学的影响。再者,其对于群的关注与改变国家积弱状况、追求强国的现实关切直接相关。而这两方面内容及群本身亦是严复在译著《天演论》中所着重强调的内容。由强国关切会进一步产生群力或群智的问题。梁启超称:"群之道,群形质为下,群心智为上。"②而就心智来说,"群心智之事则赜矣"。梁启超进一步讨论称:"欧人知之,而行之者三:国群曰议院,商群曰公司,士群曰学会。"③并且,因为学会关乎学,而每一层级和领域的群皆基于学,故而学会又是议院和公司的基础。将议院、公司与学会并列的理解方式与后世不同。此时,在梁启超看来,或许通过人群聚集而形成的各种类型的共同体在本质上没有差别,这些不同类型的共同体均具有因聚集而成的群的形态,故而在本质上具有一致性。

梁启超这一时期对于群的理解不仅受到严复的影响,还受到康有为和谭嗣同的影响,而且康有为对梁启超的影响先于严复译著《天演论》所带来的影响。但就群这一问题来说,严复的《天演论》与谭嗣同的《仁学》对梁启超似乎更具有启发意义,使梁启超对于群有了更明晰的理解。在《〈说群〉自序》一文的开篇,梁启超称:

  启超问治天下之道于南海先生,先生曰:以群为体,以变为用,斯二义立,虽治千万年之天下可已。启超既略述所闻,作《变法通议》,又思发明群义,则理奥例赜,苦不克达。既乃得侯官严君复之《治功天演论》、浏阳谭君嗣同之《仁学》,读之犁然有当于其心。悼天下有志之士,希得闻南海之绪论,见二君之宏著,或闻矣见矣,而莫之解莫之信,乃内演师说,外依两书,发以浅言,证以实事,作《说群》十篇,一百二十章,其

---

① 梁启超:《论学校三(〈变法通议〉三之三)学会》,见《梁启超全集》第一集,第50页。
② 梁启超:《论学校三(〈变法通议〉三之三)学会》,见《梁启超全集》第一集,第50页。
③ 梁启超:《论学校三(〈变法通议〉三之三)学会》,见《梁启超全集》第一集,第50页。

于南海之绪论，严、谭之宏著，未达什一，惟自谓视变法之言，颇有进也。①

梁启超在这一段叙述中通过转述康有为"以群为体，以变为用"的论述，揭示出治道的两个主题，即群与变。《变法通议》主要围绕变这一主题，虽然涉及群的问题，但没有过多地展开。就梁启超在《〈说群〉自序》及《说群一 群理一》两篇文章中的论述来看，梁启超在群这一问题上强调的要点在于基于群的意识，讨论治术的问题。"以群术治群，群乃成；以独术治群，群乃败，己群之败，它群之利也。"②至于如何理解这里所论及的"群术"与"独术"，梁启超称："何谓独术？人人皆知有己，不知有天下。"与之相对，"群术"为："善治国者，知君之与民，同为一群之中之一人，因以知夫一群之中所以然之理，所常行之事，使其群合而不离，萃而不涣，夫是之谓群术。"③由此，梁启超意在说明，基于群的意识，为君者当重新理解君民之间的关系，即"同为一群之中之一人"。这与以往观念中为君者对于自我的理解及对于君民关系的理解完全不同，具有制私或者说突破私念的指向。而制私也是《天演论》有所阐述的一个问题。梁启超在《与严幼陵先生书》④一篇中引用《天演论》之语对这一问题有更进一步的说明，即私亦不可尽废，否则同样会产生问题，因而，就理上来说，"公私不可偏用"。梁启超称："然公固为人治之极，而私亦为人类所由存。"⑤其引用《天演论》中的论述加以说明："《天演

---

① 梁启超：《〈说群〉自序》，见《梁启超全集》第一集，第196页。《〈说群〉自序》先刊登于1897年5月12日（光绪二十三年四月十一日）《时务报》第26册上，后又在澳门《知新报》上刊载。梁启超这里论及《说群》的写作计划，且于篇末提到"《说群》全稿以次印入澳门《知新报》中"，但据《梁启超全集》中的注释，在《知新报》中未能查到《说群》全稿，仅有《〈说群〉自序》和《说群一 群理一》两篇，刊登于1897年5月17日（光绪二十三年四月十六日）《知新报》第18册上。
② 梁启超：《〈说群〉自序》，见《梁启超全集》第一集，第196页。
③ 梁启超：《〈说群〉自序》，见《梁启超全集》第一集，第196页。
④ 在《梁启超全集》中，《与严幼陵先生书》被命名为《致严复书》，收在第十九集当中，梁启超此篇作于1897年。在《与严幼陵先生书》结尾处，梁启超称："启超近为《说群》一篇，未成，将印之《知新报》中，实引申诸君子之言，俾涉招众生有所人耳。本拟呈先生改定乃付印，顷彼中督索甚急，遂以寄之。其有谬误，请先生他日具有以教之也。"由此可知，梁启超此篇应作于《知新报》刊登《说群》之前不久之时。此外，在这篇书信中，梁启超还向严复提到谭嗣同，在论及《说群》这一段之前，即是有关谭嗣同的内容。梁启超称："侪辈之中，见有浏阳谭君复生者，其慧不让穗卿，而力过之，真异才也。著《仁学》三卷，仅见其上卷，已为中国旧学所无矣。此君前年在都与穗卿同识之，彼时觉无以异于常人，近则深有得于佛学，一日千里，不可量也，并以奉告。"梁启超：《与严幼陵先生书》，见《梁启超全集》第十九集，第532—536页。
⑤ 梁启超：《与严幼陵先生书》，见《梁启超全集》第十九集，第535页。

论》云：克己太深，而自营尽泯者，其群亦未尝不败。然则公私之不可偏用，亦物理之无如何者矣。"① 由私到群的观念与意识上变化会带来治术所依据的理的改变。虽然梁启超这里没有明确指出"一群之中所以然之理，所常行之事"的具体内容，但可以明确的是，改变必然会发生，而这一改变是具有现代意义的。如此，在群这一主题之下，对于康有为所言"以群为体，以变为用"的含义，似乎可以有所把握。

再者，对于群的理解关联于进化的观念，用来分析物与人的生存和竞争问题，以能力作为群的追求。而这同样是梁启超在《论学会》一文中所阐述的提倡学会的学理依据。在《说群一 群理一》一篇中，梁启超以群为天下之公理。"群者，天下之公理也。"② 对于梁启超来说，"公理"意味着基于必然性的真理，必然性的来源则是其所认知的科学。此外，梁启超还以群为万物之公性。"若是夫群者，万物之公性也，不学而知，不虑而能也。"③ 这里梁启超意在强调群作为本性的理解。④ 梁启超对物种更迭的讨论则体现出其对于进化的理解，梁启超在论述中称："苟究极其递嬗递代之理，必后出之群渐盛，则前此之群渐衰。泰西之言天学者，名之曰'物竞'。"⑤ 从梁启超的这一论述中同样可以看出严复译著《天演论》所产生的影响，物种的竞争与更迭正是《天演论》描述的生存处境，但梁启超论及的后出之群一定强于前存

---

① 梁启超：《与严幼陵先生书》，见《梁启超全集》第十九集，第535页。史华兹亦指出，严复对"西方的公心"与"中国的社会道德"之间差别的分析，对梁启超产生很深的影响，并引用梁启超在《新民说》中的论述对严复的观点加以说明。参见本杰明·史华兹：《寻求富强：严复与西方》，第46—47页。其实严复与梁启超都意识到在接触了现代西方所带来的公共意识之后应当如何理解中国传统的伦理道德这一问题。

② 梁启超：《说群一 群理一》，见《梁启超全集》第一册，第198页。

③ 梁启超：《说群一 群理一》，见《梁启超全集》第一册，第198页。梁启超化用了孟子的讲法，孟子的论述出自《孟子·尽心上》，原文为："孟子曰：'人之所不学而能者，其良能也；所不虑而知者，其良知也。'"

④ 从严复在《天演论》导言十三《制私》一篇所加按语来看，严复并不将群理解为本性。严复在"复案"中称："赫胥黎保群之论，可谓辨矣。然其谓群道由人心善相感而立，则有倒果为因之病，又不可不知也。盖人之由散入群，原为安利，其始正与禽兽下生等耳，初非由感通而立也。""然则善相感通之德，乃天择以后之事，非其始之即如是也。其始岂无不善相感通者？经物竞之烈，亡矣，不可见矣。赫胥黎执其末以齐其本，此其言群理，所以不若斯宾塞氏之密也。"而梁启超所论及的以群为本性的理解，应该来自于严复所译赫胥黎的观点，如导言十一《蜂群》一篇中有论述称："盖人之所以为人者，以其能群也。"严复按语及译文见赫胥黎著，严复译著：《天演论》，第66、57页。

⑤ 梁启超：《说群一 群理一》，见《梁启超全集》第一册，第199页。

之群的观点并非是严复译著《天演论》的主张。①

关于梁启超与严复思想中的区别,从1897年梁启超写给严复的《与严幼陵先生书》一文中可以发现很多线索。这封信件从内容上可以分为前后两个部分,前半部分,梁启超就自己在报刊中发表的言论进行解释,主要围绕持论草率这一问题进行写作;后半部分则围绕三个问题阐述了自己不同于严复的理解,并向严复提出疑问。从这部分内容可以集中看出,梁启超虽然受到严复的影响与启发,但不完全认同严复所讨论的内容。

就《与严幼陵先生书》的后半部分来说,梁启超向严复提出的三个疑问体现出两者思想中的区别。第一个疑问是关于民主的问题,梁启超认同严复将中国的衰落归于君主的观点,但不认同其认为中国古代无民主而西方古代有民主的观点。梁启超称:"然又有疑者,先生谓黄种之所以衰,虽千因万缘,皆可归狱于君主,此诚悬之日月不刊之言矣。顾以为中国历古无民主,而西国有之,启超颇不谓然。"②梁启超不认同认为西方古代即有民主的观点及以希腊、罗马为民主源头的刻画,认为当时之制实为"多君",即贵族制。梁启超这里所称的"君"并不仅仅指君主或天子,而是指向世袭贵族、大

---

① 在《天演论》论十七《进化》一篇中,严复译赫胥黎所论称:"天演之学,将为言治者不祧之宗。达尔文真伟人哉! 然须知万化周流,有其隆升,则亦有其污降。宇宙一大年也,自京垓亿载以还,世运方趋上行之轨,日中则昃,终当造其极而下迤。"史华兹亦指出,赫胥黎并不完全相信永无止境的进步,而且进一步提醒读者注意:"进化论与不可逆转的进步论不是一回事。"参见本杰明·史华兹:《寻求富强:严复与西方》,第67页。此外,由严复在论三《教源》一篇所加按语来看,严复似乎也不持有世运必然进步的理解。严复在复案中称:"世运之说,岂不然哉? 合全地而论之,民智之开,莫盛于春秋战国之际:中土则孔、墨、老、庄、孟、荀,以及战国诸子,尚论者或谓其皆有圣人之才。而泰西则有希腊诸智者。印度则有佛。"严复所论可以说明,就民智而论,民智以春秋战国时期为盛,而且盛况同时在中国、西方与印度呈现。进而,就民智来说,相较于春秋战国时期,后世不能称为进化。此外,严复此论的主要关切是,对西学中源说进行反驳,强调西学有其创始的源头。严复译文及按语见赫胥黎著,严复译著:《天演论》,第175、106页。关于进化论在晚清时期最初传入中国的情况,李珍在《〈天演论〉评介》中有所介绍。美国浸礼会传教士玛高温口译,江南制造总局译员华蘅芳笔述,共同翻译了《金石识别》一书,于1872年(同治十一年)出版,这本译著引进了近代矿物学的内容。二人又合作翻译了《地学浅释》一书,于1873年(同治十二年)出版。这两部书中都具有地质进化和生物进化的内容。1882年(光绪八年),美国长老会传教士丁韪良完成了《西学考略》一书,介绍了拉马克的物种变异说、赫胥黎的人猿同祖说及达尔文的进化论。当时在华外国人及传教士创办的《申报》和《万国公报》对进化论亦有所介绍。参见李珍:《〈天演论〉评介》,见赫胥黎著,严复译著:《天演论》,第6—7页。梁启超所作《西学书目表》对上述三部著作均有著录。梁启超:《西学书目表》,见《梁启超全集》第一集,第138、140、151页。王中江的著作,《进化主义在中国的兴起——一个新的全能式世界观》一书对进化主义在中国的发展进程进行了详细的梳理。参见王中江:《进化主义在中国的兴起——一个新的全能式世界观》,北京:中国人民大学出版社,2010年。

② 梁启超:《与严幼陵先生书》,见《梁启超全集》第十九集,第533页。

夫、诸侯,以及君主或天子。对于"多君"之世,梁启超的描述为:

> 以启超所闻,希腊、罗马昔有之议政院,则皆王族世爵主其事。其为法也,国中之人可以举议员者,无几辈焉;可以任议员者,益无几辈焉。惟此数贵族展转代兴,父子兄弟世居要津,相继相即耳。至于蚩蚩之氓,岂直不能与闻国事,彼其待之且将不以人类。彼其政也,不过鲁之三桓,晋之六卿,郑之七穆,楚之屈、景,故其权恒不在君而在得政之人。后之世家不察,以为是实民权,夫彼民则何权歟?①

在这段论述中,梁启超描述了西方古代的贵族制与奴隶制,指出掌握权力的既非君主也非国民,而是少数贵族,以此否定将西方古代描述为民主制的历史刻画。在此基础上,梁启超向严复提出疑问:"故启超以为此皆多君之世,去民主尚隔两层,此似与先生议院在权之论复相应,先生以为何如?"②

梁启超除了通过历史性的描述说明西方古代并非民主制之外,还通过三世说对其进行推理证明。梁启超论证称:"《春秋》之言治也有三世:曰据乱,曰升平,曰太平。启超常谓,据乱之世则多君为政,升平之世则一君为政,太平之世则民为政。凡世界,必由据乱而升平,而太平;故其政也,必先多君而一君,而无君。"③基于三世说的道理,梁启超得出"既有民权以后,不应改有君权。故民主之局,乃地球万国古来所未有,不独中国也"④的结论,再次表达了对严复观点的反驳,且进一步提出"民权之说即当大行"的观点。

在此基础上,梁启超用严复进种之说来向其提出第二个疑问。第二个疑问实际上关乎于对中西文明之"文明程度"的理解。在梁启超看来,即便是在中国落后于西方的现实情况下,中国文明与西方文明之间亦无"低昂"之异,只有"先后"之差,而且从长远来看,这一"先后"之差也只在"旦暮"之间。⑤需要注意的一点是,梁启超此处讨论中西文明的"先后"之差,并不是认为中国要走现代西方之路,在现代西方之后成为一个新的现代西方,而是在刻画两种文明各自的发展状况。他讨论中西文明发展状况的用意在于说

---

① 梁启超:《与严幼陵先生书》,见《梁启超全集》第十九集,第534页。
② 梁启超:《与严幼陵先生书》,见《梁启超全集》第十九集,第534页。
③ 梁启超:《与严幼陵先生书》,见《梁启超全集》第十九集,第534页。
④ 梁启超:《与严幼陵先生书》,见《梁启超全集》第十九集,第534页。
⑤ 梁启超:《与严幼陵先生书》,见《梁启超全集》第十九集,第534页。

明中西文明两者皆有很大的进步空间。他引用康有为的观点,并就严复的进种之说,向严复提出疑问,即如何看待西方亦不完备,西治亦有待于完善的理解。① 梁启超称:"南海先生尝言,地球文明之运,今始萌芽耳。譬之有文明百分,今则中国仅有一二分,而西人已有八九分,故常觉其相去甚远,其实西人之治亦犹未也。然则先生进种之说至矣,匪直黄种当求进也,即白种亦当求进也,先生又谓何如?"②

梁启超向严复提出的第三个疑问是关于教的问题。在这一问题上,梁启超首先认可了严复"教不可保,而亦不必保"以及"保教而进,则又非所保之本教矣"的论述。③ 此外,梁启超还表达出对教之定于一尊后可能会束缚学术的担忧,并认为严复将自己"未敢倡言"之事言明了出来。④ 但梁启超稍后即转为向严复就其关于教的言论提出疑问。梁启超此处的疑问涉及的其实是制度选择的问题,其通过君权与民主来说明自己在教这一问题上的观点。梁启超认为民主固然是"救时之善图",但现实的情况是"然今日民义未讲",进而梁启超提出"无宁先借君权以转移之",并由此转向教的问题,向严复提出疑问:"彼言教者,其意亦若是而已。此意先生谓可行否?"从梁启超所论来看,在教的问题上,他对严复所论的态度是,认为严复所论不适用于国民现阶段的状况。⑤ 若结合梁启超在《变法通议》中对孔子之教的强调,就现阶段来说,梁启超还是主张教应当有所尊,应当有所主。但亦如其在信中对严复所言,束缚学术问题也是梁启超所担忧的。此外,从信中所论来看,梁启超对孔子之教的理解并非像《变法通议》中所强调的那样,单纯从教与学的角度,而是出于治理功用的考量,即需将涣散之民统合起来。梁启超称:"但中国今日民智极塞,民情极涣,将欲通之,必先合之;合之之术,必择众人目光心力所最趋注者,而举之以为的,则可合;既合之矣,然后因

---

① 关于梁启超对西方之治的有限性的理解,亦可见于其在《〈说群〉自序》中的论述。梁启超称:"抑吾闻之,有国群,有天下群。泰西之治,其以施之国群则至矣,其以施之天下群则犹未也。"梁启超:《〈说群〉自序》,见《梁启超全集》第一集,第197页。
② 梁启超:《与严幼陵先生书》,见《梁启超全集》第十九集,第534页。
③ 梁启超:《与严幼陵先生书》,见《梁启超全集》第十九集,第534页。
④ 梁启超:《与严幼陵先生书》,见《梁启超全集》第十九集,第535页。
⑤ 这里涉及改革措施的渐进性问题。就严复来说,如果不限于此处所讨论的保教问题,如史华兹所提及的,即便在极其激烈的辩驳君臣之伦与君民之治的《辟韩》一文中,严复也表达出其在变革行动方面持有渐进与保守的思想前提。如严复在《辟韩》一文中称:"然则及今而弃吾君臣,可乎?曰:是大不可。何则?其时未至,其俗未成,其民不足以自治也。"严复:《辟韩》,见《严复集》第一册,第34—35页。史华兹的分析,参见本杰明·史华兹:《寻求富强:严复与西方》,第45页。

而旁及于所举之的之外,以渐其大,则人易信而事易成。"①如此,崇教与尊君似乎都只是适用于当下的暂时性的制度选择。与《变法通议》中的讨论相比,梁启超此处的立意是有所下降的,而两处的论述或许正体现出其思想中包含着理想与现实之间的矛盾与张力。

梁启超在一封写给康有为的信中提到严复的此次来信。梁启超称:"严幼陵有书来,相规甚至,其所规者,皆超所知也。然此人之学实精深,彼书中言,有感动超之脑气筋者。欲质之先生,其词太长,今夕不能罄之,下次续陈。"②从这封信来看,此时梁启超对严复的学问与思想在整体上是认可的,并且承认严复所言对自己很有启发。结合梁启超在《与严幼陵先生书》中所表现出来的态度,他称,对于严复针对其报刊文章所指出的问题,自己皆是知道的;对于严复所论关于民主、文明与保教的问题,自己并不完全认同严复的讲法,而是有自己的理解,并想就这些问题向康有为请教,与其进行讨论。

---

① 梁启超:《与严幼陵先生书》,见《梁启超全集》第十九集,第535页。
② 参见吴天任:《梁启超年谱》第一册,广州:广东人民出版社,2018年,第132页。

第3章 民智与民权：时务学堂时期的教育实践与政治主张

3.1 从《时务报》到时务学堂

3.1.1 一贯与推进：民智与民权

在北京强学会因弹劾而改为官书局之后，居于北京的梁启超曾有意前往上海和湖南，以上海为首选，湖南次之。梁启超在1896年年初写给汪康年的信中表达了这一想法："兄在沪创报馆，甚善。此吾兄数年之志，而中国一线之路，特天之所发，恐未必能有成也。若能成之，弟当唯命所适。湘省居天下之中，士气最盛，陈右帅适在其地，或者天犹未绝中国乎？若报馆不成，弟拟就之。兄与伯严（陈三立）、沅帆（邹代钧）素洽，有书往，望一为先容也。"①吴铁樵在同一时间写给汪康年的信中也代梁启超表达了这一想法："卓如日来悁悁，欲出京，樵约其同行。梁有函致公，请公以何途为佳，代其酌定。卓意报馆如不成，欲往湘中，公如以为然，何妨荐之伯严丈。"②最终，梁启超由北京前往上海，担任《时务报》主笔，约一年后离开上海前往湖南推进维新事业。

梁启超在《三十自述》中回忆自参与组织联省公车上书、北京强学会到任职上海《时务报》，再到执教湖南时务学堂的这段经历。梁启超称：

> 甲午（1894年），年二十二，客京师，于京国所谓名士者多所往还。六月，日本战事起，惋愤时局，时有所吐露，人微言轻，莫之闻也。顾益读译书，治算学、地理、历史等。明年乙未（1895年），和议成，代

---

① 蔡乐苏、张勇、王宪明：《戊戌变法史述论稿》，北京：清华大学出版社，2001年，第363页；《致汪康年书》，见《梁启超全集》第十九集，第420页。

② 蔡乐苏、张勇、王宪明：《戊戌变法史述论稿》，第362页。

表广东公车百九十人,上书陈时局。既而南海先生联公车三千人上书请变法,余亦从其后奔走焉。其年七月,京师强学会开,发起之者为南海先生,赞之者为郎中陈炽、郎中沈曾植、编修张孝谦、浙江温处道袁世凯等。余被委为会中书记员。不三月,为言官所劾,会封禁。而余居会所数月,会中于译出西书购置颇备,得以余日尽浏览之,而后益斐然有述作之志。其年始交谭复生、杨叔峤(杨锐)、吴季清铁樵、子发父子。

京师之开强学会也,上海亦踵起,京师会禁,上海会亦废,而黄公度倡议续其余绪,开一报馆,以书见招。三月去京师,至上海,始交公度。七月《时务报》开,余专任撰述之役,报馆生涯自兹始,著《变法通议》《西学书目表》等书。其冬,公度简出使德国大臣,奏请偕行,会公度使事辍,不果。出使美、日、秘大臣伍廷芳复奏派为参赞,力辞之,伍固请,许以来年往,既而终辞,专任报事。丁酉(1897年)四月,直隶总督王文韶、湖广总督张之洞、大理寺卿盛宣怀,连衔奏保,有旨交铁路大臣差遣,余不之知。既而以札来,黏奏折上谕焉,以不愿被人差遣辞之。张之洞屡招邀,欲致之幕府,固辞。时谭复生官隐金陵,间月至上海,相过从,连舆接席。复生著《仁学》,每成一篇,辄相商榷,相与治佛学,复生所以砥砺之者良厚。十月,湖南陈中丞宝箴、江督学标聘主湖南时务学堂讲席,就之。时公度官湖南按察使,复生亦归湘助乡治,湘中同志称极盛。未几,德国割据胶州湾事起,瓜分之忧,震动全国。而湖南始创南学会,将以为地方自治之基础,余颇有所赞画,而时务学堂于精神教育,亦三致意焉。其年始交刘裴村(刘光第)、林暾谷(林旭)、唐绂丞(唐才常),及时务学堂诸生,李虎村(李炳寰)、林述唐(林圭)、田均一(田邦璿)、蔡树珊(蔡钟浩)等。①

《梁任公先生年谱长编(初稿)》在1896年(光绪二十二年丙申)条目之下有论述称:"先生这年在《时务报》中的言论,可以《变法通议》一文和《西

---

① 梁启超:《三十自述》,见《梁启超全集》第四集,第109—110页。梁启超所提及的李炳寰、林圭、田邦璿、蔡钟浩几位时务学堂的学生,后来参加了1900年两湖地区反抗清廷的自立军起义,并在起义中献身。参见蔡乐苏、张勇、王宪明:《戊戌变法史述论稿》,第460页。

学书目表》《读西学书法》①两书为其代表。前者是他救时的政治主张,后者是他救时的学术主张,政治主张归结于变科举兴学校,学术主张归结于中学西学并重。"②从《年谱长编(初稿)》的概括中可以看出,梁启超在执笔《时务报》时期便同时兼顾政治与学术,其政治主张归于学校与教育,学术主张呈现为中西学并重的倾向。

其实就梁启超这一时期的思想来说,政治与学术并不是两个完全独立的面向,政治思考包含学术关切,以学校与教育作为思考变法的起点,决定了如何安置中西之学是其政治思想的一项重要内容。《年谱长编(初稿)》将"变科举兴学校"作为梁启超政治主张的重心,便是将学校与教育纳入广义的政治的范畴,在一定程度上也揭示了梁启超将针对变法的政治思考聚焦于学校与教育的思想特征。在梁启超的论述中,学校科举领域的变法必然牵动到官制领域。"吾今为一言以蔽之曰:变法之本,在育人才,人才之兴,在开学校,学校之立,在变科举,而一切要其大成,在变官制。"③"是故西学之学校不兴,其害小;中学之学校不兴,其害大。西学不兴,其一二浅末之新法,犹能任洋员以举之;中学不兴,宁能尽各部之堂司、各省之长属,而概用洋员以承其乏也?此则可为流涕者也。"④可见,在梁启超的思想中,无论是从制度上来说,还是从教化上来说,学校与教育直接关联于甚至决定着变法与政治。这一在《时务报》时期秉持的理念在时务学堂时期得到了落实,梁启超在执教时务学堂时便以培养变法人才为目的,将政治思想融入到教育实践当中。如果说梁启超执笔《时务报》时期是从政治视野思考教育问题,那么执教时务学堂时期则是在教育实践中践行政治主张。

学校与教育的背后是对民智的关注,因此,如果对梁启超这一时期的政

---

① 《读西学书法》是《西学书目表》中的一篇,是梁启超阅读西学译著的读书札记。在《读西学书法》的题记中,梁启超称:"译出西书数百种,虽其鲜已甚,然苟不审门径,不知别择,骤涉其籓,亦颇繁难矣。昔所卒业,略窥一二,辄缀札记数十则,以视吾党,匪日著书也。"梁启超:《西学书目表·读西学书法》,见《梁启超全集》第一集,第166页。此外,《读西学书法》收入梁启超1898年编纂的《中西学门径书七种》丛书,在为丛书写作的《〈中西学门径书七种〉叙》一篇中,梁启超对《读西学书法》的写作加以说明。梁启超称:"泪乙未(1895年)余驻京师,乃得遍购所译西书,以充目力。适家弟启勋潜心西学,爰将读法层序,缀成一卷,纳举而条示之,名之曰《读西学书法》。"梁启超:《〈中西学门径书七种〉叙》,见《梁启超全集》第一集,第686页。关于梁启超在1897年至1898年编辑的《西政丛书》与《中西学门径书七种》两套丛书,参见潘树广、吕明涛:《梁启超与丛书——为纪念戊戌变法一百周年而作》,《中国典籍与文化》,1998年第4期。
② 丁文江、赵丰田编:《梁任公先生年谱长编(初稿)》,北京:中华书局,2010年,第31页。
③ 梁启超:《论变法不知本原之害(〈变法通议〉二)》,见《梁启超全集》第一集,第30—31页。
④ 梁启超:《论学校一(〈变法通议〉三之一)总论》,见《梁启超全集》第一集,第37页。

治思想进一步进行概括的话,或许可以将其关切进一步归结为"开民智"。梁启超在《变法通议》中也明确提出:"故言自强于今日,以开民智为第一义。"①在民智关切上,梁启超与严复及康有为是一致的。就梁启超早期政治思想来说,从《时务报》时期,到时务学堂时期,再到流亡日本之后,民智是梁启超前后一贯的关切。而民智又是民权的前提,也是由民权追溯而至的结果。因而,民智关切的背后是民权的理想,实现民权需要基于民智。②

梁启超在《清代学术概论》第二十五篇介绍自身思想时称,其在《时务报》任职期间不敢昌言民权之论,只是"微引其绪"。"其后启超等之运动,益带政治的色彩。启超创一旬刊杂志于上海,曰《时务报》,自著《变法通议》,批评秕政,而救敝之法,归于废科举,兴学校。亦时时发'民权论',但微引其绪,未敢昌言。"③至于未敢倡言的原因,梁启超曾论及湖北张之洞一方对

---

① 梁启超:《论学校一(〈变法通议〉三之一)总论》,见《梁启超全集》第一集,第 34 页。
② 将民权、民智作为整体来思考,参见陈始强:《"兴民权""广民智""育人才"——戊戌变法时期梁启超民权思想初探》,《贵州教育学院学报》(社会科学版),1994 年第 1 期。民权落实为制度为确立议会制,民智亦指向议会制的制度理想。参见熊月之:《论戊戌时期梁启超的民权思想——兼论梁启超与康有为思想的歧异》,《苏州大学学报》(哲学社会科学版),1984 年第 3 期。此外,熊月之指出,梁启超关联于民智讲民权,将学校与学会作为开设议院的准备,其在《古议院考》中提出的"议院以学校为本"的思想,均体现出梁启超的民权思想具有民主启蒙的特点。参见熊月之:《中国近代民主思想史》,上海:上海社会科学院出版社,2002 年,第 279—288 页。
③ 梁启超:《清代学术概论》,见《梁启超全集》第十集,第 277—278 页。《清代学术概论》原本是梁启超应蒋方震之请,为其所编《欧洲文艺复兴时代史》而作的序言,但梁启超下笔之后成数万字,序言篇幅几乎等同原书,于是计划的序言成为一部独立的著作。梁启超转而请蒋方震为《清代学术概论》作序。《清代学术概论》的写作时间是 1920 年,从 1920 年 11 月 15 日起,在《改造》杂志第 3 卷第 3、4、5 号上连载,连载时题为《前清一代中国思想界之蜕变》。1921 年 2 月由商务印书馆出版单行本。此外,梁启超曾在 1920 年 10 月 4 日写给张东荪的信中提到这部著作。参见《梁启超全集》中《清代学术概论》前的按语。蒋方震所作的《序》,参见梁启超:《饮冰室合集》专集第九册,北京:中华书局,2015 年,第 6761—6762 页。梁启超在《清代学术概论》"自序"和"第二自序"中均提到胡适,并分别说明胡适在《清代学术概论》的写作和修改过程中所产生的影响。在"自序"中,梁启超称:"吾著此篇之动机有二。其一,胡适语我:晚清今文学运动,于思想界影响至大,吾子实躬与其役者,宜有以纪之。其二,蒋方震著《欧洲文艺复兴时代史》新成,索余序,吾觉泛泛为一序,无以益其善美,计不如取吾史中类似之时代相印证焉,庶可以校彼我之短长而自淬厉也。乃与约,作此文以代序。既而下笔不能自休,遂成数万言,篇幅几与原书埒。天下古今,固无此等序文。脱稿后,只得对于蒋书宣告独立矣。"在"第二自序"中,梁启超称:"此书成后,友人中先读其原稿者数辈,而蒋方震、林志钧、胡适三君各有所是正,乃采其说增加三节,改正数十处。"梁启超:《清代学术概论》,见《梁启超全集》第十集,第 213—215 页。张勇指出,梁启超写作《清代学术概论》本有"第一动机",即记述晚清今文学运动,蒋方震索序是促成因素。关于梁启超《清代学术概论》的写作,参见张勇:《梁启超与晚清"今文学"运动:以梁著清学史三种为中心的研究》,北京:北京大学出版社,2017 年,第 9—10、126—129 页。

《时务报》民权之论的严加干预。1912年10月22日,梁启超由日本回国抵达北京不久,在北京报界欢迎会上发表演说,即《鄙人对于言论界之过去及将来》①一文。梁启超在这篇演说中讲道:"明年二月(1896年)南下,得数同志之助,乃设《时务报》于上海,其经费则张文襄与有力焉。而数月后,文襄以报中所言民权,干涉甚烈。"②

虽然梁启超在《清代学术概论》中称,其在《时务报》担任撰述期间对于"民权论"只是"微引其绪",未敢倡言,但从他在《时务报》上公开发表的言论来看,这一时期他对于民权已经进行了诸多较为明显的讨论。在《论中国积弱由于防弊》(1896)一文中,梁启超论及"人人有自主之权",并以人人"各尽所当为之事,各得其所应有之利"为公,以"收人人自主之权,而归诸一人"为私,阐释了民权的含义。在《古议院考》(1896)一文中,梁启超在开篇说明议院的用意及意义时称:"君权与民权合,则情易通;议法与行法分,则事易就。"他在不否定君权的前提下提出民权,并指出议院在沟通君民及划分职权方面的意义。在《古议院考》的结尾处,梁启超言明议院以民智为基础,继而得出议院归本于学校的结论。"问:今日欲强中国,宜莫亟于复议院?曰:未也。凡国必风气已开,文学已盛,民智已成,乃可设议院。今日而开议院,取乱之道也。故强国以议院为本,议院以学校为本。"③此外,在写给严复的《与严幼陵先生书》中,梁启超也提到了民权的问题。

---

① 梁启超还将这篇演说作为回国之后所创办的《庸言》杂志的发刊宣言,发表在1912年12月1日《庸言》第一号上。参见梁启超为《鄙人对于言论界之过去及将来》所作的题记及《梁启超全集》为此篇添加的注释。梁启超:《鄙人对于言论界之过去及将来》,见《梁启超全集》第十五集,第29页。

② 梁启超:《鄙人对于言论界之过去及将来》,见《梁启超全集》第十五集,第30页。《戊戌变法史述论稿》对湖北一方就《时务报》民权之论的反应进行了梳理。起初,1896年9月7日(光绪二十二年八月初一日)出版的《时务报》第四册,在"论说"栏刊登汪康年的《中国自强策》,论及"然则至今日而欲力反数千年之积弊,以求与西人相角,亦惟曰复民权、崇公理而已"。身在湖北的叶瀚致信汪康年,对其言论加以提醒和劝阻。随后,10月27日(九月二十一日)出版的《时务报》第九册,刊登汪康年的《论中国参用民权之利益》,梁鼎芬、吴铁樵致信汪康年转达湖北张之洞等人的不满并其对言论加以劝告。此外,1897年4月12日(光绪二十三年三月十一日)出版的《时务报》第二十三册,转载严复作于1895年的《辟韩》一文。张之洞知晓后命屠仁守作文反驳。6月20日(五月二十一日)出版的《时务报》第三十册刊登了屠仁守所作的《孝感屠梅君侍御辨〈辟韩〉书》。参见蔡乐苏、张勇、王宪明:《戊戌变法史述论稿》,第379—390、278—279页。

③ 梁启超:《古议院考》,见《梁启超全集》第一集,第126页。

第 3 章 民智与民权：时务学堂时期的教育实践与政治主张

在对民智与民权给予一贯关切的前提下，梁启超由上海的《时务报》进入湖南的时务学堂，身份由报馆的主笔变为学堂的主管教习。张朋园在《梁启超与清代革命》一书的"自序"中，介绍其研究关切所经历的转变与演进时，概括了梁启超这一时期思想变化的趋势：

> 我的研究计划原是"立宪派与辛亥革命"。由于梁任公在辛亥革命之前四五年间为立宪派领导者之一，便以他为入手研究的对象。在阅读材料时，发现任公主张立宪之前，思想一再转变，颇有可述的地方，尤其他的启蒙言论，比之立宪主张更有影响，所以我的探索就往前推进了一步。在进一步阅读中，又发现任公在思想上曾经一度激进，在行动上更想有一番变革的作为。从他办《时务报》开始，中经执教时务学堂而至戊戌维新，他的求变思想，由孕育而成熟，欲求付诸行动。戊戌政变避居日本后，一面继续言论鼓吹，一面与孙中山携手，节节演变，非常引人入胜。①

在这段层层递进的描述中，张朋园刻画了梁启超从《时务报》时期，经时务学堂时期，至流亡日本初期的思想进程，特别突出梁启超这一时期思想一度激进的变化。在《梁启超与清季革命》一书的题记中，张朋园有一段更直接的概括："梁启超与清季革命，就思想而言，三十一岁（1903 年）为分水岭：之前，由缓进而激进，之后，由激进而缓和。"②基于对梁启超思想中激进与缓和进程的观察，张朋园提出："谈到他的政治生命，说他是立宪运动者，

---

① 张朋园：《梁启超与清季革命》，上海：上海三联书店，2013 年，"自序"第 1 页。
② 关于对梁启超思想的整体性概括，张朋园在《梁启超与清季革命》一书的绪论部分还提道："研究梁任公的一生，言史事，在清朝的十八年较诸在民国的十八年为单纯；言思想，则清朝的部分，多以政治思想为重要，民国的部分，以学术方面为重要。因此，他的一生可以有各种不同的分类法，可以就时与事分，也可以就思想而分。"张朋园将梁启超的一生整体上划分为成长时期、推翻专制运动时期和维护民国时期三个阶段。其中，第二阶段，推翻专制运动时期，分为戊戌之前求变时期（1894—1898）和流亡日本时期（1899—1911），流亡日本时期又分为前期（1899—1903）和后期（1904—1911）。前期的思想和活动主要围绕革命问题展开，谓为"破坏主义时期"，即自创办《清议报》《新民丛报》到游美洲新大陆归来这段时间。后期的思想与活动主要围绕立宪问题展开，谓为"避革命之名，行革命之实"时期，即自游美洲新大陆归来到辛亥革命这段时间。第三阶段，维护民国时期分为从政时期和献身文化学术时期，两个时期内部又各有划分。张朋园在《梁启超与清季革命》一书中主要讨论的是，梁启超"开始关心国事到辛亥革命"这十八年时间（1894—1911）的思想与活动。参见张朋园：《梁启超与清季革命》，第 4—6 页。

固为一般论任公者所公认；然而，未尝不可以说他是个革命运动者，因为他实与革命有过一段因缘。"①张朋园评价梁启超为"兼具改革与革命企旨"。②张朋园在几段概述中均特别强调，梁启超在思想上曾一度激进，从执笔《时务报》到执教湖南时务学堂的这段时间，他便正处于思想上一度激进的进程当中，其思想趋向激进的表现主要在于提倡民权和排满革命。这两者之间其实不是必然地具有联系，而是在各自侧重的面向上体现着梁启超思想的激进趋向。就民权问题来说，在《时务报》任职期间，梁启超对民权问题便有所讨论，在离开《时务报》进入湖南时务学堂担任教习之后，梁启超对民权问题进一步展开论述。③湖南时务学堂创办于1897年，由湖南地方官员④与士绅联合创办，湖南巡抚陈宝箴任命湖南士绅熊希龄为学堂总理，主管学堂一切行政事务，⑤最初聘请的中文和英文教习分别为梁启超和李维格，二人均来自《时务报》馆。梁启超致信陈宝箴和熊希龄要求自己决定中文分教习的人选，并聘任万木草堂同门韩文举和叶觉迈为中文分教习，⑥四人于1897年10月离开上海前往湖南。⑦梁启超执教时务学堂的时间是1897年10月至1898年2月。⑧短短几个月的时间，梁启超在学堂乃至湖南产生了开创性与震动性的影响。

根据《梁任公先生年谱长编（初稿）》收录的记载，梁启超执教时务学堂的教学方针是在其去湖南赴任之前便已经确定的：

> 任公于丁酉（1897）冬月将往湖南任时务学堂，时与同人等商进行

---

① 张朋园：《梁启超与清季革命》，第1页。
② 张朋园：《梁启超与清季革命》，第7页。
③ 关于梁启超戊戌时期的民权论述，参见茅海建：《论戊戌时期梁启超的民主思想》，《学术月刊》，2017年第4期。
④ 梁启超在《戊戌政变记》附录二《湖南广东情形》中介绍了湖南时任官员的情况："及陈宝箴为湖南巡抚，其子陈三立佐之，黄遵宪为湖南按察使，江标任满，徐仁铸继之为学政。"梁启超：《戊戌政变记》，《梁启超全集》第一集，第616页。
⑤ 蔡乐苏、张勇、王宪明：《戊戌变法史述论稿》，第451—456页。
⑥ 梁启超：《致陈三立、熊希龄书》，见《梁启超全集》第十九集，第34—35页；蔡乐苏、张勇、王宪明：《戊戌变法史述论稿》，第469页。
⑦ 蔡乐苏、张勇、王宪明：《戊戌变法史述论稿》，第456页。
⑧ 蔡乐苏、张勇、王宪明：《戊戌变法史述论稿》，第460页。关于时务学堂的情况，亦可参照郑大华主编：《湖南时务学堂研究》，北京：民主与建设出版社，2015年；汤志钧：《梁启超与时务学堂》，见《梁启超其人其书》，北京：中国人民大学出版社，2011年，第60—74页；小野川秀美著，林明德、黄福庆译：《晚清政治思想研究》，台北：时报文化出版事业公司，1982年，第192—236页。

之宗旨:一渐进法,二急进法,三以立宪为本位,四以彻底改革、洞开民智、以种族革命为本位。当时任公极力主张第二和第四两种宗旨。其时南海闻任公之将往湘也,亦来沪商教育之方针。南海沉吟数日,对于宗旨亦无异词。所以同行之教员如韩树园(韩文举)、叶湘南(叶觉迈)、欧榘甲皆一律本此宗旨,其改定之课本,遂不无急进之语。于时王先谦、叶德辉辈,乃以课本为叛逆之据,谓时务学堂为革命造反之巢窟,力请于南皮。赖陈右铭中丞(陈宝箴)早已风闻,派人午夜告任公,嘱速将课本改换。不然不待戊戌政变,诸人已遭祸矣。然湘中诸学子经此启发,风气为之一变。①

这条记述说明,梁启超预先确定的执教时务学堂的宗旨是倾向于"急进"的,而且这一宗旨在教习之间达成了共识。梁启超在《清代学术概论》第二十五篇中,对执教时务学堂时所教授的内容与产生的影响进行了追溯:

已而嗣同与黄遵宪、熊希龄等,设时务学堂于长沙,聘启超主讲席,唐才常等为助教。启超至,以《公羊》《孟子》教,课以札记。学生仅四十人,而李炳寰、林圭、蔡锷称高才生焉。启超每日在讲堂四小时,夜则批答诸生札记,每条或至千言,往往彻夜不寐。所言皆当时一派之民权论,又多言清代故实,胪举失政,盛倡革命。其论学术,则自荀卿以下汉、唐、宋、明、清学者,掊击无完肤。时学生皆住舍,不与外通,堂内空气日日激变,外间莫或知之。及年假,诸生归省,出札记示亲友,全湘大哗。先是嗣同、才常等,设"南学会"聚讲,又设《湘报》《湘学报》,所言虽不如学堂中激烈,实阴相策应。又窃印《明夷待访录》②《扬州十日记》

---

① 狄葆贤:《任公先生事略》,见丁文江、赵丰田编:《梁任公先生年谱长编(初稿)》,第43页。
② 关于黄宗羲及《明夷待访录》的影响,梁启超在《清代学术概论》中亦有述及。梁启超称:"大抵清代经学之祖推炎武,其史学之祖当推宗羲。所著《明儒学案》,中国之有学术史,自此始也。""清初之儒,皆讲'致用',所谓'经世之务'是也。宗羲以史学为根柢,故言之尤辩。其最有影响于近代思想者,则《明夷待访录》也。"梁启超摘录了《明夷待访录》中《原君》和《原法》两篇的段落,即"后之为君者,以天下之利尽归于己,天下之害尽归于人"一段,和"然则其所谓法者,一家之法,而非天下之法也"一段,并评论称:"此等论调,由今日观之,固甚普通、甚肤浅,然在二百六七十年前,则真极大胆之创论也。故顾炎武见之而叹,谓:'三代之治可复'。而后此梁启超、谭嗣同辈倡民权共和之说,则将其书节钞,印数万本,秘密散布,于晚清思想之骤变,极有力焉"。梁启超:《清代学术概论·六》,见《梁启超全集》第十集,第228—229页。

等书,加以案语,秘密分布,传播革命思想,信奉者日众,于是湖南新、旧派大哄。叶德辉著《翼教丛编》数十万言,将康有为所著书、启超所批学生札记,及《时务报》《湘报》《湘学报》诸论文,逐条痛斥;而张之洞亦著《劝学》篇,旨趣略同。戊戌政变前,某御史胪举札记批语数十条指斥清室、鼓吹民权者,具折揭参,卒兴大狱。嗣同死焉,启超亡命,才常等被逐,学堂解散,盖学术之争,延为政争矣。①

梁启超在这段记述中明确表示,在时务学堂担任教习期间,"所言皆当时一派之民权论",且对清朝统治有诸多批评,甚至"盛倡革命"。其所教授的激进思想在湖南引起很大的反响,遭到叶德辉等旧派学者的痛斥,乃至遭到文官的弹劾,惊动清廷。在这段论述中,梁启超还提及,以《公羊》《孟子》教授学生,学生在读书期间会记录札记,由教习对学生记录的札记进行批阅。这些内容成为了梁启超当时思想的载体。针对《公羊》与《孟子》,梁启超作有《读〈春秋〉界说》②和《读〈孟子〉界说》。关于札记和批语,梁启超在《〈时务学堂札记残卷〉序》中称:"时吾侪方醉心民权革命论,日夕以此相鼓吹,札记及批语中,盖屡宣其微言。""御史某剌录札记全稿中触犯清廷忌讳者百余条,进呈严劾,戊戌党祸之构成,此实一重要原因也。迄今将三十年,诸札册散佚殆尽,秉三(熊希龄)顾辛苦守此卷,几于秦燔后壁中《尚书》矣。"③札记实为时务学堂学生读书功课的一部分。梁启超在《时务学堂功课详细章程》中对学生的课程、课业与考核进行规定,除记录札记之外,学堂还要求学生将读书过程中的疑问写下来置于待问匦中,且"每生每日最少必须有札记或问疑共二条"④。梁启超在《湖南时务学堂学约十章》中对札记与问答两项读书功课予以说明。在"四曰读书"一条中,梁启超称:"读书之功课,凡学者每人设札记一册,分专精、涉猎两门,每日必就所读之书,发新

---

① 梁启超:《清代学术概论》,见《梁启超全集》第十集,第278页。
② 梁启超:《读〈春秋〉界说》原本十一条,梁启超在编入《中西学门径书七种》时删除了后面的三条,只保留了前面八条的内容。《中西学门径书七种》收录的版本刊登在《清议报》第六册和第八册上。参见狭间直树主讲:《东亚近代文明史上的梁启超》,高莹莹译,上海:上海人民出版社,2016年,第36页。
③ 梁启超:《〈时务学堂札记残卷〉序》,见《梁启超全集》第十一集,第365页。此篇作于1922年2月22日(正月二十六日),正值梁启超五十岁生日。熊希龄将《湖南时务学堂遗编》作为贺礼送给梁启超,并请梁启超作序。梁启超即写作此文。参见张弛:《从兴民权到开民智——梁启超的两次湖南之行》,《云梦学刊》,2013年第6期。
④ 梁启超:《时务学堂功课详细章程》,见《梁启超全集》第一集,第411页。

义数则,其有疑义,则书而纳之待问匦,以待条答焉。"①

3.1.2 学约之纲领:为学与行教

《湖南时务学堂学约十章》(以下简称《学约》)相当于学堂的教学纲领,规定的十条内容分别为:一曰立志,二曰养心,三曰治身,四曰读书,五曰穷理,六曰学文,七曰乐群,八曰摄生,九曰经世,十曰传教。其中,第一、二、三条可以结合在一起来理解,所讨论的是为学志向与身心修养的内容,这部分内容是学者在读书之前需要先明确的,也是在读书过程中需要始终注意并加以涵养的。梁启超将这部分内容置于《学约》的最前面,由此可以看出其对于为学志向与身心修养的重视。而重视志向与修养既与其在万木草堂所受康有为的教诲相一贯,又体现出梁启超的思想实以中国传统思想为根柢。

就"立志"来说,梁启超在《学约》中首先明确学者必先立志,即明确立志的必要性和首要性。其次明确立志的具体方向,即确立"以天下为己任"的经世之志,他引用孔子、伊尹、孟子、范仲淹、朱子、顾炎武之论,说明这一志向是儒家传统中先圣先贤所一致确立并一贯遵循的②。之后借用孟子"大人"的讲法强调立志的意义在于"先立乎其大者,则其小者弗能夺也。此为

---

① 梁启超:《湖南时务学堂学约十章》,见《梁启超全集》第一集,第 296 页。梁启超为时务学堂所作的《学约》刊登在 1897 年 12 月 24 日(光绪二十三年十二月初一日)出版的《时务报》第四十九册上。除《学约》之外,梁启超还作有《时务学堂功课详细章程》及《第一年读书分月课程表附》,均收入《中西学门径书七种》当中。梁启超:《时务学堂功课详细章程》,见《梁启超全集》第一集,第 410—416 页。

② 梁启超对立志的阐述几乎是在引述先圣先贤之论中完成的,其所引述的内容可以体现出,责己自任之志乃是儒家传统中先圣先贤的共同志向。"一曰立志。《记》曰:'凡学士先志。'《孟子》曰:'士何事?曰:尚志。'朱子曰:'书不熟,熟读可记;义不精,细思可精;惟志不立,天下无可为之事。'又曰:'学者志不立,则一齐放倒了。'今二三子,俨然服儒者之服,诵先王之言,当思国何以蹙,种何以弱,教何以微,谁之咎欤。四万万人,莫或自任,是以及此。我徒责人之不任,我则盍任之矣。'己欲立而立人,己欲达而达人,天下有道,丘不与易',孔子之志也;'思天下之民,匹夫匹妇,不被其泽,若己推而纳之沟中',伊尹之志也;'如欲平治天下,当今之世,舍我其谁',孟子之志也;做秀才时,便以天下为己任,范文正之志也;'天下兴亡,匹夫之贱,与有责焉',顾亭林之志也。学者苟无此志,则虽束身寡过,不过乡党自好之小儒,虽读书万卷,不成碎义逃难之华士。此必非良有司与乡先生之所望于二三子也。朱子又曰:'立志如下种子,未有播蘱稗之种,而能获来牟之实者'。"其中,在提醒学者应该予以思考的问题时,梁启超再次从国、种、教三个方面进行展开,可以看出,梁启超对救国的总体性问题形成了较为成熟的方向性的思考。梁启超:《湖南时务学堂学约十章》,见《梁启超全集》第一集,第 294 页。

大人而已矣"(《孟子·告子上》)。此外,梁启超讨论立志还具有明确的现实指向,针对的是学者将科第和衣食作为求学目的的现状。梁启超在这一问题上的提醒与其在《变法通议》中对现行科举制的批评是一以贯之的。就"养心"来说,"养心"基于"立志",梁启超意在提醒学者,通过养心守住志向,使自身不为"富贵利达,耳目声色,游玩嗜好"等"樊然殽乱"者撼动。① 从具有坚守志向的意义方面来看,养心实为治事之前提,"故养心者,治事之大原也"②。通过对养心的讨论,梁启超进一步明确了立志实际上具有"志于道"和"以天下为己仁"的双重意涵,"学者既有志于道,且以一身任天下之重"③。另外,在讨论养心的部分,梁启超还特别强调不能因为排斥佛学而拒绝养心。梁启超称:"自破碎之学盛行,鄙夷心宗,谓为'逃禅'。因佛之言心,从而避之,乃并我之心,亦不敢自有,何其惧也。"④ 就"治身"来说,梁启超主要强调的是检束威仪,安定言辞,即孔子对颜回所言"非礼勿视,非礼勿听,非礼勿言,非礼勿动"(《论语·颜渊》),对子张所言"言忠信,行笃敬,虽蛮貊之邦行矣"(《论语·卫灵公》),及曾子所言动容貌、正颜色、出辞气(《论语·泰伯》)。

在《学约》中,梁启超针对每一条学约都提出了相应的功课内容。针对立志、养心和治身的功课分别为:立志之功课有数端,"广其识见""先有智识"为一端,"时时提醒,念兹在兹""养之使勿少衰"为又一端,"求学问以敷之"复为一端;养心之功课有二,一为"静坐之养心",二为"阅历之养心"。"静坐之养心"亦分为两种,"一敛其心,收视返听,万念不起,使清明在躬,志气如神;一纵其心,遍观天地之大,万物之理,或虚构一他日办事艰难险阻,万死一生之境"⑤。同时,梁启超还特别强调,看似"无用"的静坐养心功课实则会令学者在日后颇为受益。"日日思之,操之极熟,亦可助阅历之事。

---

① 梁启超:《湖南时务学堂学约十章》,见《梁启超全集》第一集,第 295 页。
② 梁启超:《湖南时务学堂学约十章》,见《梁启超全集》第一集,第 295 页。
③ 梁启超:《湖南时务学堂学约十章》,见《梁启超全集》第一集,第 294 页。在讨论养心的部分,梁启超主要引述了孔子和孟子的讨论,提及孔子《论语·子罕》当中"知者不惑,仁者不忧,勇者不惧"之论,《中庸》当中"国有道,不变塞焉,强哉矫;国无道,至死不变,强哉矫"之论,还提到孟子于"不动心"处最为得力,及《孟子·滕文公下》当中对"富贵不能淫,贫贱不能移,威武不能屈,此之谓大丈夫"的论述。梁启超:《湖南时务学堂学约十章》,见《梁启超全集》第一集,第 294—295 页。
④ 梁启超:《湖南时务学堂学约十章》,见《梁启超全集》第一集,第 295 页。
⑤ 梁启超:《湖南时务学堂学约十章》,见《梁启超全集》第一集,第 295 页。

此是学者他日受用处,勿以其迂阔而置之也。"①可见,梁启超是以长远的考虑来规定静坐养心之功课。治身之功课,即于每日就寝时,"用曾子三省之法","默思一日之言论行事,失检者几何,而自记之",失检之事无论多寡,"不可自欺,亦不必自馁"。② 从论述中可以看出,梁启超很注重为学过程中修养身心方面的功课。就重视修养身心功课这一点来说,梁启超的主张与程朱一脉具有很强的一致性,虽然他后来曾言明所用之教学方法来自陆王一派的修养论——"我们的教学方法有两面旗帜,一是陆王派的修养论,一是借《公羊》《孟子》发挥民权的政治论"③——并且批评程朱一脉所穷之理有不切实用的弊病。

在《学约》第五条"穷理"部分,梁启超提到对程朱一脉所穷之理的不满:"特惜宋儒之所谓理者,去实用尚隔一层耳。"梁启超在《学约》中所讨论的穷理,主要指来自西方的"格致制造之学",即西方现代科学原理与生产技艺。④ 梁启超在阐述中指出,中国在现代科学与生产方面落后于西方,无所创获,原因不在于国人与西人在智力或脑力上存在差距,而在于是否在这些方面用功用力。"神州人士之聪明,非弱于彼也,而未闻有所创获者,用与不用之异也。"⑤梁启超在此处引用了朱子《大学》格物致知补传的内容,以说明开展格物之教的重要性,"朱子言:'大学始教,必使学者即凡天下之物,莫不因其已知之理而益穷之,以求至乎其极'",⑥并且对清代汉学家针对朱子格物之说而提出的,初学者无法穷凡物之理的批评予以回应。梁启超称:"不知智慧日浚则日出,脑筋日运则日灵,此正始教所当有事也。"⑦从理的内容上来说,梁启超"穷理"主张主要指向现代物理学,而从穷理工夫上来说,梁启超认同朱子格物之说,认为朱子格物之说揭示出日常磨砺操练的意义,并且这种日常操持训练正是初始之教所当为之事。值得注意的另外一点是,在论及格致之学的广泛性内容时,梁启超表达出其对变法革新方向性的思考。梁启超称:"大之极恒星诸天之国土,小之及微尘血轮之世界,深

---

① 梁启超:《湖南时务学堂学约十章》,见《梁启超全集》第一集,第 295 页。
② 梁启超:《湖南时务学堂学约十章》,见《梁启超全集》第一集,第 294—295 页。
③ 梁启超:《蔡松坡遗事》,见丁文江、赵丰田编:《梁任公先生年谱长编(初稿)》,第 42 页。
④ 关于以格物穷理指称现代自然科学,或以格致指称现代自然科学,参见马来平:《格物致知:儒学内部生长出来的科学因子》,《文史哲》,2019 年第 3 期。
⑤ 梁启超:《湖南时务学堂学约十章》,见《梁启超全集》第一集,第 297 页。
⑥ 梁启超:《湖南时务学堂学约十章》,见《梁启超全集》第一集,第 297 页。
⑦ 梁启超:《湖南时务学堂学约十章》,见《梁启超全集》第一集,第 297 页。

之若精气游魂之物变,浅之若日用饮食之习睹,随时触悟,见浅见深,用之既熟,他日创新法、制新器、辟新学,皆基于是,高材者勉之。"①梁启超这里概括了变法革新的三个层面,即新法、新器与新学,讨论的重点不在于揭示三者在深入程度上的关系,只是将三者作为三个并列的维度提示出来。

在第八条学约之后,梁启超在小字中注明:"以上八条,堂中每日功课所当有事,以下二条学成以后所当有事,而其基础皆立自平时,故并著之。"②由此可知,最后两条学约"经世"和"传教"主要指向学成之后学有所用的阶段,具有更明确的致用的目的。在"经世"一条中,梁启超主要讨论的是经世所需的学术基础,在明确提出"居今日而言经世,与唐、宋以来之言经世者,又稍异"的基础上,对经世所需的学术体系展开论述,整体上与《变法通议·学校余论》中对政学的讨论相一致。③

在《湖南时务学堂学约十章》"传教"一条中,梁启超就孔子之教的问题表达了几个层面的思考。首先,梁启超对孔子之教在时下所呈现的微弱无力之态感到惋惜和悲叹,"微夫悲哉,吾圣人之教之在今日也"。孔子之教呈现微弱无力之态的主要原因是,真正意义上的受教之人微乎其微。而与孔子之教微弱无力之态相对照的是,"异说流行,所至强聒,挟以势力,奇悍无伦"。所以就势上来说,"及今不思自保,则吾教亡无日矣"。正是在现实之势强弱对照的前提下,梁启超提出了传教的主张。

其次,梁启超指出强大孔子之教的措施是于学上立志。"今设学之意,以宗法孔子为主义。"④这其实亦是强调要从正面阐述孔子之教,使学者真正学习孔子之教。而强调于学上立志的背后原因在于,梁启超认为,正是由于孔子之教的真正意涵没有发挥出来,所以外界才会因不知不见而对其持有菲薄蔑视的态度。"彼西人之所以菲薄吾教,与陋儒之所以自蔑其教者,由不知孔子之所以为圣也。"⑤由此可以看出梁启超对孔子之教的认同、信任与尊崇。梁启超此处引用子贡对孔子的赞美,说明应当于所设之学中申

---

① 梁启超:《湖南时务学堂学约十章》,见《梁启超全集》第一集,第297页。
② 梁启超:《湖南时务学堂学约十章》,见《梁启超全集》第一集,第298页。
③ 梁启超:《学校余论(〈变法通议〉三之余)》,见《梁启超全集》第一集,第90页;梁启超:《湖南时务学堂学约十章》,见《梁启超全集》第一集,第298页。
④ 梁启超:《湖南时务学堂学约十章》,见《梁启超全集》第一集,第298页。
⑤ 梁启超:《湖南时务学堂学约十章》,见《梁启超全集》第一集,第298页。

明孔子之教。"子贡曰:'不得其门而入,不见宗庙之美,百官之富。'"①梁启超不仅表达了对孔子之教的赞美,还揭示出"得其门而入"的重要性。而在论及具体如何发明孔子之教的问题时,梁启超提出,对六经所论义理制度用近事新理进行论证发明。"今宜取六经义理制度,微言大义,一一证以近事新理以发明之,然后孔子垂法万世,范围六合之真乃见。"②梁启超给出的这一具体措施,就发明孔子之教的真义来说,或许未必合适,但对后世具有提醒意义的是,在研习传统经典时,对当下的理论与问题必须予以关注与思考。

最后,梁启超表达了以孔子之教治万国、治天下的理解,这一主张不仅基于其对孔子之教的理解,即认为孔子之教为"太平大同之教"③,还与其对世界各国的世界主义式的理解相关,即认为世界各国能够去除国界完成统一。这一理解以《春秋》之致太平与《礼运》之大同作为支撑。除此之外,梁启超还怀有挽救世界各国人民的理想,曾表达出以孔子之教挽救万国之民的想法。在《学约》"传教"一条中,梁启超用来说明孔子之教"非徒治一国,乃以治天下"的经典依据是《中庸》,但对《中庸》的原文进行了截取,"盖孔子之教,非徒治一国,乃以治天下,故曰:洋溢中国,施及蛮貊,凡有血气,莫不尊亲"④。从梁启超对《中庸》的引述可以看出,他得出孔子之教能够治万国、治天下的结论的理由是:凡为人者皆遵循人伦。由此,进一步可以看出,梁启超对孔子之教隐含的理解是:孔子之教为人伦之教。既然孔子之教为人伦之教,而凡为人者皆遵循人伦,所以孔子之教是以人性为基础的,是人性之教。在这个意义上,孔子之教是通达普遍性的教化。但在具体施

---

① 《论语》中对子贡之语完整的记述为:"叔孙武叔语大夫于朝,曰:'子贡贤于仲尼。'子服景伯以告子贡。子贡曰:'譬之宫墙,赐之墙也及肩,窥见室家之好。夫子之墙数仞,不得其门而入,不见宗庙之美,百官之富。得其门者或寡矣。夫子之云,不亦宜乎。'"(《论语·子张》)这一章之后的两章均为子贡称孔子之语,依次为:"叔孙武叔毁仲尼。子贡曰:'无以为也,仲尼不可毁也。他人之贤者,丘陵也,犹可踰也;仲尼,日月也,无得而踰焉。人虽欲自绝,其何伤于日月乎?多见其不知量也'"(《论语·子张》);"陈子禽谓子贡曰:'子为恭也,仲尼岂贤于子乎?'子贡曰:'君子一言以为知,一言以为不知,言不可不慎也。夫子之不可及也,犹天之不可阶而升也。夫子之得邦家者,所谓立之斯立,道之斯行,绥之斯来,动之斯和。其生也荣,其死也哀,如之何其可及也。'"(《论语·子张》)此外,颜回对孔子之教亦有一段称述,可与子贡所述参照来看。"颜渊喟然叹曰:'仰之弥高,钻之弥坚;瞻之在前,忽焉在后。夫子循循然善诱人,博我以文,约我以礼。欲罢不能,既竭吾才,如有所立卓尔。虽欲从之,末由也已。'"(《论语·子罕》)
② 梁启超:《湖南时务学堂学约十章》,见《梁启超全集》第一集,第298页。
③ 梁启超:《湖南时务学堂学约十章》,见《梁启超全集》第一集,第298页。
④ 梁启超:《湖南时务学堂学约十章》,见《梁启超全集》第一集,第298页。

行孔子之教时,除了考虑人性基础之外,还要考虑不同文明共同体的具体的历史处境。因为教化传统不仅仅关联于人性基础,还涉及不同文明共同体的历史经验与习俗观念等问题,因而不能单纯以人性基础为依据要求通达普遍性的教化在其载体之外的文明共同体中推行。

除了《湖南时务学堂学约十章》中有传教一条之外,梁启超此前写作的《万木草堂小学学记》中亦有传教一条。《万木草堂小学学记》写于梁启超到湖南之前居于上海并担任《时务报》撰述时,同样是一篇具有学约性质的文章,而且是《湖南时务学堂学约十章》的写作基础,而两者的根源则是康有为的《长兴学记》。① 在《万木草堂小学学记》中,梁启超同时以《中庸》与《春秋》为依据,表达了其对孔子之教在当下之势微与未来之昌盛的理解:"而吾教六经,舍帖括命题之外,诵者几绝,他日何所恃而不沦胥哉。虽然,《中庸》之述祖德,则曰'施及蛮貊',《春秋》之致太平,则曰'大小若一',圣教之非直不亡,而且将日益昌,圣人其言之矣。"②在《〈新学伪经考〉叙》一文中,梁启超对此有更为详细的论述。梁启超指出:"启超闻《春秋》三世之义:据乱世,内其国而外诸夏;升平世,内诸夏而外彝狄;太平世,天下远近大小若一。尝试论之,秦以前,据乱世也,孔教行于齐、鲁;秦后迄今,升平世也,孔教行于神州;自此以往,其将为太平世乎?《中庸》述圣祖之德,其言曰:洋溢中国,施及蛮貊,凡有血气,莫不尊亲。孔教之遍于大地,圣人其知之矣。"③通过这段论述可以更清晰地看出,梁启超认定孔子之教遍行于天下的思路是:首先,梁启超对《春秋》中的三世之说及据此而阐述的进化思想十分认同;其次,梁启超用《春秋》中的三世之说及进化思想来分析孔子之教在历史、现实与未来的推行状况,进而得出孔子之教在未来将遍行于世界的结论;最后,以《中庸》中所记载的圣人之言作为证明。

基于以上讨论,虽然能够大体理解梁启超此时对孔子之教的态度,但其何以一边悲叹孔子之教于现世的衰弱,一边反复强调孔子之教于后世非但不亡、反而日昌这一点,似乎仍然有些难以解释。梁启超如此强调这一点,应该不仅仅是出于对儒家传统教化的信心,应该也不仅仅是因为传教是康

---

① 关于《湖南时务学堂学约十章》与《长兴学记》的对照,参见蔡乐苏、张勇、王宪明:《戊戌变法史述论稿》,第 472—474 页。
② 梁启超:《万木草堂小学学记》,见《梁启超全集》第一集,第 278—279 页。
③ 梁启超:《〈新学伪经考〉叙》,见《梁启超全集》第一集,第 263 页。

有为的主张,或许还有其他的现实的理由。① 梁启超于 1897 年作有《复友人论保教书》一文,在这封书信中,他再次提及在《〈新学伪经考〉叙》中所阐明的,基于《春秋》三世说论证孔子之教必将兴于后世的主张。而在《复友人论保教书》中论及这一点时的语境是,对不以保国保教为事者进行回应。梁启超称:"故窃以为居今日而不以保国保教为事者,必其人于危亡之故,讲之未莹,念之未熟也。夫《春秋》三世之义,据乱世内其国而外诸夏,升平世内诸夏而外彝狄,太平世天下远近大小若一,彝狄进至于爵。窃尝论之,孔子之道,秦以前所传闻世也,齐鲁儒者,讲诵六艺,成为风气,外此则寥寥数子而已,所谓内其国也。自汉至今所闻世也,中国一统,同种族者,皆宗法焉,所谓内诸夏也。若夫所见世之治,施及蛮貊,用夏变彝,则过此以往,所有事也。夫以事势言之,则今日存亡绝续之交,间不容发,以常理言之,则岂惟不亡,直将胥天下而易之,此亦视我辈为之而已。"②

梁启超这里是在向"居今日而不以保国保教为事"者说明,应当于保国保教之事有所作为。而其以《春秋》三世说为基础,通过理势来分析孔子之教的当下处境与未来状态的用意,则是反驳对当下之国与教的状况持无能为力态度的人。梁启超的论述可以体现出,其自身基于面向未来的、长远的视野来审视和思考当下所遭遇的危机,并寻找解决危机的出路,故而不满于无能为力与徒然叹息的态度,认为持有这一态度的士人对危亡之故缺乏清晰的认识。

时下士人持有这一态度的原因在于看到西方之教凭借强大国力带来强势的压迫,进而对其感到畏惧。但是,梁启超的态度是:首先,西方之教本身并不可畏,其强大乃是因为传教者的推行,与之相对应,孔子之教在历史上同样有因"强毅坚忍"之人的推行而得国力并且强大的阶段。继而,面对西方"挟国力以相陵"之教,应该秉持的态度不是畏惧,而是自立自强,"是以彼教之挟国力以相陵,非所畏也,在吾之能自立而已"。此外,梁启超在论述的过程中还揭示出教对于国的必要性,从教化众民的角度来讲,教是建国的基础。"夫天下无不教而治之民,故天下无无教而立之国,国受范于教,肉食听命于匹夫。"③

----

① 此外,这一时期社会上整体性的反洋教思潮也影响着梁启超。参见沈世锋:《梁启超与孔教》,《学术界》,1990 年第 4 期。
② 梁启超:《复友人论保教书》,见《梁启超全集》第十九集,第 675—676 页。
③ 梁启超:《复友人论保教书》,见《梁启超全集》第十九集,第 674—675 页。

由此,结合梁启超在《湖南时务学堂学约十章》中对立志与传教重视,能更清楚地理解梁启超的问题关切与现实指向。梁启超将立志作为《学约》第一条,强调的是士人当责己自任,"当思国何以蹙,种何以弱,教何以微",将传教作为《学约》最后一条,强调的是士人当自立自强推行儒家教化,"传孔子太平大同之教于万国,斯则学之究竟也"。梁启超认为,纵然孔子之教在时下与西方之教相比处于极为衰弱的状态,但其自身具有日益昌明必然兴盛之理,故而居于时下的士人当以昌明孔子之教为己任。就时人来说,妄自菲薄者、自暴自弃者乃是梁启超所针对的对象,梁启超希望徒然哀叹者意识到,自任自立、有所作为才是应对危机的可行之方。

梁启超在《论中国之将强》一文中同样表达出反对时人妄自菲薄的态度。在《论中国之将强》一文中,梁启超指出:"中国无可亡之理,而有必强之道。"① 同时他亦指出,持有这一态度并不是就时下中西强弱对比而言,而是就中国留学生所呈现的变化而言,其实亦是就理而言。梁启超持有这一态度并不是基于负面的自欺或自喜,也不仅仅是基于正面的信心或鼓励,而是基于可见的依据和对形势与优势的理解。

梁启超从三个方面论证中国之将强的理由。第一个方面是基于人才的。直观的原因是,梁启超观察到中国留学生在学业表现上有所变化,由之前"咸未及卒业"到如今"翘然秀出于侪辈"。深层的原因是,梁启超基于对种与教的理解,得出对中国之种类与教俗的评价与判断,总体而言即种类美、教俗善,故而不难于得人。② 在人才与得人的问题上,梁启超对中国之种类与教俗的正面评价与判断是能够为后人提供启示的,但他对不同种族按照等级与优劣来理解的方式可能不会再为后人所接受。此外,对梁启超所论应该在理与势上进行区分,他提出的种类美、教俗善是从理上来说的,若从现实之势上来说,现实之势与此还有很大的差距,还有任重道远之事要做。

第二个方面是基于劳动者的。在这一方面,梁启超主要对中西劳动者所从事的劳动性质加以分析并据此作出判断。基于孟子对"君子"与"野人","劳心者"与"劳力者"的区分,梁启超指出,中国多从事"劳力"工作之人,就现实来看这的确是一种劣势,但从长远来看或许未必如此。梁启超给出的理由是,按照人类发展的趋势,未来将会有更多从事"劳心"工作的人,

---

① 梁启超:《论中国之将强》,见《梁启超全集》第一集,第 204 页。
② 梁启超:《论中国之将强》,见《梁启超全集》第一集,第 204—205 页。

而缺少乐于从事"劳力"工作的人。中国在"劳力"工作上具有劳动者的优势,进而会在生产制造业上强大起来。梁启超这里对职业与行业的分析与判断是有意义的,即工艺器物的生产制造能力对于国家来说非常重要。

第三个方面是基于地利的。在这一方面,梁启超指出,对比欧洲推行殖民之政的收效来看,中国拥有更好的地理条件和辟地之利的人力优势。[①] 梁启超讨论辟地之利的问题与前一个问题具有相关性,辟地之利相当于自然优势与人力优势的结合。此外,梁启超在这里还论及权利的问题,并希望唤醒国民对于自身权利的意识。"顾徒为人作计,曾未能得其丝毫之利,虽由国势之不振,亦由吾民于彼中情伪未悉,恒以可得之权利,晏然让诸人耳。昔者昧之,是以弃之,今惟察之,是以得之。"[②]

将《论中国之将强》一文与《湖南时务学堂学约十章》中"传教"一条合在一起来看可以发现,梁启超针对西人在报刊上大肆发表鄙薄诬蔑轻贱国家纲纪、华人品性与教化实质的言论,还有一个共同的关切与指向。面对西人"不堪入耳"的言论,梁启超认为,西人的用意在于灭国灭种,因而有必要对其用意进行揭露并对本国教化予以正面的说明。对国家、种族与教化本身来说,梁启超认为,面对毁訾之论,最好的方式是阐发并呈现其真实的样貌,这应当是对国家、种族与教化最负责任的做法。梁启超意在唤醒国民,告诫国民不应因西人鄙薄之论而薾然弃志,怀有无能为力甚至甘为奴役的心理。梁启超称:"西人之侮我甚矣。西人之将灭人国也,则必上之于议院,下之于报章,日日言其国政之败坏,纲纪之紊乱,官吏之苛黩。其将灭人种也,则必上之于议院,下之于报章,日日言其种族之犷悍,教化之废坠,风俗之靡烂。使其本国之民士,若邻国之民士,闻其言也,仁者愀然,思革其政以拯其难;鸷者狡焉,思乘其敝以逞其志。夫然后因众人之所欲,一举再举,而墟其国,奴其种,而瞗然犹以仁义之师自居。斯道也,昔施诸印度,又施诸土耳其,今彼中愤土、责土、唾骂土之言,且日出而未有止也。余读西报,其訾中国之国政纲纪官吏,盖数十年以来矣。去岁八九月以后,乃更明目张胆,昌言华种之野犷。华民之愚诈,华教之虚伪。"[③] 梁启超此处的关切与其在《变法通议·学校总论》一篇中的讨论是一致的[④],包括其在《湖南时务学堂学

---

① 梁启超在《〈史记·货殖列传〉今义》一文中曾论及尽地力的问题。梁启超:《〈史记·货殖列传〉今义》,见《梁启超全集》第一集,第240、247—248页。
② 梁启超:《论中国之将强》,见《梁启超全集》第一集,第206页。
③ 梁启超:《论中国之将强》,见《梁启超全集》第一集,第203页。
④ 梁启超:《论学校一(〈变法通议〉三之一)总论》,见《梁启超全集》第一集,第38页。

约十章》"传教"一条中的阐述,其用意既是对西人的鄙薄之论予以回应,又是对国、种、教进行捍卫,同时希望唤醒国民,对自身的传统与所处的时局形成理性的判断。

最后,梁启超在《论中国之将强》一文中还基于儒家传统对忧患的理解说明多难兴国、置之死地而后生的道理,进而说明忧患本身不可怕,不明忧患之故及"与我无与"的心态才是真正可怕之事。梁启超希望激励国民忍辱负重,除弊兴利,责己自任,有所作为。"且而不闻乎,殷忧所以启圣,多难乃以兴国。又曰:'置之死地而后生,置之亡地而后存。'举天下人而安之,斯获危矣;举天下人而危之,斯获安矣。吾直惧夫吾国人于今日危亡之故,知之者尚少也,藉或知之,则以为大局之患,于我无与也。亦既知之,亦既忧之,固知重泉之下,即是天衢,各怀衔石之心,已无东海。彼何德而天幸,我何罪而天亡。敬告我后及我大夫,凡百君子,吾侪小民,忍大辱,安大苦,发大愿,合大群,革大弊,兴大利,雪大耻,报大仇,定大难,造大业,成大同,仁人志士,其宁能无动于其心者乎?其听其冥冥以沦胥也?若夫夜郎之夫,莫肯念乱,徒摭余论,益其嚣张,则蒙有罪焉矣。"①从最后一句可以看出梁启超怀有孟子"辟杨墨"之志,希望能够止息时下弥漫的鄙薄险恶之论。

回到保教的问题,于保教之事无所作为,应该是梁启超此时所不能认同的观点。结合他在《与严幼陵先生书》中的论述,这里的讨论也能反映出梁启超认为严复的"教不可保,而亦不必保"的观点有不够稳妥之处。② 再者,需要注意的一点是,面对西方的强力与强势,处于危难时局中的士人很容易产生以力对抗的观点,以严复、康有为与梁启超三人为例,严复提到种族相争的理解,康有为提出以力传教的主张,梁启超在论及保种与保教问题时也有类似的理解与主张,这一看似对等的观点其实潜藏着一定的危险,即以力对抗的观点可能会因为超出了适当的限度而带来相侵相争的循环。③

在《复友人论保教书》中,梁启超提出的保教措施是开展讲学活动,并仿照日本保国公会成立保教公会,保教公会实际上是一种学会,如天文会、地学会、算学会、商学会一般。讲学内容既包括"经义切实有用"之实学,又包

---

① 梁启超:《论中国之将强》,见《梁启超全集》第一集,第 204 页。
② 关于梁启超在《与严幼陵先生书》中表现出没有完全接受严复意见的思想倾向,参见郑师渠:《梁启超与今文经学》,《中州学刊》,1994 年第 4 期。
③ 以力相抗与强调竞争是一贯的,其思想根源在于进化的观念。但是,基于进化观念而提倡竞争与力的因素具有导向强权主义的危险。参见王中江:《进化主义原理、价值及世界秩序观——梁启超精神世界的基本观念》,《浙江学刊》,2002 年第 4 期。

括天算、地矿、声光、化电等专门之学。从所论及的讲学内容来看,梁启超虽然提出建立保教公会,但对保教公会应当承载的功能并没有清晰的认识。通过讲学与学会的方式发明保教之义,这一思路与《变法通议》中对学会的提倡是相一致的。在提出保教措施之前,梁启超还提到西方基于国与教的关系将国分为三等:有教、无教和半教。在梁启超看来,中国属于半教之国,而且中国传统的教是非常完备的,"盖其声明文物,典章制度,先圣所留贻,历代所增益,实繁且备"①。如此完备之教,在现实中却呈现出衰弱之势,则一定不是教的原因,而是行教之人的原因。梁启超以孟子所论来说明此意:"孟子曰:上无道揆,下无法守,国之所存者幸也。又曰:上无礼,下无学,丧无日矣。"②梁启超接着孟子所论称:"斯则执事所云,尊之则兴,不尊则亡,衰弱非所云也。"③孟子所论侧重于强调居高位者必尊先王之道推行仁政,梁启超引述孟子之语意在强调执事而论,亦是在强调要有所行动,同时,他进一步提醒,所论之事当为如何尊孔子之教,而不应仅仅停留在哀叹教之衰弱的层面上。接下来,他提出以讲学来保教的主张:"今空言忧愤,无救危亡,思与海内有志之士,大明教之日即于亡之势,而共求其可以不亡之道,语其条理,殆必自讲学始。"④梁启超此处所表现出来的于将亡之势求不亡之道的思想倾向是值得深思的。孔子之教面临着关乎生死存亡的危机,这是现实的处境,士人对此必须有清醒的认识,保有忧患意识。但与此同时,士人亦应对教之未来能够昌明繁盛持有信心,而且以求索不亡之道、发明孔子之教为自身的志业。梁启超的这段论述既告诫士人要认清现实的处境,又提醒士人不要因为现实的处境而陷入无力的悲叹,应该在行动上寻找切实可行的方案,挽救处于危机当中的孔子之教。

梁启超在《湖南时务学堂学约十章》"立志"一条向学生提出"当思国何以蹙,种何以弱,教何以微"的要求⑤,是将保国、保种、保教的议题呈现给学

---

① 梁启超:《复友人论保教书》,见《梁启超全集》第十九集,第675页。
② 梁启超:《复友人论保教书》,见《梁启超全集》第十九集,第675页。对孟子的两句引用出自《孟子·离娄上》第一章,《孟子》原文为:"上无道揆也,下无法守也,朝不信道,工不信度,君子犯义,小人犯刑,国之所存者幸也。故曰:城郭不完,兵甲不多,非国之灾也;田野不辟,货财不聚,非国之害也。上无礼,下无学,贼民兴,丧无日矣。"
③ 梁启超:《复友人论保教书》,见《梁启超全集》第十九集,第675页。
④ 梁启超:《复友人论保教书》,见《梁启超全集》第十九集,第675页。
⑤ 梁启超在上呈给陈宝箴的《论湖南应办之事》一文中,建议学堂广设外课,提到使外课生以保国、保种、保教为己任。"乃从而摩激其热力,鼓厉其忠愤,使以保国、保种、保教为己任,以大局之糜烂为一身之耻疚。"梁启超:《论湖南应办之事》,见《梁启超全集》第一集,第434页。

生,由此也能够体现出,保国、保种、保教在梁启超思想中不是一个宣传式的口号,而是在面对现实危机时必须予以思考的三个核心议题,即国家、种族和教化的问题。这三个议题既体现出梁启超对于危机所冲击的核心领域的理解,也体现出他对文明共同体所具有的内涵的理解。《梁任公先生年谱长编(初稿)》在概括他执教时务学堂时的学术与思想时称:

> 那时候先生的学术立场,从《时务学堂学约》《读〈春秋〉界说》《读〈孟子〉界说》三篇文章可以看出来。关于他的言论方面,如提倡民权、平等、大同之说,发挥保国、保种、保教之义,有《时务学堂遗编》里所收批答学生札记可以参考。不过《遗编》所存已经没有当日言论最激烈的部分了。①

从这一段论述同样可以看出,保国、保种、保教是梁启超向时务学堂学生所强调的现实关切。《湖南时务学堂遗编》所保留的《湖南时务学堂答问》是学堂中学生的提问与教习的批文,从学生提出的问题与梁启超回复的批文同样可以看出他向学生揭示保国、保种、保教的重要性,并对学生产生很大影响。如左景伊在一条提问中称:

> 日舰东来,款赔地削,国益蹙矣;强邻觊觎,莫知所御,种益弱矣;耶苏、天主流传极远,教益微矣。中土士大夫咸知国蹙、种弱、教微之非,计而究之,国之所以蹙、种之所以弱、教之所以微之故,及思所以补苴其国、繁植其种、维持其教之道,茫乎未之知也。吾师所以保国、保种、保教之说,勉受业等,幸垂示焉。②

学生左景伊就国蹙、种弱、教微之原因及解决措施提出疑问,所提问题反映出学生沿着梁启超的指引思考现实问题。保国、保种、保教的问题意识在学生的提问中呈现出来,由此可见梁启超在学堂中对三者的强调及其思想关切对学生的影响。对于左景伊的提问,梁启超在批文中将问题引向认知与群力的角度:

---

① 丁文江、赵丰田编:《梁任公先生年谱长编(初稿)》,第43页。
② 《湖南时务学堂答问》,见《梁启超全集》第一集,第317—318页。

> 必知所以保国,然后能保国也,保种、保教亦然。一人之力不能保也,则合多人之力以保之,多一知此理之人,即多一能保之人。若使天下人人能知之,则无不保之国、无不保之种、无不保之教矣。必如何而后能知之,非学问不为功也。①

梁启超这里是在保国、保种、保教的议题下基于"群"强调"知",实际上是在强调民智的重要性,亦是强调学的重要性。从梁启超在这则批文中呈现出的思想倾向来看,虽然他在后来回忆自己时务学堂时期的思想主张时,突出思想中的"激进"倾向,但此处所论及的解决措施并没有丢弃在《变法通议》中所揭示的从本原处解决问题的思路:强调学的重要性,以开民智为第一要义。这一点是梁启超从写作《变法通议》到执教时务学堂所一贯坚持和重视的方向。学生杨树榖亦有关于保国、保种、保教问题的提问:

> 夫子之教,每以保国、保种、保教三者为先。处今日之时,保国有难言者矣,若夫种又必教成而后可见功,然又非一二学堂所能补救。如必待四五年后相传授,不亦晚乎?处今日而求救时之方,当以开立学堂为始基可也,是否有当。愿夫子明以教我。②

杨树榖的提问针对的是救世之方的时效性问题,认为通过开立学校来救世需要一个很长的积累周期,故而担心设立学校的途径来不及挽救当下的危机。同时,杨树榖的提问还反映出,三者之中,保教似乎具有更为基础性的地位,即保国和保种的措施在很大程度上要基于保教的措施来展开。学生陈其殷在所提出的问题中同样传达出了这一点:"尝闻保国必先保教,大约以何教立国即保何教,犹我中国以孔教立国即保孔教是也。""尝闻不能保国亦当保种,不能保种亦当保教"。③ 学生的提问在客观上呈现出了梁启超对保国、保种、保教三者内部关系的理解,即教具有相对基础和首要的地位。梁启超始终强调学校制度及与之相关的教与学的问题,也可以体现出这一点。通过学生的提问,保国、保种、保教的议题与学校及学的问题关联到一起,三者的关系也得到了进一步的呈现。梁启超针对杨树榖的提问给

---

① 《湖南时务学堂答问》,见《梁启超全集》第一集,第318页。
② 《湖南时务学堂答问》,见《梁启超全集》第一集,第326页。
③ 《湖南时务学堂答问》,见《梁启超全集》第一集,第338页。

出的批文同样值得注意。梁启超称：

> 能遍天下多立学堂，自是第一要着，惜哉政府不能行也。然今日欲多立学堂，亦无教习之才，中国士大夫能兼通中西、深明教旨者，有几人乎？然则请寻常学究以为教习，虽有学堂极多，能有益乎？故亦不能急也。要之，今日事势正如孟子所谓"七年之病求三年之艾"。虽曰缓不济急，然舍此仍无别法也。①

梁启超于批文中再次揭示了设立学校的主张在现实中所遭遇的窘境，纵然如此，他依然坚持开立学校是解决问题的必要途径。针对杨树毂所提出的对于时效性的质疑，梁启超言明，"故亦不能急也"，并引用孟子"七年之病求三年之艾"的论述，以此说明时下国家所面临的问题非常严重，必须采取积久的措施从根基处予以解决。《孟子》原文的完整论述为："今之欲王者，犹七年之病求三年之艾也。苟为不畜，终身不得。苟不志于仁，终身忧辱，以陷于死亡。"（《孟子·离娄上》）孟子认为，为政者治乱，应当依凭积蓄之功，并且从起点处便要志于仁。朱子在《四书章句集注》中对此句的注解也突出强调这一点。朱子称："艾，草名，所以灸者，干久益善。夫病已深而欲求干久之艾，固难卒办，然自今畜之，则犹或可及；不然，则病日益深，死日益迫，而艾终不可得矣。"②朱子在注解中不仅强调了积蓄之功的必要性，还在难易之间的张力中将其凸显出来，即以积蓄之功、通过久远之力来解决当下沉重的危机是一件非常艰难的事情，但却是必须经历的过程，否则当下的危机将进一步加深以至于达到根本无法解决的程度。回到梁启超的论述，可以看出，在救世措施上，梁启超主张着眼于根本且长远之事，虽然缓不济急，但仍要从缓，不可趋急。

在《湖南时务学堂札记》所记载的一条针对张伯良所作札记的批文中，梁启超将民智与民权结合在一起讨论。张伯良札记的内容是基于丁韪良所译《万国公法》讨论主权和领土问题。梁启超在批文中称：

> 凡权利之与智慧相依者也。有一分之智慧，即有一分之权利，有百分之智慧，即有百分之权利，一毫不容假借者也。故欲求一国自立，必

---

① 《湖南时务学堂答问》，见《梁启超全集》第一集，第326—327页。
② 朱熹：《四书章句集注》，北京：中华书局，2012年，第286页。

使一国之人之智慧足以治一国之事然后可。今日之中国，其大患总在民智不开，民智不开，人材不足，则人虽假我以权利亦不能守也。士气似可用矣，地利似可恃矣，然使公理、公法、政治之学不明，则虽有千百忠义之人，亦不能免于为奴也。诸君既共识此意，急求学成转教他人，一而十，十而百，百而千，千而万，使人咸知有公理、公法之学，则或可以不亡也。①

从这条批文可以看出，梁启超的民权思想以民智为基础，更进一步来说，他对权利的理解是基于知的。亦如他在批文中所指出的："民智不开，人材不足，则人虽假我以权利亦不能守也。"即没有知作为支撑，权利便不具有稳固的基础，这与"天赋人权"意义上的对权利的理解不同。关于知的具体内容，梁启超在这条批文中特别强调公理、公法、政治之学的知识，这与其在《变法通议·学校余论》中对政学的强调是一贯的，同样体现出比较强的实用导向，但实用导向又基于对经典的学习。② 对于公理之学的具体内容，梁启超在《时务学堂功课详细章程》中以小字夹注的形式加以说明："此种学大约原本圣经，参合算理、公法、格物诸学而成。中国向未有此学，其详别见。"③

关于基于民智而兴民权的理解，梁启超在《论湖南应办之事》一文中亦有论述："今之策中国者，必曰兴民权。兴民权，斯固然矣，然民权非可以旦夕而成也。权者，生于智者也。有一分智，即有一分之权，有六七分之智，即有六七分之权，有十分之智，即有十分之权。""是故权之与智相倚者也。""昔之欲抑民权，必以塞民智为第一义，今日欲伸民权，必以广民智为第一义。"④梁启超指出，从湖南时务学堂的设立可以看出湖南士绅重视民智的美意，但在广民智方面仍有未尽之处。"湖南官绅有见于民智之为重也，于

---

① 《湖南时务学堂札记》，见《梁启超全集》第一集，第 354 页。
② 梁启超：《学校余论（〈变法通议〉三之余）》，见《梁启超全集》第一集，第 90 页。
③ 梁启超：《时务学堂功课详细章程》，见《梁启超全集》第一集，第 410 页。茅海建指出，公理学的内容与康有为所作《实理公法全书》有关，参见茅海建：《论戊戌时期梁启超的民主思想》，《学术月刊》，2017 年第 4 期。
④ 梁启超：《论湖南应办之事》，见《梁启超全集》第一集，第 433 页。梁启超到湖南不久便写就《上陈宝箴书》及《论湖南应办之事》并上呈给陈宝箴。《论湖南应办之事》刊登在《湘报》第二十六、二十七、二十八号上，分别于 1898 年 4 月 5 日、6 日、7 日（光绪二十四年三月十五日、十六日、十七日）出版。参见蔡乐苏、张勇、王宪明著：《戊戌变法史述论稿》，第 478 页；梁启超：《论湖南应办之事》，见《梁启超全集》第一集，第 433 页注释。

是有时务学堂之设,意至美矣,然于广之之道,则犹未尽也。"①由此可以看出,梁启超要培养的不仅是少数有识之士之智,而是境域内广泛民众之智,其对民智的要求是,既"欲其精",又"欲其广",进而达到广风气的作用。②正是出于广民智的目的,梁启超在《论湖南应办之事》一文中提出"学堂广设外课,各州、县咸调人来学也"的建议,而这一建议也为陈宝箴所采纳。③

再者,在《论湖南应办之事》一文中,梁启超从兴民权引申至兴绅权,由兴绅权追溯至开绅智,并进一步关联到开官智,总体上提出"一曰开民智,二曰开绅智,三曰开官智"④三端。士绅与官员均为地方的任事者,其中,重视士绅是基于官民之间宜"通上下之情"的理解。"今欲更新百度,必自通上下之情始。欲通上下之情,则必当复古意、采西法、重乡权矣。"⑤针对开绅智与开官智,梁启超提出的具体措施是:依学会开绅智,设课吏堂开官智。"欲兴民权,宜先兴绅权,欲兴绅权,宜以学会为之起点。""故课吏堂不可不速立。"⑥梁启超所论及的学会与课吏堂之事在当时均在筹建当中。⑦ 在讨论具体措施时,梁启超特别强调"教之"之事,如在论及学堂广设外课以广民智时称:"持此法以教之。"⑧在论及以学会开绅智时,梁启超指出:"故欲用绅士,必先教绅士。教之惟何?惟一归之于学会而已。"⑨在论及设课吏堂开官智时,梁启超强调:"既养之,则教之。彼官之不能治事,无怪其然也。"

---

① 梁启超:《论湖南应办之事》,见《梁启超全集》第一集,第433页。
② 梁启超:《论湖南应办之事》,见《梁启超全集》第一集,第434—435页。
③ 梁启超:《论湖南应办之事》,见《梁启超全集》第一集,第434页;蔡乐苏、张勇、王宪明著:《戊戌变法史述论稿》,第478—479页。
④ 梁启超:《论湖南应办之事》,见《梁启超全集》第一集,第439页。
⑤ 梁启超:《论湖南应办之事》,见《梁启超全集》第一集,第435页。茅海建指出,梁启超对"通上下之情"的强调源于康有为。参见茅海建:《论戊戌时期梁启超的民主思想》,《学术月刊》,2017年第4期。黄克武提到,19世纪60年代之后,中国学者对西方民主制度逐渐了解,这一时期的思想家冯桂芬认为,通上下之情是民主制度的主要功能,民主制度有助于实现君民之间的沟通。19世纪70—80年代的思想家王韬与郑观应认为,英国君民共主制或说以议院为基础的君主立宪制有助于实现通上下之情,之后的何启与胡礼垣亦有类似的理解。黄克武指出,强调民主制度具有整合社会、凝聚共识的功能在戊戌前后的思想界是一种普遍的理解。参见黄克武:《从追求正道到认同国族——明末至清末中国公私观念的重整》,见黄克武:《近代中国的思潮与人物》,北京:九州出版社,2012年,第16页。
⑥ 梁启超:《论湖南应办之事》,《梁启超全集》第一集,第435、437页。
⑦ 蔡乐苏、张勇、王宪明:《戊戌变法史述论稿》,第487页。
⑧ 梁启超:《论湖南应办之事》,见《梁启超全集》第一集,第434页。
⑨ 梁启超:《论湖南应办之事》,见《梁启超全集》第一集,第436页。

"然则将如之何？曰：教之而已矣。"①

此外，在论及兴绅权时，梁启超还讨论到"定权限"的问题，即对政治权与行政权进行划分，"定权限者何？西人议事与行事分而为二。议事之人，有定章之权，而无办理之权；行事之人，有办理之权，而无定章之权"，并对修改法度的程序及民选议员代表民意的政治学理论思想有所阐述，"若行之而有窒碍者，则以告于议员，议而改之。西人之法度，所以无时不改，每改一次，则其法益密，而其于民益便，盖以议事者为民间所举之人也"。②

3.1.3 学会之践行：凝聚与自治

除时务学堂之外，湖南士绅官员还创设南学会③进行讲学。南学会于1897年冬开始筹划酝酿，于1898年二月初一正式开讲，从筹划到开讲，梁启超一直参与其中，并作有《南学会序》一文强调从国家的角度来说，仅有民智是不够，能否实现"齐万而为一"，是由"智其民"到"国其国"的关键，而"齐万为一"之方则在于学会。梁启超称：

> 今之策时变者，则曰八股不废，学校不兴，商政不修，农工不饬，民愚矣，未有能国者也。蒙则谓八股即废，学校即兴，商政即修，农工即饬，而上下之弗矩絜，学派之弗沟通，人心之无热力，虽智其民，而不能国其国也。敢问国？曰：有君焉者，有官焉者，有士焉者，有农焉者，有工焉者，有商焉者，有兵焉者。万其目，一其视；万其耳，一其听；万其手，万其足，一其心；万其心，一其力；万其力，一其事。其位望之差别也万，其执业之差别也万，而其知此事也一，而其志其事也一，而其治此事也一。心相构，力相摩，点相切，线相交，是之谓万其途，一其归，是之谓国。……故夫能齐万而为一者，舍学会其曷从与于斯。④

---

① 梁启超：《论湖南应办之事》，见《梁启超全集》第一集，第437页。关于梁启超在《论湖南应办之事》一文中，讨论开民智、开绅智、开官智三个部分的具体措施时以"教之"为要点，《戊戌变法史述论稿》亦有概括："文中梁启超把普遍意义上的开民智工作具体分为三个部分：开民智、开绅智和开官智，并分别提出具体措施。简而言之，三项工作都依赖一个'教'字，分开来说，就是以学堂教民，以学会教绅，以课吏堂教官。"参见蔡乐苏、张勇、王宪明：《戊戌变法史述论稿》，第486页。

② 梁启超：《论湖南应办之事》，见《梁启超全集》第一集，第435—436页。

③ 时务学堂的学生也会去南学会听讲，皮锡瑞曾在南学会讲学，并为学堂学生的课业进行"命题定校示，择优赠以奖励"。参见蔡乐苏、张勇、王宪明：《戊戌变法史述论稿》，第458、478页。

④ 梁启超：《南学会序》，见《梁启超全集》第一集，第418页。

梁启超这里从凝聚民心民力的意义出发,讨论学会的重要性。① 将此处所论与《变法通议·论学会》一篇加以对照可以发现,此处所论有所推进。在《变法通议·论学会》一篇中,梁启超主要从群有助于兴学及学会有助于广人才的角度讨论学会的意义,侧重于兴学与人才的问题。但在《南学会序》这里,梁启超讨论的重点发生了改变,其论述更加突出学会在凝聚与统一方面的意义,即围绕何以能聚合成国的问题,相当于将"群"作为结果与目的,而不是作为前提来加以讨论。梁启超强调群具有凝聚与统一意义的原因在于,现实中的国人呈现出涣散的状态,"吾中国四万万人,为四万万国之日,盖已久矣"②。从甲午战败达成和议之后,举国之人从上到下呈现出涣散的状态,或骄奢享乐,或唯利是图,或只是就与国难无关之事议论相争:

> 曾不数月,和议既定,偿币犹未纳,戍卒犹未撤,则已以歌以舞,以遨以嬉,如享太牢,如登春台。其官焉者,依然惟差缺之肥瘠是问;其士焉者,依然惟八股八韵、大卷白折之工窳是讲。即有一二号称知学之英、忧时之彦,而汉宋有争,儒墨有争,夷夏有争,新旧学有争,君民权有争。乃至兴一利源,则官与商争,绅与民又争;举一新政,则政府与行省争,此省与彼省又争;议一创举,则意见歧而争,意见不歧而亦争。……旋动旋止,只视为痛痒无关之事……而于国之耻,君父之难,身家之危,其忘之也,抑已久矣。③

《南学会序》写于德国占领胶州湾之后,梁启超揭露国民涣散的现状,思考如何凝聚民心的问题,与这一事件有关。面对列强的侵夺,国人几乎无以为拒,甚至相当于将国土"拱手以献"。在梁启超看来,现实的情况是,国家安危完全依赖于西人是否来犯,若有进犯,则举国上下全无抵抗之力。时下国人的生活状态全然是偷安苟活,非但没有"同心竭虑",反而"相妒相轧,相距相离"。按照国人当下的状态,加之西人不会满足的欲求,国家在未来会面临更严重的溃败。正是在危机进一步加重的情形之下,面对国民涣散的

---

① 龚郭清将梁启超戊戌时期的思想概括为"政制至上"与"唯智倾向"两个方向,并在此基础上讨论学会的意义。参见龚郭清:《论戊戌变法时期梁启超政治思想两大基本倾向》,《浙江师范大学学报》(社会科学版),1999年第5期。
② 梁启超:《南学会序》,见《梁启超全集》第一集,第419页。
③ 梁启超:《南学会序》,见《梁启超全集》第一集,第419页。

现状,梁启超强调以"以齐万而为一"为自振、自保之机。而学会则有助于不同身份、不同职业、不同地区之人的"相接",起到上下"矩絜"及学派"沟通"的作用。只有国人整体上做到"万其途,一其归",国家才能谓之为国。① 此外,梁启超在《南学会叙》中还表达出希望通过湖南带动全国的愿望,自省及国,形成"联而合之"的风气。而在《上陈宝箴书》中,梁启超则劝陈宝箴存自立之心,以"为他日穷无复之之时计"②。

在《戊戌政变记》附录二《湖南广东情形》中,梁启超亦阐述其以湖南自治为救国之方的想法:"中国苟受分割,十八行省中可以为亡后之图者,莫如湖南、广东两省矣。湖南之士可用,广东之商可用;湖南之长在强而悍。广东之强在富而通。"③"与本省绅士谭嗣同、熊希龄等相应和,专以提倡实学,唤起士论,完成地方自治政体为主义。"④"欲以激发保教爱国之热心,养成地方自治之气力。"⑤"盖当时正德人侵夺胶州之时,列国分割中国之论大起,故湖南志士人人作亡后之图,思保湖南之独立。"⑥有关这种想法对于南学会的意义,梁启超评价称:"而独立之举,非可空言,必其人民习于政术,能有自治之实际然后可,故先为此会以讲习之,以为他日之基。且将因此而推诸于南部各省,则他日虽遇分割,而南支那犹可不亡,此会之所以名南学会也。当时所办各事,南学会实隐寓众议院之规模,课吏堂实隐寓贵族院之规模,新政局实隐寓中央政府之规模。"⑦由此可见,对于南学会这一讲学团体,梁启超实际上持有政治性的设想与理解,甚至将其与湖南所兴办的其他

---

① 《戊戌政变记》附录二《湖南广东情形》收录了黄遵宪在南学会进行第一次演讲时的讲义,黄遵宪这次演讲的主题与此一致。在这篇讲义中,黄遵宪基于群讨论合众以为国:"故人必能群而后能为人。何以谓之国? 分之为一省一郡,又分之为一邑一乡。而世界之国,只以数十计,则以郡邑不足以集事,必合众郡邑以为国,故国以合而能为国。"黄遵宪主要就湖南当地之治呼吁官民上下合力自强,在无法依靠朝廷官员的情况之下"自治其身,自治其乡"。黄遵宪的讨论同样以民智与民权为基础,如其在结尾部分所揭示的:"余今日讲义,誉之者曰开民智,毁之者曰侵官权,欲断其得失,一言以蔽之曰:公与私而已。诸君能以公理求公益,则余此言不为无功,若以私心求私利,彼擅权恃势之官,必且以余为口实,责余为罪魁。乞诸君共鉴之,愿诸君勉之而已。"在评价历史制度之得失时,黄遵宪从君民关系出发,称周以前之制为"封建之世,其传国极私,而政体乃极公也",称秦以后之制为"郡县之世,其设官甚公,而政体则甚私也"。参见梁启超:《戊戌政变记》附录二《湖南广东情形》,见《梁启超全集》第一集,第 623—625 页。
② 梁启超:《上陈宝箴书》,见《梁启超全集》第十九集,第 25—27 页。
③ 梁启超:《戊戌政变记》附录二《湖南广东情形》,见《梁启超全集》第一集,第 615 页。
④ 梁启超:《戊戌政变记》附录二《湖南广东情形》,见《梁启超全集》第一集,第 616 页。
⑤ 梁启超:《戊戌政变记》附录二《湖南广东情形》,见《梁启超全集》第一集,第 622 页。
⑥ 梁启超:《戊戌政变记》附录二《湖南广东情形》,见《梁启超全集》第一集,第 622 页。
⑦ 梁启超:《戊戌政变记》附录二《湖南广东情形》,见《梁启超全集》第一集,第 622—623 页。

新政措施一起与议会制度的结构相类比。若从整体上看湖南所推行的新政措施,要义则在于畜养民力、申明民权、整顿内治。梁启超通过对李鸿章、张之洞与陈宝箴、黄遵宪的对比评价揭示出了这一点:

> 中国向来守旧之徒,自尊自大,鄙夷泰西为夷狄者无论矣。即有一二号称通达时务之人,如李鸿章、张之洞之流,亦谓西法之当讲者,仅在兵而已,仅在外交而已,曾无一人以畜养民力、整顿内治为要务者。此所谓不务本而欲齐其末,故虽日日言新法,而曾不见新法之效也。而彼辈病根之所在,由于不以民为重,其一切法制,皆务压制其民,故不肯注意于内治,盖因欲兴内治,不能不稍伸民权也。关于湖南之事,乃知陈宝箴、黄遵宪等之见识,远过李鸿章、张之洞万万矣。①

梁启超此处再次提到了民权的思想,而且关联于治理之事,揭示出变法之本在于以民事为重的道理。这实际上涉及对治理理念进行变革的问题,将以治理为行使权力进而对民进行压制的理念转变为以治理为养民之事故而以民为本的理念。完成这一转变的关键在于意识到民权的存在,并且将为民作为治理的出发点与目的,而养民之政的理解是孟子仁政思想的主要内容。

3.2 《读〈孟子〉界说》中的政治思想

3.2.1 申论民权思想

梁启超在《读〈孟子〉界说》第六条中基于孟子保民思想,对民权问题加以强调。第六条界说的主旨为"保民为《孟子》经世宗旨"。在这一条界说中,梁启超论述称:"《孟子》言:'民为贵。'民事不可缓,故全书所言仁政,所言王政,所言不忍人之政,皆以为民也。"②梁启超这里揭示出《孟子》中保民、贵民、以民为本的仁政宗旨,突出民在政治生活中具有根本性与主体性的地位。这样一种对于政治生活的理解与以君主为根本的理解是截然不同的。《湖南时务学堂札记》收录的学生黄瑞麒的札记对孟子保民思想有所

---

① 梁启超:《戊戌政变记》附录二《湖南广东情形》,见《梁启超全集》第一集,第 627 页。
② 梁启超:《读〈孟子〉界说》,见《梁启超全集》第一集,第 300—301 页。

阐述：

> 用人所以为民，非为左右也，非为诸大夫也。国人曰贤，贤可知矣；国人曰可去可杀，其可去可杀可知矣。王者，大公无我之意也。三代而下，往往国人曰贤，左右诸大夫皆曰可去可杀；国人曰可去可杀，左右诸大夫皆曰贤，呜呼！君独能与左右诸大夫共天下乎？
>
> 不教民不能战，不保民尤不能战。君立有司所以保民也，天生斯民，亦所以卫有司也。长上疾视其民之死而不救，民亦疾视其长上之死而不救矣，故战胜在保民。①

第一段札记是基于《孟子·梁惠王下》的一章而作，围绕选任及惩戒官吏的问题。《孟子》此处的原文为："左右皆曰贤，未可也；诸大夫皆曰贤，未可也；国人皆曰贤，然后察之；见贤焉，然后用之。左右皆曰不可，勿听；诸大夫皆曰不可，勿听；国人皆曰不可，然后察之；见不可焉，然后去之。左右皆曰可杀，勿听；诸大夫皆曰可杀，勿听；国人皆曰可杀，然后察之；见可杀焉，然后杀之。故曰，国人杀之也。如此，然后可以为民父母。"学生在札记中的论述揭示出，以民为用人与惩戒的标准，体现的是王者大公之意，在君民关系上，强调君与民"共天下"的意涵，即"天下"不归君主一人所有，也不为君主与左右之臣所有。这一理解方式整体上改变了秦以后所确立的君主的地位，改变了君主的自我认知，也改变了民对君的理解。为民即出于公，在这个意义上，梁启超及晚清时期士人所提出民权的思想与孟子所论王道仁政思想是一脉相承的，同时亦与清初黄宗羲的君主批判是一贯的。朱子在《四书章句集注》中对孟子上述讨论的注释同样从公与私的角度出发，朱子称："左右近臣，其言固未可信。诸大夫之言，宜可信矣，然犹恐其蔽于私也。至于国人，则其论公矣。"②此外，孟子与朱子皆强调为君者当亲自察之，因为民之好恶会有习俗意义上的偏见，虽然学生在札记中没有论及这一点，但这一点同样非常重要。由此，重民本身并不意味着废君，而是要以重民为基础来思考君的职能与意义，或者可以说，君之立不只是因君位的延续，而是因民而立。

第二条札记同样是基于《孟子·梁惠王下》的一章而作，讨论的是官民

---

① 《湖南时务学堂札记》，见《梁启超全集》第一集，第 357 页。
② 朱熹：《四书章句集注》，北京：中华书局，2012 年，第 221 页。

关系的问题。《孟子》原文的讨论以战争为背景,邹国与鲁国之间发生战乱,邹穆公见境内之民对其官吏见死不救,故有诛民惩戒之心,并就此事询问孟子,"吾有司死者三十三人,而民莫之死也。诛之,则不可胜诛;不诛,则疾视其长上之死而不救,如之何则可也"。孟子引用曾子"出乎尔者,反乎尔者也"来回应邹穆公,即因为官吏不知恤民在先,所以民反过来以怨恨之心对待官吏。学生在札记中的阐述侧重于从官吏的角度出发,虽然也突出了保民的重要性,但似乎有些偏离保民的主题。就《孟子》所论来说,这段讨论揭示出君民之间应是相对待的伦理关系,即君民之间并不是君对民的宰制和民对君的屈从,而是如孟子所言的,君行仁政则民亲其上的关系。梁启超在简略的批文中说明了君主的地位与职分:"以一人治天下,非以天下奉一人,斯义也,千余年无讲之者矣。"①

与之相关的是对君臣关系的理解,恰当的君臣关系亦是民权的体现。在《湖南时务学堂答问》中,杨树毂就《孟子·离娄下》中"无罪而杀士,则大夫可以去;无罪而戮民,则士可以徙"一句提出疑问,称:"读书至此,不免有疑。夫委贽为臣,当临难无苟免,何得不谏君于过而竟以去云乎哉?虽曰当时人主不足以有为,而臣道之不可不尽也明矣。《孟子》之意,究竟何如。"②从杨树毂用"委贽为臣"来描述为臣者的身份可以看出,他对臣道所持有的理解是,为臣者对君主之命应无条件地服从,即使面临危难,也不能苟且偷生,故而他对孟子所论去君之意心存疑惑。针对杨树毂的提问,梁启超回复的批文为:

《记》曰:"非特君择臣也,即臣亦择君。"又曰:"君使臣以礼。"夫臣也者,与君同办民事者也。如开一铺子,君则其铺之总管,臣则其铺之掌柜等也,有何不可以去国之义。六经之中,言此等道理者极多,绝不为怪异也。自秦以后,君权日尊,而臣之自视以为我实君之奴隶。凡国事之应兴应革,民事之应损应益,君之所为应直谏应犯颜者,而皆缄默阿谀,为能奴颜婢膝以容悦于其君,而名节二字扫地尽矣。至于今日士气所以委靡不振,国势所以衰,罔不由是。此实千古最大关键矣,其亦未闻孟子之大义焉耳。③

---

① 《湖南时务学堂札记》,见《梁启超全集》第一集,第358页。
② 《湖南时务学堂答问》,见《梁启超全集》第一集,第326页。
③ 《湖南时务学堂答问》,见《梁启超全集》第一集,第326页。

与君民之间相对待的伦理关系一致,君臣之间的伦理关系亦是相对待的伦理关系,而且两者间的这一伦理关系是儒家传统的一贯主张,是六经所言之道理,也是孟子所论之大义。现实中人们习以为常所理解的类似于主奴之间的君臣关系,实际上是秦以后逐渐形成的君臣观念。梁启超在这段批文中对儒家传统的君臣伦理与当时习见的君臣观念予以区分,并主张以儒家传统中六经所言、孟子所论的君臣之伦来理解君臣关系。从梁启超以铺之主管与铺之掌柜来类比君臣关系可以看出,其所理解的君臣关系是一种合作关系,或者说是相合的关系,而非所属关系。再者,两者之间存在职责之分与主辅之别,但不存在通俗意义上所理解的"尊贵"与"卑贱"的差别。此外,两者的宗旨和目的都是为民做事,即不但臣与民不为君,而且君与臣皆为民。

基于孟子贵民思想阐述民权思想,并不意味着孟子贵民思想与现代民主意义上的民权思想相等同,前者还不涉及政治参与的内容,而政治参与是后者的主要内容。萧公权在《中国政治思想史》对两者进行了区分。萧公权称:

> 孟子民贵之说,与近代之民权有别,未可混同。简言之,民权思想必含民享、民有、民治之三观念。故人民不只为政治之目的,国家之主体,必须具有自动参与国政之权利。以此衡之,则孟子贵民,不过由民享以达于民有。民治之原则与制度皆为其所未闻。[1]

萧公权以是否具有参政之权为依据,对孟子贵民思想与现代民权思想进行区分。明确这一区分是很重要的,两者之间的区别也是真实存在的,但需要注意的一点是,进行区分不等于以现代民权思想为标准对孟子贵民思想进行评判。在对二者进行区分的基础上,萧公权还指出,虽然孟子贵民思想与现代民权思想存在区别,但在反对暴君专政的意义上,二者是相一致的,"吾人若一考欧洲至十六七世纪犹大倡诛戮暴君之论,至十八世纪以后民治之理论与制度始进展流行,则于西历纪元前四世纪贵民轻君之孟子,可无间然矣"[2]。萧公权在讨论孟子贵民思想时特别强调其在矫正虐政方面的意义。结合萧公权对孟子的评述有助于更好地理解梁启超引述孟子的用

---

[1] 萧公权:《中国政治思想史》,北京:中国人民大学出版社,2014年,第60页。
[2] 萧公权:《中国政治思想史》,第60页。

意及其要表达的思想。萧公权称:

> ……然则孟子"争地以战,杀人盈野。争城以战,杀人盈城"之语,并非羌无故实。孟子本不忍人之心,欲矫当时虐政之弊,故于民生之涂炭,再三致意而发为"保民"之论。……①
>
> ……足见民贵之古义,至孟子之身,湮沉已久,殆近绝学。孟子之功不在自出心裁创设其旨,而在重张坠绪于晚周君专政暴之时。于是孟子之政治思想遂成为针对虐政之永久抗议。……②

萧公权的论述揭示出了孟子贵民思想的现实背景,即孟子是在生民涂炭、君威政虐、思想上以法家"尊君"之说为主导且政策上以攻伐为贤的处境之下,强调养民、保民、贵民的仁政思想。孟子的思想与现实的政治形势完全相反,而且其思想主张对现实征战谋利之策构成直接的反抗。虽然梁启超身处的晚清与孟子身处的时代处境不完全相同,但"民之憔悴"及"尊君"的状况具有相通之处,而对时政的批评同样也是时务学堂师生所关注的内容。在《湖南时务学堂札记》中,蔡锷记有批评时政的札记,蔡锷指出:

> 宋万弑其君,闵公自取之也。孟子曰:君之视臣如草芥,则臣视君如寇雠。可以痛警据乱之世矣。
>
> 曹沫片语而复汶阳之田,千古之大侠也。我四十不动心,孟子之侠也。一心侠,一气侠,至今其种无一存也。以致外人欺伺,其患皆成于诸臣昏庸残暴者鞭笞之、束缚之也。请论学时此条万不可不先及之,不然再阅百年,则黄种成豕马,成木石,听人舞弄而不知矣。③

蔡锷在这条札记中既批评了主政之君,也批评了辅政之臣,总体指向清朝当时的统治主体,并将对时政的批评关联于华种的未来,指出当时清朝的统治策略将使华种整体变得愚昧麻木。此外,梁启超另有批文指出:"今日欲求变法,必自天子降尊始,不先变去拜跪之礼,上下仍习虚文,所以动为外国讪笑也。"④"屠城屠邑皆后世民贼之所为,读《扬州十日记》尤令人发指眦

---

① 萧公权:《中国政治思想史》,第58页。
② 萧公权:《中国政治思想史》,第60页。
③ 《湖南时务学堂札记》,见《梁启超全集》第一集,第349页。
④ 《湖南时务学堂课艺补遗梁批》,见《梁启超全集》第一集,第408页。

裂,故知此杀戮世界,非急以公法维之,人类或几乎息矣。"①"二十四朝其足当孔子至号者无人焉,间有数霸者生于其间,其余皆民贼也。"②这几条批文均只有批文的内容,而没有学生的札记或提问的内容,梁启超批文的内容指向对暴政及不合时宜之礼俗的批评,对历史及当下之政的批评基于对民权的关切,从反面体现兴民权的主张。梁启超指出:"《春秋》大同之学,无不言民权者,盍取六经中所言民权者编集成书,亦大观也。"③再者,梁启超曾在《〈西政丛书〉叙》中指出:"秦、汉以后,取天下于马上,制一切法,草一切律,则咸为王者一身之私计,而不复知有民事。……二千年来之中国,虽谓之无政焉可已。"④由此亦可以看出,梁启超以民事为政之根本与前提。

梁启超在时务学堂与学生讨论民权,并不意味着否定君权,他对君权的批评在于独尊与专权,所批评的是君民之间的奴役关系。梁启超主张申民权,同时也主张申君权,希望贤君当政,行保民之治,特别是在民智未开之时。⑤ 在回答学生周宏业有关汉代治《公羊》的学者皆明灾异的提问时,梁启超称:

  灾异者,乃《春秋》所改之制中之一义,固不得以《春秋》为灾异之书,亦不得以《春秋》为非灾异之书。所以立灾异之说者何?此《春秋》以天统君之义也。立君者为保民而立也,民智既未开,无君以保之则乱,如赤子不能不为之置乳媪也。君既已立,使其贤也,则民自受其益,然贤君不可多得也。既不得贤者,而又无人焉以节制之,则虐民自奉之弊不胜言矣。故六经之中所立各制度,多思以节制人君者,如胎教、设师保、置相、立谏议官等皆是也。然犹恐君之未必能受臣下之谏也,故以天节制之,故奉天以即位焉,称天以谥焉,其种种灾异,皆所以借警人君也。此亦孔子之无可如何者也。⑥

---

① 《学堂日记梁批》,见《梁启超全集》第一集,第409页。
② 《学堂日记梁批》,见《梁启超全集》第一集,第409页。
③ 《湖南时务学堂课艺补遗梁批》,见《梁启超全集》第一集,第408页。
④ 梁启超:《〈西政丛书〉叙》,见《梁启超全集》第一集,第194页。
⑤ 梁启超在戊戌时期申民权的同时也重视君权,由此,民权不等于民主。参见刘菊素:《浅析戊戌时期梁启超的民权思想》,《黑龙江社会科学》,2001年第2期。关于晚清时期民权与民主在不同含义下被使用的现象,参见熊月之:《中国近代民主思想史》,上海:上海社会科学院出版社,2002年,第8—12页。
⑥ 《湖南时务学堂答问》,见《梁启超全集》第一集,第338页。

梁启超沿用汉代公羊家所论灾异之说,阐述对君主进行节制的观点,将统治的依据与节制的力量归于天,而节制乃至立君的理由则落在保民上。因民智未开,无君则乱,但"贤君不可多得",所以要对君加以节制,避免产生"虐民自奉"的状况。

3.2.2 宣扬大同理想

梁启超为时务学堂的学生作有《读〈孟子〉界说》,将孟荀两派进行对照进而突出孟子传大同之义,大同思想是梁启超执教时务学堂时极力宣扬的政治理想。在第一条界说中,梁启超从继承孔子之学的角度强调孟子的重要性及阅读和理解《孟子》的前提。第一条界说的主旨为:"孔子之学至战国时有二大派:一曰孟子,二曰荀卿。"①在具体阐述这条界说时,梁启超首先概述了孟子地位的变化,即由汉代孟荀并称,经韩愈到宋儒,开始独尊孟子,乃至后世以孔孟并举。"《史记》特立《孟子荀卿列传》,《儒林传》又云:孟子、荀卿之徒以学显于当世。盖自昌黎以前,皆孟子、荀卿并称,自宋儒始独称孟子,与孔子等,后世遂以孔孟并举,无以孟荀并举者矣。"随后,梁启超强调孟子对孔子的继承意义:"要之,孔子乃立教之人,孟子乃行教之人,必知孟子为孔教之一派,始可以读《孟子》。"②其次,在第二条界说中,梁启超就孟子所传孔子之学的具体面向进行说明,孟子所传实为经世之学,重在微言大义。第二条界说的主旨为:"荀子之学在传经,孟子之学在经世,荀子为孔门之文学科,孟子为孔门之政事科。"在具体阐释时,梁启超称:"汉兴,诸经皆传自荀卿,其功最高,不可诬。然所传微言大义不及孟子。孟子专提孔门'欲立立人,欲达达人,天下有道,丘不与易'之宗旨,日日以救天下为心,实孔教之正派也。"③在"诸经皆传自荀卿"之后,梁启超在小字夹注中指

---

① 梁启超:《读〈孟子〉界说》,见《梁启超全集》第一集,第 299 页。
② 梁启超:《读〈孟子〉界说》,见《梁启超全集》第一集,第 299 页。
③ 梁启超:《读〈孟子〉界说》,见《梁启超全集》第一集,第 299 页。其中,"实孔教之正派"一句,《湖南时务学堂遗编》中收录的《读〈孟子〉界说》记为"实孔教之正派也",《中西学门径书七种》中收录的版本将"教"改为"学"。《梁启超全集》收录的是《湖南时务学堂遗编》中的版本,并对两个版本中表述上的差异进行了标注。参见梁启超:《读〈孟子〉界说》,见《梁启超全集》第一集,第 299—303 页注释。此外,关于"荀子之学在传经,孟子之学在经世"的理解,康有为也有类似的表述。如《万木草堂口说》中所记,"孔门两大派:孟子,荀子。传经之功荀子为最多,孟子多言经世。孟子言制,荀子言礼。制,经天下者也;至礼,如客之类,正一身者也"。康有为:《万木草堂口说》,见《康有为全集》第二集,第 136 页。

出:"其目略见汪容甫《述学》。"①

梁启超在《清代学术概论》中回忆早年的学术思想时,提到《孟子》中蕴含着大同之义:

> 启超谓孔门之学,后衍为孟子、荀卿两派,荀传"小康",孟传"大同"。汉代经师,不问为今文家、古文家,皆出荀卿。二千年间,宗派屡变,壹皆盘旋荀学肘下,孟学绝而孔学亦衰。于是专以绌荀申孟为标帜,引《孟子》中诛责"民贼""独夫""善战服上刑","授田制产"诸义,谓为大同精意所寄,日倡道之。又好《墨子》,诵说其"兼爱""非攻"诸论。②

在以《孟子》为经世之学的基础上,梁启超在第三条界说中指出,孟子一派于六经当中主要传《春秋》,而《诗》《书》《礼》《乐》为荀子一派所传。其所列第三条界说的主旨为:"《孟子》于六经之中,其所得力在《春秋》。"在具体阐释时,梁启超指出,《孟子》"每叙道统","舍五经而言《春秋》":

> 《诗》《书》《礼》《乐》,孔子早年所定,著为雅言,荀子一派传之。荀子谓凡学始于读《诗》,终于读《礼》,故《荀子》一书言礼者过半。《春秋》为获麟以后所作,昌言制作为后世法,孟子一派传之,故《孟子》每叙道统,于禹抑洪水、周公兼夷狄之后,述及孔子,即舍五经而言《春秋》;于舜明于庶物、禹恶旨酒、汤执中、文王视民如伤、武王不泄迩、周公思兼三王之后,述及孔子,亦舍五经而言《春秋》。《庄子》曰:"《春秋》经世先王之志。"盖凡言经世者,未有不学《春秋》者也。故必知《孟子》所言一切仁政皆本于《春秋》,然后孟子学孔子之实乃见。③

在这段论述中,梁启超提到两处《孟子》对道统的讨论,第一处《孟子》原文为:"昔者禹抑洪水而天下平,周公兼夷狄驱猛兽而百姓宁,孔子成《春

---

① 梁启超:《读〈孟子〉界说》,见《梁启超全集》第一集,第299页。
② 梁启超:《清代学术概论·二十五》,见《梁启超全集》第十集,第277页。在"皆出荀卿"之后,梁启超注明"汪中说"一语。
③ 梁启超:《读〈孟子〉界说》,见《梁启超全集》第一集,第299—300页。孟子言《春秋》且为公羊家先师,但孟子不仅为公羊家先师,其对于诸经皆有传经之功。参见曾亦、郭晓东:《春秋公羊学史》(上),上海:华东师范大学出版社,2017年,第24—27页。

秋》而乱臣贼子惧。"(《孟子·滕文公下》)第二处是将《孟子·离娄下》第十九章至第二十一章连起来加以叙述的结果。第十九章原文为："舜明于庶物,察于人伦,由仁义行,非行仁义也。"第二十章原文为："禹恶旨酒而好善言。汤执中,立贤无方。文王视民如伤,望道而未之见。武王不泄迩,不忘远。周公思兼三王,以施四事;其有不合者,仰而思之,夜以继日;幸而得之,坐以待旦。"第二十一章原文为："王者之迹熄而《诗》亡,《诗》亡然后《春秋》作。"从梁启超的阐述可以看出,梁启超对《孟子》的讨论总体上是基于《春秋》的,对《春秋》的理解又侧重于经世的角度。①

在第四条界说当中,梁启超则进一步指出,《孟子》所传《春秋》在于大同之义。第四条界说的主旨为："《孟子》于《春秋》之中,其所传为大同之义。"大同本为《礼记·礼运》中所描述的理想状态,康有为将其与《春秋》所论三世之说中的太平世相对应。梁启超在《清代学术概论》第二十四篇中有评述称:康有为"以《春秋》三世之义说《礼运》,谓升平世为小康,太平世为大同"②。在对第四条界说进行具体阐述时,梁启超称:"孔子立小康之义,以治二千年以来之天下,在《春秋》亦谓之升平,亦谓之临一国之言。《荀子》所述,皆此类也。立大同之义,以治今日以后之天下,在《春秋》亦谓之太平,亦谓之临天下之言。《孟子》所述,皆此类也。大同之义,有为今日西人所已行者,有为今日西人所未行而可决其他日之必行者,读《孟子》者,皆当于此求之。"③

《礼记·礼运》篇对大同的描述为:

> 大道之行也,天下为公,选贤与能,讲信修睦。故人不独亲其亲,不独子其子,使老有所终,壮有所用,幼有所长,矜、寡、孤、独、废、疾者皆有所养,男有分,女有归。货恶其弃于地也,不必藏于己;力恶其不出

---

① 关于《孟子》与《春秋》的关系,皮锡瑞在《经学历史》中亦有论述。皮锡瑞称:"《史记·儒林传》曰:'孟子、荀卿之列,咸遵夫子之业而润色之,以学显于当世。'赵岐谓孟子通五经,尤长于《诗》《书》。今考其书,实于《春秋》之学尤深。如云'《春秋》,天子之事''其义则丘窃取'之类,皆微言大义。惜孟子《春秋》之学不传。《群辅录》云乐正氏传《春秋》,不知即孟子弟子乐正克否。其学亦无可考。"另外,关于荀子的传经之功,皮锡瑞同样有所论述。皮锡瑞称:"惟荀卿传经之功甚钜","《毛诗》为荀子所传""《鲁诗》亦荀子所传""《韩诗》亦与荀子合""《左氏春秋》荀子所传""《谷梁春秋》亦荀子所传""二戴之《礼》亦荀子所传""是荀子能传《易》《诗》《礼》《乐》《春秋》,汉初传其学者极盛。"皮锡瑞著:《经学历史》,周予同注释,北京:中华书局,2008年,第55页。
② 梁启超:《清代学术概论》,见《梁启超全集》第十集,第275页。
③ 梁启超:《读〈孟子〉界说》,见《梁启超全集》第一集,第300页。

于身也，不必为己。是故谋闭而不兴，盗窃乱贼而不作，故外户而不闭。是谓大同。

对小康的描述为：

  今大道既隐，天下为家，各亲其亲，各子其子，货力为己，大人世及以为礼，城郭沟池以为固，礼义以为纪。以正君臣，以笃父子，以睦兄弟，以和夫妇，以设制度，以立田里，以贤勇智，以功为己。故谋用是作，而兵由此起。禹、汤、文、武、成王、周公，由此其选也。此六君子者，未有不谨于礼者也。以著其义，以考其信，著有过，刑仁讲让，示民有常。如有不如此者，在执者去，众以为殃。是谓小康。

  从《礼运》篇的两段描述可以看出大同与小康之间所存在的区别：大同之时，天子与诸侯之位皆传于贤者，男女各安其位，弱者皆有所养，民不忧于物，亦不吝于力，民风忠厚和睦，亦无谋乱发生；小康之时，天子与诸侯之位或传于子或传于弟，有私意呈现，亦有谋乱发生，圣人以礼义制度为治。造成两者相区别的因素是道的状态，即大同之时，"大道之行"，小康之时，"大道既隐"。据此，大同与小康的区别无关乎圣人的高下，而在于道的状态，道的状态是属于"运之时"的问题。孙希旦在《礼记集解》中基于"运之时"阐述大同与小康的关系：首先，"大道之行"之时为五帝之时，"大道既隐"之时为三代以来之时；其次，"此五帝、三王之所以为时不同而同归于治也"，"盖五帝之时，风气方厚，而圣人之治乘其盛，三代之时，风气渐薄，而圣人之治扶其衰，故其气象之广狭稍有不同者，非圣人之德有所不足也，时为之也"。[①] 因此，在"运之时"的意义上，小康稍逊于大同，但在圣人之治与圣人之德的意义上，五帝之圣与三代之圣没有高下之别。

  但是，两个时期在圣人治法与民风形态方面存在分别，而存在分别的原因亦在于"运之时"。圣人皆因"时"而治，时下道之状态不同，因而圣人治法亦不相同。孙希旦摘引张载的论述说明，尧、舜若在三代之时，亦行礼义之制，三代六君子若在尧、舜之世，亦为大同之治。"大道既隐，由暴君以坏之也。然使尧、舜承桀、纣之后，亦当礼义以为纪。六君子居尧、舜之世，是亦

---

① 孙希旦撰：《礼记集解》(中)，沈啸寰、王星贤点校，北京：中华书局，1989年，第584页。

大同之治也。"①此处所论及的"礼义之制"与"大同之治"则涉及两个时期圣人治法的区别问题。尧、舜之时,大道运行,圣人承其秩序,依其自然,所成即为"大同之治";三代之时,大道隐微,圣人按其秩序而定礼制,依礼制而治,所成即为"礼义之制"。因而,两个时期圣人治法的区别在于是否依照呈现秩序的礼制。尧、舜时代"无需礼制"便能达至依道而治的状态,其"无需礼制"但因道之秩序;三代六君子时期依礼制而治,其依礼制亦是因道之秩序,将隐微之道寄于礼制之中。

关于大同"不独亲其亲,不独子其子"与小康"各亲其亲,各子其子"的论述,大同的"不独亲其亲,不独子其子"并不是废亲废子乃至废弃家庭,而是基于其亲其子而行仁,亦体现传贤之意;小康的"各亲其亲,各子其子"并不是不通于他人,虽然有传子之私,但在圣人所定礼制的作用下,基于人伦之厚"恩亦足以相被矣"②。大同与小康两者均是孔子的志向与理想,如孔子在《礼运》开篇所言,"大道之行也,与三代之英,丘未之逮也,而有志焉"。

在理解《礼运》篇对大同与小康的论述之后,再看梁启超对大同的讨论,可以发现,其论述并不完全遵循《礼运》篇所论的意涵。根据梁启超在《读〈孟子〉界说》第四条中的论述,其以小康为治一国之言,以大同为治天下之言。③他将大同与小康的特征概括为:"贵贵是差等,是小康;尊贤是平等,是大同。云其义一也,即道并行而不相悖之说。"④从梁启超补充"其义一也,即道并行而不相悖之说"可以看出,以差等和平等区分小康与大同是有问题的,即大同之世同样具有差等秩序。或者说,若以平等理解大同,则平等不等于没有差别。

《读〈孟子〉界说》第八条的主旨为:"《孟子》言井田为大同之纲领。"在

---

① 孙希旦撰:《礼记集解》(中),第 584—585 页。
② 关于大同的"不独亲其亲,不独子其子"并不意味着废弃家庭,参见唐文明:《夷夏之辨与现代中国国家建构中的正当性问题》,《彝伦攸斁——中西古今张力中的儒家思想》,北京:中国社会科学出版社,2019 年,第 123 页注释。关于小康的"各亲其亲,各子其子"并不是不通于他人,参见孙希旦撰:《礼记集解》(中),第 584 页。
③ 梁启超在《南海康先生传》中介绍康有为《春秋》思想时称:"……据乱、升平,亦谓之小康,太平亦谓之大同,其义与《礼运》所传相表里焉。小康为国别主义,大同为世界主义;小康为督制主义,大同为平等主义。凡世界非经过小康之级,则不能进至大同,而既经过小康之级,又不可以不进至大同。孔子立小康义以治现在之世界,立大同义以治将来之世界。"梁启超在《清代学术概论》中介绍康有为大同思想时称:"有为以《春秋》三世之义说《礼运》,谓升平世为小康,太平世为大同。"梁启超:《南海康先生传》,见《梁启超全集》第二集,第 368 页;梁启超:《清代学术概论·二十四》,《梁启超全集》第十集,第 275 页。
④ 《湖南时务学堂札记》,见《梁启超全集》第一集,第 368 页。

具体阐述时,梁启超称:"井田为孔子特立之制,所以均贫富,《论语》所谓'不患寡而患不均'。井田者,均之至也,平等之极则也。西国近颇倡贫富均财之说,惜未得其道耳。井田不可行于后世无待言,迂儒斤斤思复之者妄也。法先王者,法其意,井田之意真治世第一义矣,故孟子一切经济皆从此出,深知其意可语于道。"①梁启超在这段论述中经由井田制提到平等,而且以"均之至"为"平等之极则",似乎平等即意味着绝对的平均。但通过他在《〈论语〉〈公羊〉相通说》②一文中,对《论语·季氏》第一章"丘也闻有国有家者,不患寡而患不均,不患贫而患不安"一句的解释可以看出,平等与平均的含义并不是完全相同。梁启超引用董仲舒《春秋繁露·度制》开篇的讨论,并对董仲舒所论加以评述。梁启超所引用的《春秋繁露·度制》篇的内容为:

> 孔子曰:"不患贫而患不均"。故有所积重,则有所空虚矣。大富则骄,大贫则忧。忧则为盗,骄则为暴,此众人之情也。圣者则于众人之情,见乱之所从生。故其制人道而差上下也,使富者足以示贵而不至于骄,贫者足以养生而不至于忧。以此为度而调均之,是以财不匮而上下相安,故易治也。③

梁启超评述董仲舒之论称:"董子发'均'字之义,通辟无闷矣。井田之制,即所谓'均'也,所谓'大同'也。"④从梁启超对董仲舒的引用与评价可以看出,梁启超认为董仲舒所论之均即为大同均平之义,亦为大同平等之义。在董仲舒的论述中,均并不是取消差别,而是一种同时保持差别与限度的调控,即以"使富者足以示贵而不至于骄,贫者足以养生而不至于忧"为度进行"调均"。若以均平或平等为大同之义,则应当如此理解均平或平等。但就《礼运》篇所论大同来说,平等本身或许并不是大同的要义。此外,梁启超虽然赞同董仲舒所论的基于差别与限度的平等,但在讨论中仍然会以绝对的平等为大同或太平之世的特点,这是其理解中所存在的问题。如在《〈史记·货殖列传〉今义》一文中,梁启超在按语中称:"若太平之世,教学大明,

---

① 梁启超:《读〈孟子〉界说》,见《梁启超全集》第一集,第301页。
② 清中期以后,刘逢禄、宋翔凤、戴望有《论语》《公羊》相通之论。参见曾亦、郭晓东:《春秋公羊学史》(上),上海:华东师范大学出版社,2017年,第24页。
③ 苏舆撰:《春秋繁露义证》,钟哲点校,北京:中华书局,1992年,第227—228页。
④ 梁启超:《〈论语〉〈公羊〉相通说》,见《梁启超全集》第一集,第233页。

天下一切众生,智慧平等。"①梁启超在给学生的批文中,也有类似的表述,如"必举国之人见识相等然后其心能一","故必有术开天下智使之相等,则不求一而自一矣"。②

此外,若从以大同治天下的角度来看,以平等来理解大同亦是出于对理想世界秩序的理解,即不存在因强弱力量差距而发生的恃强凌弱的战争,在这个意义上,平等意味着和平。对于民来说,和平的政治环境意味着和乐。学生周宏业在札记中概括《孟子》要旨时称,"《孟子》一书,宗旨大抵救民患、重民权、达民隐、开民智也,曰'民事不可缓',此其显者也",进而,在概括西方理想政治形态时称,"泰西者,君民共乐也"。③ 与君民共乐相对的是君独乐之,所以善政的理想在于与民同乐。梁启超的批文则进一步强调了这一点。梁启超指出:"国愈治者民亦愈乐,故'与民同乐'四字,天下绝大经济无过此者,非深通政本,安能为此言哉?"④在给学生李泽云札记的批文中,梁启超有类似的表述:"凡此者皆所以去苦而求乐也。其国之治愈进、其世界愈文明者,则其乐之事愈多。故乐也者,太平世之极轨也。"⑤另外,对学生谭国黼在札记中所言"既富且乐,实太平世之气象",梁启超在批文中称赞其"可谓深知其意矣"。⑥ 梁启超以乐言太平世,或许亦与康有为对大同与太平世的刻画有关,但若从善政与对民的关切角度来看,其与孟子所主张的养民之政也是一贯的,体现了梁启超对理想政治形态的理解。

梁启超对大同的理解受到康有为的影响⑦,但康有为这一时期对大同的讨论较为谨慎,梁启超在时务学堂给学生的批文及后来撰写的回忆性著述中均提到康有为慎言大同的态度。如在《湖南时务学堂札记》收录的写给李炳寰的批文中,梁启超提到:"故今日亦先从强中国下手而已,至所谓大同之道与大同之法者,五百年以内必遍行于地球。南海先生穷思极虑,渊渊

---

① 梁启超:《〈史记·货殖列传〉今义》,见《梁启超全集》第一集,第 248 页。
② 《湖南时务学堂札记》,见《梁启超全集》第一集,第 346 页。茅海建指出,梁启超的这一思想后来发展为新民说的内容,参见茅海建:《论戊戌时期梁启超的民主思想》,《学术月刊》,2017 年第 4 期。
③ 《湖南时务学堂札记》,见《梁启超全集》第一集,第 380 页。
④ 《湖南时务学堂札记》,见《梁启超全集》第一集,第 380 页。
⑤ 《湖南时务学堂札记》,见《梁启超全集》第一集,第 404 页。
⑥ 《湖南时务学堂札记》,见《梁启超全集》第一集,第 360 页。
⑦ 在具体的刻画上,梁启超对康有为所描述的大同理想持有异议。如梁启超称:"其第一眼目所谓男女同栖当立期限者,是否适于人性,则亦未甚能自完其说。"梁启超:《清代学术概论·二十四》,见《梁启超全集》第十集,第 276 页。

入微以思之,其条理极详,至纤至悉。大约西人今日所行者十之一二,其未行者十之八九。鄙人等待先生数年,尚未能悉闻其说,非故秘之不告也。先生以为学者之于学也,必须穷思力索,触类旁通,自修自证,然后其所得始真,故事事皆略发其端倪,而令鄙人等熟思以对也。今鄙人与诸君言亦如是而已。"①在《清代学术概论》第二十四篇中,梁启超称:"有为虽著此书,然秘不以示人,亦从不以此义教学者。谓今方为'据乱'之世,只能言小康,不能言大同,言则陷天下于洪水猛兽。"②与康有为此时慎言大同相反,梁启超同期非常热衷于宣扬大同思想,在讨论到自己的态度时称:"其弟子最初得读此书者,惟千秋、梁启超,读则大乐,锐意欲宣传其一部分。有为弗善也,而亦不能禁其所为,后此万木草堂学徒所言大同矣。"③"居一年,乃闻所谓'大同义'者,喜欲狂,锐意谋宣传。有为谓非其时,然不能禁也。"④此外,梁启超还论及印布《大同书》的经过:"启超屡请印布其《大同书》,久不许,卒乃印诸《不忍》杂志中,仅三之一,杂志停版,竟不继印。"⑤在时务学堂,大同思想是梁启超与学生讨论的一个主要内容。对于康有为的态度,梁启超在《清代学术概论》中评价称:"而有为始终谓当以小康义救今世,对于政治问题,对于社会道德问题,皆以维持旧状为职志。自发明一种新理想,自认为至善至美,然不愿其实现,且竭全力以抗之遏之,人类秉性之奇诡,度无以过是者。"⑥

在《三十自述》中,梁启超讲述1891年在万木草堂听闻康有为讲学时的情况:"先生时方著《公理通》《大同学》等书,每与通甫商榷,辨析入微,余辄侍末席,有听受,无问难,盖知其美而不能通其故也。"⑦此外,梁启超在《清代学术概论》中论及《大同书》时称:"有为悬此鹄为人类进化之极轨,至其当由何道乃能致此,则未尝言。"⑧从梁启超的这两段记述可以看出,康有为当时对如何实现大同理想没有给出具体的途径,而梁启超认同大同理想并对其加以积极宣传的原因在于,大同思想所刻画的人类生活的理想形态与他当时所认同的世界主义是一贯的。梁启超在《清代学术概论》中针对《礼

---

① 《湖南时务学堂札记》,见《梁启超全集》第一集,第341—342页。
② 梁启超:《清代学术概论·二十四》,见《梁启超全集》第十集,第276页。
③ 梁启超:《清代学术概论·二十四》,见《梁启超全集》第十集,第276页。
④ 梁启超:《清代学术概论·二十五》,见《梁启超全集》第十集,第277页。
⑤ 梁启超:《清代学术概论·二十四》,见《梁启超全集》第十集,第276页。
⑥ 梁启超:《清代学术概论·二十四》,见《梁启超全集》第十集,第276页。
⑦ 梁启超:《三十自述》,见《梁启超全集》第四集,第108—109页。
⑧ 梁启超:《清代学术概论·二十四》,见《梁启超全集》第十集,第276页。

运》篇"讲信修睦"一句指出,若用时下的讨论进行解释,则是"国际联合主义"的意涵。① 再者,梁启超认为,康有为写作《大同书》值得称赞的地方在于:"虽然,有为著此书时,固一无依傍,一无剿袭,在三十年前,而其理想与今世所谓世界主义、社会主义者多合符契,而陈义之高且过之,呜呼,真可谓豪杰之士也已。"②

关于如何理解小康与大同的问题,学生曾继寿在提问中触及了几个重要的方面。曾继寿所提出的问题是:

> 《界说》曰:"《礼运》以小康归之禹、汤、文、武、成王、周公,其大同盖谓尧、舜也。"而其后又别为文王有大同之义。又曰:"孔子立小康之义,治二千年以来之天下"。夫此二千年来,其中互衰互盛,时而一统,时而偏安,其代起而在位亦甚参差也。故观其君若臣,欲求其如禹、汤、武王、成王、召公者慕难矣。此谓之据乱世则可,何得与禹、汤、武王、成王、周公同谓之小康哉?夫此二千年以来谓之小康,则禹、汤、武王、成王、周公宜显然谓之大同矣!且禹继尧、舜在位,依然尧、舜之天下也,汤、武皆应天顺人而出,治其政教所行天下,亦有雍熙于变之象,与尧、舜无甚异也,何又独以大同归之尧、舜,而禹与汤、武、成王、周公乃不谓之大同乎?岂大同之义在公,禹当禅天下,而不当家天下乎?岂大同之世不尚战,汤、武不宜以兵革有天下乎?不然,何又别文王为有太平世之义乎?寿有惑,敢问。③

在这段阐述中,学生提出的第一个问题是:按照《礼运》篇的论述,文王当为小康之世,但按照《春秋》的理解,文王当属太平之世,按照三世之说对应于小康大同的理解,文王即属大同,这样,在理解文王的问题上,从《礼运》出发与从《春秋》出发两种思路是有所矛盾的。学生的提问揭示出了以三世说对应小康与大同所存在的问题。④ 学生提出的第二个问题是,三代以后

---

① 梁启超:《清代学术概论·二十四》,见《梁启超全集》第十集,第275页。
② 梁启超:《清代学术概论·二十四》,见《梁启超全集》第十集,第276页。
③ 《湖南时务学堂答问》,见《梁启超全集》第一集,第323—324页。学生在提问中引述的两条界说的内容,分别出自《读〈孟子〉界说》的第十条和第四条。
④ 在康有为的论述中同样存在这一问题。如康有为在《孔子改制考》中称:"孔子拨乱升平,托文王以行君主之仁政,尤注意太平,托尧、舜以行民主之太平。"即以文王为三世中的升平之世。同时,康有为有论述称:"孔子最尊文王之让德,志在文王。"此处相当于以文王体现大同之义。康有为:《孔子改制考》,见《康有为全集》第三集,第150页。

二千年来之中国有盛有衰,且实际治理状况与《礼运》中所描述的三代之治相距甚远,因此认为三代以后二千年来之世或不足以为小康。对于这一问题,可以提供的解释是,"孔子立小康之义,治二千年以来之天下"的含义是,孔子立小康之制,确立治世之理想制度,以此作为后世的标准,供后世取法,而非以后世为小康。第三个问题是,三代之治继承尧舜之治,且在政教与治效方面与尧舜时期几乎没有差距,《礼运》篇为何以尧舜为大同,以三代为小康。这一问题涉及大同与小康的区别。学生在提出这一问题之后基于自己的理解进行了阐释,提到大同之义主要在于"公"与"不尚战",这两点均是大同区别于小康的关键之处。

针对学生的提问,梁启超给出的批文为:

> 此二千年行小康之制度,而不能成片段也,如今日之行西法而致弱,固不能归咎于西法之不善矣。
> 孔子大同之义取法于尧、舜,小康之义取法于汤、武耳。不必泥定当时之天下乃可通。
> 大同之义在公,大同之世不尚战,此是通极之论,然亦不能谓之不当家天下,不得谓汤、武不宜以兵革有天下也。盖天下有运焉,既未交太平之运,则不能不行小康之义,不然则孔子专立大同一义足矣,何必更为小康哉?故学者亦不可以尊大同而抑小康也。别文王为太平世之义者,正有取于其让天下,故《春秋》托始鲁隐公,而《公羊传》曰:"王者孰谓?谓文王也",即是此意。①

梁启超在第三段批文中亦阐明了,行大同之义还是行小康之义取决于"天下之运",亦即《礼运》篇所讨论的大同与小康相区别的原因。这里他进一步强调了大同之义与小康之义同样重要,且不能尊大同而抑小康。若结合梁启超以进化理解大同小康的思想,则进化与"运之时"两者之间是不能相通的,进化与"运之时"是两种不同的理解历史的方式,但他似乎没有意识到这一点。

3.2.3 对照仁义之性

以仁近于大同,义近于小康,亦是梁启超及康有为所持有的对大同与小

---

① 《湖南时务学堂答问》,见《梁启超全集》第一集,第 324 页。

康的理解。梁启超在写给李炳寰的批文中称:

> 故吾常言以小康之道治一国,以大同之道治天下也。故我辈今日立志当两义并举。目前则以小康之道先救中国,他日则以大同之道兼救全球。救全球者,仁之极也;救全球而必先从中国起点者,义也。仁者人也,义者我也。大同近于仁,小康近于义。然言大同者固不能不言义,言小康者固不能不言仁。韩先生因汝问大同条理而以本诸身征诸庶民,答者正明以义辅仁之旨,由身以推诸民,由中国以推诸地球一也。①

仁近于大同,义近于小康,是与以小康之道治一国、以大同之道治天下的理解相呼应的。具体来说,梁启超的思想意涵是,在现阶段解决救国的问题时应当思考保国、保种、保教的问题,而在未来解决救全球的问题时应当思考世界大同的问题。这里所讨论的"义"指向分别,"仁"指向合同。而以义辅仁的理解意味着以强中国为救世界的基础。关联于仁与义来讨论大同与小康,并认为在世界范围内实现大同与仁所呈现的状态相似,其实有超出限度的危险。康有为在《春秋董氏学》中将大同之治的状态归于仁,"太平之世,大小远近若一;大同之治,不独亲其亲、子其子,老有所终,壮有所用,鳏

---

① 《湖南时务学堂札记》,见《梁启超全集》第一集,第341页。《万木草堂口说》中有记载称:"夫子之言礼,专论小康,不论大同。""天下为家,言礼多而言仁少。天下为公,言仁多而言礼少。""孟子多言仁,少言礼,大同也。荀子多言礼,少言仁,小康也。""孔子言礼不及大同,专言小康。"康有为:《万木草堂口说》,见《康有为全集》第二集,第160页。结合历史与群经来说,康有为在《〈礼运注〉叙》中称:"吾中国二千年来,凡汉、唐、宋、明,不别其治乱兴衰,总总皆小康之世也。凡中国二千年儒先所言,自荀卿、刘歆、朱子之说,所言不别其真伪精粗美恶,总总皆小康之道也。其故则以群经诸传所发明,皆三代之道,亦不离乎小康故也。"参见汤志钧编:《康有为政论集》(上册),北京:中华书局,1981年,第193页。关于《春秋》多言小康之义,实传大同之义,梁启超有论述称:"《春秋》不专言小康之义,特小康之条理较备耳。圣人于小康言其条理,于大同则不言条理者何?圣人知大同之道必三千年而后能行,至彼时必有能言其条理者,故不必言,所谓百世以俟圣人而不惑也。至小康之制,所以治三千年以内之天下,故详言之。虽则如是,而大同之宗旨往往存焉。哀十四年《传》云:'君子曷为为《春秋》?拨乱世,反诸正,莫近于《春秋》。'言《春秋》为由据乱进于升平之书也,所谓小康也。又曰:'则未知其为是与?其诸君子乐道尧、舜之道与?末不亦乐乎尧、舜之知君子也?'言《春秋》不专言小康,而实有乐于尧、舜大同之义也。又是:'制《春秋》之义,以俟后圣,以为君子之为亦有乐乎此也。'言《春秋》大同之条理,可以俟诸三千年以后之圣人也,此公羊子所传微言也。《繁露》又言:以人随君,以君随天。五始之义,以诸侯之即位,正竟内之治。即所谓以君统国也,此自是《春秋》大义。"《湖南时务学堂札记》,见《梁启超全集》第一集,第407页。

寡孤独废疾者有养,则仁参天矣"①。梁启超在针对李炳寰的提问给出的批文中将仁作为大同的起点:"不忍人之心为仁之起点,仁为大同之起点。仁字推到极,满至于天地,一大父母,民吾胞,物吾与,岂非大同之极效乎?然此中条理甚多,须就条理上着想为是。大同二字不过名号,思所以能使世界尽变为大同者,必有实理,非空言也。"②梁启超的这段批文在内容上接续李炳寰在提问中的阐释。李炳寰在提问中从孟子对不忍人之心与不忍人之政的讨论出发,得出仁心推至己身,进而至于国家,最终极于全球的结论,将孟子仁心仁政的思想与大同思想关联到一起。梁启超在批文中没有纠正学生的论述,只是补充强调了"条理甚多"这一点,说明梁启超整体上赞同学生以孟子仁心仁政为基础推出大同的理解。若按照小康与大同的区分,孟子仁政当是行小康之制,基于孟子仁政讨论大同本身便有所偏离,而这一问题涉及梁启超在《读〈孟子〉界说》当中以《孟子》为传大同之义的论断。孟子基于仁心而讨论仁政,其讨论的是王道政治思想。按照《礼运》篇对大同的描述,大同之世依大道之运而治,圣人无需立制,此时所讨论的秩序形态与孟子王道政治思想在理论基础上有所不同。但梁启超在批文前半部分所刻画的仁的完满实现与大同之极效,的确是具有一致性的,只是其刻画的是仁心对天地万物的领会,即个体以仁心对有别于自身的他者的领会,是在尊重他者差异性的基础上对于相通状态的领会,而非将他者变成与自己相同的存在。梁启超批文存在问题的地方主要在后半部分,即"思所以能使世界尽变为大同者"这一思想,问题在于将大同原本具有的仁心对他者的领会层面的意涵,扭转成让他者成为与自身相同的存在层面的意涵。而这一改变他者的心态,意味着在实现大同之治的过程中将会产生战争,使得大同原本具有的息争的理想最终导致战争的结果。此外,学生在提问中以孟子反复论及的"五亩之宅,树之以桑"一段作为大同之法,在一定程度上也说明了大同与小康在政教与治效意义上几乎没有差别。

与基于仁理解大同相关,梁启超在《读〈孟子〉界说》第九条提出,"《孟子》言'性善'为大同之极致"。梁启超对这一条界说的具体阐释为:

---

① 康有为:《春秋董氏学》,见《康有为全集》第二集,第389页。
② 《湖南时务学堂答问》,见《梁启超全集》第一集,第314页。康有为在《大同书》中,以"人有不忍之心"为"绪言",阐述因为见到生民之苦并与之相感通所以希望以大同之道拯救生民的思想。康有为著,陈得媛、李传印评注:《大同书》,北京:华夏出版社,2002年,第5—15页。

> 孔子之言性也有三义：据乱世之民性恶；升平世之民性有善有恶，亦可以为善，亦可以为不善；太平世之民性善。荀子传其据乱世之言，宓子、漆雕子、世子传其升平世之言，孟子传其太平世之言。各尊所闻，因而相争，苟通于三世之义，可以无室阂矣。太平之世，《礼运》所谓谋闭而不兴，盗窃乱贼而不作，《春秋》所谓"人人有士君子之行"，故曰性善。西人近倡进种改良之学，他日此学极盛，则孔子性善之教大可成矣。不明于此，则孟子之龂龂致辨，诚无谓也。
>
> 又按：性善、性恶属内言，大同、小康属外言，望文似无关涉，然荀子必言性恶，孟子必言性善，可见古人之学各有家数，不相杂厕，后世学者不明乎此，强拉合为一，以读群书，非疑古人则诬古人矣。①

梁启超将不同的人性论观点置于三世说的框架当中，并认为其皆传孔子之意，所论分别为孔子对不同治世中的人性的概括，在这个意义上，他认为不同的人性论观点之间并无矛盾。但从根本上来说，他基于三世说所讨论的人性论观点并不是人性本身，或者可以说，其所论述的内容其实是不同秩序状态下人性的呈现。学生邹代城就这一条界说所提出的问题，反映出了梁启超论述中所具有的问题。学生的问题为："《界说》九，性有三义：据乱世之民性恶，升平世有善有恶，太平世性善。《记》云：'天命之谓性，率性之谓道'，《语》云：'性相近，习相远'，则性似无恶，人之所以有善恶者，习使之然也。故孔子曰：少成若天性，习贯成自然。窃疑，谨问。"②学生的提问不仅揭示出对人性的准确理解，还揭示出对孔子人性论的准确理解。梁启超的讨论不仅掩盖了人性论中存在的问题，还曲解了孔子对人性的理解。而梁启超此时对人性的论述是受到斯宾塞影响的结果，在给学生邹代城的批文中，梁启超提到了斯宾塞对天演及天人关系的理解。梁启超称："荀子曰：'人之性恶也，其善者伪也。'伪字从人从为，谓善乃由人为也，纯任天者必恶，纯任人者必善。据乱世之人纯任天，太平世之人纯任人，此理近西人有斯宾塞尔一派极演之，实中国所旧有也。"③通过这段讨论可以看出，梁启超在人性论理解上的问题与其对天的理解直接相关，从广泛意义上来说，对天的理解直接影响对人性的理解。若按他此处的讨论，他对于天所持有的

---

① 梁启超：《读〈孟子〉界说》，见《梁启超全集》第一集，第301—302页。
② 《湖南时务学堂答问》，见《梁启超全集》第一集，第318—319页。
③ 《湖南时务学堂答问》，见《梁启超全集》第一集，第319页。

理解完全是非秩序性的,是排斥理的,但这应该不是梁启超思想中稳定的对于天的理解,只是其可能没有意识到此处的理解与天理是相冲突的。梁启超坚持进化观念,相信历史朝向完满的状态,在一定程度是基于对天理的理解,但同时,持有进化观念,相信完满状态一定能在历史中实现,又是一种超出限度的理解。

3.3 《读〈春秋〉界说》中的政治思想

3.3.1 三世进化与民政之世

《读〈春秋〉界说》的第九条主要讨论三世之说的内容。第九条的主旨为:"《春秋》立三世之义,以明往古来今、天地万物递变递进之理,为孔子范围万世之精义。"在这条界说的主旨中,梁启超强调三世之说言明了"递变递进之理",同时体现了孔子之教乃是万世之法。《春秋》三世之说在公羊学内部经历了一个演变和推进的过程,而基于进化来理解三世的关系并不是《春秋》三世之说本有的内容。

《春秋公羊传》的传文中有"所见异辞,所闻异辞,所传闻异辞"的论述。《春秋》于隐公元年冬十二月载"公子益师卒"。《公羊传》云:"何以不日?远也。所见异辞,所闻异辞,所传闻异辞。"[①]《公羊传》此处讨论的,是对"公子益师卒"一事何以不书"日"的问题,给出的解释为,这一事件距孔子之时已经很遥远,孔子依年代远近会对所论之事采取不同的记述方法。可见,《公羊传》讨论的主要是孔子的书法,即孔子在论及不同年代之事时会在表述上加以区分。

董仲舒在《春秋繁露·楚庄王》一篇中基于所见、所闻、所传闻三者将《春秋》中所讨论的十二世进行划分:"《春秋》分十二世以为三等,有见,有闻,有传闻。有见三世,有闻四世,有传闻五世。故哀、定、昭,君子之所见也。襄、成、文、宣,君子之所闻也。僖、闵、庄、桓、隐,君子之所传闻也。所见六十一年,所闻八十五年,所传闻九十六年。于所见微其辞,于所闻痛其祸,于传闻杀其恩,与情俱也。是故逐季氏而言又雩,微其辞也。子赤杀,弗忍书日,痛其祸也。子般杀而书乙未,杀其恩也。屈伸之志,详略之文,皆应

---

① 何休解诂,徐彦疏,刁小龙整理:《春秋公羊传注疏》,上海:上海古籍出版社,2014年,第38页。

之。吾以其近近而远远,亲亲而疏疏也,亦知其贵贵而贱贱,重重而轻轻也。有知其厚厚而薄薄,善善而恶恶也,有知其阳阳而阴阴,白白而黑黑也。百物皆有合偶,偶之合之,仇之匹之,善矣。"①可见,董仲舒讨论的亦是书法的问题,指出孔子对与自身所处时代相距久远程度不同之事论述侧重有所不同,要义在于明确差等之秩序。

何休在注《公羊传》隐公元年冬十二月"所见异辞,所闻异辞,所传闻异辞"时,同样将十二世划分为"所见""所闻""所传闻"三等并进一步进行阐发。何休称:"'所见'者,谓昭、定、哀,己与父时事也。'所闻'者,谓文、宣、成、襄,王父时事也。'所传闻'者,谓隐、桓、庄、闵、僖,高祖、曾祖时事也。'异辞'者,见恩有厚薄,义有深浅。时恩衰义缺,将以理人伦序人类,因制治乱之法。故于所见之世,恩己与父之臣尤深,大夫卒,有罪、无罪皆日录之。'丙申,季孙隐如卒'是也。于所闻之世,王父之臣恩少杀,大夫卒,无罪者日录,有罪者不日,略之。'叔孙得臣卒'是也。于所传闻之世,高祖、曾祖之臣恩浅,大夫卒,有罪、无罪皆不日,略之也。'公子益师、无骇卒'是也。"②恩义因相距时代之远近而有所分别,依恩义之厚薄深浅来决定所书的详略,从而达到规范人伦秩序的目的,是何休这一段注文的主要内容。总体上,这段注文依然是基于"时"之远近来进行讨论。

但紧随其后的一段注文,则不仅仅是基于"时"之远近来理解所见、所闻、所传闻三者,而是在"时"的因素之上另有所增加。何休称:"于所传闻之世,见治起于衰乱之中,用心尚粗觕。故内其国而外诸夏,先详内而后治外,录大略小,内小恶书,外小恶不书,大国有大夫,小国略称'人',内离会书,外离会不书是也。于所闻之世,见治升平,内诸夏而外夷狄,书外离会,小国有大夫,宣十一年'秋晋侯会狄于攒函',襄二十三年'邾娄劓我来奔'是也。至所见之世,著治大平,夷狄进至于爵,天下远近、大小若一,用心尤深而详,故崇仁义,讥二名,晋魏曼多、仲孙何忌是也。"③在这段注文中,何休虽然依然在讨论三世之间书法差异的问题,但在描述所见、所闻、所传闻三者时,除了论及"时"的因素,还论及"治"的因素,而且所闻之世的"升平"相较于所传闻之世的"衰乱"在"治"的状态上是有所推进的,所见之世的"大平"相较于所闻之世的"升平"在"治"的状态上同样有所推进。徐彦在解释

---

① 苏舆撰:《春秋繁露义证》,第9—11页。
② 何休解诂,徐彦疏:《春秋公羊传注疏》,第38页。
③ 何休解诂,徐彦疏:《春秋公羊传注疏》,第38页。

何休注的疏中称:"'升',进也。稍稍上进而至于大平矣。"①这一句是徐彦对何休"于所闻之世,见治升平"一句的解释。从何休的注及徐彦的疏中可以看出,其所理解的所传闻、所闻、所见三世,在"治"的状态上是有所提升和推进的。只是,虽然在何休注及徐彦疏中,"时"的因素与"治"的因素获得了统合,并且在方向上具有一致性,但二者所阐述的要点仍然是书法的差异性问题。

另外,徐彦在疏中还对"升平"及"大平"之状态,与文、宣、成、襄之所闻世,及昭、定、哀之所见世之间的关系进行了说明。徐彦在解释何休注"至所见之世,著治大平"一句时称:"当尔之时,实非大平,但《春秋》之义若治之大平于昭、定、哀也。犹如文、宣、成、襄之世,实非升平,但《春秋》之义而见治之升平然。"②徐彦的解释主要说明了两个问题:首先,升平与太平之状态皆非所闻世与所见世之实情;其次,《春秋》在写法上即事而明义。梁启超在《读〈春秋〉界说》中亦强调,《春秋》托事以明义、借记号之文以明义,借例以明义,明晰《春秋》之义则不必拘于事、文与例,并提到"南海先生作《春秋变辞变实考》,以大发明董子之意"③。

梁启超在具体阐述《读〈春秋〉界说》第九条的内容时,将《公羊传》、董仲舒及何休的讨论综合起来加以概述:"《春秋》分十二公为三等,有见、有闻、有传闻。隐、桓、庄、闵、僖为所传闻世,亦谓之据乱世;文、宣、成、襄为所闻世,亦谓之升平世;昭、定、哀为所见世,亦谓之太平世。"④梁启超意识到,按照鲁国的历史进程,自隐公到哀公整体上呈现的衰败的趋势,而三世之说却将其刻画为一个前进与上升的趋势,如此则三世之说与历史之间是存在张力的。梁启超提到质疑者的观点时称:"读者疑焉,以为自隐迄哀,鲁滋削,天下滋乱,而谓之升平焉,而谓之太平焉,甚矣《春秋》之言诬而悖也。"⑤但

---

① 何休解诂,徐彦疏:《春秋公羊传注疏》,第40页。
② 何休解诂,徐彦疏:《春秋公羊传注疏》,第40页。
③ 梁启超:《读〈春秋〉界说》,见《梁启超全集》第一集,第309页。
④ 梁启超:《读〈春秋〉界说》,见《梁启超全集》第一集,第310页。康有为在《春秋董氏学》中摘录董仲舒《春秋繁露·楚庄王》一篇对三世的论述并加以评注。康有为在评注中称:"'三世'为孔子非常大义,托之《春秋》以明之。所传闻世为据乱,所闻世托升平,所见世托太平。乱世者,文教未明也。升平者,渐有文教,小康也。太平者,大同之世,远近大小如一,文教全备也。大义多属小康,微言多属太平。为孔子学,当分二类,乃可得之。此为《春秋》第一大义。自伪《左》灭《公羊》而《春秋》亡,孔子之道遂亡矣。"康有为:《春秋董氏学·春秋例第二·三世》,见《康有为全集》第二集,第324页。
⑤ 梁启超:《读〈春秋〉界说》,见《梁启超全集》第一集,第310页。

这并不是理解《春秋》的正确方式,也不是对《春秋》该有的评价。《春秋》并非是记事之史书,而是教万世、治天下之书。而且梁启超认为,孔子通过三世之说揭示出天下万物不断变化且日进于善之天理,三世之说正是孔子所提出的能够范围万世之精义。也就是说,在梁启超看来,《春秋》能够治万世之天下,一个重要的原因在于其确立了三世之义,而三世之义揭示的正是进化之理,进化之理乃天理之必然。"《春秋》者,所以治万世之天下也。凡天下万物之不能不变也,天理也;变而日进于善也,天理而加以人事者也。"① 梁启超通过自然的变化、人类器物文明的变化及不同历史阶段人类生存状态的变化说明其皆体现出三世之理,即"变而日进于善"之理。"要之,天地万物之情状虽繁虽赜,而惟三世可以驭之。有大三世、小三世,有前三世,有今三世,有后三世。佛经所谓一多无碍、相入无碍、相是无碍,孔子所谓'万物并育而不相害,道并行而不相悖'者,其义皆在于三世。"②

梁启超在理解和运用《春秋》三世之说时,结合地质学与生物学对于地质及生物进化过程的刻画③,将三世之说视为对历史发展必然趋势的描述,同时还将三世之说作为一个具有确定性的前提,运用《春秋》三世之说进行解释和预测。④ 在《〈史记·货殖列传〉今义》一文中,梁启超将中国与西方对待古今的态度进行对比,称:"中国旧论,每崇古而贱今,西人则不然,以谓愈上古则愈蛮野,愈晚近则愈文明,此实孔子三世之大义也。"⑤据此可以看出,梁启超以三世言进化针对的是旧论中的崇古贱今观念。他反对崇古贱今观念的理由是,这一观念会限制现代与未来。但单从他的思想便可以看出,古今均为其所贵,即认定未来朝向完满与尊崇传统本身并不矛盾。因而无需通过否定过去的方式论证完满未来的必然性。梁启超主张进化思想具有明确的用意和指向,但同时重视传统,在具体的论述与解释中,不同的

---

① 梁启超:《读〈春秋〉界说》,见《梁启超全集》第一集,第 310 页。
② 梁启超:《读〈春秋〉界说》,见《梁启超全集》第一集,第 311 页。
③ 梁启超:《读〈春秋〉界说》,见《梁启超全集》第一集,第 310 页。
④ 关于梁启超运用三世之说所涉及的领域,参见孙春在:《清末的公羊思想》,台北:台湾商务印书馆股份有限公司,1985 年,第 145—160 页;张勇:《梁启超与晚清"今文学"运动:以梁著清学史三种为中心的研究》,北京:北京大学出版社,2017 年,第 204—207 页。
⑤ 梁启超:《〈史记·货殖列传〉今义》,见《梁启超全集》第一集,第 239 页。康有为在《〈礼运注〉叙》中有论述称:"今者中国已小康矣,而不求进化,泥守旧方,是失孔子之意,而大悖其道也,甚非所以安天下乐群生也,甚非所以崇孔子同大地也。且孔子之神圣,为人道之进化,岂止大同而已哉。""窃哀今世之病,搜得孔子旧方,不揣愚妄,窃用发明,公诸天下,庶几中国有瘳,而大地群生俱起乎。其诸好学高识之君子,有以正之。"参见汤志钧编:《康有为政论集》(上册),第 193—194 页。

侧重会使两者之间出现矛盾。明确梁启超主张进化思想的用意,同时明确传统与现代均是其所重视的面向,是理解梁启超三世之说及进化思想的前提。梁启超对三世之说的理解与运用同样是受到康有为影响的结果。

在《论君政民政相嬗之理》一文中,梁启超同样以《春秋》三世之说作为理论基础与前提来刻画历史。这篇文章所讨论的问题与梁启超写给严复的《与严幼陵先生书》有一贯之处。梁启超在《与严幼陵先生书》中对严复以西方古代已有民主之制而中国历代皆无民主之制的观点予以质疑,并运用《春秋》三世之说言明"治"的历史演进为由据乱到升平再到太平,与之相对应的是多君为政到一君为政再到民为政,而且演进过程必须按照这一次序,不能躐等也不能反复。梁启超以此说明民主之制并非仅为中国历史所未有,乃为中西历史所未有,且为中西未来所将行。至于民主之制,西方的状态是已经有所推行,但远未达到完善,中国的状况是虽然还未推行,但在未来必将推行。① 梁启超在时务学堂给学生撰写批文论及世界必将日进于善时提到了《论君政民政相嬗之理》这篇文章:"凡世界必日变日进于善。三代以前之世界,其法度未备,万不能有十分好世界,此是一定之理,西人言地学者皆能言之。吾在时务报馆,有文一篇《论君政民政相嬗之理》,略发此义。"②

在《论君政民政相嬗之理》一文的开篇,梁启超对《春秋》三世之说进一步进行阐发,提出人类治世按照"三世六别"的次序进行演进。③ 梁启超的论述为:"博矣哉!《春秋》'张三世'之义也。治天下者有三世:一曰多君为政之世,二曰一君为政之世,三曰民为政之世。多君世之别又有二:一曰酋长之世,二曰封建及世卿之世。一君世之别又有二:一曰君主之世,二曰君民共主之世。民政世之别亦有二:一曰总统之世,二曰无总统之世。多君者,据乱世之政也;一君者,升平世之政也;民者,太平世之政也。此三世六别者,与地球始有人类以来之年限有相关之理,未及其世,不能躐之,既

---

① 梁启超:《与严幼陵先生书》,见《梁启超全集》第十九集,第533—534页。
② 《湖南时务学堂答问》,见《梁启超第一集》第314页。
③ 康有为在《春秋董氏学·春秋改制第五》中提出:"三统、三世,皆孔子绝大之义,每一世中皆有三统。此三统者,小康之时,升平之世也。太平之世别有三统,此篇略说,其详不可得闻也。"之后在《中庸注》中,康有为将三世"三重",每一世中又有三世,且辗转三重。参见汤志钧:《戊戌变法史》(修订本),上海:上海社会科学院出版社,2003年,第75页注释2、注释3;康有为:《春秋董氏学》,见《康有为全集》第二集,第370页。

及其世,不能阅之。"①梁启超强调多君为政之世能够进至一君为政之世进而进至民为政之世的用意,其实还在于说明中国在未来可以发展出民为政之治。其针对的是严复所持有的,以中国历代皆为君主制,皆无民制,进而认为专行君政之国不能由君为政发展成民为政的观点。而这一点也是梁启超在《与严幼陵先生书》中对严复提出的质疑。② 在《论君政民政相嬗之理》一文中,梁启超摘录严复所论,并再一次予以反驳。梁启超摘录严复所论的内容为:"严复曰:'欧洲政制,向分三种:曰满那弃(monarchy)者,一君治民之制也;曰巫里斯托格拉时(aristocracy)者,世族贵人共和之制也;曰德谟格拉时(democracy)者,国民为政之制也。德谟格拉时,又名公产,又名合众,希、罗两史,班班可稽,与前二制相为起灭。虽其时法制未若今者之美备,然实为后来民治滥觞。且天演之事,始于胚胎,终于成体。泰西有今日之民主,则当夏、商时,合有种子以为起点。而专行君政之国,虽演之亿万年,不能由君而人民。'"③

梁启超反对严复所持观点的原因在于,按严复所论,西方有民政的胚胎,故能发展出民政,而中国历史上皆为君政,不具有发展出民政的起点。这相当于彻底否定了在中国推行民政的可能。在反对严复的论述时,梁启超称:"吾既未克读西籍,事事仰给于舌人,则于西史所窥,知其浅也,乃若其所疑者,则据虚理比例以测之。以谓其国既能行民政者,必其民之智甚开,其民之力甚厚,既举一国之民而智焉而力焉,则必无复退而为君权主治之理。此犹花刚石之下,不得复有煤层;煤层之下,不得复有人迹层也。至于希、罗二史所称者,……其与今之民政,殆相悬也。至疑西方有胚胎,而东方无起点,斯殆不然也。……然则民政不必待数千年前之起点明矣。盖地球之运,将入太平,固非泰西之所得专,亦非震旦之所得避。吾知不及百年,将举五洲而悉惟民之从,而吾中国亦未必能独立而不变,此亦事理之无如何者也。"④由此可见,梁启超运用三世之说实际上是为了论证,纵然中国历史

---

① 梁启超:《论君政民政相嬗之理》,见《梁启超全集》第一集,第265页。熊月之指出,梁启超将一君为政之世对应于升平世,将民为政之世对应于太平世,这一理解与康有为不同。康有为以君主专制为升平世,以君民共主为太平世。参见熊月之:《论戊戌时期梁启超的民权思想——兼论梁启超与康有为思想的歧异》,《苏州大学学报》(哲学社会科学版),1984年第3期。
② 关于《论君政民政相嬗之理》一文与《与严幼陵先生书》的关系,参见茅海建:《论戊戌时期梁启超的民主思想》,《学术月刊》,2017年第4期。
③ 梁启超:《论君政民政相嬗之理》,见《梁启超全集》第一集,第267—268页。
④ 梁启超:《论君政民政相嬗之理》,见《梁启超全集》第一集,第268页。

中没有民政的起点，但因循世运之必然，中国未来必将推行民政之制，因此，梁启超的用意及目的在于论证中国推行民政的必然性。

在《论君政民政相嬗之理》一文中，梁启超提及共和的讲法，但用来形容的是多君之世中的封建及世卿之世，对应于三世中的据乱世，在他的理解中类似于贵族制。他以欧洲希腊时期与中国春秋战国时期为"世卿多君之世界"。在描述这一时期的政治状态时，梁启超称："周厉无道，见流于彘，而共和执政。滕文公欲行三年之丧，而父兄百官皆不悦，此实上议院之制也，不得谓之民政。"① 在梁启超摘录的严复讨论政治制度分类的那段论述中，严复同样用共和形容贵族制。虽然梁启超所理解的"三世六别"之治与严复所论的政治制度的划分并不完全对应，但两者在使用共和一词时，均指向贵族制的政治形态。而黄遵宪在南学会第一次演说中论及共和时，指向的是官民共治的政治形态。《戊戌政变记》附录二《湖南广东情形》收录了黄遵宪南学会第一次演讲的讲义，在讲义的结尾部分，黄遵宪称："诸君诸君，能任此事，则官民上下，同心同德，以联合之力，收群谋之益。生于其乡，无不相习，不久任之患，得封建世家之利，而去郡县专政之弊。由一府一县推之一省，由一省推之天下，可以追共和之郅治，臻大同之盛轨。"②

基于三世之说来考察制度，很自然地会产生古代制度不如现代的理解，同时也会产生古人认知不如今人的理解，梁启超的思想中亦带有这一倾向。梁启超在基于井田制问题写给学生的批文中指出："凡世界必日变日进于善。三代以前之世界，其法度未备，万不能有十分好世界，此是一定之理，西人言地学者皆能言之。"③ 涉及赋役问题时，梁启超认为文王以民力建工事而不给予工值为"厉民"，废除力役制度是据乱世进至升平世的一个体现。梁启超在给学生的批文中称："古者皆用民力而不给以工值，故有力役之征……以视古人用民岁不过三日者，又复过之，觉得文王以民力为台为沼，尚是厉民，此亦由据乱而进升平之一事也。故言均赋役者，犹是前代之经济，至今日则不必有此言矣。"④ 当学生蔡锷在札记中提到"孔子之功大矣，然流弊无穷也"时，梁启超称"流弊一语极谬"，并指出制度弊病实为后世奉行不善所致，所以不能言"流弊"。"孔子讥世卿，立选举，汝殆鉴于今日科举之极弊而发此言也。然凡行一制度，必条理始末且行之然后可，苟仅行其一

---

① 梁启超：《论君政民政相嬗之理》，见《梁启超全集》第一集，第267页。
② 梁启超：《戊戌政变记》附录二《湖南广东情形》，见《梁启超全集》第一集，第625页。
③ 《湖南时务学堂答问》，见《梁启超全集》第一集，第314页。
④ 《湖南时务学堂札记》，见《梁启超全集》第一集，第361页。

二而已,适见其弊也。""不责历代奉行之不善,而谓流弊无穷,何其谬也。"①梁启超在这里对圣王之制与后世奉行之制作了更严格的区分。无论是认为古代制度不如现代制度,还是基于后世奉行之制评价先王之制,均会影响后人对圣王典范之制的态度,后人会因时代的落后与可见的弊病而质疑甚至否定圣王典范的意义。面对这一困境,除了应像梁启超在批文中所论及的,对圣王之制与后世奉行之制进行区分之外,还应对前代之制与圣王之意进行区分,即朱子在《四书章句集注·孟子集注·滕文公上》第三章注释结尾部分所提出的:"不屑屑于既往之迹,而能合乎先王之意。"②梁启超也持有这样的理解,从其不主张恢复井田制及对孔子改制的论述中可以看出这一点。

对于进化的思想,梁启超曾在《〈新学伪经考〉叙》中基于《春秋》三世之说及其对三世之间逐步进化的理解,阐述孔子之学将在太平世行于世界的思想。与孔子之教推行范围相关的,还有对他者的态度问题,在梁启超的讨论中则涉及该不该攘夷的问题,这一问题与其提倡学习西学的维新思想是一贯的。守旧者的态度是依夷夏观念将西方视为夷狄进而拒绝向西方学习。梁启超在《〈春秋中国夷狄辨〉序》中对这一观念进行反驳,其主要思路是,指出持攘夷论者所依据的《春秋》并无攘夷的思想。《春秋》的主要思想是用夏变夷,孔子作《春秋》的意义是治天下,非治一国;治万世,非治一时。梁启超在论述中称:

> 自宋以后,儒者持攘夷之论日益盛,而夷患亦日益烈,情见势绌,极于今日。而彼嚣然自大者,且日哓哓而未有止也。叩其所自出,则曰是实《春秋》之义。乌乎!吾三复《春秋》,而未尝见有此言也。吾遍读先秦、两汉先师之口说,而未尝见有此言也。孔子之作《春秋》,治天下也,非治一国也;治万世也,非治一时也。故首张三世之义,所传闻世,治尚粗粗,则内其国而外诸夏;所闻世治进升平,则内诸夏而外夷狄;所见世治至太平,则天下远近大小若一,夷狄进至于爵。故曰:"有教无类",又曰:洋溢乎中国,施及蛮貊。凡有血气,莫不尊亲。其治之也,有先后之殊,其视之也,无爱憎之异,故闻有用夏以变夷者,未闻其壤绝而弃之也。今论者持升平世之义,而谓《春秋》为攘夷狄也,则亦何不持

---

① 《湖南时务学堂札记》,见《梁启超全集》第一集,第346页。
② 朱熹:《四书章句集注》,第260页。

据乱世之义,而谓《春秋》为攘诸夏也？且《春秋》之号夷狄也,与后世异。后世之号夷狄,谓其地与其种族,《春秋》之号夷狄,谓其政俗与其行事。①

通过这段论述可以看出,梁启超基于治法之进化来理解春秋之三世,认为太平世所对应的治天下之法是孔子作《春秋》的要义,以太平世之内"天下远近大小若一"的状态作为未来世界将会达至的状态,且统一于孔子之教。正是在这一理解与判断之下,梁启超提出"是故以治天下、治万世之义言之,则其不必攘也如彼,以治一国、治一时之义言之,则其不能攘也如此"。对于中国与夷狄的区别,梁启超认为全在于教化,其依据在于,《春秋》依行事是否合乎礼而对一国之为中国还是夷狄进行判断,并在书法上有所体现。梁启超引用董仲舒《春秋繁露·竹林》篇中的论述加以说明,所引用的原文为:"《春秋》之常辞也,不予夷狄而予中国为礼,至邲之战,偏然反之,何也？曰:《春秋》无通辞,从变而移。今晋变而为夷狄,楚变而为君子,故移其辞以从其事。"②

梁启超单纯从教化的意义理解夷夏之别,且对于世界形态之下中国与他国之间的关系也按照这一方式进行理解,结论是认为在世界范围内能实现大同,此时大同则不仅仅意味着和平,而是在接受孔子之教的前提下实现和平。其实梁启超对现代世界形态下国家或种族间的关系,与古代中国与夷狄间关系的差别是有所认知的。如其在论述中称:"且《春秋》之号夷狄也,与后世特异。后世之号夷狄,谓其地与其种族,《春秋》之号夷狄,谓其政俗与其行事。"③但在讨论现实中的问题时,梁启超却忽略了教化之外的因素。正是对教化之外因素的忽略,导致其对教化的理解超出限度之外。在《湖南时务学堂札记》中,当学生摘录丁韪良译《万国公法》中基于君民、领土与主权而界定国家的叙述时,梁启超在批文中回复的是以教化理解中国与夷狄的内容。梁启超批文的内容为:"全在有教化、无教化。使无教化,虽

---

① 梁启超:《〈春秋中国夷狄辨〉序》,见《梁启超全集》第一集,第250页。这篇文章是梁启超为徐勤《春秋中国夷狄辨》所作的序言,刊登在1897年8月18日(光绪二十三年七月二十一日)出版的《时务报》第三十六册上。

② 苏舆撰:《春秋繁露义证》,第46页。

③ 梁启超:《〈春秋中国夷狄辨〉序》,见《梁启超全集》第一集,第250页。关于夷夏之辨的三种涵义:种族、地理与文教,参见唐文明:《夷夏之辨与现代中国国家建构中的正当性问题》,见《彝伦攸斁——中西古今张力中的儒家思想》,北京:中国社会科学出版社,2019年,第119—124页。

地居中国犹谓之夷狄,戎伐凡伯、晋伐鲜虞是也;使无教化也,虽成国犹谓之不成国,楚之为荆是也。此《春秋》之公法,视西人之公法,犹精密者也,亦进退之微权也。"①而梁启超以教化来理解夷夏的现实用意则在于,批评守旧者以夷夏观念看待西方与中国,认为其所持有的是"拘墟自大之见"。如梁启超在给学生的批文中称:"有教化者谓之中国,无教化者谓之夷狄而已。今我中国傲然自命为中国,而斥人为夷狄,何不试自反,果孰为有教化、孰为无教化也?至旧说以地居中为中国之说,全是拘墟自大之见,其谬不待言。试观地球图,果何者为中、何者为外乎。"②梁启超持有这一理解与现实中儒家传统教化势弱有关,从唤醒国人角度来说,梁启超的讨论是有意义的,但从理解种族概念的角度来说,论述则是有问题的,忽略了种族因素的客观性。

基于《春秋》在天下处境之下所呈现的夷夏之教的理解,即以天下处境之下对礼仪文明之教的理解来理解现代世界处境之下国家间的关系,反映出问题的是,梁启超此时对民族与国家的认识其实依然是模糊且不稳定的,这也是其只重教化而忽略教化之外的种族等其他因素的原因。而这一理解方式所带来的结果是,认为世界范围内的国家会在消解国界和国别的意义上实现大同,"国与国相通则文教愈盛,必破国界而后可言大同"③,同时,认为孔子太平大同之教将行于世界,"孔子作《春秋》乃大发公理以告后世耳。有小康之大同,有大同之大同;有小康之大一统,有大同之大一统"④。

从主张不能排斥学习西学的角度来说,梁启超反对"攘夷"之论是具有

---

① 《湖南时务学堂札记》,见《梁启超全集》第一集,第 353 页。
② 《湖南时务学堂札记》,见《梁启超全集》第一集,第 364 页。
③ 《湖南时务学堂札记》,见《梁启超全集》第一集,第 403 页。此外,在《〈史记·货殖列传〉今义》一文中,梁启超曾基于商贸问题提出破除国家界限的观点:"人与人相挤,而全国之商病;国与国相挤,而举天下之商病。彼天下亦一大国也,妄生分别,自相蠹贼,故国与国之界限不破,则财政终莫得而理,天下终莫得而平也。"梁启超:《〈史记·货殖列传〉今义》,见《梁启超全集》第一集,第 249 页。
④ 《湖南时务学堂札记》,见《梁启超全集》第一集,第 365 页。张允起在刻画中国古代天下秩序形态时,提到了萧公权反思中国古代缺乏民族意识及由此导致文化帝国主义倾向的内容。萧公权对中国古代的反思是否准确是需要讨论的,但其所提出的这一反思适用于此时的梁启超。萧公权的论述为:"中国先秦以来之思想虽亦严'夷夏之防',然重文化而轻种族。当华族势盛,则进为用夏变夷之文化帝国主义。值异族入主,则退而为叛国事仇者之口实。故严格言之,中国固有之民族思想,既非彻底,亦不完全。复次,中国政治思想之对象,为略带大同主义色彩之'天下'。大意与欧洲中世之'世界帝国'相近,而与近代之'民族国家'不同。故严格言之,'国'之观念亦为先民之所未有。以不完全之民族思想,与非国家之天下观念相合,其不能臻近代民族国家之境界,实为情理中事。"参见张允起:《永久和平的理念与制度:从"万民法"到国际立宪主义》,《北大政治学评论》,2018 年第 2 期。

现代意义的,只是其将拒绝攘夷的思想进一步推进至在世界范围内讨论用夏变夷的治天下思想是有些超出限度的。① 但这一超出限度的思想就当时的处境来说又不是不可理解的,是有见于西方强势的思想文化、制度组织、科学技术而产生的思想主张。梁启超后来对以大同治天下的思想主张也有反思。对后世读者来说,面对梁启超的思想时,在理解其用意的基础上或许应避免再次持有超出限度的思想内容,在从梁启超的思想中获得启示的同时,对其因时代与境遇而产生的超出限度的思想内容保持警惕。

3.3.2 明义之书与改制之书

关于《春秋》之教与鲁国之史的关系,梁启超在《读〈春秋〉界说》中所列的第二条与第三条则是对这一问题的说明。第二条界说的主旨为:"《春秋》为明义之书,非记事之书。"第三条界说的主旨为:"《春秋》本以义为主,然必托事以明义,其义愈切著。"② 梁启超引用《孟子·离娄下》篇对《春秋》之义与文的区分,强调《春秋》重在承载孔子所定之义。《孟子》原文为:"晋之《乘》,楚之《梼杌》,鲁之《春秋》,一也。其事则齐桓、晋文,其文则史。孔子曰:'其义则丘窃取之矣。'"③ 在引用《孟子》这段讨论之后,梁启超称:

---

① 何休在注《公羊传》时有"王者不治夷狄""来者勿拒,去者勿追"之语。何休解诂,徐彦疏:《春秋公羊传注疏》,第 47 页。

② 梁启超:《读〈春秋〉界说》,见《梁启超全集》第一集,第 305—306 页。

③ 《孟子》此处对《春秋》的讨论,是包括康有为在内的晚清经学家所重视的内容,今文学家通过《孟子》的这段论述说明《春秋》承载着孔子口传的微言大义,经由胡毋生著书于竹帛成《公羊传》,经由董仲舒、何休等阐发。但康有为对《春秋》微言大义的理解与以往经学家不同,其将《春秋》经传注传统的核心意涵归于董仲舒、何休,认为二者之学阐发出《春秋》的全部微言,而于二者当中又格外推崇董仲舒。参见陈壁生:《晚清的经学革命——以康有为〈春秋〉学为例》,《哲学动态》,2017 年第 12 期。梁启超对今文学的理解受到康有为的影响,但与康有为所持有的理解不完全相同。参见郑师渠:《梁启超与今文经学》,《中州学刊》,1994 年第 4 期;张勇:《梁启超与晚清"今文学"运动:以梁著清学史三种为中心的研究》,第 182—209 页。梁启超在 1897 年 4 月在致康有为的信中对其所作《孟子·公羊同义记传》一书表示不满。梁启超在信中称:"积之(龙泽厚)交来《孟子·公羊同义记传》,面示令校刻之。然而超亦有闻言。超以为先生之著书,与吾党之著书有异。先生之著书,以博大庄严为主,其所著者,则《伪经考》《改制考》《大义论》《微言记》,及其他有言教精微之书,如是焉止矣。其零篇碎章,则万不可著,徒失人望。……今若频出此种零碎之书,将愈为人所轻,而教益不可传。……故超谓此书必当速刻,然必不可标先生撰。……此书序中杂引公明、公孟各考据,其词极辩,然究似未能绝无牵强之处。且此考据家旧习,吾党正排斥不遗余力,必不宜复蹈之。专讲虚考据,不讲实考据,虽无一毫左证,犹能悍然断之,其何藉于此。况孟子为公羊学,人人共见,岂必费此唇舌耶? 其人如信吾言也,即无此考据,犹之信也,其不信也,有此考据,只益增其攻诘耳。故超欲请将此序易之,或将全文移入公明高条下庶余可矣。"梁启超:《上康有为书》,见《梁启超全集》第十九集,第 173 页。

"盖以明《春秋》之所重者在义,而不在事与文也。"孟子所论强调孔子对于《春秋》的意义,若无孔子之作,《春秋》便如晋楚史书一般,为史官记录史事之书,但经过孔子笔削则具有超出于事的义的内容。基于孟子的区分,梁启超提到孔子未修之《春秋》与经孔子修之《春秋》,后者即今之《春秋》,而其指出这一点亦是为了强调《春秋》乃为明义之书的性质。梁启超称:"其意若曰若仅论其事,则不过桓、文之陈迹而已;若仅论其文,则不过一史官之职而已,是二者乃晋《乘》、楚《梼杌》之所同也。孔子未修之《春秋》,亦犹是也。及孔子修之,则其中皆有义焉。太史公所谓'万物散聚皆在《春秋》,其指数千'者,即今之《春秋》是也。"①关于《春秋》之义的重要性,梁启超称:"《春秋》所以为万世之书,曰惟义之故;孔子所以为圣者,曰惟义之故;孟子所以言道统述及孔子即举《春秋》者,曰惟义之故。"②

在第五条界说中,除孔子未修之《春秋》与经孔子修之《春秋》之外,梁启超还提到口说之《春秋》:"《春秋》有三书:一曰未修之《春秋》,二曰记号之《春秋》,三曰口说之《春秋》。"③记号之《春秋》则是今本《春秋》,亦是在第二条界说中提到的经过孔子修订的《春秋》。而口说之《春秋》具体指的是:"《公羊》《谷梁传》《春秋繁露》《公羊》何注,先秦两汉诸儒所引《春秋》之义皆是也。"④关于记号与口说的关系,梁启超在第四条界说中称"孔子因避时难故仅借事以为记号,而大义皆传于口说"。基于第五条界说的内容,口说之《春秋》实为今文学家阐发《春秋》之义的著述。《春秋》独特的地方即在于,经中之大义是通过今文学家阐发出来的。这是梁启超区分《春秋》三书的用意所在。其要强调的是读《春秋》之法,虽然强调今文学家的阐发,但不否定

---

① 梁启超:《读〈春秋〉界说》,见《梁启超全集》第一集,第 305 页。梁启超所引《史记》的原文为:"《春秋》文成数万,其指数千,万物之散聚皆在《春秋》。"司马迁:《太史公自序》,《史记》第十册,北京:中华书局,1982 年,第 3297 页。
② 梁启超:《读〈春秋〉界说》,见《梁启超全集》第一集,第 305 页。
③ 梁启超:《读〈春秋〉界说》,见《梁启超全集》第一集,第 307 页。康有为在《春秋笔削大义微言考》中提到四本《春秋》之说,分别为"鲁史原文,不修之《春秋》""孔子笔削,已修之《春秋》""孔子口说之《春秋》义,《公》《谷》传之"之《春秋》和"孔子口说之《春秋》微言,公羊家之董仲舒、何休传之"之《春秋》。关于康有为的四本《春秋》说,参见陈壁生:《晚清的经学革命——以康有为〈春秋〉学为例》,《哲学动态》,2017 年第 12 期;康有为:《春秋笔削大义微言考》,见《康有为全集》第六集,第 9 页。
④ 梁启超:《读〈春秋〉界说》,见《梁启超全集》第一集,第 307 页。康有为认为《春秋》口说之传只有董仲舒与何休。在《春秋董氏学·春秋旨第一》题解中,康有为称:"故知《春秋》言微,与他经殊绝,非有师师口说之传不可得而知也。今师说之传,只有董、何二家。何氏为胡母生例,而汉人博士至严、颜二家,皆以董子为祖师。今专绎董子之说以求《春秋》之义。"康有为:《春秋董氏学》,见《康有为全集》第二集,第 309 页。

经的地位。经是孔子大义的承载者，只是若不经由今文学家的阐发，后世读者则无法知晓大义的具体内容，所以口说具有特殊的意义，亦即传注具有特殊的意义。梁启超引用董仲舒《春秋繁露·玉杯》中的论述进一步说明对《春秋》的这一理解方式："盖口说者乃经之精华也。董子曰：'今夫天子逾年即位，诸侯于封内三年称子，皆不在经也，而操之与在经无以异。非无其辨也，有所见而经安受其赘也。'故凡先师言《春秋》之义，皆不必在经，而操之与在经无以异，学《春秋》者不可不察也。"①关于《春秋》口说之传承，梁启超在《〈论语〉〈春秋〉相通说》一文的题记中有所论述："《春秋》口说传于子夏，公羊高事子夏，受焉。家世传业，至汉世著竹帛，为公羊学。"②此外，在《读〈春秋〉界说》第九条中，梁启超引述隐公二年何休《注》对于口说的论述。隐公二年冬《春秋》载："纪子伯、莒子盟于密。"《传》云："'纪子伯'者何？无闻焉耳。"何休《注》云："言'无闻'者，《春秋》有改周受命之制，孔子畏时远害，又知秦将燔《诗》《书》，其说口授相传，至汉，公羊氏及弟子胡毋生等乃始记于竹帛，故有所失也。"③

梁启超以孔子所修之《春秋》为记号之书，又称"《孟子》所尊之《春秋》，乃口说之《春秋》也。汉人凡引《春秋》者，皆引口说之义，而直指谓'《春秋》曰'云云，盖口说者乃经之精华也"④，这里很容易使人认为其具有轻视经的思想倾向。但若结合他对《春秋》所承载的孔子之义的强调，及以《公羊传》《谷梁传》与先秦两汉思想家对《春秋》之义的阐发皆为口说的叙述，则可以理解，梁启超强调口说但并不轻视经，主旨在于强调经中之义。再者，梁启超亦是在进行《春秋》读法上的指导，即强调阅读《春秋》时必须重视经学家的阐发。梁启超强调《春秋》中所承载的孔子之义还与古文学家从历史的角度理解《春秋》有关，强调口说之学的意义，亦与刘歆对今文学家"信口说而

---

① 梁启超：《读〈春秋〉界说》，见《梁启超全集》第一集，第307页。
② 梁启超：《〈论语〉〈公羊〉相通说》，见《梁启超全集》第一集，第212页。
③ 何休解诂，徐彦疏：《春秋公羊传注疏》，第55页；梁启超：《读〈春秋〉界说》，见《梁启超全集》第一集，第308页。关于《春秋》口说之传，参见曾亦、郭晓东：《春秋公羊学史》(上)，第41—46页。
④ 梁启超：《读〈春秋〉界说》，见《梁启超全集》第一集，第307页。康有为在《春秋董氏学·春秋口说第四》中讨论口说与经文的关系，梁启超在表述上与康有为的论述有相似之处，但所表达的思想不完全相同。就口说与经的关系问题来说，梁启超与康有为最大的不同在于，梁启超认为孔子所修之《春秋》即承载孔子之义，"及孔子修之，则其中皆有义焉"。但康有为认为经中无孔子之义，"岂知遗经者，其文则史，于孔子之义无与""盖《春秋》之义，不在经文，而在口说"。梁启超：《读〈春秋〉界说》，见《梁启超全集》第一集，第305页；康有为：《春秋董氏学》，见《康有为全集》第二集，第356页。

背传记"的诋毁有关。

在将《春秋》之义与鲁国之史进行区分的基础上,梁启超还将《春秋》所论升平世与太平世理解为若行《春秋》之制则可实现的治效。"至《春秋》所以分十二公为三世者,其义以为苟行《春秋》之制,则行之若干年,可以拨乱;更行之若干年,则可以进升平;更行之若干年,则可以致太平云尔,岂谓当时之果升平、果太平哉。""盖升平、太平者,皆《春秋》之治效,而于鲁之国及当时之时局举无与也。故必知《春秋》托事明义之旨,然后于此等大义可以不致疑矣。"①梁启超对以治效来理解三世之说进一步进行说明,如此理解三世之说体现出人事的意义,即天理趋向于善的呈现需要人事的功用。梁启超的论述为:"问者曰:'如子所言,世界日进于善,既为自然不易之理,然则听其流转必有致太平之一日,今必举而归之《春秋》之治效,何也?'曰:吾固言不能不变者,天理也。变而日进于善者,天理而加以人事也。"②进而,梁启超从人事顺应辅助天理的角度强调积渐之力、积久之功:"积世、积年、积人、积智,凡天下一事之成就,必经数百千年、数百万人之智慧能力而始成也。积众生之智慧能力,久之而圣人出焉,圣人出而众生之智慧能力又增长焉。如是递引递进以致文明,此教之所以足贵也,《春秋》之致治之效,盖以此也。"③梁启超基于天理与人事来讨论三世之说,从治效的角度强调积淀与长久的过程,这一理解具有启发意义的地方在于,若是在历史中理解三世之说,应当注意的是,此处讨论的是一个超出个体认知能力的历史进程,或者说,不能以个体对历史的认知能力为标准来理解三世之说。若是在超越历史的角度理解三世之说,需要注意的是,这是在世界整体趋向天理之完满的意义上进行讨论的,从这个意义上,则不能将三世之说理解为对处于历史当中的历史阶段的刻画。

《读〈春秋〉界说》还特别强调《春秋》为孔子所作改制之书,界说的第一条、第十条及第十一条主要讨论这一问题。梁启超引述《孟子》《春秋繁露·俞序》篇及《史记·太史公自序》中的论述加以证明。《孟子》原文为:"世衰道微,邪说暴行有作,臣弑其君者有之,子弑其父者有之。孔子惧,作《春秋》。《春秋》,天子之事也。是故孔子曰:'知我者其惟《春秋》乎!罪我者其惟《春秋》乎!'"(《孟子·滕文公下》)《春秋繁露》中的讨论为:"孔子曰:

---

① 梁启超:《读〈春秋〉界说》,见《梁启超全集》第一集,第311页。
② 梁启超:《读〈春秋〉界说》,见《梁启超全集》第一集,第311页。
③ 梁启超:《读〈春秋〉界说》,见《梁启超全集》第一集,第311页。

'吾因其行事而加乎王心焉。'以为见之空言,不如行事博深切明。"①"孔子曰:'吾因行事,加吾王心焉。'假其位号以正人伦,因其成败以明顺逆。"②《史记》原文为:"余闻董生曰:'周道衰废,孔子为鲁司寇,诸侯害之,大夫壅之。孔子知言之不用,道之不行也,是非二百四十二年之中,以为天下仪表,贬天子,退诸侯,讨大夫,以达王事而已矣。'子曰:'我欲载之空言,不如见之于行事之深切著明也。'"③梁启超以孔子自言、孟子又言、董仲舒和司马迁再言作为证据,说明《春秋》为孔子所作改制之书是无可怀疑之事。

但以《春秋》为孔子所作改制之书的问题在于,《春秋》为孔子所作,改制为在位天子之事,孔子作《春秋》明改制之义则面临着僭越的责难。梁启超认同《春秋》为改制之书意味着,其既认同《春秋》具有万世之法的意义,又认为孔子作《春秋》并非僭越。在第一条界说中,梁启超承接孟子"《春秋》,天子之事也"的论述称:"夫《春秋》,一儒者之书耳,何以谓为天子之事?盖以《春秋》损益百王、斟酌圣制,立法以教万世,此其事皆天子所当有事者也。独惜周道衰废,王者不能举其职,而天地之公理终不可无人发明之也,故孔子发愤而作《春秋》,以行天之事。"孔子作《春秋》明改制之义是其所处时代及所居身份共同决定的结果,周道衰落,天子不足以施行王道,孔子虽不居于天子之位,但通达天地之理,故而作《春秋》,将天地之理载之于文,以待来者。

孔子将天理载之于文的具体表现为,《春秋》借鲁史以言王事,即梁启超在《读〈春秋〉界说》第十条与第十一条所言明的:"《春秋》既为改制之书,故必托王以行天子事。""《春秋》托王于鲁,非以鲁为主。"借鲁史而言改制之义是孔子自述其用意的内容,即董仲舒《春秋繁露》与司马迁《史记·太史公自序》所引"吾因其行事而加乎王心焉""我欲载之空言,不如见之于行事之深切著明也"之论。在第十条界说中,梁启超对孔子借鲁史而言改制之义的评述为:"《春秋》为孔子改制之书,第一条既言之矣。虽然,改制者,天子之事也。非天子不议礼、不制度、不考文,孔子布衣,何改制之云?孔子既思世乱之不可救,公理之不可不明,又思不尊不信,不信则民弗从。虽言之无益也,故必有假借以张治本,因行事以加王心,夫而后博深切明。托王者冒天下之

---

① 苏舆撰:《春秋繁露义证》,第159页。
② 苏舆撰:《春秋繁露义证》,第163页。
③ 司马迁:《太史公自序》,《史记》第十册,北京:中华书局,1982年,第3297页。

大不韪,以救世乱而明公理,非大仁莫肯为也。故曰:'罪我者其惟《春秋》乎。'"①梁启超延续董仲舒和司马迁的理解,且以托王为不得不然之事。虽然不居天子之位而言改制之事是"冒天下之大不韪",但孔子基于天理不可不明、世乱不可不救之义与仁,知其不可为而为之。也正是在这样两难的境遇之中,孔子为所当为之事,"非大仁莫肯为",亦是非孔子莫肯为。而孔子作《春秋》,借鲁史以言改制已是在避免僭越。梁启超称:"惟其行一不义、杀一不辜而不为也。故垂空文以为教,犹复避制作之僭,托鲁史之文,此《中庸》所谓'为下不倍'也,而曾何僭妄之可言。"②

《春秋》借鲁史以言王事,但所论并不限于鲁。《读〈春秋〉界说》第十一条的主旨为:"《春秋》托王于鲁,非以鲁为主。"③不以鲁为主即不以鲁为王,而是托鲁为王,亦即以《春秋》为新王之法,托鲁史以言明新王之法的内容。此处所讨论的既是《春秋》与鲁史的关系,也是《春秋》与道统的关系。梁启超称:"且《春秋》之托者,匪直鲁也,托鲁为王,以著新王受命之义。"④梁启超引用董仲舒、刘逢禄和皮锡瑞对托王于鲁或王鲁的解释加以说明,其中,在引用皮锡瑞的解释时提到,《春秋》之王鲁并不是以鲁为王,而是托鲁而阐述王者之义,与之相应,孔子作《春秋》亦不是自称为王,而是通过《春秋》立王者之法,故而孔子为素王,这同样可以说明孔子作《春秋》并非僭妄。⑤

《春秋》不仅不以鲁为王,而且不只是从周,梁启超对孔子作《春秋》的理解是:"《春秋》损益百王,斟酌圣制。"⑥即《春秋》在继承前代圣王之法的前提下对前代之法进行损益,就《春秋》来说,改制当中包含继统,继统当中亦有改制。在《〈论语〉〈公羊〉相通说》一篇中,梁启超基于《论语·为政》篇中"子张问:'十世可知也。'"一章讨论《春秋》改制与继统之义。《论语》中孔子对子张提问的回答为:"殷因于夏礼,所损益,可知也;周因于殷礼,所损

---

① 梁启超:《读〈春秋〉界说》,见《梁启超全集》第一集,第311页。
② 梁启超:《读〈春秋〉界说》,见《梁启超全集》第一集,第312页。
③ 梁启超:《读〈春秋〉界说》,见《梁启超全集》第一集,第312页。
④ 梁启超:《读〈春秋〉界说》,见《梁启超全集》第一集,第312页。
⑤ 梁启超:《读〈春秋〉界说》,见《梁启超全集》第一集,第312页。关于王鲁为托鲁史以言王事,孔子作《春秋》为素王,非自称为王,参见曾亦、郭晓东:《春秋公羊学史》(上),第270页。关于素王,梁启超还在小康与大同的意义上加以理解:"盖《春秋》有文质两统,质即小康,文即大同也。质家称素王,亦称武王……今于开宗明义不言谓素王而言谓文王者,正以明《春秋》为大同之书耳。"《湖南时务学堂札记》,见《梁启超全集》第一集,第370页。
⑥ 梁启超:《读〈春秋〉界说》,见《梁启超全集》第一集,第304页。

第 3 章 民智与民权:时务学堂时期的教育实践与政治主张

益,可知也;其或继周者,虽百世可知也。"梁启超在按语中称:"谨案:此《春秋》之大义。《春秋繁露》有《三代改制质文》篇,专发明'新王改制'之说。盖五德之运,文质之统,穷则反本,若环无端。故《春秋》特立为三统之制。……孔子祖述宪章,损益百代,而成为《春秋》。"①其中,"孔子祖述宪章"借用《中庸》"仲尼祖述尧舜,宪章文武"的概括指向改制中继统的面向,"损益百代"则指向改制中斟酌损益的面向。梁启超在《论语·八佾》第九章"子曰:'夏礼吾能言之,杞不足征也;殷礼吾能言之,宋不足征也。文献不足故也,足则吾能征之矣。'"处所加的按语同样阐述新王改制及继统之说。梁启超称:"谨案:孔子之作《春秋》也,上黜杞,下存宋,新周王鲁,以《春秋》当新王,其取采者多夏、殷、周之制去。"②再者,其为《论语·八佾》第十四章"子曰:'周监于二代,郁郁乎文哉!吾从周。'"所加按语,特别强调了从周意味着兼于二代,即"通三统"。梁启超称:"谨案:孔子宪章文武。故隐元年《传》云:'王者孰谓?谓文王也。'言周而必云'监于二代'者,所以明'通三统'之义。'从周'者,即兼从二代也。"③同时,梁启超在这则按语中还提示,《论语》"行夏之时"章体现出"《春秋》于周制有从之者,亦有改之者"。《论语·卫灵公》第十章原文为:"颜渊问为邦。子曰:行夏之时,乘殷之辂,服周之冕,乐则《韶》舞。放郑声,远佞人。郑声淫,佞人殆。"梁启超在按语中称:"谨案:此《春秋》'新王改制'之微言。损益四代,推原三统,经世之大法,尽于是矣。……后人多疑孔子改制之说,如此文者,非言改制,则何以解之哉?其大义,则《繁露·三代改制质文》篇、《白虎通·三正》篇发之甚详,不必赘述。"④通过基于《春秋》而为《论语》添加的按语可以看出,梁启超在讨论新王改制之时,特别强调孔子作《春秋》时对前代的继承与损益,两者是其理解孔子改制思想时同时看重的两个面向。

由梁启超对孔子作《春秋》的理解,可以关联其对孔子与先王关系的理解。在这一问题上,梁启超的理解与康有为不同。梁启超不持有康有为所主张的先王皆为孔子所托的观点,而是认为孔子对尧舜及三代时期的先王

---

① 梁启超:《〈论语〉〈公羊〉相通说》,见《梁启超全集》第一集,第 214 页。关于董仲舒的新王改制之说,参见曾亦、郭晓东:《春秋公羊学史》(上),第 252—275 页。
② 梁启超:《〈论语〉〈公羊〉相通说》,见《梁启超全集》第一集,第 215 页。
③ 梁启超:《〈论语〉〈公羊〉相通说》,见《梁启超全集》第一集,第 214 页。
④ 梁启超:《〈论语〉〈公羊〉相通说》,见《梁启超全集》第一集,第 232 页。

之制有所斟酌损益。① 梁启超在《读〈孟子〉界说》第八条中称:"井田为孔子特立之制。"学生李炳寰对井田制的存废持有怀疑,并提出"孟子亦何至假托先王之政以欺时君"的疑问。梁启超在回复的批文中称:"六经皆孔子所定,其制度则损益百王、斟酌三代而用之。不专一家,其所采者甚博,不能悉指其所出,故通指为孔子特立之制云尔。"② 从梁启超对这一问题的回应可以看出,虽然他提到孔子立制,但其背后指向的是孔子对历代圣王之制的借鉴与综合,他所理解的孔子,对于先王来说是集大成者,对于后世来说是为万世立法者。而孔子所定之经能够成为万世之法,亦与其继承先王且有所斟酌损益相关。此外,梁启超在为《论语·八佾》第二十四章"天将以夫子为木铎"一句所加按语中,突出了天命的意义,指出孔子于《春秋》所定之制"必极于太平而后备",而且后世皆受治于孔子所作之《春秋》。梁启超称:"谨案:《集解》载孔注云:'言天将命孔子制作法度,以号令于天下。'可谓深通微言矣。哀十四年《传》云:'制《春秋》之义,以俟后圣。'盖孔子作《春秋》,皆欲以为后王法。故拨乱世反之正,莫近于《春秋》,其治必极于太平而后备,以至符瑞应之,麟为出游。自孔子没后,至今三千年,俱受治于孔子之《春秋》中,所谓'以夫子为木铎'也。"③

梁启超对孔子改制的理解又不仅仅基于《春秋》经学,其思想当中还有来自经学之外的要素,从其将孔子改制评价为寻常之事可以看出这一点。梁启超在《读〈春秋〉界说》第一条的后半部分称:"可见当日孔子苟获为邦,其制度必有所因革损益明矣。既已不见用,则垂空文以待来者,亦本其平日之所怀者而著之,又何足异乎? 黄梨洲有《明夷待访录》,黄氏之改制也;王船山有《黄书》、有《噩梦》,王氏之改制也;冯林一有《校邠庐抗议》,冯氏之改制也。凡士大夫之读书有心得者,每觉当时之制度有未善处,而思有以变通之,此最寻常事,孔子之作《春秋》亦犹是耳。"④ 此处,梁启超以改制为寻

---

① 如康有为在《孔子改制考》中称:"可见,六经中先王之行事,皆孔子托之,以明其改作之义。""可知,六经中之尧、舜、文王,皆孔子民主、君主之所寄托,所谓尽君道,尽臣道,事君治民,止孝止慈,以为轨则,不必其为尧、舜、文王之事实也。若尧、舜、文王之为中国古圣之至,为中国人人所尊慕,孔、墨皆托以动众,不待言矣。"康有为:《孔子改制考》,见《康有为全集》第三集,第147、150页。
② 《湖南时务学堂答问》,《梁启超全集》第一集,第313—314页。但在收录于《西学书目表》中的《读西学书法》一篇中,关于经学,梁启超列举了十二条说明。其中,第二条为"当知六经皆孔子所作",第四条为"当知六经皆孔子改定制度以治百世之书"。《西学书目表·读西学书法》,见《梁启超全集》第一集,第179页。
③ 梁启超:《〈论语〉〈公羊〉相通说》,见《梁启超全集》第一集,第217页。
④ 梁启超:《读〈春秋〉界说》,见《梁启超全集》第一集,第305页。

常事，体现出其具有现实的针对性，与《变法通议》中对守旧者的揭露相一致。但经学中所讨论的孔子改制与现实中所讨论的变法议题不能完全等同，以孔子改制为寻常之事会影响对孔子的理解。经学中的问题应当在经学的系统中进行思考，但这不意味着经学的问题与现实无关，在运用经学理解和解决现实问题时应注意两者之间的限度与张力。

3.3.3 万世公法与世界主义

梁启超所接触到的国际法思想，也影响着其对孔子改制及以《春秋》为万世法的理解。在《东亚近代文明史上的梁启超》当中，狭间直树以梁启超在《读〈春秋〉界说》中的讨论为例，说明梁启超将国际法思想与《春秋》结合在一起，赋予《春秋》以"思维法则源泉的地位"。狭间直树引用的是《读〈春秋〉界说》中第一条界说"《春秋》为孔子改定制度以教万世之书"的一段："西人果鲁士西亚·虎哥（胡果·格老秀斯，Hugo Grotius，1583—1645）皆以布衣而著万国公法，天下遵之。今孔子之作《春秋》，乃万世公法也。"① 在《变法通议·译书》一篇中，梁启超在论及应译著作时称："其后果鲁西亚士（格劳秀斯），白分道弗（普芬道夫，Samuel Pufendorf，1632—1694）等，以匹夫发明公理，为后世公法之所祖。"②

以《春秋》为万世法的理解与以大同治天下的思想一道，指向梁启超世界主义的理想。而其世界主义的思想倾向具体来说则是在世界各国行孔子的天下一家之说，体现的是止息战争的理想。《读〈孟子〉界说》第七条讨论的便是这个方面。第七条的主旨为："《孟子》言'无义战'为大同之起点。"在具体阐释中，梁启超称："近则公法家大立会以昌其说。"③ 但梁启超的世

---

① 梁启超：《读〈春秋〉界说》，见《梁启超全集》第一集，第305页；狭间直树主讲：《东亚近代文明史上的梁启超》，第35—36页。《东亚近代文明史上的梁启超》一书，是日本学者狭间直树受清华大学国学研究院的邀请，于2012年10月18日至12月6日，在清华大学国学研究院，为"梁启超纪念讲座"第三期所作讲演的讲义。讲演的主题为"东亚近代文明史上的梁启超——以梁启超与日本在文明史上的关系为中心"。"梁启超纪念讲座"前两期的主讲学者为美国学者阿里夫·德里克教授和法国学者巴斯蒂教授。两位学者分别于2010年和2011年作了题为"变革时期中国的文化与历史——全球现代性的视角"及"面向自由和科学理性：清末民初中国留法学生的经验与他们对中国的现代认同的贡献"的讲演。其中，阿里夫·德里克教授讲演的讲义由上海人民出版社于2015年出版，名为《后革命时代的中国》。参见狭间直树为《东亚近代文明史上的梁启超》一书所作的《序言》及编者注。
② 梁启超：《论学校七（〈变法通议〉三之七）译书》，见《梁启超全集》第一集，第83页。
③ 梁启超：《读〈孟子〉界说》，见《梁启超全集》第一集，第301页。

界主义思想是以无国界为理想形态的,相当于康有为在刻画大同时所提出的去国界、去种界、去等级的状态。梁启超在给学生札记写的批文中称:"太平世不行万国公法,而行万人公法。"①"仁者能造成公法世界,智者能造成权力世界,所论两种世界,极通。权力世界亦有两等:一、据乱之权力;二、升平之权力。公法世界亦有两等:一、升平之公法;二、太平之公法。""孟子言'有天民者',语太平世无国界之民也。"②从对万国公法与万人公法的区分、对升平之公法与太平之公法的区分及无国界之民的讲法可以看出,梁启超讨论的公法并不仅仅适用于国家之间,还指向无国界的世界。此外,梁启超对公法的理解还推进了以孔子太平大同之教为万国公法的理解,即其世界主义的思想倾向还意味着世界各国皆受孔子之教。

就本民族来说,以小康治当下之中国,以大同治未来之世界的思想似乎具有矛盾。如果未来世界必然趋向大同,当下为何以小康治一国,重视分别,或者说,若以大同为理想,当下为何以保国、保种、保教来救国。《湖南时务学堂答问》所收录的学生陈其殷的提问触及了这一矛盾。学生的问题为:"尝闻不能保国亦当保种,不能保种亦当保教。又闻欲治天下,必进据乱为小康,进小康为大同。然既言大同矣,何必保种乎,何必保教乎。窃不敢无疑焉。"学生立足于自身的教化传统对梁启超以大同治天下的思想提出疑义,即以大同治天下意味着取消种别与教别,若以取消界别继而实现统一为理想,现阶段为何要思考保种保教。主张以大同治天下则必然面对这一疑问,而且,这是一个很危险的推断,这预示着以大同治天下的理解本身存在问题。其实学生的提问本身亦是有问题的,相当于以大同消解小康,而这一误解是以进化理解小康与大同的关系带来的,所以可以说这是梁启超思想的内在问题。但梁启超本意并不是要降低小康的意义,或者认为可以依大同而取消小康。梁启超亦强调"不可以尊大同而抑小康。"③但基于进化来理解小康与大同不可避免地会带来降低小康的理解。虽然学生的提问是有问题,但其反映出以大同治天下所具有的问题与以进化理解小康与大同所具有的问题,学生的这一提问值得深思。

除了世界主义的指向之外,就国家之间而言,梁启超还将公法理解为自然法则,或者说认为公法意味着自然秩序。如梁启超在给学生唐才质的札

---

① 《湖南时务学堂札记》,见《梁启超全集》第一集,第394页。
② 《湖南时务学堂札记》,见《梁启超全集》第一集,第398页。
③ 《湖南时务学堂答问》,见《梁启超全集》第一集,第324页。

记批文中称:"凡能合群者必有法,蚂蚁之群、蜜蜂之群、鸦鹊雁鹜之群、海狗野豕山羊之群、象之群、猴之群,莫不有其群之部勒条教焉,即如虎豹至猛鸷者也然,不食其同类,即其群之公法也。大约部勒条教愈分明者,则其种愈强,其族之传愈远,此据乱、升平、太平之法所以递进也。"①学生戴修礼在札记中将春秋列国之"公法"与西方公法思想相参照进行思考。梁启超所回复的批文为:"公法者,天地自然之理也,人之所不可一日无者也。凡能合群者必有公法,但问其公法之详密精当与否,而其群之盛衰强弱分焉矣。故禽兽亦有公理,野蛮亦有公法,惟讲之未精耳。春秋、战国之间,为吾中国最文明之运,其公法之昌,文明宜也。凡公法者必非小人之所立,而士君子之立也。周之末叶,列国并争,学派蜂起,而士君子渐有权,故能如是也。"②包括梁启超在内的晚清士人,对公法的理解最早主要来自丁韪良所翻译的《万国公法》。《万国公法》译本的原著为惠顿所著 Elements of International Law,丁韪良将其翻译成中文,并命名为《万国公法》。翻译工作于 1862 年开始,1863 年结束,《万国公法》于 1864 年正式刊行。③ 梁启超在论述中所传达出的将公法等于天地自然之理的理解,亦是《万国公法》本身所具有的意涵,即自然法的思想。佐藤慎一在《近代中国的知识分子与文明》一书中揭示了这一点。佐藤慎一指出:"在国际法学史上,19 世纪后半期是从自然法的国际法学向实定法的国际法学的过渡时期。惠顿的原著是具有浓厚的自然法思想的作品,这种基调在译著中全面继承下来。""要而言之,以《万国公法》为首的这些书籍给读者的印象是,在国际社会中,制约各个国家之间关系的法规体系,就如同自然秩序一样是既定的存在。"④在《万国公法》刊行之后,为了促进公法思想在中国的传播,丁韪良通过编译《公法会通》,将公法思想与儒家的尽性之教联系在一起,提出"教化之旨,既在尽性,则教化之隆,必出公法,盖公法即性法也"的解释。⑤ 再者,丁韪良还写作了《中国古世公法论略》一书,主要论证中国春秋战国时期列国间的关系即是公法

---

① 《湖南时务学堂札记》,见《梁启超全集》第一集,第 398 页。
② 《湖南时务学堂札记》,见《梁启超全集》第一集,第 379 页。
③ 关于丁韪良翻译《万国公法》的过程,参见佐藤慎一:《近代中国的知识分子与文明》,刘岳兵译,南京:江苏人民出版社,2006 年,第 44—49 页、第 157—158 页注释 11。
④ 佐藤慎一:《近代中国的知识分子与文明》,第 33 页。对于公法,除了持有天地自然之理的理解之外,晚清士人还因为不平等条约的原因而认为公法无非是强者压制弱者的合理理由。参见佐藤慎一:《近代中国的知识分子与文明》,第 35—36 页;王中江:《世界秩序中国际法的道德性与权力身影——"万国公法"在晚清中国的正当化及其限制》,《中国儒学》,2017 年。
⑤ 佐藤慎一:《近代中国的知识分子与文明》,第 53 页。

的体现。佐藤慎一评价丁韪良这一做法,称其是为了说服中国人接受公法而进行的有意识的附会。① 时务学堂学生在札记中对这一问题有所讨论,梁启超在批文中也提到丁韪良《中国古世公法论略》这部著作,梁启超称之为《中国古世公法》,《万国公法》《公法会通》和《中国古世公法》三部著作在《西学书目表》中均有著录。

在《论中国宜讲求法律之学》一文中,梁启超强调法具有规定权限的意义,这里所论主要就治一国而言。梁启超首先论述凡为群者必有法,且族群力量越强大,法之条文欲明晰,反之亦然;进而论及圣人为民定法,孔子立三世之法,以示法之当变,且变而日进。接着便讨论到权限的问题,梁启超通过《春秋》之"礼义"来阐明公理与权限,以"礼"为公理,以"义"为权限,且以"举国君民上下,权限划然",进而"使世界渐进于文明大同之域"为"仁人君子心力之为"。此外,梁启超还从现实外交的角度说明讲求法律之学的必要性,"故今日非发明法律之学,不足以自存矣"。再者,法律还是文明与否的标志,"其所以为文明之根原则有定。有定者何?其法律愈繁备而愈公者,则愈文明;愈简陋而愈私者,则愈野番而已"。② 从文明的意义上来讲,梁启超实际上是以大同之"法"为高于西方法律之学意义上的"法",只是现行阶段无以去私为公,故而认为以西方之法治中国,以大同之法治世界。"今泰西诸国,非不知公之为美也,其仁人君子,非不竭尽心力以求大功也。而于国与国、家与家、人与人,各私其私之根原,不知所以去之,是以揆诸吾圣人大同之世,所谓至繁至公之法律,终莫得而几也。故吾愿发明西人法律之学,以文明我中国,又愿发明吾圣人法律之学,以文明我地球,文明之界无尽,吾之愿亦无尽也。"③

在法律观念的影响下,梁启超论及君与民皆当遵守法律。如梁启超在给学生的批文中称:"此亦与《孟子》'桃应问曰'章同例。法者,天下之公

---

① 佐藤慎一:《近代中国的知识分子与文明》,第 54—55 页。
② 梁启超:《论中国宜讲求法律之学》,见《梁启超全集》第一集,第 426 页。梁启超认为文明与否的根源是确定的,但文明与野蛮的界限是不确定的,是相对的,即今日之文明在日后可能被视为野蛮。在《湖南时务学堂札记》收录的批文中,梁启超对这一问题亦有论述。梁启超称:"以稍有政教者与政教大明者相比,则稍有政教者亦不过夷狄而已,故文明、野蛮之界无限也。我方自以为文明,而人之野蛮我者,不知凡几矣,故全在比例而已。今日我视欧美为极文明,数百年后视之,则又为野蛮矣。"梁启超认为这体现的是《春秋》"无畛域也"。《湖南时务学堂札记》,见《梁启超全集》第一集,第 398—399 页。
③ 梁启超:《论中国宜讲求法律之学》,见《梁启超全集》第一集,第 426 页。这篇文章刊登在《湘报》第五号上,于 1898 年 3 月 11 日(光绪二十四年二月二十九日)出版。

法,非天下一人之私法,天子若犯法,亦当按问,此《春秋》所以治天下万世也。"① 在治内与对外的意义上,梁启超区分内公法与外公法,并以《春秋》为内公法。"惟交涉者乃为外公法,《春秋》之外事,非交涉也,不过所治之地不能不有远近先后之别也。故《春秋》实如西人宪法国律之书,实全是内公法也。外公法不过内公法中之一门耳。"② 梁启超的这一论述揭示出,《春秋》所论鲁国与各地之事与晚清时期中国与各国的关系不同。如果结合这一语境之下对《春秋》的理解,则以《春秋》为万世之法是就本国而言,即对中国这一文明共同体来说《春秋》具有万世之法的典范意义。

梁启超所讲的公理公法,指向共同认同的道理,被理解为公理的道理则意味着其在阐述者的思想中具有永恒不变的意义。康有为对公理公法的理解影响着梁启超。梁启超在《三十自述》中称:

> 辛卯(1891年),余年十九,南海先生始讲学于广东省城长兴里之万木草堂。徇通甫与余之请也,先生为讲中国数千年来学术源流,历史政治沿革得失,取万国以比例推断之。余与诸同学日札记其讲义,一生学问之得力,皆在此年。先生又常为语佛学之精奥博大,余凤根浅薄,不能多所受。先生时方著《公理通》《大同学》等书,每与通甫商榷,辨析入微,余辄侍末席,有听受,无问难,盖知其美而不能通其故也。③

《康有为全集》在《实理公法全书》一篇所加按语中称,康有为在自编年谱中将言大同之制的著述命名为《人类公理》,将依几何原理而作的著述命名为《公理书》;按语亦推测,《实理公法全书》可能是《公理书》的修订稿,修订时间为19世纪90年代之初。

康有为在《实理公法全书》中对"实理""公法"以及哪些属于"实理"与"公法"进行了讨论。④ 从总体上来说,康有为先进行了义理与制度的划分,义理对应于实理或公理,制度对应于公法。但义理中除了实理或公理之外,还有私理,制度中除了公法之外还有比例之法或私法,私理与比例之法或私法则是对公理与公法的背离,比例之法当中又有优劣之分。就实理或公理

---

① 《湖南时务学堂札记》,见《梁启超全集》第一集,第366页。
② 《湖南时务学堂札记》,见《梁启超全集》第一集,第384页。
③ 梁启超:《三十自述》,见《梁启超全集》第四集,第108—109页。
④ 康有为:《实理公法全书》,见《康有为全集》第一集,第147—148页。

与公法之间的关系来说,实理或公理是公法的基础和依据。实理或公理主要指几何公理,或者说是"格致家所考明之实理";公法则包括依据几何公理而得出的有益于人道之法,及有益于人道的人立之法。在"总论人类门"的部分当中,康有为将人具有知识,即"智",认定为一条实理,并将"人有自主之权"及"以平等之意,用人立之法"认定为公法的条目。在"人有自主之权"条目之下,康有为加按语称:"此为几何公理所出之法,与人各分原质以为人,及各具一魂之实理全合,最有益于人道。"在"以平等之意,用人立之法"条目之下,康有为加按语称:"人类平等是几何公理。但人立之法,万不能用,惟以平等之意,用之可矣。"①通过康有为的论述,整体上可以明确,康有为阐述公理与公法的依据是几何原理,同时,平等与自主之权分别被认定为公理与公法的内容,包括人具有知识这一点,也被当作公理来理解。这些内容被理解为公理与公法的结果是,在论述过程中,知识、平等、自主之权等内容会被认为是得到认可且无需论证的前提。

3.4 批驳与反思

3.4.1 湖南士绅的批驳

梁启超、谭嗣同、唐才常等的言论引起湖南省守旧派士绅的强烈反对,如叶德辉、王先谦等撰写了很多言辞激烈的批驳性的文章和书信。岳麓书院山长王先谦的门生苏舆将这些著述编辑成书,题名为《翼教丛编》。守旧者所批驳的对象不仅仅是梁启超一人的著述,还涉及时务学堂的教习批文、南学会讲学的内容及《湘报》上刊登的文章。关于守旧派批评的要点,《戊戌变法史述论稿》中有一段概述:

> 当时,《湘报》、时务学堂、南学会,联为一气,互相策应,实际上成为维新派的主要阵地。南学会每次的讲义和答问都刊载在《湘报》上,其中不乏激进言辞,如言素王改制、主张民权之事。《湘报》三月初八刊载

---

① 康有为:《实理公法全书》,见《康有为全集》第一集,第147—148页。康有为对平等的理解也影响着梁启超。在《变法通议·女学》一篇中,梁启超曾讨论教之平等,其主要强调的是男女皆当受教。在论及"诸教之言平等"时,梁启超提到:"南海先生有孔教平等义。"此外,梁启超还提到:"男女平权之论,大倡于美,而渐行于日本。"梁启超:《论学校六(〈变法通议〉三之六)女学》,见《梁启超全集》第一集,第75—76页。

第 3 章　民智与民权：时务学堂时期的教育实践与政治主张　　153

易鼐的《中国宜以弱为强说》一文，大谈"改法以同法"（西法与中法相参）、"通教以绵教"（西教与中教并行）、"屈尊以保尊"（民权与君权两重）、"合种以留种"（黄种人与白种人互婚）为中国以弱为强之策。这些激进言论与时务学堂教习批语成为旧派发起攻击的口实。①

守旧派在批驳梁启超时会关联到康有为②，特别指向康有为的《新学伪经考》与《孔子改制考》，直接指向梁启超的批驳则主要针对其有关民权、平等、学习西学的思想主张。守旧派士绅认为，梁启超主张民权、平等之说是背弃伦常，意味着无君无父，主张学习西学是托西学而欲改制创教，所论为悖谬之言。而且守旧派士绅以清廷亦主张中西并采为例说明他们并不排斥西学，只是梁启超继承康有为之说，所论并非西学，而是康学，"至康、梁今日所以惑人，自为一教，并非西教。其言平等，则西国并不平等；言民权，则西主实自持权"③。

苏舆在为《翼教丛编》作的序言中表达了其对康有为与梁启超思想主张的批驳，他的批驳在很大程度上也体现着湖南守旧派士绅的态度与立场。苏舆称：

　　邪说横溢，人心浮动，其祸实肇于南海康有为。康为人不足道，其学则足以惑世，招纳门徒，潜相煽诱。自黄公度为湖南盐法道，言于大吏，聘康之弟子梁启超主讲时务学堂，张其师说，一时衣冠之伦，罔顾名义，奉为教宗。其言以康之《新学伪经考》《孔子改制考》为主，而平等民权、孔子纪年诸谬说辅之。伪六籍，灭圣经也；托改制，乱成宪也；倡平等，堕纲常也；申民权，无君上也；孔子纪年，欲人不知有本朝也。④

苏舆以梁启超申明康有为思想为由而批驳梁启超或许是不够客观的，对梁启超所论的民权与平等的批评也是带有成见的，但从守旧派士绅的批驳当中可以看出，对于当时的守旧派来说，梁启超的思想主张对他们所持有

---

① 蔡乐苏、张勇、王宪明：《戊戌变法史述论稿》，第 503 页。
② 湖南守旧派士绅将康有为与梁启超并称加以批评，而此时的批评对康梁并称的用法亦产生很大的影响。参见桑兵：《康梁并称的缘起与流变》，见《近代史研究》，2013 年第 2 期。
③ 王先谦：《王祭酒与吴生书谠书》，苏舆编：《翼教丛编》，上海：上海书店出版社，2002 年，第 160 页。
④ 苏舆编：《翼教丛编》，"序"第 1 页。

的思想构成颠覆性的挑战。《翼教丛编》收录了王先谦、叶德辉、刘凤苞等人联名向陈宝箴递呈的《湘绅公呈》，从这篇公呈的叙述中可以看出湖南守旧派士绅的整体态度：

> 上年开设时务学堂，本为当务之急，凡属士民，无不闻风兴起。乃中学教习广东举人梁启超，承其师康有为之学，倡为平等、平权之说，转向授受。原设立学堂本意，以中学为根柢，兼采西学之长，堂中所聘西学教习李维格等，一切规模俱属妥善。至于中学，所以为教本有康庄大道，无取凿险缒幽。梁启超及分教习广东韩、叶诸人，自命西学通人，实皆康门谬种，而谭嗣同、唐才常、樊锥、易鼐辈，为之乘风扬波，肆其簧鼓。学子胸无主宰，不知其阴行邪说，反以为时务实然，丧其本真，争相趋附，语言悖乱，有如中狂。始自会城，浸及旁郡。虽以谨厚如皮锡瑞，亦被煽惑，形之论说，重遭诟病。而住堂年幼生徒，亲承提命，朝夕濡染，受害更不待言。是聚无数聪颖子弟，迫使斫其天性，效彼狂谈，他日年长学成，不复知忠孝节义为何事，此湘人之不幸，抑非特湘省之不幸矣。今皮锡瑞不为珂里所容，樊锥复为邵阳所逐，足见人心不死，率土皆同。从前士绅公议，拟俟梁启超此次来湘，禀请钧夺。昨闻其留京差委学堂，自必另聘教习。窃以为本源不清，事奚由治？伏乞大公祖严加整顿，屏退主张异学之人，俾生徒不为邪说诱惑，庶教宗既明，人才日起，而兼习时务者，不至以误康为西，转生疑阻，学校幸甚，大局幸甚。①

除了批驳梁启超等人所言并非西学而实为康学之外，湖南守旧派士绅所递呈的公启还揭示出梁启超等所论之学并非他们预先所期待的实学。而且，从这份公启可以看出，湖南守旧派士绅攻诘梁启超等人的思想是在梁启超离开湖南之后，即守旧派士绅批驳梁启超等人时，梁启超本人已经不在湖南。再者，在南学会讲学的皮锡瑞当时认同梁启超等人的思想。关于梁启超所论的新学不符合湖南守旧派士绅所期待的实学，《湘省学约》中有进一步的揭示：''究之泰西之学，实出于中国百家之言，载籍具存，班班可考。皇上内抚中夏，外驭诸夷，饬各督抚创建时务学堂，大吏奉而行之，原欲讲求实

---

① 王先谦、叶德辉、刘凤苞等：《湘绅公呈》，见苏舆编：《翼教丛编》，第149—150页。在王猷煃写给王先谦的上书、宾凤阳写给叶吏部的上书中均提到另聘他人主持时务学堂。苏舆编：《翼教丛编》，第156—157页。

学,上副朝廷储才辅治之心。"①就实学的具体内容来说,则以"张尚书《劝学内篇》条举分明,有限有程,可为模范"②。

受业者王猷烺在写给王先谦的上书中,同样表达了梁启超等人言论与湘人预期不符的想法:"迩者自陈中丞莅任以来,创设时务学堂,开办南学会,原欲以开通民智,使士民不狃于故常,不安于固陋,法良意美,夫复何言。乃熊希龄、谭嗣同诸人,悖乱其间,遇事朦蔽,耸抚宪聘康有为之弟子梁启超来湘主讲,专以民权平等、无父无君之说为立教宗旨,论其罪状,何殊叛逆。于是,承其风者,若樊锥,若易鼐,若唐才常等,肆行无惮,显悖伦常,丧心病狂,莫此为甚。此诚学术之关键,风俗之隐忧也。"③

王先谦在给毕永年的回信中就讲学之风蔓延的问题表达担忧,认为蔓延的空谈风气对海军商务等要务来说于事无补,对为学之事亦有不益,而且讲学者还有"择语不慎"的问题。"奚必尽一世之人,相与奔走喘汗,摇唇鼓舌,院设高坐之席,家持警众之铎,然后为一道德而同风俗邪?今国之急务在海军,民之要图在商务,朝士无论矣,草野二三君子,以振兴世道为己任,不思尽心实事,挽救阽危,而相扇以虚名,专意鼓动世俗,即使率土觉悟,太息呼号,而无开济之道。""学问一途惟在心得。畴昔语人云,为政不在多言,学亦如之。""此外会讲诸君,不免被人吹索,报馆之文杂袭鳞萃。或佁口径情,流为犯讪;或党援推奉,自召不平。教人以言,本非易事,况复择语不慎,何谓人言不足畏也。"④

从对西学与时务的理解来看,湖南守旧派士绅的理解实为梁启超所批评的观念,即相当于守旧派士绅用梁启超批评的观念来批评梁启超。梁启超重视西学正是针对洋务派以军械通商等事务为重的倾向,王先谦所论及的当以海军与商务为重在梁启超看来则是当下的问题所在。在如何理解西学的问题上,虽然梁启超在论述中亦有阐述西学之理本为中学所有的理解,但其在评价此种做法时持有的是批评的态度。⑤ 而对于士绅所提及的朝廷提倡西学、创办学堂的做法,梁启超亦有很多批评。可见,从最初梁启超到

---

① 《湘省学约》,见苏舆编:《翼教丛编》,第 150 页。《湘省学约》为岳麓、城南等书院学生邀请士绅订立而成,以此攻击梁启超与时务学堂。参见蔡乐苏、张勇、王宪明:《戊戌变法史述论稿》,第 504 页。
② 《湘省学约》,见苏舆编:《翼教丛编》,第 152 页。
③ 王猷烺:《王猷烺上王院长书》,见苏舆编:《翼教丛编》,第 155 页。
④ 王先谦:《王祭酒复毕永年书》,见苏舆编:《翼教丛编》,第 158 页。
⑤ 关于梁启超这一态度与做法上的差异,及晚清以西学阐释经学的潮流,参见叶纯芳:《经学变形记——晚清学者以西学比附中国经学现象之探析》,见乔秀岩、叶纯芳:《学术史读书记》,北京:生活・读书・新知三联书店,2019 年,第 409—444 页。

时务学堂执教开始,其思想与湖南守旧派士绅的期待便存在根本上的差异。

在批评维新派的思想言论时,守旧派士绅对"新"与"旧"进行了辨析,《湘省学约》"核名实"一条对"新"与"旧"作出了判断:

> 所谓旧者,研经史,阐义理,以及词章训诂,致力颇精,此吾人应修之业,言学者不废也。而株守帖括,迂腐鲜通者,托之曰:吾守旧也,彼其讲求西学,皆异教也。如是而旧之实湮、旧之名病。所谓新者,讲工艺制造之理,通环球政学之要,择善而取,不耻相师,亦吾人应修之业,特以风气初开,从事方众,故别之曰新耳。而为改制创教之说,持平等民权之议,逞一切悖谬之谈者,托之曰:吾维新也,彼其诋我者,皆沮挠新政者也。如是而新之实湮、新之名病。①

守旧派士绅从名实皆正与名实皆悖的角度分别对旧与新进行了说明,名实皆正之"旧"主要指研习经学的方法,名实皆悖之"旧"主要指株守帖括者和拒斥西学者,名实皆正之"新"主要指讲求工艺制造、通晓西方政学,名实皆悖之"新"则主要指向梁启超等人。守旧派士绅认为梁启超等人以维新之名而讲改制传教之学,且以持论不同者为阻碍新政者。若结合他们对西学即朝廷的态度来看,守旧派士绅对梁启超的批评及对自身的定位或许未必能做到客观公允。

《翼教丛编》收录了张之洞发给徐仁铸的函电及梁鼎芬写给王先谦的书信,二人分别对湖南维新士人的言论表达了不满。张之洞在函电中称:"乃近日由长沙寄来《湘学报》两次,其中奇怪议论较去年更甚,或推尊摩西,或主张民权,或以公法比《春秋》。鄙人愚陋,实所未解,或系阁下未经寓目耶?此间士林,见者啧有烦言,以后实不敢代为传播矣。所有以前报赀,已饬善后局发给,以后请饬即日截止,无庸续寄。另将学报不妥之处,签出寄呈察阅。学术既不敢苟同,士论亦不敢强拂。"②梁鼎芬在书信中称:"马关约定数年,又有胶州之事,四夷交侵,群奸放恣。于是崇奉邪教之康有为、梁启超,乘机煽乱,昌言变教,恰有阴狡坚悍之黄遵宪、轻谬邪恶之徐仁铸,聚于一方。同恶相济,名为讲学,实与会匪无异。……上则欲散君权,下则欲行邪教,三五成群,邪说暴作,使湘有无穷之祸,粤有不洁之名。孰不心伤,孰不发指。

---

① 《湘省学约》,见苏舆编:《翼教丛编》,第151页。
② 张之洞:《张孝达尚书电致徐学使书》,见苏舆编:《翼教丛编》,第154页。

鼎芬滥主湖院,日与诸生讲明君父之义、华夷之防,于近日康教尤所深斥。"①

在《翼教丛编》收录的叶德辉的书信中,种与教是较为突出的两个论题。如叶德辉在批评康有为时称:"康有为平日慨然以孔教自任,其门下士持论,至欲仿礼拜堂仪注拜孔子庙。""康有为隐以改复原教之路得,自命欲删定六经,而先作《伪经考》;欲搅乱朝政,而又作《改制考》。其貌则孔也,其心则夷也。"②叶德辉在写给皮锡瑞的信中表明,他认为维新士人的做法属于"破夷夏之防,合中外之教",因而不能苟同:"近世时务之士,必欲破夷夏之防,合中外之教,此则鄙见断断不能苟同者。"③若将这一批评理解为在当下的世界处境中应尊重种族的独立性,那么这一批评是有启发意义的。但叶德辉提出这一批评的背后,是其所持有的轻视西方文明的观念,"将来西教即行于东方,亦不过释、老而已,何必为孔教过虑,并中西为一谈乎"④。不过叶德辉在信中所揭示的,争论过多、张皇过度可能适得其反的提醒,亦是一种警示。他在信中称:"《湘报》著录之论,公论为最博通,而断断于耶稣传教之辨,言多必失,故或为道路所讥评。""天下事,凡张皇太过者,则溃败愈速,今日时务,张皇之过也。"⑤除了书信中的批评之外,叶德辉还针对《中西学门径书七种》所收录的,徐仁铸所作《𬨎轩今语》⑥、康有为所作《长兴学记》、梁启超所作《读〈春秋〉界说》《读〈孟子〉界说》《读西学书法》《幼学通议》一一予以批驳。其批驳的文章收录于《翼教丛编》第四卷当中。《翼教丛编》第四卷还有汨罗乡人所作《〈学约〉纠误》⑦一篇,针对的是收录于《中西学门径书七种》当中的梁启超所作《湖南时务学堂学约十章》及附录《时务学堂功课详细章程》。再者,就直接针对梁启超的批评来说,宾凤阳等人在写给王先谦的上书中,列举了时务学堂梁启超、韩文举、叶觉迈三位教习的

---

① 梁鼎芬:《梁节庵太史与王祭酒书》,见苏舆编:《翼教丛编》,第154—155页。
② 叶德辉:《叶吏部与刘先端、黄郁文两生书》,见苏舆编:《翼教丛编》,第164—165页。
③ 叶德辉:《叶吏部与南学会皮鹿门孝廉书》,见苏舆编:《翼教丛编》,第167页。
④ 叶德辉:《叶吏部与南学会皮鹿门孝廉书》,见苏舆编:《翼教丛编》,第168页。
⑤ 叶德辉:《叶吏部与南学会皮鹿门孝廉书》,见苏舆编:《翼教丛编》,第169页。
⑥ 关于《𬨎轩今语》,宾凤阳在写给叶吏部的上书中提到:"惟近闻《𬨎轩今语》一书乃广东梁启超所作,并非出自徐公手笔,则是推崇异学,煽惑人心者,其罪应有专责。"《戊戌变法史述论稿》评述称:"徐仁铸在思想上更为靠近维新派。他所署名的《𬨎轩今语》,连皮锡瑞看后也认为'多与康、梁说合',旧派则指为梁启超代作。"宾凤阳:《宾凤阳与叶吏部书》,见苏舆编:《翼教丛编》,第169页;蔡乐苏、张勇、王宪明:《戊戌变法史述论稿》,第511页。
⑦ 文中提到,"梁之在学堂教习也,《孟子》《公羊》外无他经焉",并在小字夹注中称,"其章程所举各书,装点门面,询之学堂诸生,乃知其不然"。苏舆编:《翼教丛编》,第139页。

批文并予以指责。①

从守旧派士绅的批驳来看，其攻讦梁启超等人思想时所关注的角度主要在于教与伦常，认为梁启超等人的思想言论对教与伦常是一种背叛。除去守旧派士绅的理解与先见层面的因素之外，其基于教与伦常而展开的批驳对后人具有警醒意义，警醒后人在思变与纳新的过程中思考如何坚守教与伦常这一根基。再者，守旧派士绅的批评也为维新派提供了一个反思的参照，在一定程度上也构成维新思想的限度。

3.4.2 梁启超自身的反思

关于时务学堂时期的思想主张，梁启超在后来的著述中有所反思。在《清代学术概论》中，梁启超言明世界主义与民治主义是当时今文学派的共同主张。如在第二十七篇介绍谭嗣同的部分当中称：

> 《仁学》之政论，归于"世界主义"。其言曰："《春秋》大一统之义，天地间不当有国也。"又曰："不惟发愿救本国，并彼极盛之西国与夫含生之类，一切皆度之。……不可自言为某国人，当平视万国，皆其国，皆其民。"篇中此类之论，不一而足，皆当时今文学派所日倡道者。其后梁启超居东，渐染欧、日俗论，乃盛倡褊狭的国家主义，惭其死友矣。②

此外，在介绍自身思想的第二十五篇开篇中，梁启超对自己评价是今文学派最猛烈的宣传运动者③。在转向主张国家主义之前，梁启超大力提倡

---

① 《宾凤阳等上王益吾院长书》，见苏舆编：《翼教丛编》，第 144—149 页。
② 梁启超：《清代学术概论·二十七》，见《梁启超全集》第十集，第 284 页。
③ 《清代学术概论》，见《梁启超全集》第十集，第 277 页。根据梁启超的叙述，谭嗣同的思想受其影响而有所转变，其思想亦受到谭嗣同的影响，两人分别影响着对方。在《清代学术概论》第二十五篇中，梁启超称："嗣同方治王夫之之学，喜谈名理，谈经济，及交启超，亦盛言大同，运动尤烈。而启超之学，受夏、谭影响亦至巨。"在第二十七篇中，梁启超称："嗣同幼好为骈体文，缘是以窥'今文学'。其诗有'汪、魏、龚、王始是才'之语，可见其向往所自。又好王夫之之学，喜谈名理。自交梁启超后，其学一变；自从杨文会闻佛法，其学又一变。"梁启超对"汪、魏、龚、王"加以注解，说明四者分别指汪中、魏源、龚自珍和王闿运。此外，关于谭嗣同的《仁学》，梁启超称："其所谓新学之著作，则有《仁学》，亦题曰《台湾人所著书》。盖中多讥切清廷，假台人抒愤也。书成，自藏其稿，而写一副本畀其友梁启超，启超在日本印布之，始传于世。"梁启超：《清代学术概论·二十七》，见《梁启超全集》第十集，第 277、282 页。梁启超在《说动》一文中引用了谭嗣同的论述。此外，《说动》一文还论及君权与民权的问题："今夫压力之重，必自有任君权始矣，动力之生，必自参用民权始矣。"《说动》刊登在《知新报》第四十三册上，于 1898 年 2 月 11 日（光绪二十四年正月二十一日）出版。梁启超：《说动》，见《梁启超全集》第一集，第 423、421 页。

"世界主义"。对于"民治主义",在《清代学术概论》第二十四篇中,梁启超指出,《礼运》篇"天下为公,选贤与能"一句,若用时下的讨论进行解释,则是"民治主义"的意涵。① 此外,同样在第二十七篇,介绍谭嗣同的《仁学》思想时,梁启超称"民治主义"是"当时谭、梁一派之根本信条":

> 《仁学》下篇,多政治谈。其篇首论国家起原及民治主义,实当时谭、梁一派之根本信条,以殉教的精神力图传播者也。由今观之,其论亦至平庸,至疏阔,然彼辈当时,并卢骚《民约论》之名亦未梦见,而理想多与暗合,盖非思想解放之效不及此。②

在这段论述中,梁启超对曾经倡言的"民治主义"进行了反思,身处日后的情境反观当时的言论,觉得自己当时所论是平庸而疏阔的。对于当时而言,虽然就梁启超来说,其强调民权并不否定君权,但梁启超等人所倡言的"民治主义"思想依然是革命性的,是颠覆性的,加上"以殉教的精神力图传播"的宣传力度,其言论主张对当时的习俗制度与观念思想均构成极大的冲击,对延续两千年的君主制度与君臣伦理构成根本性的挑战。③ 梁启超、谭嗣同等于当时倡言"民治主义",是在君主制度为现行制度的前提下提倡民治思想,这一主张给当时身处其中的人们带来的革命性与颠覆性的影响是身处后世的人们难以理解和无法想象的。

梁启超在《清代学术概论》中对自己早年的学术观点进行了反思,并表达了对康有为思想的态度。如关于康有为的《新学伪经考》及《孔子改制考》中的思想,梁启超称:"又二年,而千秋卒,启超益独立自任。启超治《伪经考》,时复不慊于其师之武断,后遂置不复道。其师好引纬书,以神秘性说孔

---

① 梁启超:《清代学术概论·二十四》,见《梁启超全集》第十集,第 275 页。
② 梁启超:《清代学术概论·二十七》,见《梁启超全集》第十集,第 283—284 页。
③ 在《清代学术概论》第二十七篇中,梁启超引述了谭嗣同《仁学》下卷批评中国历史与学术的论述:"二千年来之政,秦政也,皆大盗也;二千年来之学,荀学也,皆乡愿也。惟大盗利用乡愿,惟乡愿工媚大盗。"在这段引述后面,梁启超称:"当时谭、梁、夏一派之论调,大约以此为基本,而嗣同尤为悍勇。"此外,梁启超还引述了谭嗣同《仁学·自叙》中的"冲决网罗"之论:"冲决利禄之网罗,冲决俗学若考据若词章之网罗,冲决全球群学群教之网罗,冲决君主之网罗,冲决伦常之网罗,冲决天之网罗。……然既可冲决,自无网罗;真无网罗,乃可言冲决。"梁启超:《清代学术概论·二十七》,见《梁启超全集》第十集,第 283、282 页。

子,启超亦不谓然。"① "启超自三十以后,已绝口不谈伪经,亦不甚谈改制。"②

从梁启超在时务学堂时期呈现的思想来看,在今文学方面,康有为的伪经思想、改制思想与大同思想都给梁启超带来较大的影响——虽然梁启超所持有的理解与康有为不完全相同。在《清代学术概论》中,梁启超对康有为这三个方面的思想均有概述。其中,梁启超对康有为《孔子改制考》与《大同书》③的整体评价为"有为第二部著述,曰《孔子改制考》,其第三部著述,曰《大同书》。若以《新学伪经考》比飓风,则此二书者,其火山大喷火也,其大地震也。"④ 关于康有为的公羊学思想,梁启超的评述为:

> 有为之治《公羊》也,不断断于其书法义例之小节,专求其微言大义,即何休所谓非常异义可怪之论者。定《春秋》为孔子改制创作之书,谓文字不过其符号,如电报之密码,如乐谱之音符,非口授不能明。又不惟《春秋》而已,凡六经皆孔子所作,其人言孔子删述者误也,孔子盖自立一宗旨而凭之以进退古人去取古籍。孔子改制,恒托于古。尧舜者,孔子所托也,其人有无不可知,即有,亦至寻常,经典中尧舜之盛德大业,皆孔子理想上所构成也。又不惟孔子而已,周秦诸子罔不改制,罔不托古,老子之托黄帝,墨子之托大禹,许行之托神农,是也。近人祖述何休以治《公羊》者,若刘逢禄、龚自珍、陈立辈,皆言改制,而有为之说,实与彼异。有为谓改制者,则一种政治革命、社会改造的意味也。故喜言"通三统","三统"者,谓夏、商、周三代不同,当随时因革也。喜

---

① 梁启超:《清代学术概论·二十五》,见《梁启超全集》第十集,第277页。千秋,即陈通甫,卒于1895年。《梁任公先生年谱长编(初稿)》于"光绪二十一年乙未(1895)先生二十三岁"处载:"是年正月,陈通甫千秋卒。"参见丁文江、赵丰田编:《梁任公先生年谱长编(初稿)》,第29页。
② 梁启超:《清代学术概论·二十六》,见《梁启超全集》第十集,第279页。
③ 《大同书》成书于康有为1901—1902年避居印度大吉岭时,但大同思想孕育较早。参见汤志钧:《戊戌变法史》(修订本),第705—741页。
④ 梁启超:《清代学术概论·二十三》,见《梁启超全集》第十集,第273页。对于《孔子改制考》,梁启超的整体评价为:"诸所主张,是否悉当,且勿论。要之,此说一出所生影响有二:第一,清学正统派之立脚点,根本动摇。第二,一切古书,皆须从新检查估价。此实思想界之一大飓风也。有弟子有陈千秋、梁启超者,并夙治考证学,陈尤精治,闻有为说,则尽弃其学而学焉。《伪经考》之著,二人者多所参与,亦时时病其师之武断,然卒莫能夺也。实则此书大体皆精当,其可议处乃在小节目,乃至谓《史记》《楚辞》经刘歆羼入者数十条,出土之钟鼎彝器皆刘歆私铸埋藏以欺后世,此实为事理之万不可通者,而亦为必力持之。实则其主张之要点,并不必借重于此等枝词强辩而始成立。"梁启超:《清代学术概论·二十三》,见《梁启超全集》第十集,第272页。

言"张三世","三世"者,谓据乱世、升平世、太平世,愈改而愈进也。有为政治上变法维新之主张,实本于此。有为谓孔子之改制,上掩百世,下掩百世,故尊之为教主。误认欧洲之尊景教为治强之本,故恒欲侪孔子于基督,乃杂引谶纬之言以实之,于是有为心目中之孔子,又带有"神秘性"矣。①

通过上述的评述可以看出,梁启超在时务学堂时期对公羊学的理解与康有为的理解在很大程度上具有一致性,如重视微言大义,以文字为符号,通过口说传其大义,以三世寓意愈改愈进的过程等。但是,梁启超的理解与康有为的理解亦不完全相同,如其指出康有为的思想异于公羊家传统的思想。另外,在孔子与圣人的关系上,梁启超对康有为的理解也有所怀疑。再者,梁启超将其自身理解带入到对康有为的评述当中,进而评述内容也反映出梁启超自身的思想。如其评价康有为的改制思想带有政治革命、社会改造的意味,认为以神秘性来理解孔子是因为对欧洲之所以强大的原因存在误解。

在距离 1898 年初次离开湖南二十二年之后,梁启超于 1922 年 8 月末再次来到湖南,并进行了四次演讲②。其中,在《湖南教育界之回顾》这篇演讲中,他同样论及湖南时务学堂的情形。除了谈及当时于时务学堂中所讨论的激烈思想之外,梁启超还强调当时学堂中师生间一致的精神与融洽的关系。"不过我觉得与湖南教育界有关系,而且于全国教育界有莫大的影响的,在师弟同学间的精神,能够结合一气,一群人都有浓厚的兴味,联合多方面来注重做事。"③梁启超基于时务学堂师生间一致的精神与融洽的关系表达了对当下学校状况的不满,进而对湖南教育界在保持师生精神与关系方

---

① 梁启超:《清代学术概论·二十三》,见《梁启超全集》第十集,第 273 页。
② 四次演讲分别为:1922 年 8 月 31 日在湖南长沙第一中学作关于"科学的理解与自律的情操"的报告,即《什么是新文化》一篇,演讲内容于 9 月 1 日、2 日出版的长沙《大公报》上连载;9 月 1 日上午在湖南省议会作《祝湖南省宪之实施》报告,报告内容刊登在 9 月 2 日出版的长沙《大公报》上;9 月 1 日下午在长沙遵道会作《奋斗的湖南人》演讲,演讲内容刊登在 9 月 3 日出版的长沙《大公报》上;9 月 1 日傍晚在长沙第一中学作关于"湖南教育界之回顾与前瞻"的演说,但因时间匆促,仅讲述了回顾的部分,即《湖南教育界之回顾》一文,演说的内容刊登在 9 月 3 日出版的长沙《大公报》上。《梁启超全集》第十五集,第 419—421、427—432、433—435、436—439 页。关于梁启超 1922 年在湖南进行的四次演讲及 1897 年与 1922 年两次到湖南的经历,参见张弛:《从兴民权到开民智——梁启超的两次湖南之行》,《云梦学刊》,2013 年第 6 期。
③ 梁启超:《湖南教育界之回顾》,见《梁启超全集》第十五集,第 436 页。

面表达了期待。"回想我在湖南时的时务学堂,以形式与知识而论,远不如现在的学校,但师弟同学间精神结合联成一气,可以养成领袖人才,却比现在的学校强多了。现在的学校,表面虽好,却如做买卖的杂货店,教师是卖货者,学生是买货者,师弟间不发生关系,造就一班水平线的人才则可,要想造就特别的人才,是难能的。希望以后的湖南教育界注意现在时势的需要,采取新式的完备的办法,却亦不要丢却了以前的精神。"[1]梁启超基于当时学堂的师生精神反思当下学校的师生状态,同时亦基于当下的知识状况反思当时的言论主张。梁启超称:"以现在的教育原理和方法看来,那时的教育极幼稚,极可笑。"[2]"那时,我们研究国家政治,亦甚可笑,公然把世界各国分作三等,列为一表,是:(一)头等国——共和国家;(二)二等国——君民共主的国家;(三)三等国——君主专制国。"[3]"当时更有一个发狂的举动,就是想运动湖南独立。"[4]"这皆是我们二十五年前在湖南的离奇思想和举动。"[5]

在这次演讲中,回忆起时务学堂时期与学生讨论的内容,梁启超用幼稚、可笑、发狂、离奇来形容。这些评价可以反映出梁启超在思想上经历了巨大的变化,改变了之前的理解,推翻了之前的主张。同时,梁启超的反思与评价也反映出,在当时特定的时期当中,在具有现代意义的思想与学术方面,一切均处于摸索的阶段。亦如梁启超在回忆中所表达的,当时的很多理解与讨论在后世看来未免有些粗浅,有的甚至难以理解,但若将这些理解与讨论置于当时的环境与语境当中,这些言论主张体现的其实是身处历史真实境遇中的人们面对突如其来的危难与全然陌生的观念时的思考与困惑,体现的是亲身经历者最初也最直接的理解。这些看似粗浅但并非没有道理的理解是不可重复的,亦是真实且宝贵的,其中蕴含着值得后世反思,并能为后世提供启示的问题与思路。再者,不管是当时倾向于接受变化的思想主张,还是倾向于拒斥变化的思想主张,其背后都具有基于自身学术的理论依据与基于时局形势的经验依据作为支撑。所以,这些体现不同立场的思想主张都应该是可以被理解的。如梁启超在《鄙人对于言论界之过去及将

---

[1] 梁启超:《湖南教育界之回顾》,见《梁启超全集》第十五集,第439页。
[2] 梁启超:《湖南教育界之回顾》,见《梁启超全集》第十五集,第436页。
[3] 梁启超:《湖南教育界之回顾》,见《梁启超全集》第十五集,第437页。
[4] 梁启超:《湖南教育界之回顾》,见《梁启超全集》第十五集,第437页。
[5] 梁启超:《湖南教育界之回顾》,见《梁启超全集》第十五集,第437页。

来》一篇演说中,在论及时务学堂师生言论的反对者时所提到的:"盖当时吾之所以与诸生语者,非徒心醉民权,抑且于种族之感言之未尝有讳也。此种言论,在近数年来诚数见不鲜,然当时之人,闻之安得不掩耳。其以此相罪,亦无足怪也。"[①]

---

① 梁启超:《鄙人对于言论界之过去及将来》,见《梁启超全集》第十五集,第30页。

第4章 立宪与共和：
孟德斯鸠对梁启超的影响

4.1 梁启超对孟德斯鸠政体理论的阐释与转化

4.1.1 "近世欧洲四大家"中的孟德斯鸠

戊戌政变之后，梁启超流亡至日本，通过日本学者的译作和著作更为系统地接触到欧洲近代思想家的政治思想。梁启超当时持有一种认知，即十九世纪欧美国家的繁盛，是受惠于十七、十八世纪欧洲思想家之思想学说的结果。就当时的中国来说，中国当时的发展状况还未进入欧美国家十九世纪所处的阶段，因此，当时之中国应当以十七、十八世纪欧洲思想家的思想作为取法的资源。正是基于这一认知，出于为中国提供指引的目的，梁启超辑译了《近世欧洲四大家政治学说》一书，于 1902 年由上海广智书局出版。[①] 书中梁启超分四个部分依次介绍霍布斯（Thomas Hobbes，1588—1679）、洛克（John Locke，1632—1704）、卢梭（J. J. Rousseau，1712—1778）和孟德斯鸠（Montesquieu，1689—1755）的政治思想。四位思想家当中，孟德斯鸠在梁启超早期政治思想形成的过程中又具有格外重要的意义。

从现实制度层面来讲，孟德斯鸠对专制政体及君主政体的刻画成为梁启超批评当时中国政治制度的思想资源。从思想史角度来讲，梁启超在讨论孟德斯鸠思想时所提出的认知，很多在后世成为近乎常识性的理解，例如

---

① 关于梁启超辑译《近世欧洲四大家政治学说》一书的用意，参见梁启超著：《〈近世欧洲四大家政治学说〉自序》，见《梁启超全集》第三集，第 607 页。此外，梁启超还作有《〈近世欧洲四大家政治学说〉例言》，对书中内容的来源进行了说明：书中辑译的内容主要来自中江兆民所译《理学沿革史》，译本原著作者为法国学者富耶，"斯编全从法人阿勿雷脱所著《理学沿革史》中摘译。译者不通法文，所据者又日本名士中江笃介译本也"，洛克部分的内容来自《国民报》的汉译本，"编中陆克学说，乃采用《国民报》汉译本，此报乃东京之中国留学生所设也。不敢掠美，谨识数言，以表谢意"。梁启超：《〈近世欧洲四大家政治学说〉例言》，见《梁启超全集》第三集，第 608 页。

对于君主制即专制的理解、以中国秦以来的政治制度为专制政体的理解，以及在对孟德斯鸠政体分类思想加以转化的基础上融合孟德斯鸠所论英国政体而提出的政体分类方式。从政治美德角度来讲，梁启超将孟德斯鸠所论共和政体美德原则等同于公德，并将其视为现代国家得以建立的基础。在反思历史制度、阐述政治理论及探求国家未来的关键问题上，孟德斯鸠的政治思想均成为梁启超取法的对象。

《近世欧洲四大家政治学说》一书中有关孟德斯鸠的部分，收录的是梁启超此前所作的关于孟德斯鸠的学案——《法理学大家孟德斯鸠之学说》一文。梁启超曾先后两次刊出其所作的学案：在1899年12月13日（光绪二十五年十一月十一日）出版的《清议报》第三十二册上，刊登了《蒙的斯鸠之学说》一文；在1902年3月24日及4月8日（光绪二十八年二月十五日，三月初一）出版的《新民丛报》第四号和第五号上，刊登了《法理学大家孟德斯鸠之学说》一文。《清议报》刊载的《蒙的斯鸠之学说》是一篇未完成稿，《新民丛报》刊载的《法理学大家孟德斯鸠之学说》是一篇完整的学案。形式方面，梁启超在写作后一篇学案时删去了前者中独立成段的按语，将自己的理解直接融入对孟德斯鸠思想的论述当中。

梁启超意识到，孟德斯鸠对后世的政治思想与政治实践具有深远的影响，并给予孟德斯鸠很高的评价，称孟德斯鸠是"地球政界转变一枢纽"①。在概述孟德斯鸠的影响时，梁启超提到，自美国起遍行于世界各国的三权鼎立之制是孟德斯鸠影响后世的表现，世界各国废禁奴隶制是受孟德斯鸠影响的结果，近世司法制度及"慎罚薄刑"原则同样体现着孟德斯鸠的影响。梁启超借用孟子的论述，评价孟德斯鸠是供后世取法的王者之师，"孟子曰：'有王者起，必来取法，是为王者师也。'近世史中诸先哲，可以当此语而无愧者，盖不过数人焉，若首屈一指，则吾欲以孟德斯鸠当之"②。对于孟德斯鸠的著作《论法的精神》，梁启超评价称："既乃成《万法精理》，以千七百五十年公于世，盖作者二十年精力之所集也。此书一出，全国之思想言论为之丕

---

① 梁启超：《自由书·蒙的斯鸠之学说》，《梁启超全集》第二集，第82页。此外，在《论学术之势力左右世界》一文中，梁启超介绍了以学术力量左右世界的思想家，孟德斯鸠为其中之一。梁启超在简要概括孟德斯鸠的学术思想之后，评价孟德斯鸠称："孟德斯鸠实政法学之天使也。其关系于世界何如也。"梁启超：《论学术之势力左右世界》，见《梁启超全集》第二集，第466页。

② 梁启超：《法理学大家孟德斯鸠之学说》，见《梁启超全集》第三集，第148页。

变,真有河出伏流一泻千里之势。"①梁启超从政治思想与政治实践的角度肯定了孟德斯鸠思想学说的意义,强调孟德斯鸠为法国乃至世界带来了巨变。

4.1.2　改造孟德斯鸠的政体分类思想

梁启超在两篇学案的开篇均对孟德斯鸠的生平和著作进行了介绍,并对孟德斯鸠的思想进行了概括。在《法理学大家孟德斯鸠之学说》一文中,梁启超还提到,孟德斯鸠与卢梭和伏尔泰同为抨击法国路易十四、路易十五专制统治的核心人物,而孟德斯鸠又是三者当中用力最多、结果最良者。梁启超对孟德斯鸠思想的整体概括为:

> 蒙氏学说,以良知为本旨,以为道德及政术皆以良知所能及之至理为根基。其论法律也,谓事物必有其不得不然之理,所谓法律也。而此不得不然之理,又有其所从出之本原,谓之法之精神。而所以能讲究此理,穷其本原,正吾人之良知所当有事也。其为术也,凡风俗、政体、人心、家制及人群中一切制度,与法律有关涉者,皆研究之。蒙氏又分各国之政体为三大类,曰专制政体,曰立君政体②,曰共和政体。而于共和政体中,复分两种,一曰贵族政体,二曰平民政体。后世谈政体者,多祖述其说。蒙氏又谓国有三权,一曰立法,议院也;二曰行法,政府各部是也;三曰司法,裁判院也。至今各国制度多采之,谓之三权鼎立之制。蒙氏又论奴隶之制亟当废禁,又论法堂裁审不得施刑拷讯,及陪审员之必当设置。今欧洲文明之国,皆一一行其言。故蒙氏者,实可称地球政界转变一枢纽云。③

---

① 梁启超:《法理学大家孟德斯鸠之学说》,见《梁启超全集》第三集,第 148—149 页。《万法精理》为当时日本学界所采取的译名。《论法的精神》于 1748 年首次出版。关于孟德斯鸠《论法的精神》在晚清时期的译介情况,熊月之在《中国近代民主思想史》中进行了梳理:1768 年,《论法的精神》被翻译成英文;1876 年,何礼之据英文转译为日文;1900 年,中国留日学生主办的《译书汇编》刊载了《万法精理》部分章节的译文;1901 年张相文据日文译为中文,1903 年由上海文明书局出版发行;1904—1909 年,严复以《法意》为题翻译孟德斯鸠《论法的精神》。参见熊月之:《中国近代民主思想史》,上海:上海社会科学院出版社,2002 年,第 332、334 页。
② 梁启超将君主政体(monarchical government)称为立君政体。
③ 梁启超:《自由书·蒙的斯鸠之学说》,见《梁启超全集》第二集,第 82 页。

在这段概述中,梁启超提到孟德斯鸠对法的理解①,提到孟德斯鸠将法与国家气候、地理等自然条件的关系及法与国家制度、风俗等人文条件的关系作为研究对象,而这些关系构成"法的精神"②。此外,梁启超还对孟德斯鸠最广为人知的政体分类思想及"三权鼎立"③思想进行了概括。最后,梁启超提到孟德斯鸠有关奴隶制度的主张及有关刑罚的主张。

孟德斯鸠认为法的精神存在于法与各种事物的关系当中,最先探究的是法与政体性质及原则之间的关系。因为政体对法具有重大的影响,甚至可以说是各种具体的法的源头,所以孟德斯鸠将政体作为优先考察的对象。梁启超对孟德斯鸠政治思想的论述也以政体理论为核心。

在孟德斯鸠的论述当中,政体总体上有三种,分别为共和政体、君主政体和专制政体,其中共和政体包括平民政体和贵族政体。孟德斯鸠对三种政体性质的界定为:"共和政体是全体人民或仅仅部分人民掌握最高权力的政体;君主政体是由一人依固定和确立的法单独执政的政体;专制政体

---

① 在《论法的精神》的开篇,孟德斯鸠讨论了"一般意义上的法",阐述了其对法的理解。孟德斯鸠将法界定为"源于事物本性的必然关系",认为包括上帝、人、物质世界在内的一切存在物均有其法。宇宙世界存在"初元理性",即存在永恒固定的秩序、法则或物质运动的规律,上帝据此创造世界,其亦为上帝曾经所造。这决定了造物主创世不是任意的行为。包括人在内的智能存在物受制于永恒固定的秩序法则,同时他们能够自己创立法则,即在受制于自然法的前提下制定人为法,自然法先于人为法,且高于人为法。孟德斯鸠:《论法的精神》,许明龙译,北京:商务印书馆,2012年,第一章。关于孟德斯鸠对法的理解,夏克尔顿指出,孟德斯鸠将神所制定的自然法与自然科学的物质运动规律结合起来。参见夏克尔顿:《孟德斯鸠评传》,沈永兴、许明龙等译,上海:上海人民出版社,2018年,第十一章。潘戈倾向于认为,孟德斯鸠论述中的神是一种审慎的、具有误导性的隐喻,而孟德斯鸠所讨论的神所依据的法,实际上是为人的理性所认知的物质运行的规律。参见潘戈:《孟德斯鸠的自由主义哲学——〈论法的精神〉疏证》,胡兴建、郑凡译,北京:华夏出版社,2016年,第21—22页。斯克拉的理解与潘戈不同,斯克拉强调,孟德斯鸠认为法一定是被上帝创造的,孟德斯鸠是有神论者,不是无神论者。参见斯克拉:《孟德斯鸠》,李连江译,北京:中国政法大学出版社,2018年,第102页。梁启超从良知出发,或许与潘戈基于人的理性的理解相似,梁启超此处基于良知的理解也可能与译本中的论述有关。

② "法的精神"即 The Spirit of the Laws,"政体原则"为 the principles of the three governments。两者为不同的概念,"法的精神"侧重于法与自然及人文条件的关系,"政体原则"侧重于政体运行的动力。Montesquieu, *The Spirit of the Laws*, Cambridge: Cambridge University Press, 1989, pp. 9, 21;孟德斯鸠:《论法的精神》,第15、30页。

③ 梁启超这里提到的"三权鼎立",在后来的翻译中也经常被称为"三权分立"。蔡乐钊在总结已有代表性研究成果的基础上指出,"三权分立"不是孟德斯鸠本人的讲法,三权当中司法权的位置与立法权及行政权不同。此外,蔡乐钊指出,孟德斯鸠所论司法权应理解为裁判权,所论行政权应理解为执行权,孟德斯鸠的论述具有十八世纪的特征,不能按照后世的观念进行理解。蔡乐钊:《孟德斯鸠分权论研究》,上海:上海三联书店,2016年,第16—17页。

也是一人单独执政的政体,但既无法律又无规则,全由他的个人意愿和喜怒无常的心情处置一切。"①梁启超在介绍孟德斯鸠政体理论时,将孟德斯鸠所论三种政体纳入进化论的框架当中:"凡邦国之初立也,人民皆慴服于君主威制之下,不能少伸其自由权,谓之专制政体;及民智大开,不复统于一人,惟相与议定法律而共遵之,是谓共和政体。此二者其体裁正相反,而介于其间者,则有立君政体,有君以莅于民上,然其威权受法律之节制,非无限之权是也。"②梁启超认为三种政体分别适用于不同的历史阶段,并基于民智进化程度将孟德斯鸠基于经验的对政体类型的刻画解释成一个历史进化的过程。这其中包含着梁启超对当时中国政体问题的现实关切,反映出其对当时中国现行政体的不满及对未来政体选择的构想。

在孟德斯鸠的论述中,君主政体与专制政体的区别在于法的有无。对于君主政体所依据的法,孟德斯鸠称:"君主政体即单独一人依据基本法治国的政体,其性质由中间、从属和依附的权力构成。我谈到了中间、从属和依附的权力,因为在君主政体中,君主是一切政治权力和公民权力的源泉。既然有基本法,那就必然需要一些中间渠道,藉以保障权力得以顺畅行使。因为,一个国家倘若听凭一个人朝令夕改、反复无常,那就什么也定不下来,因而也就没有基本法可言。"③关于君主政体所奉行的"基本法",许明龙在译者注中予以说明:"对于法国而言,基本法大体上包括以下这些内容:继承法,国王庄园的不可转让性,贵族、教会和高等法院的特权,贵族和高等法院中间权力机构的存在等。"④在梁启超看来,孟德斯鸠用以区分君主政体和专制政体的法并非是"真法律",而只是"例案":

> 蒙的斯鸠论立君政体与专制政体之异,其略谓:专制之国,君主肆意所欲,绝无一定之法律,然行之既久,渐有相沿成习之法律以御众。此为政治沿革之第二期。此种政体,威力与法律并行,盖专制之稍杀者也。虽然,其法律非因民之所欲而制定,未可称为真法律,只能谓为例

---

① 孟德斯鸠:《论法的精神》,第17—18页。
② 梁启超:《法理学大家孟德斯鸠之学说》,《梁启超全集》第三集,第149—150页。在《中国专制政治进化史论》一文中,梁启超同样提到了孟德斯鸠的政体理论。参见梁启超:《中国专制政治进化史论》,见《梁启超全集》第三集,第425页。
③ 孟德斯鸠:《论法的精神》,第26页。孟德斯鸠这里没有解释"基本法"的具体内容,而是强调了中间力量在保证基本法有效运行方面的重要作用。在君主政体中,作为中间力量的贵族极为重要,"贵族在一定意义上构成了君主政体的本质"。孟德斯鸠:《论法的精神》,第26—28页。
④ 孟德斯鸠:《论法的精神》,第26页注释1。

案而已。而此例案者，果何物乎？则沿国家旧制，国王之下，有若干之阀阅权贵，皆有自其先世相传之规条，君主或自恣，则此辈辄援例规以规谏之，借以裁制君权，如斯而已。①

梁启超认为，真正的法律应当"因民之所欲而制定"，孟德斯鸠所论君主政体中君主所依据的基本法并非如此，因此不能称其为"真法律"，只能称其为"例案"。"例案"是对国家旧制的延续，是世代相传的规定。这些"例案"对君主构成约束的方式在于，贵族援引其规定用以规谏君主。在梁启超看来，这些因循而来的"例案"及通过贵族发挥效力的制约模式不具有严格的规范性，因而孟德斯鸠所依据的"法律"不足以构成区别君主政体和专制政体的依据。出于这一理由，梁启超认为，孟德斯鸠在政体分类论述中加以区分的专制政体和君主政体不具有实质性的区别。关于孟德斯鸠所论专制政体的含义及中文语境对专制的理解，许明龙在中译本的注释中进行了解释：专制政体（despotic government），在孟德斯鸠笔下，"始终是君主政体因腐败而蜕变成的最坏的政体，其君主即使不是暴君，也与暴君相去不远"，而"专制"在中文语境当中"泛指所有由君主独自掌握政权的政体"，因此，中文语境中的专制，"实际上包括了孟德斯鸠笔下的君主政体和专制政体"。②许明龙认为，在中文语境中，当提到"专制"或"君主制"时，一般会将两者均指向君主专制。这一一般性的理解忽视了民主专制和君主非专制的情况。而中文语境下对专制及君主制的理解，在很大程度上与梁启超对孟德斯鸠所论君主政体与专制政体的判断有关。

虽然梁启超认为孟德斯鸠所论君主政体与专制政体不具有实质性的区别，但其自身并不认为君主国必然实行专制政体，君主立宪政体即是君主国实行非专制的政体类型。更进一步，梁启超认为，君主立宪政体虽然保留了君位，但与君主专制政体存在实质上的区别，反而因为立宪而在实质上更接近于民主共和政体。译自加藤弘之的《各国宪法异同论》(1899)一文在讨论政体问题时指出："政体之种类，昔人虽分为多种，然按之今日之各国，实不外君主国与共和国之二大类而已。其中于君主国之内，又分为专制君主、立宪君主之二小类。但就其名而言之，则共和国不与立宪国同类；就其实而

---

① 梁启超：《自由书·蒙的斯鸠之学说》，见《梁启超全集》第二集，第85页。
② 孟德斯鸠：《论法的精神》，第17页注释1。

言之,则今日之共和国,皆有议院之国也。故通称之为立宪政体,无不可也。"①这一论述揭示出,君主立宪政体与民主共和政体虽然在名义上分属不同的政体类型,但在实质上具有最基本的共同点,而使两者获得实质性共同点的要素即在于立宪。

在《法理学大家孟德斯鸠之学说》一文中,由讨论政体分类思想转向讨论"三权分立"思想时,梁启超称:"孟氏既叙述各种政体,乃论各政体所由立之本原,于是举英国政体,谓此所谓立宪政体,最适于用,而施行亦易,实堪为各国模范。"②梁启超在提到孟德斯鸠所论英国政体时,在表述上使用的是"立宪政体",与讨论政体分类时所使用的"立君政体"的表述不同,而"立宪政体"本不是孟德斯鸠讲法。在孟德斯鸠的论述中,英国的政治体制居于三种政体类型之外,并不能被三种政体类型所覆盖。

在《立宪法议》(1901)中,梁启超提到了政体分类问题,基于"国"与"政"两重标准将政体分为君主专制政体、君主立宪政体与民主立宪政体。梁启超称:"有土地、人民立于大地者,谓之国。世界之国有二种:一曰君主之国,二曰民主之国。设制度、施号令以治其土地、人民,谓之政。世界之政有二种:一曰有宪法之政,二曰无宪法之政。采一定之政治以治国民,谓之政体。世界之政体有三种:一曰君主专制政体,二曰君主立宪政体,三曰民主立宪政体。"③在此基础上,梁启超认为,应将旧译君主之国、君民共主之国和民主之国的译法改为君主专制政体、君主立宪政体和民主立宪政体。④《各国宪法异同论》一文提及三种政体时,梁启超分别以小字夹注的方式指出,专制政体"旧译为君主之国",立宪政体"旧译为君民共主之国",共和政体"旧译为民主之国"。⑤ 结合两处论述可以明确,民主立宪政体即民主共

---

① 《各国宪法异同论》,《梁启超全集》第十八集,第199页。《各国宪法异同论》译自加藤弘之《各国宪法的异同》,参见狭间直树主讲:《东亚近代文明史上的梁启超》,高莹莹译,上海:上海人民出版社,2016年,第54页;郑匡民:《西学的中介:清末民初的中日文化交流》,成都:四川人民出版社,2008年,第195页。

② 梁启超:《法理学大家孟德斯鸠之学说》,见《梁启超全集》第三集,第153页。

③ 梁启超:《立宪法议》,见《梁启超全集》第二集,第278页。梁启超在《立宪法议》一篇的题记中指出,《立宪法议》这篇文章是依内地有志之士的建议而作,以不刺激守旧者的方式阐述其思想主张。"有内地志士某君劝作巽言之论说,使脑质顽旧之徒,其刺激于彼之眼帘者不太甚,庶多读终篇而或省悟焉。余然其言,乃作此等篇。"梁启超:《立宪法议》,见《梁启超全集》第二集,第278页。

④ 政体类型的旧译可见于王韬的论述,如王韬在《重民·下》中称:"泰西之立国有三:一曰君主之国,一曰民主之国,一曰君民共主之国。"王韬:《弢园文新编》,李天纲校,上海:中西书局,2012年,第23页。

⑤ 《各国宪法异同论》,见《梁启超全集》第十八集,第199页。

和政体,立宪也是民主共和政体与君主立宪政体的共同特征。梁启超在《立宪法议》的论述中以立宪替代共和,据此可以看出其以立宪为核心理解共和。梁启超修改译法的用意在于突出立宪,或者说突出宪法的重要性,而其所提出的政体分类方式则是将孟德斯鸠对三种政体的阐述与对英国"三权分立"之制的分析进行整合的结果。梁启超将孟德斯鸠所论三种政体类型中的君主政体并入专制政体,将英国"三权分立"之制称为"立宪政体",纳入三种政体类型当中,从而形成君主专制政体、君主立宪政体和民主共和政体的政体分类方式。梁启超对于政体分类的表述影响了后来思想史领域对孟德斯鸠政体理论的概括,成为思想史领域概括孟德斯鸠政体理论时通行的讲法。

4.1.3 中国专制政体论

梁启超在论述孟德斯鸠讨论君主政体的段落下添加按语称:"蒙氏所谓立君政体者,颇近于中国二千年来之政体,其实亦与专制者相去一间耳。若英国之君民共治,不与此同科也。"[①]即认为孟德斯鸠所论君主政体与中国两千年来的政治制度颇为相似,与专制政体"相去一间",而与英国君民共治的政体不同。这里,梁启超将中国自秦以来两千余年的制度理解为专制政体。他的这一理解直接影响了中国当时乃至后世的思想界,使得中国思想界形成"中国专制政体"这一近乎常识性的认知。

中国古代是否为专制制度是历史学界长期关注并激烈讨论的问题,而将中国自秦以来二千年的政治制度等同于专制的这一理解,学术界倾向于认为,在中文语境当中,正是梁启超最先论及的。侯旭东指出,梁启超最早在《自由书·草茅危言》一文中提到以中国政治制度为专制的理解。[②]侯旭东认为,将中国政治制度视为专制,源于西方对东方的想象与误解,这一理解在晚清时期经由日本学者的翻译与传播,被当时留日的中国学者不加反思地予以接受并加以运用,从而形成中国自秦以后的政治制度为专制的常识性认识,进而总体上认为不应将中国自秦以来二千余年的政治制度简单

---

① 梁启超:《自由书·蒙的斯鸠之学说》,见《梁启超全集》第二集,第 85 页。
② 侯旭东:《中国古代专制说的知识考古》,《近代史研究》,2008 年第 4 期。《草茅危言》为深山虎太郎在《亚东时报》上发表的文章,是基于政体理论而展开的论述,分为《民权》《共治》《君》三篇,梁启超全文摘录,在 1899 年 9 月 15 日出版的《清议报》第二十七册刊出。深山虎太郎《草茅危言》,见《梁启超全集》第二集,第 57—59 页。

概括为专制。① 徐复观指出，虽不能判断将秦政所建立的政体称为专制政体始于何人何书，但专制政体一词的使用或始于梁启超。徐复观进一步指出，专制政体之义来自西方，但若将中国称为专制政体，则中国专制政体与西方专制政体不同。② 钱穆在《国史大纲》"引论"中也表达了不应以专制政体诟病中国政治制度的观点。③

黄敏兰对侯旭东的研究提出质疑，强调"中国专制说"具有中国自身的思想渊源，即晚清时期的专制批判可以追溯至明末清初时期，在以黄宗羲为代表的思想家那里找到源头，西方的思想资源与中国传统自身的思想资源共同构成"中国专制说"的基础。此外，黄敏兰特别分析了梁启超对专制政体的讨论与批评，认为梁启超当时的研究已经颇具学术水准。④

回到梁启超对孟德斯鸠的讨论，从中可以看出，"中国专制政体"正是梁启超在论述孟德斯鸠政体理论时予以阐释的。但梁启超的"中国专制政体"认识不是直接来自于孟德斯鸠对中国的判断⑤，即不是因为孟德斯鸠认为中国属于专制政体，所以梁启超认为中国属于专制政体。梁启超并未提到孟德斯鸠直接论述中国政体的内容，而是运用孟德斯鸠对专制政体与君主政体的刻画批评中国秦以来的政治制度。梁启超出于自身的认知，认为中国自秦以来二千年国民的生存状况，与孟德斯鸠所刻画的专制政体及君主政体中的情形相似，故而将中国秦以来二千年的政治制度与专制政体等同起来。

---

① 侯旭东：《中国古代专制说的知识考古》，《近代史研究》，2008年第4期。
② 参见徐复观：《两汉思想史》（一），北京：九州出版社，2013年，第120—121页。关于专制概念在晚清时期的含义，参见蒋凌楠：《晚清"专制"概念的接受与专制历史谱系的初构》，《史学理论与史学史学刊》，2015年。
③ 参见钱穆：《国史大纲》（上册），北京：商务印书馆，2010年，第14—15页。
④ 黄敏兰：《质疑"中国古代专制说"依据何在——与侯旭东先生商榷》，《近代史研究》，2009年第6期。
⑤ 对于中国政体，孟德斯鸠一面将中国政体归入专制，认为"中国是一个以畏惧为原则的专制国家"，一面认为中国政体没有完全堕落，而是取得了成功。"由于某些特殊的或许是独一无二的情况，中国的政体没有达到它所应该达到的腐败程度。大多基于气候的物质原因抑制了这个国家里的道德原因，进而演绎出了种种奇迹。"孟德斯鸠：《论法的精神》，第150—152页。孟德斯鸠认为，中国政体成功的原因在于礼制："中国的政体大获成功，原因就在于一丝不苟地遵守礼仪。"孟德斯鸠：《论法的精神》，第365页。孟德斯鸠指出，礼仪承载了混合"宗教、法律、习俗和风尚"的训诫、伦理与美德，通过礼仪进行治理是中国政体独有的特点。只要通过礼仪展开的伦理、美德之教能够一丝不苟地得到施行，国家就可以被治理得很好；反之，一旦其遭到败坏或者被抛弃，国家就会陷入混乱。孟德斯鸠：《论法的精神》，第365—368页。关于孟德斯鸠对中国的理解，参见李猛：《孟德斯鸠论礼与"东方专制主义"》，《天津社会科学》，2013年第1期。

4.2 关联于教育的专制批判

4.2.1 作为批判资源的政体原则学说

孟德斯鸠对专制政体原则和君主政体原则的论述,为梁启超的专制批判提供了思想资源。在孟德斯鸠的讨论中,紧随三种政体性质及其相关的法的内容之后,是三种政体原则的内容。孟德斯鸠称:"性质决定政体,原则推动政体(makes it act),这就是政体的性质和原则的区别。前者是政体的特殊结构,后者是推动政体的人的情感(the human passions that set it in motion)。"①据此,政体原则是维持、支撑并推动政体运行的力量。孟德斯鸠对三种政体原则的概括为:共和政体以美德(virtue)为原则;君主政体以荣誉(honor)为原则;专制政体以畏惧(fear)为原则。②

对于君主政体的原则"荣誉",孟德斯鸠指出:"荣誉的性质是索求优遇和赏赐。"③"荣誉"意味着对荣誉和赏赐的追求。作为君主政体的原则,其推动政体运行的原理在于,"荣誉使政治集团的各部分动起来,通过自己的作用把它们连接起来。这样一来,各部分自以为在追求各自的特殊利益,实际上却都向着公共利益会聚"④。君主政体之下,人们追求自身尊贵荣耀的行为客观上维持、支撑并推动着政体的运行。但孟德斯鸠亦提到,君主政体中人们对尊贵荣耀的追求往往是一种虚假的荣誉:"就哲理而言,引导国家各个部分的是一种虚假的荣誉,可是,这种虚假的荣誉却有益于公众,恰如真实的荣誉有益于能得到它的那些人一样。"⑤君主政体实际上具有虚伪矫饰的风尚,允许献媚(gallantry)和权术(deceit),"君主政体中的风尚远不如共和政体中的风尚纯正"。⑥

梁启超在论述孟德斯鸠君主政体原则学说时对君主政体矫伪的风气有所揭示:

---

① 孟德斯鸠:《论法的精神》,第 30 页。
② 孟德斯鸠:《论法的精神》,第 30—41 页。
③ 孟德斯鸠:《论法的精神》,第 36 页。
④ 孟德斯鸠:《论法的精神》,第 37 页。
⑤ 孟德斯鸠:《论法的精神》,第 36—37 页。
⑥ 孟德斯鸠:《论法的精神》,第 43—45 页。

> 蒙的斯鸠曰：立君政体之国，其所以持之经久，使不坏裂者，有一术焉。盖一种矫伪之气习深入于臣僚之心，即以爵赏自荣之念是也。彼立君政体之国，其臣僚皆怀此一念，于是各竞于其职，孜孜莫敢怠，以官阶之高下、禄俸之多寡互相夸耀，因此一念，群臣皆自修饰，或致身效死，以徼身后之荣。究其实，则全属一种矫伪之气而已。
>
> 又曰：立君政体，欲其不速归灭亡，必其君主有好名之心，有自重之意，以己身之光荣与国家之光荣合而为一，如是则必有希合民心勉强行道之事，而其国亦得以小康。虽然，君主好名之极，而群臣之中无高爵硕望可以钤制之者，其君主必自视如鬼神，一无顾忌。①

梁启超基于孟德斯鸠的论述揭示出君主政体存在两方面问题：其一，群臣皆怀矫伪之气；其二，君主容易无所顾忌并专任权力。正是因为君主政体"荣誉"原则本身的特质，使得梁启超用其批评中国的政治制度。梁启超在《蒙的斯鸠之学说》一篇的按语中称："任案：中国二千年来所谓贤君令辟者，其得致小康皆赖此也。然如本朝之高宗，亦所谓好名之极，正自视如鬼神者也。"②梁启超这里即是由孟德斯鸠对君主政体原则的讨论引申到对中国历史上君主的批评。

4.2.2 "专制政体无教育"

因为政体规定着人们的生活方式，所以对政体的分析应当围绕着政体对生活于其中的人的影响。达朗贝尔在为孟德斯鸠所作的《孟德斯鸠庭长先生颂词》中称，孟德斯鸠写作《论法的精神》是为人民谋福祉，换言之，使公民获得幸福的生活是孟德斯鸠的愿望。这一点构成梁启超与孟德斯鸠之间隐含的关联，梁启超在批评中国政治制度、思考如何建立现代中国的过程中，时刻关注的也是制度将为国民带来怎样的影响，并重视制度的教育意义。

在讨论专制政体的原则时，孟德斯鸠提到"必须以畏惧窒息一切勇气，扑灭野心于萌芽状态"，君主"高扬的手臂"一刻也不能放下。③ 可见，专制政体的统治时刻处于高压的状态。在这样的统治前提下，教育完全丧失了培养心志的功能，沦为达到统治目的的手段。孟德斯鸠在《论法的精神》第

---

① 梁启超：《自由书·蒙的斯鸠之学说》，见《梁启超全集》第二集，第85页。
② 梁启超：《自由书·蒙的斯鸠之学说》，见《梁启超全集》第二集，第85页。
③ 孟德斯鸠：《论法的精神》，第38页。

四章第三节讨论了专制政体的教育：

> 君主政体的教育旨在提升心志，专制政体的教育则旨在降低心志。因此，这种教育必须是奴役性的。
>
> 绝对服从既意味着服从者的无知，也意味着发号施令者的无知，因为他无须思索、怀疑和推理，只需表示愿望就可以了。
>
> 在专制政体中，每个家庭都是与他人隔绝的帝国。目的在于传授如何与人共处的教育，在这里变得十分狭窄，被简化为接受畏惧心理和某些极为简单的宗教原则常识。知识招致危险，竞争足以惹祸。
>
> 因此，从某种意义上来说，专制政体无教育。它先取走一切，然后才给予一点点，把人先培养成不良臣民，然后再把他们培养成奴隶。①

根据孟德斯鸠的论述，有益于心志的教育在专制政体中处于缺失的状态，专制政体只需要依靠强力使政体中的人们产生畏惧与服从的心理，所谓的教育则以控制与奴役为目的。与教育的情况相似，专制政体中的法律同样指向控制与奴役。在第五章第十四节中，孟德斯鸠指出："对于那些怯懦、愚昧和委靡的民族来说，法律无需更多。""驯兽时切忌更换主人、课程和姿态，要让牲畜牢牢记住的只是两三个手势，无需更多。"②

从孟德斯鸠的论述中可以看出，在讨论专制政体时，他除了揭示专制政体令人窒息的压制与令人畏惧的强力之外，还特别关注专制政体及与之相适应的法对人的影响，揭示出政体影响国民心志与性格的道理。专制政体无法为人们提供幸福的生活，从根本上来说不是值得追求的政体类型。在梁启超看来，孟德斯鸠所论三种政体中，君主政体的矫伪之气与专制政体的奴役统治均是制度的弊端，对国民造成恶劣的影响。政体对国民的影响是梁启超进行制度批判时关注的一个重要面向。与孟德斯鸠关注政体对国民的影响相一致，梁启超在两篇学案中围绕专制政体的讨论同样聚焦于这一面向，揭露专制政体对国民性的影响：

> 孟氏以为，专制政体绝无法律之力行于其间，君主专尚武力以慴其民，故此种之政，以使民畏惧为宗旨，虽美其名曰辑和万民，实则研丧元

---

① 孟德斯鸠：《论法的精神》，第46页。
② 孟德斯鸠：《论法的精神》，第74页。

气,必至举其所赖以立国之大本而尽失之。昔有路伊沙奴之野蛮,见树果累累,攀折不获,则以斧仆其树而捋取之。专制政治,殆类是也。然民之受治于其下者,辄曰:但使国祚尚有三数十年,吾辈且假日偷乐,及吾死后,则大乱虽作,复何恤焉。然则专制国民之姑息偷靡,不虑其后,亦与彼蛮民之斫树采果者无异矣。①

专制政体通过武力威慑的方式施行统治,畏惧原则的实际后果是"斫丧元气",即摧毁国民精神,这相当于政体在进行自我瓦解,斩断自身的立国之本。孟德斯鸠在《论法的精神》第五章第十三节"什么是专制主义"这部分内容中,用"路易斯安那蛮人摘果子"的例子说明专制政体的腐化本质,即梁启超在论述中提到的类比。孟德斯鸠称:"路易斯安那的蛮人想要果子的时候,就把果树从根部砍倒,然后采摘。这就是专制政体。"②专制政体使民畏惧的统治方式决定了其腐化的本质,生活于其中的国民长期处于威慑统治之下,形成只求苟安的心态,对制度潜在的危机漠不关心,认为当下无需忧虑日后的动乱。由此也可以看出专制政体对国民心志的影响:磨灭国民志向,堕落国民心性。

关于专制政体对国民性的影响,梁启超进一步论述称:

> 又曰:凡专制之国,必禁遏一切新奇议论,使国民颓然不动,如木偶然。其政府守一二陈腐主义,有倡他义者,则言为畔道,为逆谋。何也?彼其宗旨固以偷一时之安为极则也,以故务驯扰其民,若禽兽然,时时鞭挞之,使习一二技艺以效己用。民既冥顽如禽兽矣,则其中有一极狞恶而善威吓者,则足以统御之。不宁惟是,乃至不必以人为君,而治之有余。昔瑞典王查理第十二尝有所命于元老院,元老院不奉诏,王曰:卿等若犹不从,朕将以一履强命卿等。元老遂唯唯不敢违。由此观之,一履犹可以御民,故曰不必以人为君,而治之有余也。③

专制政体禁遏议论,控制国民的思想言论,施行奴役国民的统治。以驯

---

① 梁启超:《法理学大家孟德斯鸠之学说》,见《梁启超全集》第三集,第 150 页。
② 孟德斯鸠:《论法的精神》,第 74 页。
③ 梁启超:《法理学大家孟德斯鸠之学说》,见《梁启超全集》第三集,第 150 页。引文结尾部分,瑞典国王查理二世对元老院的反对者称寄回一只靴子替他执政的例子,见孟德斯鸠:《论法的精神》,第 75 页。

服禽兽类比专制政体的驭民方式,正是对专制政体弊病的严厉批判。在专制政体中,人们虽然对暴力充满畏惧与憎恶,但依然选择屈从。"人类的天性似乎将会不断地起而反对专制政体。可是,尽管人们热爱自由,憎恶暴力,大多数民族却依然屈从于专制政体之下。"①人们选择屈从,很大程度上是基于专制政体下形成的惰性与惯性。专制政体的驯服政策本质上以愚民为目的,生活于其中的国民形成被奴役的性格,堕落国民心志是专制政体的弊病。制度不仅是统治的方式,还是教化的方式,制度深刻且长远地影响着国民,直接影响国民的性情与能力。

从长远来看,驯服终究会引发反抗,专制高压下的统治看似稳定,实则蕴含着动乱的因素:

> 孟氏又曰:凡专制之君主,动曰辑和其民,其实非真能辑和也。何也?以彼夺民自由权,使民畏惧为本旨故也。夫民者,固有求自保之性者也,而畏惧之心与求自保之性又常不相容,然则专制之国,必至官与民各失其所愿望而后已,无他,其中之机关,本自有相抵牾者存也。故只能谓之苟安,不能谓之辑和。辑和者,人人各有所恃以相处而安其生也;苟安者,一时无战乱而已。故专制国所谓太平,其中常隐然含扰乱之种子。②

由此可以看出,专制政体自身具有导向混乱的因素,其统治之下的和平无非是暂时的苟安,只是一时没有战乱而已。孟德斯鸠在论述中称:"专制政体的原则是畏惧,而这个原则的目的是安定;但是,安定绝不是太平,而是敌人即将占领的那些城市的缄默。"③此外,孟德斯鸠指出:"只有在气候、宗教、形势和人民的才智等因素所形成的局势下,它被迫遵循某些秩序并接受某些规则时才得以维持。这些因素对专制政体性质的影响至巨,却不能

---

① 孟德斯鸠:《论法的精神》,第 79 页。孟德斯鸠解释这一现象称:"这不难理解。想要组成一个宽和的政府,就必须整合各种权力,加以规范和控制,使之发挥作用,并给其中的一种权力添加分量,使之能与另一种权力相抗衡。这是立法上的一件杰作,偶然性很难成就它,审慎也很难成就它。反之,专制政体则是一目了然,无论在何地,它都一模一样,只要有愿望就能把它建立起来,所以这件事谁都能干。"孟德斯鸠:《论法的精神》,第 79 页。李猛据此揭示出专制政体是立法失败的结果。参见李猛:《孟德斯鸠论礼与"东方专制主义"》,《天津社会科学》,2013 年第 1 期。
② 梁启超:《法理学大家孟德斯鸠之学说》,见《梁启超全集》第三集,第 150 页。
③ 孟德斯鸠:《论法的精神》,第 76 页。

使之改变。专制政体的凶残依然如故,只不过一时被驯服而已。"①梁启超借用孟德斯鸠提出的专制政体自身固有扰乱因素这一判断,说明专制政体内发生革命是必然的,因为只要专制政体没有被推翻,政治共同体就会不断地、重复地陷入混乱当中。在《新民说·论进步》一篇中,梁启超在引述孟德斯鸠讨论的基础上称:"故扰乱之种子不除,则蝉联往复之破坏,终不可得免。"②专制政体的不稳定性同样是其畏惧原则所决定的,缺乏教育、只凭威慑的统治必然无法获得稳定的秩序。

4.2.3 引用孟德斯鸠进行专制批判

初到日本的几年,大概是1899—1902年,梁启超在思想上深受孟德斯鸠的影响。而反思批判中国的政治制度是梁启超这一时期文章写作的重要议题,在展开制度批判时,梁启超常常提及孟德斯鸠及其思想。③ 在《国民十大元气论》(1899)一文中,梁启超运用孟德斯鸠对君主政体允许献媚的刻画,批评当时中国国民"望人之助""仰人之庇"的不独立的精神状态。梁启超称:"孟德斯鸠曰:凡君主国之民,每以斤斤之官爵名号为性命相依之事,往往望贵人之一颦一笑,如天帝、如鬼神者。孟氏言之,慨然有余痛焉。而不知我中国之状态,更有甚于此百倍者也。"④

《国民十大元气论》又名《文明之精神》,是一篇未完成稿。在这篇文章中,梁启超将"精神"称为"元气":"所谓精神者何?即国民之元气是矣。"⑤ "精神"或"元气"决定着个人及国家的生死存亡,"人有之则生,无之则死;国有之则存,无之则亡"⑥。因此,梁启超将其视为国民所以立身的基础,同时也是国家所以立国的基础。而国家的成立以国民为基础,故而国民之"精神"或"元气"是国家之"精神"或"元气"得以凝聚的前提,进而也是国家得以成立的前提。"国所与立者何?曰:民而已。民所以立者何?曰:气而已。"⑦梁启超在文中还提到文明存在形质与精神的区分,"文明者,有形质焉,有精神焉",其中,形质文明亦有虚实之分,可分为形质之形质与形质之

---

① 孟德斯鸠:《论法的精神》,第141页。
② 梁启超:《新民说·论进步》,见《梁启超全集》第二集,第581页。
③ 关于梁启超对专制制度的批评,参见翁为有:《梁启超对专制体制批判之发覆》,《清华大学学报》(哲学社会科学版),2020年第5期。
④ 梁启超:《国民十大元气论》,见《梁启超全集》第二集,第219页。
⑤ 梁启超:《国民十大元气论》,见《梁启超全集》第二集,第218页。
⑥ 梁启超:《国民十大元气论》,见《梁启超全集》第二集,第217页。
⑦ 梁启超:《国民十大元气论》,见《梁启超全集》第二集,第218页。

精神,"故衣食、器械者,可谓形质之形质,而政治、法律者,可谓形质之精神也"。① 从习得的难易程度上来说,"求形质之文明易,求精神之文明难"。② 即在形质之文明当中,相较衣食、器械等形质之形质,政治、法律等形质之精神更难求得。而对于文明之精神来说,文明之精神必须通过涵养来获得,并且需要通过精神之感召来获得,"若夫国民元气,则非一朝一夕之所可致,非一人一家之所可成,非政府之力所能强逼,非宗门之教所能劝导","求精神之精神者,必以精神感召之"。③

梁启超此文告诫时人,学习西方文明,不应只学习其形质,更重要且更根本的是学习其精神。这篇文章体现出梁启超基于文明的视角思考中西问题,基于形质与精神的划分来理解文明的不同层面,同时也呈现出梁启超对向西方学习的现状具有觉知并且进行反思。此外,精神需要通过涵养来获得,需要以精神来感召,这暗示出制度在培育精神方面的作用是有限的,精神需要制度之外的途径加以培育。郑匡民指出,梁启超这里的讨论受到了福泽谕吉《文明论概略》的影响,福泽谕吉在《文明论概略》中对"显现于外之事物"的"外表之文明"与"存在于内之精神"的"内里之文明"的讨论影响了梁启超有关文明之形质与文明之精神的论述。④

在《中国积弱溯源论》(1901)一文中,梁启超分析了造成中国积弱状态的原因。文章总体上认为,对于国家积弱的现状,国民与政府均负有责任,分别造成了"积弱之源于风俗者"与"积弱之源于政术者"。梁启超指出,风俗方面的问题在于国民,具体指:国民存在奴性、愚昧、为我、好伪、怯懦⑤和

---

① 梁启超:《国民十大元气论》,见《梁启超全集》第二集,第 217—218 页。
② 梁启超:《国民十大元气论》,见《梁启超全集》第二集,第 217 页。
③ 梁启超:《国民十大元气论》,见《梁启超全集》第二集,第 218 页。
④ 郑匡民:《梁启超启蒙思想的东学背景》,上海:上海书店出版社,2009 年,第 66—69 页。福泽谕吉的讨论另有欧洲思想的源头,梁启超在日本通过日本学者的著作与译作了解西方思想。
⑤ 在讨论怯懦问题时,梁启超提到经典之教对国民风俗的影响。梁启超称:"中国民俗,有与欧西、日本相反者一事,即欧、日尚武,中国右文是也。此其根源,殆有由理想而生者。《中庸》曰:宽柔以教,不报无道,南方之强也。《孝经》曰:身体发肤,受之父母,不敢毁伤。《孟子》曰:好勇斗狠,以危父母,不孝也。凡此诸论,在先圣昔贤,盖有为而言,所谓言非一端,各有所当者也。降及末流,误用斯言,浸成锢疾,以冒险为大戒,以柔弱为善人……抑岂不闻孔子又有言曰:能执干戈以卫社稷,可无殇也。"梁启超:《中国积弱溯源论》,见《梁启超全集》第二集,第 262 页。梁启超在这段论述中提到的"理想"指的是经典所传授的内容。梁启超这里试图说明的是,表面上看,当时中国积弱的状态似乎与经典所教授的内容有关,但其实并非如此。经典中记载的先圣先贤之教均有其具体的指向,各有其侧重与目的,而后世的风俗,如怯懦,乃是后人执偏误用经典所致。不能将习俗中带有偏见性的解读等同于经典教化的本义,由此,亦不能将现实社会中存在的问题归咎于经典。

无动的不足与陋习;政术方面的问题在于政府,具体指:政府施行驯之之术、餂之之术、役之之术和监之之术。在这部分内容中,梁启超多次引用孟德斯鸠的讨论,以批评国民的奴性心态,及专制政府以使民服从为目的、以诱导为手段、以使民畏惧为宗旨。① 在《中国专制政治进化史论》一文中,梁启超指出,中国专制政治进化之极,使得纵然是在西方带来巨大影响的思想家如卢梭与孟德斯鸠,亦难以撼动当时的国民思想。"听吾自生自灭于此大块之上,而吾又谁怨而谁敌也? 于是乎虽有千百卢梭,千百孟德斯鸠,而所以震撼我国民、开拓我国民之道,亦不得不穷。何以故? 彼有形之专制,而此无形之专制故;彼直接之专制,而此间接之专制故。专制政体进化之极,其结果之盛大壮实而颠扑不破,乃至若是。"② 在《新民说·论私德》一篇中,梁启超分析私德堕落的原因时于第一条便指出,私德堕落"由于专制政体之陶铸"。梁启超引用孟德斯鸠揭示专制政体内缺乏有德之臣民的论断,进而说明无论古今中西,君主政体当中为臣者大多为"庸劣、卑屈、嫉妒、阴险之人",与之相应,平民则多诈伪、卑屈、寡廉耻之人。在此基础上,梁启超称:"故专制之国,无论上下贵贱,一皆以变诈倾巧相遇,盖有迫之使不得不然者矣。若是乎专制政体之下,固无所用其德义,昭昭明甚也。"③梁启超这里特别从德义,即美德的角度,对专制政体提出批评,指出专制政体不用德义的制度缺陷。同时,这里也从反面揭示出,理想政体应当关照和涵养国民的美德。

无论是在孟德斯鸠的论述当中,还是在梁启超关于中国政治状况的讨论当中,对专制政体的批判都触及了制度的教化作用。基于制度对国民的

---

① 梁启超:《中国积弱溯源论》,见《梁启超全集》第二集,第 256—270 页。梁启超在题记中称,此文为近著《中国近十年史论》一书的第一章,由澳洲将原稿寄回,亟刊报。《梁启超全集》在注释中对文章命名的问题予以说明:"《清议报》原题《中国近十年史论》,自何擎一编《饮冰室文集》始改用现题,《合集》本从之,遂以此篇名行世。"梁启超:《中国积弱溯源论》,见《梁启超全集》第二集,第 252 页"注释"。狭间直树指出,这篇文章作于梁启超访澳末期,在夏威夷和澳洲的经历改变了梁启超的建国思路,其实践方向转向国民主体。梁启超改造国民的思想与其国家主义思想相一贯,共同酝酿出《新民说》这部著作。参见狭间直树:《〈新民说〉略论》,见狭间直树编:《梁启超·明治日本·西方——日本京都大学人文科学研究所共同研究报告》(修订版),第 65 页;狭间直树主讲:《东亚近代文明史上的梁启超》,第 73—74 页。

② 梁启超:《中国专制政治进化史论》,见《梁启超全集》第三集,第 444 页。

③ 梁启超:《新民说·论私德》,见《梁启超全集》第二集,第 634 页。关于私德堕落的原因,梁启超共讨论了五点,除第一点"由于专制政体之陶铸"之外,另外四点依次为,"由于近代霸者之摧锄""由于屡次战败之挫沮""由于生计憔悴之逼迫""由于学术匡救之无力"。

深远影响,孟德斯鸠与梁启超批评专制政体存在缺少教育、不重德义、堕落心志的问题。梁启超甚至在反思中国专制政治时最先考虑制度对国民的影响,"万事不进,而惟于专制政治进焉,国民之程度可想矣"①。由此可见,制度对于国民的教化意义不只是评判制度时应当予以思考的一个面向,而应成为最主要的关切。美善的制度涵养心志,恶劣的制度则会戕害心志,专制政体的弊病很大程度上在于对心志的戕害。在《新民说·论进步》一篇中,梁启超分析当时中国群治濡滞的原因,其中一条为"专制久而民性漓",这一条同样立足于制度影响国民心性的角度。梁启超将西方现代天赋人权观念与孟子对人性的讨论结合在一起,在论述中将权利视为国民本性,认为依国民之自由与自治即可以使群治蒸蒸日上,但专制统治作为桎梏戕害本性的因素,窒碍了国民的本性,导致了群治濡滞的结果。② 专制统治戕害本性的具体表现为:"役之如奴隶,防之如盗贼,则彼亦以奴隶、盗贼自居。"③ 梁启超进一步揭示出,造成群治之不进的原因在于国民不顾公益,而国民不顾公益的状态正与此种自为奴隶与盗贼的心态有关,形成这一心态的原因则在于专制政体下统治者奴役国民的统治方式。"故夫中国群治不进,由人民不顾公益使然也;人民不顾公益,由自居于奴隶、盗贼使然也;其自居于奴隶、盗贼,由霸者私天下为一姓之产而奴隶、盗贼吾民使然也。"④ 按照梁启超的论证逻辑,专制造成了依赖与自私的民性,使得国民不怀有公心、不关心公益,故而产生群治濡滞的现状。梁启超这里不仅强调了制度之于国民心性的影响与意义,还提示出在国民心性当中,公心对于政治共同体尤为重要,或者说,公德是国民不可或缺的美德。而专制政体从根本上不重视美德,亦无意于培养公德。与专制政体相对,公心或者说公德是共和政体的核心关切,是共和政体的原则。公心或公德的培养需要依靠教育,因而"共和政体需要教育的全部力量"⑤。由此,在公德及教育方面,相较于专制政体,共和政体具有绝对的优势。

---

① 梁启超:《中国专制政治进化史论》,见《梁启超全集》第三集,第 424 页。
② 梁启超:《新民说·论进步》,见《梁启超全集》第二集,第 578 页。
③ 梁启超:《新民说·论进步》,见《梁启超全集》第二集,第 578—579 页。
④ 梁启超:《新民说·论进步》,见《梁启超全集》第二集,第 579 页。
⑤ 孟德斯鸠:《论法的精神》,第 47 页。

4.3 基于共和主义视角的理解

4.3.1 全体国民掌握最高权力

孟德斯鸠在《论法的精神》中所讨论的共和政体主要指古典共和政体，共和政体分为民主政体与贵族政体。① 民主共和政体中，全体国民掌握最高权力。对于国民掌握最高权力的内容，梁启超在《法理学大家孟德斯鸠之学说》中论述称：

> 次乃论共和民主之政……若夫共和政治，则人人皆治人者，人人皆治于人者。盖各以己意投票选举以议行一国之政，故曰人人皆治人；既选定之司法官，则谨遵其令而莫或违，故曰人人皆治于人。而其本旨之最要者，则人民皆自定法律，自选官吏，无论立法、行法，其主权皆国民自握之，而不容或丧也。
>
> 孟氏又谓民主国所最要者，在凡百听民自为，其不能躬亲者，则选官吏以任之，民各行其权以选吏，其明鉴自有令人叹服者。……②

"人人皆治人者，人人皆治于人者"，说明民主共和政体之下，国民既是统治者，又是被统治者。国民掌握最高权力，通过投票选举行使最高权力，是"人人皆治人"的意涵；遵守合乎法律的司法裁断，是"人人皆治于人"的意涵。孟德斯鸠在《论法的精神》中对古典民主共和政体公民掌握最高权力的论述为："在共和国中，当全体人民掌握最高权力时便是民主政体。""在民主政体中，人民在某些方面是君主，在另一些方面是臣民。""全体人民只

---

① 戊戌之前，梁启超曾将"共和"理解为贵族制，而且特指历史上周厉王出逃到彘之后，周无天子，公卿共同执政时期的制度形态。梁启超认为这一制度形态属于君民皆无权的贵族制，不同于民主制度。梁启超：《论君政民政相嬗之理》，《梁启超全集》第一集，第 267 页。柳诒徵在《中国文化史》中指出，"共和"在中国历史上本为自周厉王出逃至周宣王即位这一时期的年号，晚清时期译者用其翻译以法国和美国为代表的民主立宪制度，这一译法实际上是以中国历史上无君的特定时期与制度形态比附民主立宪制度，造成了对"共和"概念的误解。柳诒徵编著：《中国文化史》（上册），北京：中国人民大学出版社，2012 年，第 235—237 页。从梁启超的论述中可以看出，此时梁启超对"共和"的理解是，认为"共和"是一种无君状态下贵族共同执政的制度形态，是一种有别于民主制的制度形态。关于"共和"概念在晚清时期的意涵，参见李恭忠：《晚清的"共和"表述》，《近代史研究》，2013 年第 1 期；桑兵：《梁启超与共和观念的初兴》，《史学月刊》，2018 年第 1 期。

② 梁启超：《法理学大家孟德斯鸠之学说》，见《梁启超全集》第三集，第 151 页。

有通过表达其意志的选票才能成为君主。"①对于古典共和政体中掌握最高权力的人民来说,人民有权参与选举、立法及与政治行动有关的政治决议。②

如果从共和主义的思想脉络来看,萧高彦在《西方共和主义思想史论》中指出,以政治参与及公民德行为特征的古典共和主义在转变为现代共和主义时,形成了两条具有紧张关系的脉络,一条是强调人民掌握主权的激进民主共和主义,另一条是强调宪政分权体制的宪政共和主义。公民政治参与及其所需要的积极的公民德行是古典共和主义的突出特征,而全体国民掌握最高权力是现代激进民主共和主义的核心特征。③梁启超从孟德斯鸠对古典民主共和政体的论述中获得了国民掌握最高权力、参与政治议程的共和主义式的理解,这一理解将国民与政治共同体的最高权力紧紧地联系在一起。梁启超在讨论孟德斯鸠对民主共和政体的刻画时,强调全体国民掌握最高权力,这与其主笔《时务报》时所主张的民权不同。两者之间最根本的区别在于,民主共和政体中全体国民掌握最高权力的政治形态是排斥君主的,民主共和政体当中没有君主的位置,而梁启超之前所提倡的民权是在君主政体的制度下的,是以不推翻君权为前提的,并将英国和日本视为理想政体。

狭间直树认为,梁启超对民权理解的变化,以 1899 年 7 月 28 日《清议报》第二十二册刊出的《爱国论·三·论民权》一文为标志,由戊戌之前与君权相对,转变为此时与国权相联系。④梁启超在此文中对民权的论述为:"国者何?积民而成也。国政者何?民自治其事也。爱国者何?民自爱其身也。故民权兴则国权立,民权灭则国权亡。为君相者,而务压民之权,是之谓自弃其国。为民者,而不务各伸其权,是之谓自弃其身。故言爱国,必自兴民权始。"⑤就《爱国论·三·论民权》一篇来说,正如狭间直树所揭示的,梁启超此时在理解民权时多了国权的维度,这是戊戌变法之前在与君权相对待的关系中理解民权时所不具有的维度。国权维度的出现与国家思想的形成有关,国家思想是梁启超流亡到日本之后逐渐形成的思想,并且成为

---

① 孟德斯鸠:《论法的精神》,第 18 页。
② 孟德斯鸠:《论法的精神》,第 18、190、195 页。
③ 萧高彦:《西方共和主义思想史论》,北京:商务印书馆,2016 年,第 7—17 页。
④ 狭间直树:《〈新民说〉略论》,见狭间直树编:《梁启超·明治日本·西方——日本京都大学人文科学研究所共同研究报告》(修订版),第 67—68 页。
⑤ 梁启超:《爱国论·三·论民权》,见《梁启超全集》第一集,第 697 页。

他1903年思想发生巨大转变之后更为侧重的面向。但需要注意的是，他此时虽然关联于国权讨论民权，依然不否定君位。梁启超在文中对民权与民主进行区分，以此说明民权并不颠覆君位，而且以英国和日本为例，强调正是因为民权得到了保障，国基才得以巩固，君位才得以尊荣。"问者曰：子不以尊皇为宗旨乎？今以民权号召天下，将置皇上于何地矣？答之曰：子言何其狂悖之甚……夫民权与民主二者，其训诂绝异……今惟以民权之故，而国基之巩固，君位之尊荣，视前此加数倍焉。然则保国尊皇之政策，岂有急于兴民权者哉？"①在梁启超的论述中，看似对君位构成挑战的民权，具有了保存君位的意义，唯有兴民权，才能存君位。反之，如果对民权进行压制，国民会发动革命推翻君主，推行民主制度，如此则君主失位，国家失序。所以，在位者出于维护君位的考量也应当兴民权。其实，除了在论及孟德斯鸠所论民主共和政体时，梁启超对于民权的理解大多数时候属于权利的范畴，而不涉及对君位构成威胁的政治权力的意涵。在《法理学大家孟德斯鸠之学说》一文中，讨论到孟德斯鸠所论民主共和政体时，梁启超明确揭示出国民掌握最高权力的意涵，这里梁启超主张的是真正意义上的民主共和政体，君主被排除在政治共同体之外。梁启超对人民主权的强调体现的是现代激进民主共和主义的特征。

4.3.2 分权制衡

在孟德斯鸠的论述中，立法权、行政权和司法权彼此独立是英国特有的政治体制。孟德斯鸠认为，正是这一分权制衡的制度安排，标志着英国具有最能保障自由的政治制度。②梁启超对权力制衡原则非常认同，在概述中称赞了孟德斯鸠对"三权分立"制度的讨论："其言曰：苟欲创设自由政治，必政府中之一部，亦不越其职而后可，然居其职者，往往越职，此亦人之常情，而古今之通弊也。故设官分职，各司其事，必使互相牵制，不至互相侵越。于是孟氏遂创为三权分立之说，曰立法权，曰行法权，曰司法权，均宜分立，不能相混。此孟氏之所创也。""故三权鼎立，使势均力敌，互相牵制而各得其所，此孟氏创见千古不朽者也。"③"三权分立"制度使权力在行使中形

---

① 梁启超：《爱国论·三·论民权》，见《梁启超全集》第一集，第700页。关于梁启超对民权与民主的区分，参见熊月之：《中国近代民主思想史》，上海：上海社会科学院出版社，2002年，第8—12页。

② 孟德斯鸠：《论法的精神》，第183—197页。

③ 梁启超：《法理学大家孟德斯鸠之学说》，见《梁启超全集》第三集，第153页。

成制衡,在制度上限制专权的发生。梁启超在其著述中经常提到孟德斯鸠的"三权分立"理论,并给予极高的评价。如在译文《各国宪法异同论》(1899)中,梁启超称:"行政、立法、司法,三权鼎立,不相侵轶,以防政府之专恣,以保人民之自由。此说也,自法国硕学孟德斯鸠始倡之。孟氏外察英国政治之情形,内参以学治之公理,故其说遂为后人所莫易。"①在《论立法权》(1901)一文中,梁启超称:"立法、行政分权之事,泰西早已行之,及法儒孟德斯鸠益阐明其理,确定其范围,各国政治乃益进化焉。二者之宜分不宜合,其事本甚易明。"②并在评价中称:"孟氏此论,实能得立政之本原。"③在《开明专制论》(1906)一文中,梁启超从反对专制和影响立宪的意义上肯定孟德斯鸠的"三权分立"学说,认为后世各国宪法精神皆源于此。④

梁启超虽然认同孟德斯鸠对"三权分立"制度及分权制衡原则的讨论,但不认同孟德斯鸠限权思想所依据的前提。梁启超在论述中称:"三权之所以设立者,盖出于官民之互相契约,一则托以自由之权,一则受之,此其故孟氏实未之知,故其所论之旨趣不能出代议政体之外。盖在代议政体,则任此三权者,实代民而任之者也,故必设法以防制之者,势也。若夫民主国,则任此三权者,不过受百姓一时之托,苟有不满于民者,则罢黜之而已。"⑤从梁启超的批评来看,他认为需要对权力加以限制的思想前提是权力发生了转让,即由国民转让给权力代行者,或者说,恰恰是在代议制的前提下才需要考虑限制权力的问题,在人民掌握权力的"民主国"则不需要对权力加以限制。因此,梁启超批评孟德斯鸠所论未出代议政体之外。或者可以说,梁启超认为孟德斯鸠讨论"三权分立"的前提不是基于"民主国"。由此可以看出,梁启超认为民主政治意味着人民掌握最高权力,而代议制意味着最高权力发生了转让。梁启超批评孟德斯鸠"三权分立"理论属于代议制,实际上是受卢梭思想影响的结果,是站在卢梭的立场上批评孟德斯鸠。梁启超引述卢梭的讨论批评孟德斯鸠称:"观孟氏此言,其意盖在代议政体,而未知民政之真精神也。卢梭驳之曰:所谓代理人者,将乘国人之信己,而借口于代理国人以肆行无纪,是犹书押于纸以授之也。夫官民之交涉,契约而已,

---

① 《各国宪法异同论》,见《梁启超全集》第十八集,第 200 页。
② 梁启超:《论立法权》,见《梁启超全集》第二集,第 672 页。
③ 梁启超:《论立法权》,见《梁启超全集》第二集,第 673 页。
④ 梁启超:《开明专制论》,见《梁启超全集》第五集,第 323 页。
⑤ 梁启超:《法理学大家孟德斯鸠之学说》,见《梁启超全集》第三集,第 153—154 页。

故任立法之权者,止可云受托者而已,未可谓代理人也。"①梁启超对代议制提出批评,说明其政治理想是卢梭在《社会契约论》中所主张的人民公意构成主权的民主共和政体。由此同样可以看出,梁启超在这一时期有将民权落实为民主的倾向,主张全体国民掌握最高权力,这种思想在一定程度上体现的是现代激进民主共和主义的特征。此外,梁启超还注意到,后世学者基于主权统一原则对孟德斯鸠分权理论提出批评,而他认为更为完善的表述是:"故三权决不可分,而亦不可不分,惟于统一之下而歧分之,最为完善云。"②即分权以主权统一为前提。

除代议制之外,梁启超还对孟德斯鸠所论行政权应由君主执掌的观点提出了批评:

> 孟氏首举立法权而归之国民,诚当矣。次论行法权,则谓立法、行法不可分,而行法权宜归一统,苟不尔则事或滞而不行,且不免错杂之弊也。然其论所以统一之之法,则以为舍君主末由,此盖犹拘墟于一时之耳目,而未达法治之大原也。不观诸美国乎,行法之权统于一人,所谓大统领(总统)也,而大统领之性质与君主自殊科矣。何也?彼固未尝有特权也。孟氏必欲举行法权归诸累世相承、不受谴责之君主,又欲调剂二权,置贵族于君民之间,以成所谓混合政体者,此由心醉英风

---

① 梁启超:《法理学大家孟德斯鸠之学说》,见《梁启超全集》第三集,第 154 页。孟德斯鸠在《论法的精神》中主张人民选举代表,由代表作出决议,并对古典共和政体中人民作出决议的制度安排提出批评。"古代共和国有一个重大弊病,那就是人民有权作出需要付诸行动、需要在一定程度上执行的决议,可是,这是人民根本无法胜任的事。人民参与治国应仅限于遴选代表,这很适合他们的能力。""立法权应该委托给贵族集团和由选举产生的、代表人民的集团。"孟德斯鸠:《论法的精神》,第 190 页。卢梭在《社会契约论》中对代表进行了批评,认为主权或公意不能被代表。"正如主权是不能转让的,同理,主权也是不能代表的;主权在本质上是由公意所构成的,而意志又是绝不可以代表的……因此人民的议员就不是、也不可能是人民的代表,他们只不过是人民的办事员罢了;他们并不能作出任何肯定的决定。"卢梭特别强调,在立法权上,人民不能被代表,在行政权上,人民可以并且应该被代表。卢梭:《社会契约论》,何兆武译,北京:商务印书馆,2013 年,第 120—122 页。关于卢梭在代议制问题上对孟德斯鸠的批评,参见史坦拉:《孟德斯鸠与新共和主义》,见霍夫曼编:《政治思想与政治思想家》,左高山等译,上海:上海人民出版社,2009 年,第 273—274 页。
② 《各国宪法异同论》,见《梁启超全集》第十八集,第 201 页。

第 4 章　立宪与共和：孟德斯鸠对梁启超的影响　　187

太甚,而不知英国此等现象,实过渡时代不得不然,非政法之极则也。①

梁启超这里是基于现代民主共和政体批评孟德斯鸠将行政权归于君主的论述,梁启超反对孟德斯鸠将行政权归于君主的主张,此外,梁启超还反对孟德斯鸠在"三权分立"政治体制中安置贵族的观点,认为孟德斯鸠的这两点主张都是拘泥于英国政治体制的结果,没有揭示出"法治之大原",所论述的亦不是"政法之极则"。梁启超批评这两点主张的理由在于,君主与贵族均意味着特权,而特权与平等相悖,与现代宪政民主的原则相背离。在此基础上,梁启超进一步阐述了对于平等及自由的理解,平等意味着平等地享有自由,能力卓越者不因所长而拥有特权,不因能力出众而"制御众人","虽有奇材异能者,不得自恃其长以制御众人,亦不得因此而有特权"。自由意味着平等地行使权利,能力出众者因自由权而得以展现所长,取信于民,"唯以其自由权,自白其所长,以取信于众人";普通民众因自由权而参与选举,将卓越者选拔出来,"众人以自由权选举之"。② 或许梁启超没有意识到,众人可能很难选拔出真正的卓越者,但从其对卓越者和众人的区分中可以看出,梁启超对平等的理解是,平等不是不顾个人能力与专长地拉平一切,平等应该既不否定差异,又不泯灭卓越。同时,差异性纵然存在,个人的自由依然能够得到平等的尊重,权利也能够得到平等的行使,"所谓真平等者,尊重各人之自由权,及由自由权所生之各权,无所等差。"③梁启超指出,人们享有平等的自由是民主政治的本旨。④

梁启超在批评中直接指出孟德斯鸠所论"三权分立"理论与古典混合政

---

① 梁启超:《法理学大家孟德斯鸠之学说》,见《梁启超全集》第三集,第 154 页。孟德斯鸠对行政权应由君主执掌的论述为:"行政权应该执掌在君主手中,因为政府的这个部门几乎随时需要立即行动,所以由一个人管理优于由若干人管理。""如果没有君主,如果把行政权委托给从立法机构遴选出来的一些人,自由便不复存在了。因为这样一来,两个机构就合而为一了,同一批人有时就同时属于这两个机构,而且任何时候都可以同时属于这两个机构。"孟德斯鸠:《论法的精神》,第 191 页。关于贵族在"三权分立"政治体制中的安置问题,孟德斯鸠的论述为:"在一个国家里,总有一些因出身、财富或荣誉而出类拔萃的人,他们如果混同于平民百姓,与其他人一样只有一个投票权,那么对他们来说,人人享有的自由就不啻是对他们的奴役,他们就没有丝毫兴趣去捍卫自由,因为,大多数决议可能都是与他们作对的。因此,他们参与立法的程度应该与他们在国家中拥有的其他优势成正比。""这就是说,立法权应该委托给贵族集团和由选举产生的、代表人民的集团。这两个集团分别集会,分别讨论,各有其观点和利益。"孟德斯鸠:《论法的精神》,第 190 页。
② 梁启超:《法理学大家孟德斯鸠之学说》,见《梁启超全集》第三集,第 155 页。
③ 梁启超:《法理学大家孟德斯鸠之学说》,见《梁启超全集》第三集,第 155 页。
④ 梁启超:《法理学大家孟德斯鸠之学说》,见《梁启超全集》第三集,第 154 页。

体相似,这一判断揭示出孟德斯鸠思想兼具古典与现代的复杂面相,梁启超基于现代的视角批评孟德斯鸠思想中古典的一面。萧高彦基于古今共和主义的思想脉络指出,孟德斯鸠对英国政制的描述就是古典共和主义所提出的"混合宪政"理想,在美国联邦党人的改造下,孟德斯鸠原本寓于混合政体中的"三权分立"理论,转变成现代意义上的政府职能部门之间的权力制衡理论。① 从共和主义的思想脉络来看,孟德斯鸠正是作为古典共和主义转向现代宪政共和主义一脉的枢纽,古典共和主义经由孟德斯鸠发展出一条强调权力制衡机制的宪政共和主义道路,与强调人民掌握最高权力、直接参与政治议程的民主共和主义形成对照。梁启超虽然对"三权分立"之制中的代议制因素及混合政体结构有所批评,但这一时期他对"三权分立"之制所体现的分权制衡原则整体上是非常认同的,而这体现的是梁启超思想中合于现代宪政共和主义的面相。现代激进民主共和主义与现代宪政共和主义彼此之间具有张力,但二者的特征在梁启超的思想中同时获得了安置。这一现象背后的原因在于,梁启超此时对于人民掌握最高权力背后所隐藏的随时革命的可能性没有觉知,与此相关,其对宪政分权的理解主要在于,宪政分权意味着对权力的范围进行界定,梁启超此时没有意识到宪政分权同样意味着对人民进行规制。

4.3.3 孟德斯鸠的共和美德与梁启超的公德

在孟德斯鸠的论述中,维系并推动政体运行的力量被称为原则,与三种政体相对应的三种原则当中,梁启超尤为推崇孟德斯鸠所论共和政体的原则,即美德。梁启超将孟德斯鸠所论政体原则称为元气:

> 孟氏论三种政体之元气,其说有特精者,即专制国尚力,立君国尚名,共和国尚德是也。而其所谓德者,非如道学家之所恒言,非如宗教家之所劝化,亦曰爱国家、尚平等之公德而已。孟氏以为专制、立君等国,其国人无须乎廉洁正直。何以故?彼立君之国,以君主之威,助以法律之力,足以统摄群下而有余;专制之国,倚刑戮之权,更可以威胁臣庶而无不足。若共和国则不然,人人据自由权,非有公德以戒饬,而国将无以立也。②

---

① 萧高彦:《西方共和主义思想史论》,第205页。
② 梁启超:《法理学大家孟德斯鸠之学说》,见《梁启超全集》第三集,第152页。

由梁启超的概括可以看出,他对"共和国尚德"的"元气"非常认同,并将共和政体的美德原则等同于公德。三种政体类型当中,专制政体与君主政体的维系均不依靠美德,唯有共和政体,非美德则无以维系。共和国的建立和维系必须依靠美德的原因在于,共和国是由拥有自由权利的个人构成的,在不存在令人恐惧的专制君主或令人尊崇的权威君主的情况下,唯有美德才能使拥有自由权利的个人凝聚成一个国家。梁启超这里明确将孟德斯鸠的共和美德等同于公德,①并且提到,共和美德"非如道学家之所恒言,非如宗教家之所劝化,亦曰爱国家、尚平等之公德而已"。这段辨析是孟德斯鸠对自己讨论的共和美德进行的阐释,出自孟德斯鸠为《论法的精神》补写的"说明"。孟德斯鸠在"说明"中强调:

> 为了正确理解本书的前四章,必须注意,我所说的美德,在共和国里就是爱国,也就是爱平等。这既不是伦理美德,也不是基督教美德,而是政治美德。正如荣誉是推动君主制的动力一样,美德是推动共和制的动力。因此,我把爱国和爱平等称作政治美德。
> ……本书第三章第五节所谈及的善人,并非基督教善人,而是政治善人,具有我所说的政治美德。他们爱本国的法律,而这种爱正是促使他们行动的动力……我原来所使用的美德一词,绝大多数都以政治美德取而代之。②

孟德斯鸠在补写的"说明"中将共和美德界定为政治美德,并指出其具体内容为爱国和爱平等。由此关联于梁启超所提到的公德,公德同样是一种政治美德。政治美德具有特定的指向,即指向国家或政治共同体。关于共和政体与美德原则,需要进一步加以说明的是,孟德斯鸠所讨论的共和政体指古典共和政体,而孟德斯鸠是站在现代立场上阐释古典共和政体的美

---

① 关于孟德斯鸠影响了梁启超对公德的理解,及梁启超在共和政治理想中思考公德问题,参见唐文明:《现代儒学与人伦的规范性重构——以梁启超的〈新民说〉为中心》,《云梦学刊》,2019年第6期;唐文明:《共和危机、现代性方案的文化转向与启蒙的激进化》,《古典学研究》,2019年第1期。关于梁启超重视共和中的德性因素,参见李恭忠:《"共和国尚德"——20世纪初梁启超的积极共和观念》,《江苏社会科学》,2020年第5期。
② 孟德斯鸠:《论法的精神》,"说明"。许明龙在注释中介绍了孟德斯鸠写作这篇"说明"的缘由:"《论法的精神》最初几版中没有这个说明。当时冉森教派的批评家因孟德斯鸠不把美德视为君主制的原则而大为恼火,甚至指责他犯下了大逆不道之罪。为了回应这些指责,孟德斯鸠补写了这个说明,首次刊出于1757年版,此时孟德斯鸠已经过世。"

德,将政体原则界定为激情(passions)。① 在此基础上,共和美德是一种爱国、爱平等的激情,"共和国的美德很简单,那就是爱共和国。这是一种情感(feeling),而不是认知的结果"。② 甚至在孟德斯鸠的论述中,这种对于共和国的爱是一种出于无知的、越被剥夺越爱的扭曲之爱。③ 从这一点来看,共和政体与专制政体的距离似乎并不遥远。据此,孟德斯鸠所论共和美德虽然借用了美德的概念,但与古典意义上的美德意涵完全不同。④ 亚里士多德在《尼各马可伦理学》中指出,德性不是感情,不是能力,而是品质。⑤ 按照以亚里士多德为代表的古典时期对美德的理解,首先,美德不是人的感情,而是人的品质;其次,那种因为被剥夺而产生的扭曲的爱一定不是美

---

① 孟德斯鸠:《论法的精神》,第 30 页。

② 孟德斯鸠:《论法的精神》,第 55 页。孟德斯鸠多次提到作为共和政体原则的政治美德的具体内容,例如:"这种美德可以定义为爱法律和爱祖国。""在共和政体中,一切都依赖于确立对法律和祖国的爱。""在民主政体中,爱共和国就是爱民主政体,爱民主政体就是爱平等。""爱民主政体也就是爱节俭。"孟德斯鸠:《论法的精神》,第 47、56 页。孟德斯鸠进一步指出,爱平等意味着每个公民都愿意且切实地为国家服务,并以此为幸福,爱节俭意味着更多地为国家做出贡献。孟德斯鸠:《论法的精神》,第 56—57 页。

③ 孟德斯鸠将以爱国为内容的政治美德奠基于无知和被剥夺的基础之上,"人民由于所知不多,因而对于已经确立的东西更加热爱","个人感情得到满足的程度越低,对公众感情的投入程度便越高";更进一步,孟德斯鸠将人民对共和国的爱类比于修道士对修会的爱,将修道士越是被剥夺越是喜爱的扭曲之爱等同于人民对共和国的爱,"修道士为什么如此热爱他们的修会?恰恰因为修会令修道士无法忍受。教规剥夺了常人感情赖以支撑的所有事物,唯一余下的便是对折磨他们的那些教规的感情。教规越是严酷,也就是说,被教规剥夺的喜好越多,残存的喜好就越强烈"。孟德斯鸠:《论法的精神》,第 55—56 页。

④ 孟德斯鸠的政体理论排除统治者的德性因素,这是孟德斯鸠政体理论与亚里士多德政体理论的一个区别。参见葛耘娜:《论孟德斯鸠对亚里士多德式政体理论的改造》,《云南大学学报》(社会科学版),2013 年第 2 期。关于孟德斯鸠所论政治美德不同于亚里士多德古典意义上的美德意涵,参见潘戈:《孟德斯鸠的自由主义哲学——〈论法的精神〉疏证》,胡兴建、郑凡译,北京:华夏出版社,2016 年,第 51 页。此外,政治美德所指向的公民参与或公民积极行动的德行,是具有危险的,会使共和国陷入对外扩张的战争,从而导致国家的衰败甚至毁灭。参见潘戈:《孟德斯鸠的自由主义哲学——〈论法的精神〉疏证》,第 69 页。施特劳斯认为孟德斯鸠站在现代的立场,对自由持有更高的认同,基于自由批评古典共和政体的德性,试图从商业或封建荣誉观中寻找德性的替代物,《论法的精神》的主题也隐含着从德性到自由的转变。参见施特劳斯讲疏:《从德性到自由——孟德斯鸠〈论法的精神〉讲疏》,潘戈整理,黄涛译,上海:华东师范大学出版社,2017 年,"英文编者导言"。斯克拉也指出:"英国社会向孟德斯鸠证明,坏人可以成为优秀的现代公民,这是一个有力的自由主义的也是反教权主义的论点。英国的法律并不教导人过有德行的生活,而是培养他们的自由和政治雄心。"参见斯克拉:《孟德斯鸠》,李连江译,北京:中国政法大学出版社,2018 年,第 150 页。

⑤ 亚里士多德:《尼各马可伦理学》,廖申白译著,北京:商务印书馆,2003 年,第 44—45 页。

德,美德是独立而有尊严的人所具有的品质。梁启超没有意识到孟德斯鸠所讨论的共和美德中蕴含着古今之别,并不是一种品质意义上的美德,因而单纯从政治美德的角度将孟德斯鸠所论共和美德等同于公德。

梁启超将公德理解为政治美德,相当于在孟德斯鸠的影响下将从日本社会讨论中获得的公德概念进行了转化与确证。在日本社会的讨论中,"公德"主要指社会道德,如遵守行为规范、维护公共秩序、做到诚实守信等,也包含爱国等国家伦理的内容。[①] 而梁启超将"公德"等同于孟德斯鸠所讨论的共和美德,完全是在政治美德的意义上理解公德,梁启超所论公德具体指爱国家、爱平等、拥有国家和国民观念、拥有权利和义务观念等。孟德斯鸠对共和政体美德原则的揭示直接影响了梁启超对中国问题的思考,梁启超跨越了古今及中西历史处境上的差异,将孟德斯鸠对古典共和政体的论述引向中国如何建立一个现代国家的问题。梁启超得出的结论是,在当时的中国,若要建立一个现代意义上的国家,必先需要国民具有公德。由此,以建立现代国家的思想关切为出发点,公德成为梁启超提倡的首要美德。《新民丛报》的创办,《新民说》的写作,特别是《新民说·论公德》一篇的写作,最初均主要基于这一目的。梁启超阐释公德意涵时,最先揭示的便是其对于国家的凝聚作用,言明公德是人群或国家得以建立的基础,"公德者何?人群之所以为群,国家之所以为国,赖此德焉以成立者"。[②]

关于共和政体的美德原则,还需要注意的一个问题在于,孟德斯鸠指出,共和政体美德原则的实质为,要求个人为了国家"舍弃自我"。"政治美德却是舍弃自我,这永远是一件十分艰难的事。这种美德可以定义为爱法律和爱祖国。这种爱要求始终把公共利益置于个人利益之上,个人的一切

[①] 福泽谕吉在《文明论概略》中对公德与私德进行了划分,"凡属于内心活动的,如笃实、纯洁、谦逊、严肃等叫作私德",而"与外界接触而表现于社交行为的,如廉耻、公平、正直、勇敢等叫作公德"。福泽谕吉:《文明论概略》,北京编译社译,北京:商务印书馆,1960年,第77页。福泽谕吉对公德与私德的划分在日本引发了对于社会伦理道德的讨论,日本政府颁布学校伦理教科书并出台条例。日本社会的讨论影响了梁启超。参见史少博:《福泽谕吉"公德私德论"探究》,《社科纵横》,2019年第9期。陈来指出,梁启超所主张的公德与日本社会讨论的公德涵义不同,受加藤弘之等国家主义思想的影响,梁启超所提倡的公德主要指公民政治道德。参见陈来:《中国近代以来重公德轻私德的偏向与流弊》,见《儒学美德论》,北京:生活·读书·新知三联书店,2019年,第45页。陈弱水认为,梁启超所称的公德,既指对国家整体有益的行为,又指对社会成员有益的行为。此外,陈弱水基于公德的伦理意涵将其与强调集体纲纪与利益的群学区别开来。参见陈弱水:《公德观念的初步探讨——历史源流与理论建构》,见《公共意识与中国文化》,北京:新星出版社,2006年,第6—8页。

[②] 梁启超:《新民说·论公德》,见《梁启超全集》第二集,第539页。

美德均源于此,因而也可以说,个人的一切美德也就只是先公后私而已。"①由此可以看出,孟德斯鸠对政治美德论述是以公私划分为前提的,而且要求个人做到先公后私,要求个人为了公而"舍弃自我"。梁启超在学案中讨论孟德斯鸠共和政体美德原则时并未提及这一点,但孟德斯鸠所论政治美德要求个人"舍弃自我"的内容是为梁启超所认同的。梁启超在《新民说·论合群》中称:"则以公观念与私观念常不能无矛盾,而私益之小者近者,往往为公益之大者远者之蟊贼也。故真有公共观念者,常不惜牺牲其私益之一部分,以拥护公益,其甚者或乃牺牲其现在私益之全部分以拥护未来公益。"②将牺牲作为共同体对个人的要求,是很危险的主张,很容易造成共同体以公益为名戕害个人的情况。个人在共同体中的实践行为应当是个人基于美德而做出的抉择,不应是被强加的结果。从共同体的角度来讲,美德不应成为不尊重个人的强制,美德变成强制意味着共和政体变成了专制政体。

从现代国家与国民的角度来说,政治美德是现代国家与国民不可或缺的要素。考虑到政治美德概念在孟德斯鸠论述中的有限性及危险性,梁启超由此引出的公德也面临着同样的问题。若遵循梁启超的问题意识,从建立与维系现代国家的角度出发,在国民层面,除了提倡公德之外,更为根本的是应当回到培育国民美德的问题,以成人为目的涵养美德,施行基于心性的教化,增益民智,淳化民德。

关于国家如何培育美德的问题,可以结合梁启超对孟德斯鸠所论自由与法律之关系的批评来思考。梁启超在讨论中提到,孟德斯鸠写作《波斯人信札》讽刺专制,推崇民主,于篇末申明己意,"谓有真光荣、真名誉、真德义者,惟民主国为然;一国之人可称为国民者,亦惟民主国为然"③。但梁启超认为,"孟氏于民主政治之精义,尚有见之未莹者,盖其于法律与自由两者之关系及其界限,未能分明故也。孟氏谓法治之国,人人得以为其所当为,而不能强其所不可为,此自由权所在也云云。"④关于法律与自由的关系,孟德斯鸠的论述为:"政治自由绝不意味着可以随心所欲。在一个国家里,即在一个有法可依的社会里,自由仅仅是做他应该想要做的事和不被强迫做他不应该想要去做的事。……自由是做法律所许可的一切事情的权利;倘若

---

① 孟德斯鸠:《论法的精神》,第47页。
② 梁启超:《新民说·论合群》,见《梁启超全集》第二集,第596页。
③ 梁启超:《法理学大家孟德斯鸠之学说》,见《梁启超全集》第三集,第152页。
④ 梁启超:《法理学大家孟德斯鸠之学说》,见《梁启超全集》第三集,第152页。

一个公民可以做法律所禁止的事情,那就没有自由可言了,因为,其他人同样也有这个权力。"①在孟德斯鸠的论述中,自由只能通过法律进行保障。②梁启超并未从法律保障自由的角度来理解孟德斯鸠所论法律与自由的关系,而是从公共权力及法律之有限性的角度认为公共权力与法律不足以界定自由的全部内涵,从而对孟德斯鸠的论述提出批评。梁启超进一步指出:"顾所谓当为者,其意甚晦。何则?政府者非能举人人所负之责任而一一干预之也,特责任之关于义者,可以强之使行;其关于仁者,政府初不得而问也。"③梁启超所表达的要点在于,人们所当为之事、所当承担之责任无法完全通过政府公共权力进行要求和界定,即政府公共权力只能规定最基本的义务,无法对更高层面的人格与美德进行要求。而高尚的人格与美德是人们在生活中应当予以追求的目标,所以将自由界定为"人人得以为其所当为"不能揭示出自由中更高层面的意涵。此外,仅仅将自由界定为法律所允许之事,同样无法涵盖自由中更为高贵的部分,"此特指自由之关于法律者言之,未得为仁义中正之自由也"④。梁启超从公共权力与法律之有限性的角度对孟德斯鸠的论述提出批评,认为孟德斯鸠将自由等同于服从法律,是受限于古代希腊、罗马之制的结果。梁启超所提出的批评虽然偏离了孟德斯鸠的原意,但这一反思本身是有意义的,揭示出人格与美德无法通过公共权力与法律进行关涉的事实,说明公共权力与法律的作用是有限的,同时也从侧面暗示了对美德的关照与培育需要依靠权力与法律之外的力量。

梁启超总结称,孟德斯鸠一方面在政制与法的意义上确立了"立政之本原"的原则,另一方面则在民智、民力、民德的意义上发挥了"进化其民"的作用。在《自由书·文野三界之别》一文的结尾部分,梁启超称:"故善治国者,必先进化其民,非有蒙的斯鸠、卢梭,则法国不能成革命之功;非有亚端·斯密之徒,即英国不能行平税之政。"⑤梁启超从启发民众思想的角度肯定孟德斯鸠的历史意义,而梁启超自身在增进民智、民力、民德事业上的用心和努力也是一贯的,孟德斯鸠成为梁启超新民与建国之路上取法的

---

① 孟德斯鸠:《论法的精神》,第184页。
② 关于孟德斯鸠所论自由的意涵,参见葛耘娜:《孟德斯鸠对政治自由的限定》,《云南大学学报》(社会科学版),2015年第6期。
③ 梁启超:《法理学大家孟德斯鸠之学说》,见《梁启超全集》第三集,第152页。
④ 梁启超:《法理学大家孟德斯鸠之学说》,见《梁启超全集》第三集,第152页。
⑤ 梁启超:《自由书·文野三界之别》,见《梁启超全集》第二集,第53页。郑匡民指出,梁启超在《文野三界之别》中摘录的讨论蛮野之人、半开之人、文明之人的内容来自福泽谕吉的《文明论概略》。参见郑匡民:《梁启超启蒙思想的东学背景》,上海:上海书店出版社,2009年,第62—64页。

对象。

此外，通过梁启超对孟德斯鸠的阐释可以看出，共和主义为理解梁启超提供了一个恰当的视角，有助于呈现梁启超思想当中复杂且丰富的面相。由对专制政体的批判可以同时得出民主与立宪的主张。强调全体国民掌握最高权力及分权制衡，则更清晰地表明现代共和主义两条具有张力的脉络共存于梁启超此时的思想当中，即民主共和主义与宪政共和主义两条道路同时为他所认可。提倡公德，对应的是古典共和主义德性的特征。在古典共和主义结构当中，公民个人与政治共同体同时得以确立起来，而且是在相互成就的互动关系中同时确立起来，这也符合梁启超对个人与国家关系的理解。

从古今之变的角度来看，孟德斯鸠站在现代的立场，将古典共和政体的政治美德视为激情，而且是基于无知和被剥夺而产生的激情。梁启超在将孟德斯鸠所论共和美德等同于公德时没有看到孟德斯鸠的这层理解，故而其所理解的公德或者说政治美德只是单纯的爱国。如果按照梁启超的思路，在孟德斯鸠的影响下，将公德视为政治美德，那么梁启超以公德为基础建立现代国家的构想所面临的问题是，单纯依靠公德不足以切实地培养起国民的公共意识，更不能保证国民将公共意识落实为具体的实践，责任义务等政治美德需要以品格意义上的美德为基础，而这正是梁启超在写作《新民说》的过程中意识到的问题。由此可以得出，培育国民个人品格意义上的美德是现代国家需要解决的根本议题。

第5章 国民与国家：卢梭、耶林与伯伦知理对梁启超的影响

5.1 梁启超与卢梭

5.1.1 卢梭的影响与评价：非革命的"革命"之功

1902年8月，梁启超所编《近世欧洲四大家政治学说》一书在上海广智书局出版，全书由四部分构成，依次辑译了霍布斯、洛克、卢梭和孟德斯鸠的政治学说。四位思想家当中，除了孟德斯鸠之外，另一位对梁启超产生较大影响的是卢梭(J. J. Rousseau, 1712—1778)。梁启超作有《卢梭学案》介绍卢梭的政治思想，内容与介绍孟德斯鸠政治思想的学案一样，依据的是中江兆民所译、法国学者富耶撰写的《理学沿革史》。梁启超先是将《卢梭学案》刊登在1901年11月至12月出版的《清议报》第九十八、第九十九及第一百册上，之后又将其以《民约论巨子卢梭之学说》为题，刊登在1902年7月出版的《新民丛报》第十一、第十二册上，并将其收入8月出版的《近世欧洲四大家政治学说》一书当中。

从梁启超赞美孟德斯鸠的论述中已经看到，在赞美孟德斯鸠的同时他也赞美着卢梭。例如梁启超在《自由书·文野三界之别》(1899)中称："故善治国者，必先进化其民，非有蒙的斯鸠、卢梭，则法国不能成革命之功。"① 梁启超在进化其民的意义上肯定孟德斯鸠、卢梭，这一评价隐含着他对国民与国家关系的理解，即国家的进步由国民决定，而非由一二人之力量决定，梁启超用空气温度决定寒暑表刻度升降作为类比，说明国民之民智、民力和民德决定着国家的状况。正因为如此，梁启超总体上以进化其民作为治国的第一要义，其重视近代西方思想家之思想学说的用意也在于此，通过介绍孟德斯鸠、卢梭等思想家的思想增进国民思想，提升民智、民力和民德。这

---

① 梁启超：《自由书·文野三界之别》，见《梁启超全集》第二集，第53页。

也体现出梁启超持有通过学术思想改变世界的认知。卢梭对梁启超的影响主要在于,在国民与国家的关系中明确国民的地位,进而凸出国民一端。梁启超曾在概括当时之言论时称:"今天下第一等议论,岂不曰'国民'乎哉。"①

梁启超在初到日本时以卢梭的《社会契约论》为医治中国的药方,其在《自由书·破坏主义》一篇中阐明了这一思想主张。梁启超称:"欧洲近世医国之国手不下数十家,吾视其方最适于今日之中国者,其惟卢梭先生之《民约论》乎?是方也,当前世纪及今世纪之上半施之于欧洲全洲而效,当明治六、七年至十五、六年之间施之于日本而效。今先生于欧洲与日本,既已功成而身退矣。精灵未沫,吾道其东。……《民约论》,尚其来东。东方大陆,文明之母,神灵之宫。惟今世纪,地球万国,国国自主,人人独立,尚余此一土以殿诸邦。此土一通,时乃大同。呜呼!《民约论》兮,尚其来东。大同大同兮,时汝之功。"②梁启超在这段论述中言明,卢梭《社会契约论》作为治国药方在欧洲与日本都曾收获很好的效果,故而希望其传入中国,医治当时之中国。而卢梭《社会契约论》收获的效果为"国国自主,人人独立",即实现国家与人民的独立自主。

在《自由书·破坏主义》一文中,梁启超认为变革的开启必须经过破坏这一阶段,或者可以说,"破坏主义"是开启变革的枢机。梁启超对"破坏主义"的解释为:"日本明治之初,政府新易,国论纷糅,伊藤博文、大隈重信、井上馨等共主'破坏主义',又名'突飞主义',务摧倒数千年之旧物,行急激之手段。当时诸人皆居于东京之筑地,一时目筑地为梁山泊云。"③可见,梁启超所主张的"破坏主义"以日本早期维新派为效法对象,希望以此实现国家全面且彻底的革新。具体来说,"破坏主义"指为开启变革而施行的大刀阔斧、快刀斩乱麻的措施,这是"破坏主义"主张的内涵。从指导思想上来说,梁启超认为,卢梭的《社会契约论》最适于当时的国人。对于这种适用,

---

① 梁启超:《自由书·国权与民权》,见《梁启超全集》第二集,第 70 页。
② 梁启超:《自由书·破坏主义》,见《梁启超全集》第二集,第 71 页。《民约论》为《社会契约论》的早期译名。熊月之对卢梭《社会契约论》的中文译本进行了介绍,其指出,1898 年上海同文译书局以《民约通义》为书名,出版中江兆民用汉文翻译的《民约论》,这是《民约论》最早的中文译本;1900 年底至 1901 年初,留日学生杨廷栋等据日译本转译此书,题为《民约论》,并在《译书汇编》第一、二、四、九期上连载;1902 年杨廷栋完整翻译了《民约论》,由开明书店、作新社等以《路索民约论》为书名出版,这是《民约论》最早的完整中译本。参见熊月之:《中国近代民主思想史》,上海:上海社会科学院出版社,2002 年,第 329—330 页。
③ 梁启超:《自由书·破坏主义》,见《梁启超全集》第二集,第 71 页。

可以从两个方面来理解，其一，可以理解为梁启超认为卢梭《社会契约论》最有助于激发国民的"破坏主义"意识；其二，可以理解为梁启超认为卢梭《社会契约论》提供了变革的方向，或者说提供了需要接纳的新思想。两种不同的理解方式会导致对卢梭的解读的差异，进一步会导致对梁启超的评价的差异。前者侧重于从卢梭与革命的关系角度解读卢梭，进而得出梁启超推崇卢梭《社会契约论》时同样主张革命的评价；后者侧重于阐释卢梭在民权与自由方面对中国产生的影响，进而得出梁启超推崇卢梭主要在于宣扬民权自由思想，而非主张暴力革命的评价。①

对于前一种理解来说，如果是将梁启超所主张的"破坏主义"等同于革命，进而因为梁启超此时主张"破坏主义"，所以认为他此时持有革命思想，那么这一推论可能是有问题的。从梁启超对"破坏主义"的解释来看，其意涵与革命派的革命主张不同，两者最根本的区别在于，梁启超不以颠覆皇权为目的，而革命派则以推翻皇权为宗旨。关于这一时期的梁启超是否持有革命思想，首先，可以说梁启超在这一时期持有"革命"的主张，但应当对他所主张的"革命"与革命派所主张的革命进行区分，即梁启超不积极地主张暴力革命，不以推翻皇权为目的。再者，需要看到，梁启超这一时期的思想的确非常激进，或者说他非常急迫地想改变中国的现状，激进性是梁启超这一时期思想所具有的显著特征。

可以结合梁启超在《释革》（1902）一文中的论述来理解其所主张的"革命"。他以1832年英国议会改革为"改革"，而将1688年英国光荣革命、1775年美国独立战争、1789年法国大革命及日本明治维新初期均视为"革命"，并且指出，改革是"因其所固有而损益之以迁于善"，革命是"从根柢处掀翻之，而别造一新世界"。在梁启超看来，改革是局部的调整，革命是彻底的改变，对当时的中国来说，必须进行彻底的改变，在这个意义上，他认为当时的中国应当进行"革命"。由此，他所主张的"革命"实际上相当于西方国家及日本已经经历过的现代性变革。需要注意的是，梁启超在阐释革命时没有提到暴力流血，其对改革与革命的区分主要基于变化的程度，而不涉及

---

① 从革命的角度解读卢梭在近代中国的意义是以往研究普遍采用的视角，在这一视角的影响下，研究者以梁启超推崇卢梭为依据证明梁启超曾经主张革命。最近有学者对这一视角进行反思，认为从革命的视角来理解卢梭是有问题的，并且认为梁启超阐释宣扬卢梭《社会契约论》意在提倡现代民权自由观念，而非主张暴力革命。参见庄泽晞：《"民权兴则国权立"：梁启超称颂〈民约论〉本意考》，《中山大学学报》（社会科学版），2021年第5期；范广欣：《超越暴力革命：梁启超有关卢梭论述对自由和权利的探讨（1899—1901）》，《天府新论》，2015年第3期。

变化的方式。梁启超在论述中强调,革命不必然如法国大革命那样以暴力的方式进行,革命存在"以仁易暴"的方式。梁启超在讨论中还特别指出,革命一词不与政治上的王朝易姓相对应,革命不必然易姓,有些王朝易姓亦不足以称为革命。士人及统治者以革命"必与现在王朝一人一姓为敌"乃是对革命的误解,而这也是日本以革命为译名所带来的弊端,梁启超认为应将革命这一译名改为变革。此外,梁启超强调,变革的主体是全体国民,即举国之民"举其前此之现象而尽变尽革之"①,并且指出,由国民推行变革是当时中国的必由之路,"国民如欲自存,必自力倡大变革、实行大变革始;君主、官吏而欲附于国民以自存,必自勿畏大变革且赞成大变革始"②。正是因为主张由国民推行变革,所以梁启超认为卢梭《社会契约论》是最适用于当时之中国的药方。

对于卢梭的《社会契约论》的影响,梁启超在《论学术之势力左右世界》(1902)中有一段论述:

> 四曰卢梭(Rousseau)之倡天赋人权。欧洲古来有阶级制度之习,一切政权、教权皆为贵族所握,平民则视若奴隶焉。及卢梭出,以为人也者生而有平等之权,即生而当享自由之福,此天之所以与我,无贵贱一也,于是著《民约论》(Social Contract)大倡此义。谓国家之所以成立,乃由人民合群结约,以众力而自保其生命财产者也,各从其意之自由,自定约而自守之,自立法而自遵之,故一切平等。若政府之首领及各种官吏,不过众人之奴仆,而受托以治者耳。自此说一行,欧洲学界,如旱地起一霹雳,如暗界放一光明,风驰云卷,仅十余年,遂有法国大革命之事。自兹以往,欧洲列国之革命,纷纷继起,卒成今日之民权世界。《民约论》者,法国大革命之原动力也;法国大革命,十九世纪全世界之原动力也。卢梭之关系于世界何如也!③

梁启超在这段论述中对卢梭《社会契约论》的世界意义进行了概括。梁启超首先揭示出,卢梭在《社会契约论》中所提倡的天赋人权思想震动了全世界。而天赋人权思想背后是基于人性的对自由平等的理解,这一理解构

---

① 梁启超:《释革》,见《梁启超全集》第四集,第94页。
② 梁启超:《释革》,见《梁启超全集》第四集,第95页。
③ 梁启超:《论学术之势力左右世界》,见《梁启超全集》第二集,第466—467页。

第 5 章 国民与国家：卢梭、耶林与伯伦知理对梁启超的影响

成民权思想的基础，民权思想颠覆了以往对于政府的理解，使政府由居高临下者变为人民的奴仆。梁启超认为，对于政府认知的变化包含着革命的种子。其次，梁启超进一步揭示出，卢梭《社会契约论》影响了法国乃至世界范围内的革命，卢梭《社会契约论》构成法国大革命的原动力，而法国大革命又构成十九世纪之世界的原动力。总体上来看，梁启超基于自由平等及民权的思想内容称赞卢梭的《社会契约论》，同时在影响现实革命的意义方面称赞卢梭的《社会契约论》。仍然需要注意的是，尽管梁启超在作为革命动力的意义上称赞卢梭的《社会契约论》，但不能据此说明梁启超此时主张发动暴力革命。除了《释革》一文之外，从梁启超 1900 年 4 月 29 日写给康有为的回信中也可以看出这一点。

在回信中，针对康有为对自由深恶痛绝的态度，梁启超表明其不欲放弃自由的主张，面对康有为提出的今日但"当言开民智，不当言兴民权"的要求，梁启超坚持认为唯有兴民权才能开民智。回信的内容反映了梁启超与康有为此时在自由民权主张上存在分歧，而分歧的产生与自由民权思想本身蕴含着革命性的因素有关。其实与康有为一样，梁启超对自由会导致动乱是有觉知的，并且也不希望因为提倡自由而使国家陷入战乱，他在信中便提到以"自治"代替"自由"概念的想法。只是，梁启超此时认为，当时中国的状况只有借助自由民权思想才能予以改变。"中国数千年之腐败，其祸极于今日，推其大原，皆必自奴隶性来，不除此性，中国万不能立于世界万国之间。而自由云者，正使人自知其本性，而不受钳制于他人。今日非施此药，万不能愈此病。"①

梁启超在回信中还将卢梭之论对于法国及中国的影响加以分别。梁启超称："而先生屡引法国大革命为鉴。法国革命之惨，弟子深知之，日本人忌之恶之尤甚。虽然，此不足援以律中国也。中国与法国民情最相反，法国之民最好动，无一时而能静；中国之民最好静，经千年而不动。故路梭诸贤之论，施之于法国，诚为取乱之具；而施之于中国，适为兴治之机。……而先生日虑及此，弟子窃以为过矣。"②通过梁启超的区分可以看出，他认同卢梭的学说，但不提倡发动革命。即梁启超主张以卢梭之论救当时之中国，但不主张以发动革命的方式救当时之中国。梁启超进一步指出："且法国之

---

① 梁启超：《上康有为书》，见《梁启超全集》第十九集，第 193 页；丁文江、赵丰田编：《梁任公先生年谱长编（初稿）》，第 116 页。
② 梁启超：《上康有为书》，见《梁启超全集》第十九集，第 193—194 页；丁文江、赵丰田编：《梁任公先生年谱长编（初稿）》，第 116 页。

惨祸,由于革命诸人,借自由之名以生祸,而非自由之为祸。虽国学派不满于路梭者,亦未尝以此祸蔽累于路梭也。"①梁启超此处又将卢梭与法国革命党人区分开,并将自由与革命之祸区分开。通过梁启超的论述可以更清楚地看到,其对于卢梭的思想与暴力革命的方式是分开来理解的。结合梁启超在《论学术之势力左右世界》一文中对卢梭《社会契约论》的称赞,及在《释革》一文中对革命的阐释,可以更准确地理解梁启超对卢梭、对变革及暴力革命的态度。梁启超此时认为,应在当时之中国推行彻底的变革,而卢梭《社会契约论》中的思想是最适宜的思想资源,但是梁启超并不希望变革以暴力革命的方式进行,或者说,梁启超主张彻底变革,但不以暴力革命的方式为第一选择。

不可否认的是,梁启超在1902年5月写给康有为的信中表达了激烈的排满主张和民族主义情绪,但正如其在1911年广州起义之后发表的《粤乱感言》中所揭示的,清政府的败坏在极大程度上制造着革命。即在梁启超看来,就当时中国的状况来说,表达革命思想具有不得不然的无奈。虽然革命是其非常不愿意看到的结果,对国家与国民来说也是深重的灾难,但清政府的腐朽使得革命呈现出无法避免的态势。梁启超称:"要之,在今日之中国而持革命论,诚不能自完其说;在今日之中国而持非革命论,其不能自完其说抑更甚。政府日日以制造革命党为事,日日供给革命党以发荣滋长之资料,则导全国人心理尽趋于革命亦宜。"②理解梁启超的革命主张时,应当看到,其在表达革命思想时,心中有一种对于国家与国民的不忍,但清政府又让人看不到任何希望。这种矛盾与不忍使得梁启超所主张的革命与革命派所主张的革命不同,在后者那里看不到梁启超所表露出来的仁者之心。

5.1.2 民约的前提与宗旨:自由与平等

梁启超所作的《卢梭学案》主要围绕卢梭的《社会契约论》展开,总体上认同卢梭关于契约建国的理论论述,认同的理由不在于契约建国符合历史

---

① 梁启超:《上康有为书》,见《梁启超全集》第十九集,第194页;丁文江、赵丰田编:《梁任公先生年谱长编(初稿)》,第116页。
② 梁启超:《粤乱感言》,见《梁启超全集》第八集,第261页。

经验事实①,而在于这一理论以承认个人的自由平等为前提,并以保护个人的自由平等为宗旨。关于契约建国理论以个人自由为前提,梁启超的论述为:

> 故卢梭曰:凡人类聚合之最古而最自然者,莫如家庭然。一夫一妻之相配,实由契于情好互相承认而成,是即契约之类也。既曰契约,则彼此之间各有自由之义存矣。不独此也,即父母之于子亦然。子之幼也,不能自存,父母不得已而抚育之,固也。及其长也,犹相结而为尊卑之交,是实由自由之真性使之然,而非有所不得已者也。世人往往称家族为邦国之滥觞,夫以家族之亲,其赖以久相结而不解,尚必借此契约,而况于邦国乎。②

按照梁启超的阐释,卢梭的契约思想说明,即使是以最自然的方式结合在一起的家庭中依然存在契约关系,夫妻之间及父母与成年子女之间的关系均属于契约关系。契约关系意味着对自由的承认。以最自然的方式结合在一起的家庭尚且如此,则国家必然依靠契约才能建立。梁启超认为卢梭契约思想的意义在于揭示了包括家庭在内的一切聚合的基础,一切聚合均基于契约,并且因为契约的建立基于自由,所以以契约为一切聚合的基础说明,自由是人性的本有之义。③ 梁启超这里把握住了卢梭的思想要点,卢梭在《社会契约论》第一卷第二章"论原始社会"中讨论了自然的父子关系随孩子的成熟而解体以及通过契约重新建立父子关系的过程,并且揭示出,建立约定体现了自由乃是人性的产物。④

然而,对于这一理解需要加以反思的是,基于契约理解家庭会带来非常

---

① 梁启超在区分"立国之事实"与"立国之理论"的基础上指出:就事实而言,如亚里士多德所述,人就其本性来说过着共同体的生活,也就是说,共同的生活并不是通过契约建立起来的;卢梭论述契约建国的民约论不是对建国事实的刻画,而是认为就理上来说必然如此,"是故卢梭民约之说,非指建邦之实迹而言,特以为其理不可不如是云尔"。梁启超据此回应卢梭的批评者,指出以契约建国不曾在历史上发生为由批评卢梭的契约建国理论是不成立的。梁启超还引用康德的判断称:"卢梭民约之真意,德国大儒康德解之最明。康氏曰:民约之义,非立国之实事,而立国之理论也。"参见梁启超:《卢梭学案》,见《梁启超全集》第二集,第337—338页。
② 梁启超:《卢梭学案》,见《梁启超全集》第二集,第338页。
③ 关于梁启超从卢梭那里获得了对于自由的绝对性的理解,参见王瑶:《梁启超对卢梭思想的容受与推演》,《天津社会科学》,2019年第5期。
④ 卢梭:《社会契约论》,何兆武译,北京:商务印书馆,2003年,第5—6页。

严重的后果。因为契约本身是以自利为基础的，所以基于契约来理解家庭意味着，家庭对于个人来说是一种出于自利的选择。这不仅使家庭变得极不稳定，因为个人可以随时以有违自利为由破坏家庭；更严重的是，由于家庭本以人伦为基础，基于契约关系与自利目的理解就彻底摧毁了家庭的人伦根基。其实这一后果也同样适用于国家，将国家奠基于个人自利的基础上，同样取代了国家本有的伦理基础，而这是契约理论所固有的问题。实际上，契约理论为共同体提供的是一个非常不稳固的基础。

至于契约思想在平等方面的意义，卢梭的论述为："基本公约并没有摧毁自然的平等，反而是以道德的与法律的平等来代替自然所造成的人与人之间的身体上的不平等；从而，人们尽可以在力量上和才智上不平等，但是由于约定并且根据权利，他们却是人人平等的。"① 梁启超对这一段的概述为："卢梭又以为民约之为物，不独有益于人人之自由权而已，且为平等主义之根本也。何以言之？天之生人也，有强弱之别，由智愚之差，一旦民约既成，法律之所视，更无强弱，更无智愚，惟视其正不正何如耳。故曰：民约者，易事势之不平等而为道德之平等者也。事势之不平等何？天然之智愚强弱是也。道德之平等者何？由法律条款所生之义理是也。"② 根据卢梭的论述，契约在平等方面的意义在于，纵然人们在力量与才智等自然能力上存在强弱差异，但在契约之内，每个人都被平等的对待，都享有平等的权利。梁启超整体上理解了卢梭契约思想在平等方面的意义，只是其"易事势之不平等而为道德之平等"的讲法，容易令人误解为用道德之平等替代或消解自然之不平等，但事实上，卢梭和梁启超都没有消解自然不平等的意思。

关于卢梭提出契约思想的目的与宗旨，梁启超概括为："盖以为民约之为物，非以剥削各人之自由权为目的，实以增长竖立各人之自由权为目的者也。"③ 可见，梁启超将自由作为卢梭社会契约思想的目的与宗旨。卢梭将自己的社会契约思想理论宗旨概括为："要寻找出一种结合的形式，使它能以全部共同的力量来卫护和保障每个结合者的人身和财富，并且由于这一结合而使得每一个与全体相联合的个人又只不过是在服从其本人，并且仍然像以往一样地自由。这就是社会契约所要解决的根本问题。"④ 由此可知，卢梭提出社会契约理论意在寻找一种结合的形式，这种结合形式能够聚

---

① 卢梭：《社会契约论》，第 30 页。
② 梁启超：《卢梭学案》，见《梁启超全集》第二集，第 342 页。
③ 梁启超：《卢梭学案》，见《梁启超全集》第二集，第 342 页。
④ 卢梭：《社会契约论》，第 19 页。

合全部结合者的力量,为结合者的生存与财富提供保护,为结合者个人的自由提供保障,同时使得结合者原本所具有的自由不因结合而受到损害,并且使得结合者个人在结合之后不用服从他人。对应卢梭的这段论述,梁启超在学案中有一段概述,梁启超称:"卢梭曰:众人相聚而谋曰,吾侪愿成一团聚,以众力而拥护各人之性命财产,勿使蒙他族之侵害。相聚以后,人人皆属从于他之众人,而实毫不损其固有之自由权,与未相聚之前无以异。若此者,即邦国所由立之本旨也。而民约者,即所以达行此本旨之具也。"①梁启超把握到了契约背后个人寻求保护的目的,也突出了契约无损于自由的要义,但对服从关系的理解不准确。卢梭社会契约理论意在取消服从关系,使结合者服从自身,但梁启超将其理解为"人人皆属从于他之众人",与卢梭的原意不同。

但梁启超在另一段论述中隐约表达出,他意识到,卢梭的社会契约理论实际上取消了统治者与被统治者之间的区分,取消了君主与臣庶之间的差别:

> 故民约既成之后,苟有一人敢统御众人而役使之,则其民约非复真契约,不过独夫之暴行耳。且即使人人甘心崇奉一人,而自供其役使,其所谓民约者,亦已不正,而前后互相矛盾,不可为训矣。要而论之,则民约云者,必人人自由,人人平等,苟使有君主臣庶之别,则无论由于君主之威力,由于臣民之好意,皆悖于事理者也。故前此霍布士及格鲁西亚,皆以为民约既成,众人皆当捐弃己之权利,而托诸一人或数人之手。卢梭则言凡弃己之自由权者,即弃其所以为人之具也。②

由这段论述可以看出,梁启超意识到,在卢梭的契约理论中,通过契约建立的国家并不存在凌驾于人民之上的统治者,反之则意味着契约的破裂。梁启超还提到,在这一问题上,卢梭与霍布斯及格劳秀斯完全不同,霍布斯与格劳秀斯的理论均保留了凌驾于人民之上的统治者。梁启超这一时期以"人人皆治人者,人人皆治于人者"的民主共和制为政治理想,同样认为不应该存在凌驾于人民之上的统治者。

梁启超在这段论述中提到,卢梭以放弃自由权为放弃其"所以为人之

---

① 梁启超:《卢梭学案》,见《梁启超全集》第二集,第339页。
② 梁启超:《卢梭学案》,见《梁启超全集》第二集,第339页。

具",此处再次突出了卢梭以自由为人之本性的理解。卢梭围绕"放弃自由"的论述为:"放弃自己的自由,就是放弃自己做人的资格,就是放弃人类的权利,甚至就是放弃自己的义务。对于一个放弃了一切的人,是无法加以任何补偿的。这样一种弃权是不合人性的,而且取消了自己意志的一切自由,也就是取消了自己行为的一切道德性。"①卢梭对不能放弃自由的强调极大地影响了梁启超。在《自由书·放弃自由之罪》一文中,梁启超即阐述了侵犯乃是以一方的放弃为前提的道理:"盖苟天下无放弃自由之人,则必无侵人自由之人,此之所侵者,即彼之所放弃者,非有二物也。"②在《自由书·国权与民权》一文中,梁启超阐明了同样的道理,并且明确指出,民权是国权的基础。梁启超称:"苟我民不放弃其自由权,民贼孰得而侵之?苟我国不放弃其自由权,则虎狼国孰得而侵之?……然则民之无权,国之无权,其罪皆在国民之放弃耳,于民贼乎何尤,于虎狼乎何尤?今之怨民贼而怒虎狼者,盍亦一旦自悟自悔而自扩张其固有之权,不授人以可侵之隙乎。"③参照卢梭的讨论可以看出,梁启超对自由的这一理解是受卢梭影响的结果。④

5.1.3 公意的本质与体现:主权与法律

卢梭在概括契约思想要解决的根本问题时提到,通过契约结合的个人"只不过是在服从其本人","服从其本人"更准确地来说是服从公意。卢梭对个人与公意关系的论述为:"我们每个人都以其自身及其全部的力量共同置于公意的最高指导之下,并且我们在共同体中接纳每一个成员作为全

---

① 卢梭:《社会契约论》,第 12 页。
② 梁启超:《自由书·放弃自由之罪》,见《梁启超全集》第二集,第 69 页。
③ 梁启超:《自由书·国权与民权》,见《梁启超全集》第二集,第 70 页。
④ 梁启超所理解的自由观念,除卢梭之外,还受到密尔(John Stuart Mill,1806—1873)的影响。梁启超对密尔的了解主要通过中村正直所译的《自由之理》,《自由之理》即是密尔的《论自由》。研究者指出,中村正直的译本使梁启超对密尔的讨论产生了误解,将密尔所论社会与个人的关系转化为政府与个人的关系。参见郑匡民:《梁启超启蒙思想的东学背景》,上海:上海书店出版社,2009 年,第 109—111,121,151—153 页;陈敏荣、徐龙:《梁启超自由主义思想形成的脉络》,《中南民族大学学报》(人文社会科学版),2012 年第 3 期。此外,梁启超于 1903 年为马君武的译本作有一篇序言。在序言中,梁启超将密尔与亚里士多德对举称:"十九世纪之有弥勒约翰,其犹希腊之有亚里士多德乎?论古代学术之起源,无论何科,殆皆可谓滥觞于亚里士多德;论今代学术之进步,无论何科,殆皆可谓集成于弥勒约翰。"由此可见,梁启超在近代学术史中给予密尔极高的评价。梁启超在序言中还表明,密尔《自由原理》一书也适于当时的中国,可以作为治国的药方,其"久欲绍介输入之,而苦无暇也"。参见梁启超:《〈自由原理〉序》,见《梁启超全集》第四集,第 113 页。

体之不可分割的一部分。"①由此可知,契约内的每个人均受公意的指导。但公意不是与个人无关的另外一种意志,公意的形成与契约的建立同步,来自每一个结合者及其所转让的自身的全部权利。卢梭将建立社会契约的核心总结为:"这些条款无疑地也可以全部归结为一句话,那就是:每个结合者及其自身的一切权利全部转让给整个集体。"②

对于卢梭此处的论述,梁启超在《卢梭学案》中提出了批评。梁启超指出:"卢梭曰:民约中有第一紧要之条款曰:各人尽举其所有之诸权而纳诸邦国是也。由此观之,则其所谓民约者,宛然'共有政体'。盖卢梭浸淫于古者柏拉图之说,以邦国为全体,以各人为肢节,而因祖述其义者也。"③梁启超此处批评的要点在于,卢梭契约思想中各人转让自身的全部权利这一条关键内容具有重国家轻个人的倾向。梁启超认为,各人转让自身的全部权利相当于以国家为人身之全体,而各人为身体之肢节器官,如此则"人民为国家之附庸",因而"惟邦国为能有自由权,而各人之自由,不过如冥顽无觉之血液,仅随生理循环之转动也"④。在梁启超看来,以国家为全体,以各人为肢节的理解无异于以人民为国家的附庸,在国家统治性的影响之下,人民实际上是没有自由的。梁启超将这一理解归为"故旧主义","故旧主义"的特征是以国为重,与之相对的"新主义"则以民为重。梁启超认为,处于十八世纪的卢梭在思想上兼有两者,他批评的是卢梭思想中"故旧主义"的一面,也就是重国家的一面。

梁启超这里批评卢梭的地方在一年之后成为其自己的思想主张,此处所批评的以国家为人身之全体、以国民为身体之肢节器官的理解正符合一年后其所提倡的伯伦知理的国家有机体理论。由此可以证明的是,梁启超早年初到日本的这段时间在思想上确实发生了一次巨大的转变,即由以国民为重心转向以国家为重心,但转变不代表与之前的思想主张完全断裂,即主张以国家为重心不等于完全消解国民。对于后世读者来说,在注意到梁启超思想转变的同时还应思考其内在的一致性。因为梁启超思想上的变化总是迅速且巨大的,在很短的时间内会转向完全相反的方向,所以当梁启超论述的侧重发生转变时,身为读者,在跟随梁启超论述的同时,还应联系其

---

① 卢梭:《社会契约论》,第12页。
② 卢梭:《社会契约论》,第19页。
③ 梁启超:《卢梭学案》,见《梁启超全集》第二集,第341页。
④ 梁启超:《卢梭学案》,见《梁启超全集》第二集,第341页。

变化前的思想主张。虽然梁启超自称尽弃前说,但读者应将梁启超变化前的思想主张纳入到变化后的论述当中,在前后的权衡与平衡当中进行理解,如此更有助于从梁启超的讨论中发现其所揭示出的要点与方向。

回到契约思想中的权利转让问题,梁启超在批评卢梭后为卢梭有所保留地进行了辩护。首先,梁启超指出:"注重邦国而不复顾各人,殆非卢氏之真意。"进一步,梁启超指出:"卢梭亦知其说之前后不相容也,于是乃为一种之遁词。其言曰:各人虽皆自举其身以与众人,实则无一所与。何也?我举吾身以与他人,他人亦举其身以与我,如是而成一邦国。吾于此有所失,而于彼有所得,而又得赖众力以自拥卫,何得失之可言云云。"①梁启超这里概述了卢梭契约思想中转让权利与获得权利的过程。卢梭对权利的转让与获得的论述为:"每个人既然是向全体奉献出自己,他就并没有向任何人奉献出自己;而且既然从任何一个结合者那里,人们都可以获得自己本身所渡让给他的同样的权利,所以人们就得到了自己所丧失的一切东西的等价物,以及更大的力量来保全自己的所有。"②对比梁启超的概述与卢梭的讨论可以看出,梁启超整体上把握了卢梭所表达的要义,即各人并不会失去建立契约时所转让的权利,相反,结合者会在契约的保障下重新获得这些权利,并且结合者重新获得的权利比之前所转让的更多,因为除了获得所转让的权利之外,结合者还获得了契约所提供的强大的保护力量。梁启超在概述中提到,卢梭此处的论证是一种遁词,这一判断显然是不严谨的,但这一判断反映出梁启超对卢梭的论证心存疑惑,这体现出,梁启超意识到,卢梭的契约理论在此处存在理论上的困境。

梁启超在更进一步的辩护中称:"虽然,以卢梭之光明俊伟,岂屑为自欺欺人者。故既终其说之后,复发一议以自正其误曰:凡各人为民约而献纳于国家者,亦有度量分界,不过为维持邦国所必要之事件,而将己有之能力财产与自由权,割爱其中之几分以供众用云耳。由此言之,则卢梭所谓各人捐弃其权利者,非全部而一部也。"③梁启超这里同样看到了卢梭在论证中存在前后不一致的地方。在《社会契约论》第一卷第六章"论社会公约"中,卢梭提到,结合者订立契约,是将"一切权利全部都转让给整个集体";但在第二卷第四章"论主权权力的界限"中,卢梭称:"我们承认,每个人由

---

① 梁启超:《卢梭学案》,见《梁启超全集》第二集,第341页。
② 卢梭:《社会契约论》,第20页。
③ 梁启超:《卢梭学案》,见《梁启超全集》第二集,第341页。

于社会公约而转让出去的自己的一切权力、财富、自由,仅仅是全部之中其用途对于集体有重要关系的那部分;但是也必须承认,唯有主权者才是这种重要性的裁判者。"①对于转让的是全部权利还是部分权利,卢梭前后给出了两种论述。梁启超察觉到了这一细节,并且超越了理论的困境进而对理论的要义进行把握,"然卢氏之精意,犹不止此。彼以为民约之成也,各人实于其权利分毫无所捐弃,非独无捐弃而已,各人因民约所得之利益,较之未立约以前更有增者。何也?以众力而自拥卫,得以护持己之自由权而莫使或侵也"②。梁启超再次强调,卢梭契约理论的要义在于,结合者订立契约转让权利不代表失去权利,并且非但没有失去权利,反而获得了更多,即通过契约获得了原有的权利及集合了众力的、强有力的保障。

关于"重新获得"的权利与转让的权利之间的区别,卢梭的论述为:"现在让我们把整个这张收支平衡表简化为易于比较的项目吧:人类由于社会契约而丧失的,乃是他的天然的自由以及对于他所企图的和所能得到的一切东西的那种无限的权利;而他所获得的,乃是社会的自由以及对于他所享有的一切东西的所有权。……除上述以外,我们还应该在社会状态的收益栏内再加上道德的自由,唯有道德的自由才使人类真正成为自己的主人;因为仅只有嗜欲的冲动便是奴隶状态,而唯有服从人们自己为自己所规定的法律,才是自由。"③对于转让的权利与获得的权利之间的区别,梁启超在学案中并未论及。

在卢梭的契约理论中,结合者通过订立契约形成政治共同体、绝对权力及公意。绝对权力由公意掌握,由此形成主权,主权标志着独立的政治共同体,公意的本质是主权。卢梭在论述中称:"正如自然赋予了每个人以支配自己各部分肢体的绝对权力一样,社会公约也赋予了政治体以支配它的各个成员的绝对权力。正是这种权力,当其受到公意指导时,如上所述,就获得了主权这个名称。"④主权受公意指导,而公意属于作为结合者整体的人民,在这个意义上,主权在人民,或者说人民掌握主权,人民是指结合者通过契约结合而成的整体,不是指某一个具体的个人。梁启超在讨论中把握住了主权在公意的意涵,并且明确指出主权不在于某一个人。梁启超的论述为:"人人既相约为群以建设所谓政府者,则其最上之主权,当何属乎?卢

---

① 卢梭:《社会契约论》,第39页。
② 梁启超:《卢梭学案》,见《梁启超全集》第二集,第341—342页。
③ 卢梭:《社会契约论》,第26页。
④ 卢梭:《社会契约论》,第37页。

梭以为民约未立以前,人人皆自有主权,而此权与自由权全为一体。及约之既成,则主权不在于一人之手,而在此众人之意,即所谓公意者是也。"①

公意与主权是合而为一的,卢梭在论述中对契约思想所涉及的主要概念之间的关系有一段辨析:"只是一瞬间,这一结合行为就产生了一个道德的与集体的共同体,以代替每个订约者的个人,组成共同体的成员数目就等于大会中所有的票数,而共同体就以这同一个行为获得了它的统一性、它的公共的大我、它的生命和它的意志。这一由全体个人的结合所形成的公共人格,以前称为城邦,现在则称为共和国或政治体;当它是被动时,它的成员就称它为国家;当它是主动时,就称它为主权者;而以之和它的同类相比较时,则称它为政权。至于结合者,他们集体地就称为人民;个别地,作为主权权威的参与者,就叫做公民,作为国家法律的服从者,就叫做臣民。"②卢梭在这段界定中揭示出,结合者具有双重身份,即结合者每个人既是主权的构成者又是国家法律的服从者。此外,在这段论述中,由全体个人结合成的公共人格,被动时被称为国家,主动时被称为主权者的表述,很容易令人产生国家是主权者的理解,但事实并非如此。关于主权属于人民,梁启超另有一段概述,同样容易引起国家是主权者的误解。梁启超称:"卢梭以为凡邦国皆借众人之自由权而建设者也。故其权惟当属之众人,而不能属之一人若数人。质而言之,则主权者,邦国之所有;邦国者,众人之所有。主权之形所发于外者,则众人共同制定之法律是也。"③

理解国家、国民与主权者关系的核心在于如何理解国家与国民的关系,卢梭并不认为国家具有独立于人民的意志,这一理解与伯伦知理的国家观存在本质上的区别。在卢梭看来,国家只是一种"道德人格",其生命全在于结合成国家的成员。④ 所以,虽然国家与主权者是公共人格的两种状态,但两者的根基均在人民。对梁启超所论"主权者,邦国之所有;邦国者,众人之所有"一句,恰当的理解是,"主权者,邦国之所有"是对外而言,即对他国来说,国家具有独立的主权;"邦国者,众人之所有"是对内而言,即就国家内部来说,主权由人民掌握。从主权的归属可以看出,人民是国家的实体与生命。因而在国民与国家关系的问题上,尽管在涉及对内与对外的不同指向时,对两者的侧重会有不同,但总体来说,国民不能被国家所淹没,每一个

---

① 梁启超:《卢梭学案》,见《梁启超全集》第二集,第 342 页。
② 卢梭:《社会契约论》,第 21 页。
③ 梁启超:《卢梭学案》,见《梁启超全集》第二集,第 342 页。
④ 卢梭:《社会契约论》,第 37 页。

第 5 章　国民与国家：卢梭、耶林与伯伦知理对梁启超的影响

国民个人也不能被国民整体所淹没。正如卢梭所强调的："可是，除了这个公共人格而外，我们还得考虑构成公共人格的那些私人，他们的生命和自由是天然地独立于公共人格之外的。"①梁启超受卢梭的影响形成对人民主权的理解，以人民主权为民主制的标准，进而以民主制为最高的政治理想，并用其对抗现实的君主专制制度。

在卢梭与梁启超的论述中，国家法律均被视为主权的体现。在卢梭看来，法律是主权行为，主权行为受公意指导，公意来自订立契约的全体人民。与法律相对的是行政命令，行政命令是行政行为，不是主权行为，行政行为出自部分人，而非全体人民。"由于主权是不可转让的，同理，主权也是不可分割的。因为意志要么是公意，要么不是；它要么是人民共同体的意志，要么就只是一部分人的。在前一种情形下，这种意志一经宣示就成为一种主权行为，并且构成法律。在第二种情形下，它便只是一种个别意志或者是一种行政行为，至多也不过是一道命令而已。"②法律是主权行为，实际上意味着立法是主权的体现，或者说是公意的体现。卢梭反复论及法律与行政命令、主权行为与行政行为的区分③，意在强调法律与公意或主权者之间的关系及法律的普遍性。

卢梭明确指出："主权者除了立法权力之外便没有任何别的力量，所以只能依靠法律而行动；而法律又只不过是公意的正式表示，所以唯有当人民集合起来的时候，主权者才能行动。"④卢梭所强调的法律与公意的关系，在具体落实上，指法律必须由全体人民通过集会来制定，"凡是不曾为人民所亲自批准的法律，都是无效的；那根本就不是法律"。⑤ 梁启超很重视卢梭对法律与公意关系的讨论，在《卢梭学案》中多次论及这一问题，如梁启超称："凡一国所布之令，必以真出于公意者，然后可谓之法律；若夫发于一

---

① 卢梭：《社会契约论》，第 37 页。卢梭社会契约理论对主权者与个人的保障是同时存在的，既保证主权者的权威又界定主权者的界限。为保障主权者的权威，卢梭指出，个人为了自身利益违背公益、只享受公民权利不履行公民义务，会造成共同体的毁灭，而人们必须具有祖国以免于人身依附，因此社会公约包含着迫使各人服从公意的规定。卢梭形容这一规定为"人们要迫使他自由"，并认为唯有如此才能保证社会契约与主权者的权威，保证政治共同体的有序运行。参见卢梭：《社会契约论》，第 24 页。
② 卢梭：《社会契约论》，第 33 页。
③ 卢梭：《社会契约论》，第 33、34、39、47—48、72、124 页。
④ 卢梭：《社会契约论》，第 114 页。
⑤ 卢梭：《社会契约论》，第 120 页。

人或数人之意者,不能成法律。"①梁启超明确认识到,在卢梭的社会契约理论中,法律与公意之间具有唯一的对应关系。

法律的普遍性亦基于法律与公意的关系,法律出自公意,是主权者的行为,公意之所以为公意,即在于"从全体出发",②所以法律出自人民全体,同时适用于人民全体。出自一部分人或适用于一部分人的不是法律,而是行政命令,是对法律的运用。此外,尤为需要注意的是,在卢梭看来,掌握主权的人民共同体,即主权者,不受法律的约束。卢梭指出:"并没有而且也不可能有任何一种根本法律是可以约束人民共同体的,哪怕是社会契约本身。"③

关于法律的普遍性,卢梭还提道:"我们还可以看出,法律既然结合了意志的普遍性与对象的普遍性,所以一个人,不论他是谁,擅自发号施令就绝不能成为法律;即使是主权者对于某个个别对象所发出的号令,也绝不能成为一条法律,而只能是一道命令;那不是主权的行为,而只是行政的行为。"④梁启超将这一段概述为:"卢梭乃言曰:法律者,以广博之意欲与广博之目的相合而成者也。苟以一人或数人所决定者,无论其人属于何等人,而决不足以成法律。又虽经国民全员之议决,苟其事仅关于一人或数人之利害,而不及于众者,亦决不足以成法律。"⑤梁启超在这一段概述之下加入了一段案语:"此论可谓一针见血,简而严,精而透矣。试一观我中国之法律,何一非由一人或数人所决定者?何一非仅关系一人或数人之利害者?以此勘之,则谓吾中国数千年来未尝有法律,非过言也。"⑥在案语中,梁启超称赞了卢梭的论述,并对中国历史上的法律提出了批评,认为中国历史上没有由全体人民制定并适用于全体人民的法律。由此可见,梁启超重视卢梭对法律与公意关系的讨论,这与其自身的现实关切直接相关。重视法律与公意的关系,实际上是强调法律必须由国民依照自己的意愿共同议定。

对于卢梭所论法律与公意的关系,梁启超进一步概括称:"虽然,卢梭之意,以为公意,体也;法律,用也。公意,无形也;法律,有形也。公意不

---

① 梁启超:《卢梭学案》,见《梁启超全集》第二集,第 343 页。
② 卢梭:《社会契约论》,第 39 页。
③ 卢梭:《社会契约论》,第 22 页。
④ 卢梭:《社会契约论》,第 47—48 页。
⑤ 梁启超:《卢梭学案》,见《梁启超全集》第二集,第 343 页。
⑥ 梁启超:《卢梭学案》,见《梁启超全集》第二集,第 343—344 页。

可见,而国人公认以为公意之所存者,夫是之谓法律。"①梁启超用体用关系概括卢梭所论公意与法律的关系,同样把握了卢梭在这一问题上的思想要义,即公意体现为法律,法律是公意行动的结果。关于法律体现公意,涉及的一个问题是,公意是否永远正确,法律是否永远良善。卢梭的论证思路是,公意虽然出于公共利益,但存在不出于公共利益的众意,众意是着眼于私人利益的、个别利益的总和,出于众意则不再是法律。为了保证公意在符合全体人民幸福的方向上运行,卢梭提出需要一个非凡的、超然的立法者。梁启超在《卢梭学案》中论及了法律不完善的问题,但没有论及立法者。此外,梁启超在论述中还提到卢梭对法律必然性的论证及卢梭对孟德斯鸠所论法律的不满,提到卢梭认为孟德斯鸠所论法律为"自然之法律",不能称为"邦国之法律"。②卢梭称孟德斯鸠所讨论的法律为形而上学的观念,认为孟德斯鸠没有对自然法和国家法进行明确的区分。③

梁启超重视卢梭对法律的讨论,还因为法律保证了自由与平等。梁启超称:"卢梭又曰:凡法律之目的,在于为公众谋最大利益,而所谓公众最大利益者非他,在自由与平等二者之中而已。何也? 一国之中,有人丧自由权之时,则其国减一人之力,此自由所以为最大利益也。然无平等,则不能得自由,此平等所以为最大利益也。"④卢梭在《社会契约论》中原本的论述为:"如果我们探讨,应该成为一切立法体系最终目的的全体最大的幸福究竟是什么,我们便会发现它可以归结为两大主要的目标:即自由与平等。自由,是因为一切个人的依附都会削弱国家共同体中同样大的一部分力量;平等,是因为没有它,自由便不能存在。"⑤通过卢梭的论述与梁启超的概括可以看出,卢梭以自由为法律的最终目标的理由是,个人自由决定着国家共同体的力量,个人失去自由将削弱国家共同体的力量,而以平等为法律的最终目标的理由是,平等是自由的前提,没有平等则无法实现自由。梁启超认同卢梭的这一主张,同样基于国力理解个人自由的意义,并将平等视为自由的前提。

对于法律所要实现的平等,卢梭在进一步的论述中称:"至于平等,这个名词绝不是指权力与财富的程度应当绝对相等;而是说,就权力而言,则

---

① 梁启超:《卢梭学案》,见《梁启超全集》第二集,第 344 页。
② 梁启超:《卢梭学案》,见《梁启超全集》第二集,第 344 页。
③ 卢梭:《社会契约论》,第 45—46 页。
④ 梁启超:《卢梭学案》,见《梁启超全集》第二集,第 345 页。
⑤ 卢梭:《社会契约论》,第 66 页。

它应该不能成为任何暴力,并且只有凭职位与法律才能加以行使;就财富而言,则没有一个公民可以富得足以购买另一人,也没有一个公民穷得不得不出卖自身。"①梁启超在《卢梭学案》中对卢梭的这段论述进行了概括:"又曰:吾所谓平等者,非谓欲使一国之人其势力财产皆全相均而无一差异也。若是者,盖决不可行之事也。但使其有势力者,不至涉于暴虐,以背法律之旨趣,越官职之权限,则于平等之义斯足焉矣。至财产一事,但使富者不至借金钱之力以凌压他人,贫窭者不至自鬻为奴,则于平等之义斯足焉矣。"②卢梭对法律之平等的论述与对契约之平等的论述相一致,即法律与契约均不能抹平差异,而法律与契约的意义在于,将自然的不平等控制在适度的范围之内,使其不至于陷入无限扩大的境地。卢梭总结称:"恰恰因为事物的力量总是倾向于摧毁平等的,所以立法的力量就应该总是倾向于维持平等。"③梁启超对法律之平等意义的总结为:"故必当借法律之力,以防制此势,节中而得其平,则平等自由可以不坠于地。"④

5.1.4 政府的性质与创制:行政与委托

卢梭区分法律与行政命令、主权行为与行政行为,除了要说明法律与公意之间的关联及法律的普遍性之外,更加要强调的是主权不可转让、不可分割。因为主权落实为立法权,所以立法权不可转让、不可分割,亦不能被代表。可以被代表的是行政权力,而且行政权力应该被代表,也就是说政治共同体必须要有政府。卢梭强调主权与行政权力的区别,是针对孟德斯鸠有关立法权与行政权分立的讨论。在卢梭看来,孟德斯鸠的主张造成了主权的分割。卢梭在论述中称:"可是,我们的政论家们既不能从原则上区分主权,于是便从对象上区分主权:他们把主权分为强力与意志,分为立法权力与行政权力,分为税收权、司法权与战争权,分为内政权与外交权。他们时而把这些部分混为一谈,时而又把它们拆开。他们把主权者弄成是一个支离破碎拼凑起来的怪物。"⑤此处提到政论家将主权分为立法权与行政权即指孟德斯鸠的学说。⑥

---

① 卢梭:《社会契约论》,第 66 页。
② 梁启超:《卢梭学案》,见《梁启超全集》第二集,第 345 页。
③ 卢梭:《社会契约论》,第 67 页。
④ 梁启超:《卢梭学案》,见《梁启超全集》第二集,第 345 页。
⑤ 卢梭:《社会契约论》,第 33 页。
⑥ 孟德斯鸠的讨论参见孟德斯鸠:《论法的精神》第十一章第六节《英格兰的政治体制》。

梁启超虽然认识到行政权与主权存在区别,但没有将立法权理解为主权,而是将立法、行政和司法均理解为行政职能。因此,在梁启超看来,立法、行政和司法上的分权属于政府制度层面,不属于主权层面,若就主权来说,主权是不可分割的。卢梭以立法为主权行为的唯一体现,但梁启超没有意识到这一点,并且在阐述卢梭思想时将立法与行政、司法作为并列的政府制度。如梁启超在论述中称:"卢梭又曰:主权者,合于一而不可分者。一国之制度,虽有立法、行法之别,各司其职,然主权当常在于国民中而无分离。……然则立法、行法、司法三权,所以分别部居不许杂厕者,正所以保护三权所从出之主权,使常在全国人之掌握也。是故主权之用可分,而主权之体不可分,是《民约论》之旨趣也。"①由此可以看出,梁启超虽然意识到卢梭对主权与行政权的区分,以及对法律与公意对应关系的强调,但没有意识到立法是主权行为。卢梭将主权落实为立法,在此基础上区分主权行为与行政行为,但梁启超没有将立法理解为主权行为,而是将立法与行政、司法共同视为政府内部的职能部门,故而在梁启超的思想中,独立出来的主权似乎是一个无处落实的悬空概念。

其实卢梭理论中的主权也存在同样的问题,因为主权不可转让、不可分割,而且不能被代表,所以全体国民必须直接参与立法会议,这对于人口众多的国家是不可能实现的事情。故而卢梭所理解的主权似乎只能在小国中获得实现,卢梭自身也意识到了这一问题,并对可能存在的质疑予以回应。质疑者可能提出的疑问为:按照卢梭的论述,主权权威只能在城邦中获得维系,在一个具有很多城市的现代国家中,主权权威是应该分开归属不同的城市,还是应该集中于一个城市,并使其他城市隶属于这个城市?卢梭同时否定了这两种处理方式,认为主权权威不能被分割。此外,卢梭反对将众多城市结合成一个政治共同体的想法,认为应当维持小政治共同体的状态:"我还要回答说,把许多城市结合成为一个唯一的城邦,总归是坏事"。② 梁启超在这个问题上误解了卢梭,认为卢梭主张联邦制,③而联邦制实际上是这一时期梁启超自身的政治理想,目的是反对当时中国所施行的君主专制。在梁启超看来,联邦制意味着地方自治,各地方因地制宜订立法律,推行民主之政。梁启超希望中国能够效仿联邦制,但是是自上而下地分出众多小

---

① 梁启超:《卢梭学案》,见《梁启超全集》第二集,第343页。
② 卢梭:《社会契约论》,第116页。
③ 关于梁启超误解卢梭推崇联邦制,参见颜德如:《梁启超、严复与卢梭社会契约思想》,长春:吉林人民出版社,2003年,第100—103页。

邦,如此则可以强盛国势,保障自由。由此可以看出,梁启超在阐述卢梭思想时存在误解的现象,并借卢梭以表达其自身的政治理想。梁启超主张联邦制的实质是强调地方治理,结合当时中国的处境来看,这一主张反映的是他试图通过地方保全国家的救国思路。

对于卢梭区分主权与政府的讨论,梁启超在《卢梭学案》中有几段论述,其中一段整体性的概述为:"卢梭以前诸学者,往往以国民之主权与政府之主权混淆为一。及卢梭出,始别白之,以为主权者,惟国民独掌之,若政府则不过承国民之命以行其意欲之委员耳。其言曰:政府者何也?即居于掌握主权者与服从主权者之中间,而赞助其交际,且施行法律,以防护公众之自由权者也。更质言之,则国民者,主人也;而官吏者,其所佣之工人而执其役者也。"①梁启超注意到卢梭对主权与政府权力的区分具有思想史的意义,并且明确认识到主权由人民掌握,政府不掌握主权,政府是人民委任的结果。就政府的职能来说,政府居于主权者与服从者之间,起到沟通两者的作用,负责施行法律并维护自由。梁启超在小字夹注中指出,主权者即国民全体,服从者即个人。

卢梭在《社会契约论》中对于"什么是政府"的论述为:"那么,什么是政府呢?政府就是在臣民与主权者之间所建立的一个中间体,以便两者得以互相适合,它负责执行法律并维护社会的以及政治的自由。"②关于主权者与政府的关系,卢梭称:"那完全是一种委托,是一种任用;在那里,他们仅仅是主权者的官吏,是以主权者的名义在行使着主权者所委托给他们的权力,而且只要主权者高兴,他就可以限制、改变和收回这种权力。"③在卢梭的影响下,梁启超将政府与国民的关系视为一种委托关系,国民是主人,政府是执行者。作为主权者的国民不是指具体的个人,而是指国民整体。

梁启超虽然意识到主权权力与政府权力不同,但理解不够彻底,在表述中有混用的现象。他在讨论中提到"国民之主权与政府之主权",将政府与主权连用。此外,梁启超还提到"人人既相约为群以建设所谓政府者,则其最上之主权,当何属乎",④也是将政府与主权并用,而且认为政府经由契约而建立,在《论政府与人民之权限》(1902)一文中亦有政府成立于民约的论

---

① 梁启超:《卢梭学案》,见《梁启超全集》第二集,第345页。
② 卢梭:《社会契约论》,第72页。
③ 卢梭:《社会契约论》,第73页。
④ 梁启超:《卢梭学案》,见《梁启超全集》第二集,第342页。

述。① 这显示出梁启超对主权权力与政府权力没有形成透彻的理解,有时会将政府与主权混淆,他将立法视为政府职能反映的是同样的问题。卢梭在《社会契约论》第三卷第十六章明确指出,政府的创制绝不是一项契约:"一个国家中只能有一个契约,那就是结合的契约;而这个契约本身就排斥了其他一切契约。"② 卢梭在论述中曾特别指出,政府与主权者很容易被混淆,但两者具有本质上的区别,"政府和主权者往往被人混淆,其实政府只不过是主权者的执行人"。③ 梁启超在卢梭的影响下形成了人民主权的观念,但对人民主权的理解是模糊的,在一定程度上把握了卢梭的主权思想,但没有形成清晰彻底的理解。

梁启超在讨论中还提到卢梭的政体分类思想,指出卢梭基于行政权的不同归属对政体进行分类,在这一分类标准下,不同的政体类型只在行政权的归属上存在区别,在立法权的归属上则没有区别,立法权均属于全国人民。卢梭对政体分类的论述为:

> 首先,主权者可以把政府委之于全体人民或者绝大部分的人民,从而使作行政官的公民多于个别的单纯的公民。这种政府形式,我们名之为民主制。再则,也可以把政府仅限于少数人的手里,从而使单纯的公民的数目多于行政官,这种形式就称为贵族制。最后,还可以把整个政府都集中于一个独一无二的行政官之手,所有其余的人都从他那里取得权力。这第三种形式是最常见的,它就叫做国君制或者皇朝政府。④

梁启超对卢梭政体分类思想的概述为:

> 是故卢梭以为政体种类之差别,不过因施法权之分配如何而强为之名耳。非谓立法权之分配,可以相异也。盖立法权者,必常在全国人之手,而万无可以分配之理。若不尔,则一人或数人握之,已反于民约之本义,而尚何政体之足云?所谓施法权之分配者,或以全国人而施行

---

① 梁启超:《论政府与人民之权限》,见《梁启超全集》第三集,第6页。
② 卢梭:《社会契约论》,第125页。
③ 卢梭:《社会契约论》,第72页。
④ 卢梭:《社会契约论》,第81—82页。

全国人之所欲,或以一人而施行全国人之所欲,或以若干人而施行全国人之所欲,即世俗所谓君主政体、少数政体、民主政体之分也。若夫发表意欲,必属于全国人之责任,无可移者。且彼之任施法权者,无论为一人,为若干人,皆不过一时偶受委托,苟有过举,则国人皆得责罚之,罢黜之。①

梁启超把握了卢梭政体分类思想的独特性,即不同政体类型体现的是主权者将行政权委托给了不同的对象,而所有的政体都是全体人民掌握主权,即不仅是民主制为全体人民掌握主权,君主制与贵族制同样是全体人民掌握主权。关于何种政体为最好政体,卢梭的态度是:"关于什么是最好的政府形式,在各个时代里,人们曾经有过许多争论,而并没有考虑到它们之中的每一种形式在一定的情况下都可以是最好的,但在另一种情况下又都可以是最坏的。"②由此可以得出,在卢梭看来,最好政体的标准是:最适合的就是最好的。卢梭在论述中言明,这一原则来自孟德斯鸠。③ 对于三种政体的适用情况,卢梭进一步指出:"一般来说,民主政府就适宜于小国,贵族政府就适宜于中等国家,而君王政府则适宜于大国。"④从卢梭的论述中可以看出的是,他并不是简单地以民主政体为最佳政体,对最佳政体的理解是基于国家现实条件的。此外,对于民主政体,卢梭既揭示其问题也阐明其优势,大体来说,卢梭认为,民主制的问题在于,将原本应当加以区分的立法权与行政权结合在了一起,故而相当于"一种没有政府的政府";⑤而民主政体的优势在于,在创建政府的过程中,主权可以猝然转化为民主制度,民主政府"由于公意的一次简单的行为就可以确立"。⑥ 梁启超没有注意到卢梭对于民主制的具体分析,而是将民主制视为卢梭最为推崇的政体类型。梁启超在《卢梭学案》中称:"卢梭乃断言曰:凡政体之合于真理者,惟民主之制为然耳。"⑦事实上,卢梭在《社会契约论》中没有提出以民主制为最合真

---

① 梁启超:《卢梭学案》,见《梁启超全集》第二集,第345—346页。
② 卢梭:《社会契约论》,第83页。
③ 卢梭:《社会契约论》,第99页。
④ 卢梭:《社会契约论》,第83页。
⑤ 卢梭:《社会契约论》,第83—86页。
⑥ 卢梭:《社会契约论》,第126—127页。
⑦ 梁启超:《卢梭学案》,见《梁启超全集》第二集,第345页。

理者的断言,但其提到:"一切合法的政府都是共和制的。"① 何兆武指出,卢梭此处所提到的共和制不是指某一种具体的政体类型,而是指被公意,或者说被法律,所指导的政府。② 参照卢梭的论述可以发现,梁启超在民主制问题上同样对卢梭存在误解,梁启超基于其所理解的卢梭将民主制作为"合于真理"的政治制度。

梁启超从卢梭的思想中获得了自由作为人性的理解,认识到平等并非抹平自然差异,意识到主权属于全体人民,法律必须基于全体人民之公意,政府只是人民的委托者。这些构成梁启超对于现代政治的基本理解,而所有的这些思想又都围绕着国民展开,国民替代君主及政府成为现代国家与现代政治生活的主体。国家的主体与生命均来自于国民,而国民又必然在国家之中,国家的独立是国民身份成立的前提。所以,如梁启超在《爱国论·一》结尾处所揭示的,国民与国家实际上是一而二、二而一的关系,是相互确立、相互成全的关系。梁启超对国民与国家关系的理解,特别是其思想中国民维度的凸显,与卢梭的影响直接相关。

5.2 梁启超与耶林

5.2.1 权利与斗争

《新民说》第八节为《论权利思想》,梁启超在行文中提到德儒伊耶陵所著《权利竞争论》,并在小字夹注中称:"伊氏为私法学大儒,生于一八一八年,卒于一八九二年。此书乃其被聘于奥国维也纳大学为教授时所著也,在本国重版九回,他国文翻译者二十一种,其书之价值可知矣。去年《译书汇编》同人曾以我国文翻译之,仅成第一章,而其下阙如。余亟欲续成之,以此书药治中国人尤为对病也。本论要领,大率取材伊氏之作。"③ 梁启超这里提到的是德国法哲学家耶林(Rudolf von Jhering,1818—1892)及其著作《为权利而斗争》,是梁启超写作《新民说·论权利思想》的主要思想来源。同时,梁启超认为,耶林在《为权利而斗争》中阐明的道理非常适合解决当时

---

① 卢梭:《社会契约论》,第 48 页。
② 卢梭:《社会契约论》,第 48 页注释 3。
③ 梁启超:《新民说·论权利思想》,见《梁启超全集》第二集,第 556 页。《为权利而斗争》本为耶林在维也纳法律协会的告别演讲。参见耶林:《为权利而斗争》,郑永流译,北京:商务印书馆,2016 年,"译后记:为'什么'而斗争",第 94 页。

国人的问题。可以说,梁启超从耶林对权利的理解中找到了共鸣。

梁启超从耶林思想中汲取的对权利的理解,与天赋人权思想中对权利的理解不同,后者认为权利是人生而具有的,而且权利面前人人平等。但耶林所阐述的权利是基于强力的,是要通过斗争获得的。耶林称:"没有这种斗争,即对不法的抵抗,法权自身将被否认。""斗争与法权的本性不可分地联在一起,是法权概念的要素。""指明斗争对于法权的意义,是本演讲的任务。""世上一切法权是经由斗争而获得的,每一项既存的法律规则必定只是从对抗它的人手中夺取的。每一项权利,无论是民族的还是个人的,都以坚持不懈地准备去自我主张为前提。这种法权不是逻辑的而是一个力的概念。"①

梁启超在《新民说·论权利思想》一文中所阐明的,即是耶林此种与斗争紧密相关的对权利的理解。这一理解说明斗争在获得权利方面的必要性。梁启超引述了耶林有关法权包含着目的与手段之对立的论述:"权利之目的在和平,而达此目的之方法则不离战斗,有相侵者则必相拒,侵者无已时,故拒者亦无尽期。质而言之,则权利之生涯,竞争而已。"②这是耶林在《为权利而斗争》开篇所讨论的内容。耶林称:"众所周知,法权的概念是一个实践的概念,即一个目的概念。但是,每个目的的概念据其本性是在双重意义上形成的,因为它包含着目的与手段本身的对立——仅仅说明目的尚不够,还必须同时指明如何能达到目的之手段。""无论形成的方式可能是多么不同,手段始终被归结于反对不法的斗争。在法权的概念中存有下列对立:斗争与和平相伴——和平是法权的目标,斗争为其手段,两者经由法权的概念和谐一致地得出,且与之分不开。"③耶林强调,对不法的斗争是获得法权承认这一目标必不可少的手段,即和平一定是通过斗争获得的。耶林通过正义之神雕像的形象说明斗争的能力,即"力"的概念对于法权的必要性。耶林称:"正义环绕着法权,她一手提着天平,以此去衡量法权,一手握有干戈,用之去维护法权。无天平的干戈,是法权赤裸裸的暴力,无干戈的天平,是法权的软弱无能。两者休戚与共,唯有正义用来操持干戈的力量与其执掌天平的技艺比肩并立时,一种完满的法权状态才存在。"④耶林的这一论证在梁启超《新民说·论权利思想》中也有体现。梁启超称:"古代

---

① 耶林:《为权利而斗争》,第 1—2 页。
② 梁启超:《新民说·论权利思想》,见《梁启超全集》第二集,第 557 页。
③ 耶林:《为权利而斗争》,第 1 页。
④ 耶林:《为权利而斗争》,第 2 页。

希腊有供养正义之神者,其造像也,左手握衡,右手提剑。衡所以权权利之轻重,剑所以护权利之实行。有剑无衡,是豺狼也;有衡无剑,则权利者亦空言而卒归于无效。"①

关于权利的来源,梁启超称:"权利何自生?曰生于强。彼狮、虎之对于群兽也,酋长、国王之对百姓也,贵族之对平民也,男子之对女子也,大群之对于小群也,雄国之对于孱国也,皆常占优等绝对之权利。非狮、虎、酋长等之暴恶也,人人欲伸张己之权利而无所厌,天性然也。"②梁启超此处的讨论不仅基于耶林,还结合了加藤弘之对强者之权利的理解,将自然与人类社会因强弱差距而产生的强权视为天然合理的状态。1899 年 10 月 25 日(光绪二十五年九月二十一日)《清议报》第三十一册刊登了《论强权》一文,这篇文章是梁启超"译述加藤弘之先生之余论而引申"之作。③ 引文中所提到的例子即是《论强权》一文提及的用来论证强权合理性的例子。④ 安靖如指出,梁启超在《论强权》一文中首次使用权利概念,其对权利的讨论与之前所讨论的自主之权及民权是有相似性的。⑤

加藤弘之对强权的论证以进化论的生存竞争、优胜劣败原理为基础,生存竞争、优胜劣败为天演之公例,故而以之为基础的强权被认为是天然合理的。"强也弱也,是其因也;权力之大小,是其果也。其悬隔愈远者,其权力愈大而猛,此实天演之公例也。"⑥"生存竞争,优胜劣败,此强权之所由起也。"⑦基于强力而理解权利,梁启超论及"天下无所谓权利,只有权力而已,权力即权利也"的判断,⑧进一步论及"强权与自由权,其本体必非二物也"的理解。⑨ 加藤弘之强者之权利的思想亦来自于德国的思想传统。梁启超在《自由书·论强权》一文中对这一思想沿承有所揭示:"加藤先生者,日本

---

① 梁启超:《新民说·论权利思想》,见《梁启超全集》第二集,第 556 页。
② 梁启超:《新民说·论权利思想》,见《梁启超全集》第二集,第 556 页。
③ 关于加藤弘之在强权思想上对梁启超产生的影响,参见郑匡民:《梁启超启蒙思想的东学背景》,第 218—225 页。
④ 参见梁启超:《自由书·论强权》,见《梁启超全集》第二集,第 76—77 页。
⑤ 安靖如:《人权与中国思想——一种跨文化的探索》,黄金荣、黄斌译,北京:中国人民大学出版社,2012 年,第 168 页。
⑥ 梁启超:《自由书·论强权》,见《梁启超全集》第二集,第 76 页。
⑦ 梁启超:《自由书·论强权》,见《梁启超全集》第二集,第 79 页。
⑧ 梁启超:《自由书·论强权》,见《梁启超全集》第二集,第 76 页。
⑨ 梁启超:《自由书·论强权》,见《梁启超全集》第二集,第 77 页。

大儒,与福泽谕吉先生齐名,盖德国学之导师、进化论之泰斗也。"①

耶林将通过斗争获得法权与通过劳动获得财产权进行类比,梁启超据此强调勤劳对于获得权利、保有权利的意义。"又曰:权利者,不断之勤劳也,勤劳一弛,而权利即归于灭亡。若是乎,权利之为物,其所以得之与所以保之者,如此其不易也。"②关于劳动之于财产权的意义,耶林称:"斗争是法权的事业,关于斗争在实践上的必要性以及对斗争的伦理评价,一如劳作之于财产,地位是同等的。"③耶林提到,生活中的人们或许很难接受法权即是斗争的理解,因为在人们的观念中,法权常常被认作是"和平、安宁和秩序的状态"。④ 而人们形成这种观念的原因在于,在生活经验当中没有经过斗争便获得了和平。耶林揭示出,这源于法权与财产权在主体面向上的分离,"一部分人得到享受与和平,而劳动与斗争被分配给另一部分人"。⑤ 法权与财产权就像"双面的雅努斯头,对一些人只展现这一面,而对另一些人仅显现那一面,因此,每个人从那里获得完全不同的形象",而且这种情况"既适于单个个人,也适于整个时代"。⑥ 法权与财产权在主体面向上的分离使得处于和平中的人们产生错觉,认为法权只是和平,但事实的情况是,"在财产权以及在法权方面,劳动与享受如此相分离,但它们的休戚相关性并无损害;一些人颐然自得,在和平中生活,而另一些人则必须不停地劳作和斗争。没有斗争的和平与没有劳动的享受属于伊甸园岁月,历史只知晓,和平和享受两者是不懈的艰苦努力的结果。"⑦耶林将这种因生活处境而形成的对法权的片面理解,与法权在本质上所包含的斗争性质揭示出来。在梁启超看来,通过斗争争取权利正是当时国人所需要的思想意识与人格品质。

---

① 梁启超:《自由书·论强权》,见《梁启超全集》第二集,第76页。关于梁启超对加藤弘之思想的评价,在《自由书·加藤博士天则百话(一)》一文中,梁启超称:"其言固多偏激有流弊,然持之有故,言之成理,故其影响及于日本学界者甚大焉。余凤爱读其书,顾不欲绍介其学说于中国,盖虑所益不足偿所损也。虽然,今日学术思想勃兴之时代,终非可以人力阻止某种学派不使输入我国,苟强阻止之,是又与于顽固之甚者也。况能成一家之言者,必自有其根柢条理,苟能理会其全体,而不借口其一端,则无论何学派而皆有裨于群治。"梁启超:《自由书·加藤博士天则百话(一)》,见《梁启超全集》第二集,第148页。
② 梁启超:《新民说·论权利思想》,见《梁启超全集》第二集,第557页。
③ 耶林:《为权利而斗争》,第3页。
④ 耶林:《为权利而斗争》,第2页。
⑤ 耶林:《为权利而斗争》,第3页。
⑥ 耶林:《为权利而斗争》,第3页。
⑦ 耶林:《为权利而斗争》,第3页。

5.2.2 权利与义务

保有权利是一种责任,或者说是一种义务,而且不仅仅是对自己的义务,还是对所在群体的义务。将为权利而斗争视为对自己的义务和对群体的义务,亦是耶林在《为权利而斗争》中讨论的主要内容。基于责任与义务来理解权利,特别是保有权利指向对自己与对群体应尽之义务这一点,是梁启超非常重视的权利的意涵。在《新民说·论权利思想》的开篇,梁启超称:"人人对于人而有当尽之责任,人人对于我而有当尽之责任。对人而不尽责任者,谓之间接以害群;对我而不尽责任者,谓之直接以害群。"[①]如果不从保有权利及耶林对权利的讨论出发,很难理解梁启超在讨论权利问题时为何以这样的论述作为开篇,会对他突然提到责任问题而感到困惑,同时也很难理解为何将群体问题纳入到对权利的讨论当中。权利需要保有,说明权利不是天然的,亦不是不会失去的,而必须保有权利是因为权利所具有的地位。关于必须保有权利及权利的地位,梁启超称:"天生物而赋之以自捍自保之良能,此有血气者之公例也,人之所以贵于万物者,则以其不徒有'形而下'之生存,而更有'形而上'之生存。'形而上'之生存,其条件不一端,而权利其最要也。故禽兽以保生命为对我独一无二之责任,而号称人类者,则以保生命、保权利两者相倚,然后此责任乃完,苟不尔者,则忽丧其所以为人之资格,而与禽兽立于同等之地位。"[②]

梁启超所提及的"形而上"之生存与"形而下"之生存来自耶林对"自然之生命"与"道德之存在"的划分,耶林在捍卫"道德之存在"的意义上强调保有权利的必要性。耶林称:"主张自我生存是整个生物界的最高法则;众所周知,在每个生物中都存在自我维护的本能。然而,之于人类,这不仅关乎自然之生命,而且关乎其道德存在,但人的道德存在的条件是权利。人类用权利来占有和捍卫其道德的生存条件——没有权利,人类将沦落至动物的层面。"[③]正是因为权利是对自我"道德之存在"的维护,所以保有权利是对自己应尽之义务,放弃权利即是放弃对自己的义务,这相当于"道德上的自杀"。耶林称:"因而,主张权利是道德的自我维护的义务——彻头彻尾地放弃此义务,虽然现在不再可能,但过去有可能,是道德上的自杀。"[④]梁

---

① 梁启超:《新民说·论权利思想》,见《梁启超全集》第二集,第 556 页。
② 梁启超:《新民说·论权利思想》,见《梁启超全集》第二集,第 556 页。
③ 耶林:《为权利而斗争》,第 14 页。
④ 耶林:《为权利而斗争》,第 14 页。

启超称放弃权利的行为是"形而上之自杀"。基于对"形而下"之生存与"形而上"之生存的划分,放弃生命影响的是个人自身,放弃权利影响的是整个群体。梁启超称:"故形而下之自杀,所杀者不过一人;形而上之自杀,则举全社会而禽兽之,且禽兽其苗裔以至于无穷,吾故曰直接以害群也。"①放弃权利则意味着被奴役,个体放弃权利在很大程度上会酿成群体被奴役的苦果。梁启超认为当时国人无异于进行着放弃权利的行为。

耶林在讨论"主张权利同时是一种对集体的义务"时,讨论的对象是个体权利与客观法或者说制定法及制定法所规定的社会生活秩序之间的关系,此外还指向个体不顾个人利益、单纯服务于权利的道德义务与权利情感。②个体权利的有效伸张有助于客观法或制定法的实行,有助于社会生活秩序的维系。个体出于维护权利理念本身与不法进行斗争,而非出于自己的利益。个体对于不法的反抗与斗争都是在为维护客观法尽自己的责任与义务。如耶林在论述中称:"具体的权利不仅仅从抽象的法中获得生命和力量,而且它也还抽象的法以生命和力量。"③"在私法中,每一个被赋予使命在自己的岗位上捍卫制定法的人,是制定法的守护者和执行者。"④"他的这种行为方式的利益和后果远远超出其个人的范围;的确,这不仅仅是制定法的权威和尊严得以维护的理想的利益,还是交往生活的固有秩序之安全这种非常现实和实际的利益。"⑤"如果我坚持说:捍卫权利人被攻击的权利,不仅仅是对自己的义务,而且还是对集体的义务,这是否可能言过其实呢?如果我已评述的是真实的话,即权利人通过其权利来维护制定法,通过制定法来捍卫集体不可或缺的秩序,那么,谁会否认权利人因此同时履行了对集体的义务呢?"⑥

梁启超虽然也论及权利不仅仅是对自己应尽之义务,还是对群体应尽之义务,但没有特别强调个体权利与制定法之间的关系。⑦梁启超的思路是,群体中的个体放弃权利,最终将导致群体在对外关系中丧失力量优势。

---

① 梁启超:《新民说·论权利思想》,见《梁启超全集》第二集,第556页。
② 关于耶林的权利情感思想,及其受到达尔文和黑格尔的影响,参见安靖如:《人权与中国思想——一种跨文化的探索》,第163—165页。
③ 耶林:《为权利而斗争》,第29页。
④ 耶林:《为权利而斗争》,第31页。
⑤ 耶林:《为权利而斗争》,第31页。
⑥ 耶林:《为权利而斗争》,第32页。
⑦ 关于梁启超与耶林之间的这一区别,参见安靖如:《人权与中国思想——一种跨文化的探索》,第158页。

在这个意义上,个体保有自身的权利是对群体尽应尽之义务。梁启超提到耶林所使用的战场逃兵的例子,说明个人放弃权利构成对群体的伤害。① 这一例子也可以说明,在耶林与梁启超的理解中,权利处于随时会遭遇外界侵害的处境与状态,因此需要不断地进行抵抗。梁启超称:"权利者常受外界之侵害而无已时者也,故亦必常出内力之抵抗而无已时,然后权利始成立,抵抗力之厚薄,即为权利之强弱比例差。"② 与权利的这种处境与状态相关的理解是,保有权利者如果不放弃权利,对方则无法构成侵犯,"是故权利之为物,必有甲焉先放弃之,然后有乙焉能侵入之。人人务自强以保吾权,此实固其群、善其群之不二法门也"。③ 在《自由书·放弃自由之罪》一文中,梁启超亦阐述了侵犯乃是以一方的放弃为前提的道理:"盖苟天下无放弃自由之人,则必无侵人自由之人,此之所侵者,即彼之所放弃者,非有二物也。"④ 这一理解同样基于进化论物竞天择、优胜劣汰的思想,此外,还基于自由具有扩张之本性的思想。保有权利、不放弃权利,从另一个角度说,亦是争取权利。

5.2.3 权利与人格

获得与保有权利均与人格相关,获得权利涉及立法,梁启超称:"权利竞争之不已,而确立之保障之者厥恃法律,故有权利思想者,必以争立法权为第一要义。"⑤ 梁启超对这一问题的讨论属于耶林论述的客观法的方向,与主体权利的方向共同构成耶林所论为法权而斗争的主题。⑥ 在客观法方面,耶林提出:"斗争伴随着历史上抽象法的产生、形成和进步。""斗争伴随着法的成长。"⑦ 对于法的产生,耶林不认同萨维尼的主张,即不认为法可以在没有斗争的情况下舒缓而自然地产生。与之相反,耶林认为,新的制定法的产生一定会经历一个激烈的斗争过程,新的制定法对既存法构成严重的侵犯,因而会遭到强烈的抵制,但在斗争的过程中,法律会找到正确的方向。

---

① 梁启超的讨论,参见梁启超:《新民说·论权利思想》,见《梁启超全集》第二集,第560—561页;耶林的论述,参见耶林:《为权利而斗争》,第23、30—31页。
② 梁启超:《新民说·论权利思想》,见《梁启超全集》第二集,第560页。
③ 梁启超:《新民说·论权利思想》,见《梁启超全集》第二集,第556页。
④ 梁启超:《自由书·放弃自由之罪》,见《梁启超全集》第二集,第69页。
⑤ 梁启超:《新民说·论权利思想》,见《梁启超全集》第二集,第561页。
⑥ 关于耶林法权概念同时包含法律和权利的意涵,参见安靖如:《人权与中国思想——一种跨文化的探索》,第160页;耶林自身的论述,参见耶林:《为权利而斗争》,第4页。
⑦ 耶林:《为权利而斗争》,第4页。

耶林称:"只有以极为严重地侵犯既存法和私人利益为代价,改变才能实现。""每一次这样的尝试招致被威胁的利益以自我保存欲望的本能方式的最激烈抵抗,并由此引发一场斗争。""这是一场新法必须经受的、不得不为自己闯开一条通道的斗争,是一场经常要延绵整个世纪以上的斗争。""它必须不停地摸索和探求,以寻找正确的道路;在发现了正确的道路时,必须斗争和运用暴力,以实际踏上这条道路。"①虽然新法的诞生要经过激烈且残酷的斗争,但耶林认为不应当为此而悲叹,新法所经历的斗争正是成就新法的力量,使其与国民之间形成一条牢固的纽带。耶林在论述中称:"法非不费吹灰之力便降临于民众,他们必须为之角逐和争夺,斗争和流血,正是这种情况把他们与他们的法紧密地联系起来。""同样很少从一个民族那里夺去他们在艰难困苦浴血奋斗中获得的法和制度。人们可以直率地断言:一个民族用来信奉和主张自己法的挚爱程度,取决于为获得法而付出的辛劳和努力。把民族与它的法连在一起的牢固纽带,不是习惯,而是牺牲。上帝对他所愿眷顾的民族,不是赐予他们以法,也不是减轻他们的劳作,而是加重这种劳作。法所要求的斗争,不是不幸,而是恩典。"②梁启超呈现了耶林的这段论述,对于经历斗争使法获得稳固根基这一论断,梁启超将其概括为"惟其得之也艰,故其获之也力"。③

保有权利以具有权利思想为前提,耶林用身体受伤时的疼痛信号类比权利受到侵犯时的疼痛信号,这种权利受到侵犯时的疼痛感提醒人们与侵犯者进行斗争,维护自己的权利。梁启超论及耶林的这一类比,并指出具有权利思想则会在权利受到侵犯时不能自制地进行对抗与维护,"有权利思想者,一遇侵压,则其苦痛之感情直刺焉激焉,动机一拨而不能自制,亟亟焉谋抵抗之以复其本来"。④ 而权利思想之强弱与人格相关,梁启超提到武士为了名誉而在所不辞,商人为了信用而不计成本。除了武士和商人,耶林还提到农民的例子。武士为维护名誉而斗争,农民为维护土地而斗争,商人为维护信用而斗争,耶林以三者为例,说明为了维护所看重的"道德生存"条件,应不惜一切地进行斗争。⑤ 关于不计利益地为权利而斗争,梁启超还提到

---

① 耶林:《为权利而斗争》,第 5—7 页。
② 耶林:《为权利而斗争》,第 9 页。
③ 梁启超:《新民说·论权利思想》,见《梁启超全集》第二集,第 561 页。
④ 梁启超:《新民说·论权利思想》,见《梁启超全集》第二集,第 557 页;耶林:《为权利而斗争》,第 19 页。
⑤ 耶林:《为权利而斗争》,第 19—21 页。

耶林所讨论的英国人的案例和国家领土的案例。① 由国家领土的案例关联到当时中国的处境与国民的状态,面对各国割占国家领土的状况,国人并无权利受到侵犯的意识,"但其有权利而不识有之之为尊荣,失权利而不知失之之苦痛,一言蔽之曰:无权利思想而已"。②

梁启超阐明权利思想与人格的关系,说明维护权利是高尚的人格,与利益的得失无关,或者说为权利而斗争不应计算利益。"争权利则不然,其目的非在得物之利益也。故权利与利益,其性质正相反对。贪目前之苟安,计锱铢之小费者,其势必至视权利如弁髦,此正人格高下垢净所由分也。"③ 关于权利与人格相关,不能用利益衡量这一认知,耶林在论述中称:"权利与人格的这一关联,不论权利的类别如何,赋予了一切权利无与伦比的价值,我将这种价值称为与纯物质价值不同的理想价值,纯物质的价值是从利益的立场出发的。""这一理想的权利立场不是高贵者的特权,而无论是最粗暴的人,还是最有教养的人;无论是最富有的人,还是一文不名的人;无论是原始的自然民族,还是开化的民族,同样都能获得它。""看上去使人类仅仅处在自私自利、斤斤计较的低谷的权利,把人类重新抬至理想的高峰,在那里,人们忘记了一切在低谷中习得的小聪明和斤斤计较,以及人类用来衡量一切的功利尺度,以便全力投身于某种理念——在平淡无奇的地方,在为权利而斗争的地方,权利变成了诗歌——因为为权利而斗争,实际上是人格的诗歌。"④

权利本身虽不属于人格,亦不属于美德,但保有权利、争取权利不仅需要权利思想作为前提,还需要人格作为支撑。梁启超除了在《新民说·论权利思想》一篇中提到"人人务自强以保吾权",并结合耶林的论述展开讨论之外,在《新民说》中对自尊、进取、毅力等内容的讨论同样与人格相关。其中,自尊之人格尤为重要,为"人道最不可缺之德"。⑤ 自尊是"自贼自暴自弃之反面",梁启超认为,自尊不是强大的结果,而是强大的原因,只有自尊者才能成为强者,对个人来说如此,对国家来说同样如此。⑥ 自尊还关乎自治与

---

① 梁启超:《新民说·论权利思想》,见《梁启超全集》第二集,第 558 页;耶林的讨论,参见耶林:《为权利而斗争》,第 12、28 页。
② 梁启超:《新民说·论权利思想》,见《梁启超全集》第二集,第 559 页。
③ 梁启超:《新民说·论权利思想》,见《梁启超全集》第二集,第 557 页。
④ 耶林:《为权利而斗争》,第 25 页。
⑤ 梁启超:《新民说·论自尊》,见《梁启超全集》第二集,第 594 页。
⑥ 梁启超:《新民说·论自尊》,见《梁启超全集》第二集,第 588—589 页。安靖如指出,在梁启超的理解中,人格与群体紧密相关:"对梁启超来说,'人格'是与对一个群体的认同感联系在一起的。""人格既有赖于个人的健康和道德发展,也有赖于个人对其所属各种群体的建设性贡献。"参见安靖如:《人权与中国思想——一种跨文化的探索》,第 172 页。

自立,"凡自尊者必自治","凡自尊者必自立"。① 这一关联揭示出,作为人格与美德的自尊与政治生活具有紧密的联系,国家的独立与自治与国民的自尊人格息息相关。从国家与国民关系的角度来看,梁启超指出,国民是构成国家的主体,因而国家之自尊必始于国民之自尊:"夫国家本非有体也,借人民以成体,故欲求国之自尊,必先自国民人人自尊始。"②

回到权利思想的问题,梁启超写作《新民说·论权利思想》的目的在于,以养成国民权利思想为第一义,所养成的权利思想则是耶林讨论的以斗争为前提的权利思想:对权利的保有要通过不断的抗争和进取才能实现。对个人来说,权利是个体更高意义上之生存的条件,保有权利是个体对自己尽应尽之职责与义务。同时,个体对权利的保有与群体的力量直接相关,保有权利亦是个体对群体尽应尽之责任与义务。在这个意义上,可以说,国民之权利思想关乎国权的实现,"国民者,所结集也;国权者,一私人之权利所团成也。故欲求国民之思想、之感觉、之行为,舍其分子之各私人之思想、感觉、行为而终不可得见"。③ 梁启超通过根与树的关系类比权利思想与国家的关系:"国家譬犹树也,权利思想譬犹根也,其根既拔,虽复干植崔嵬,华叶蓊郁,而必归于槁亡。"④

若结合当时的专制统治来看,专制统治的治理策略与权利思想相背离,专制统治压制国民的权利思想,国民形成权利思想会松动专制统治的强权根基。但国民的权利思想影响着国家在对外关系中的力量,故而可以得出专制制度是国家积弱的根源这一判断。在专制政体内唤醒国民的权利思想,无异于唤起国民对专制统治的反抗。要求统治集团不压制国民的权利思想,则无异于要求统治者出让自身的权力。梁启超对权利思想的提倡相当于重新平衡国民与政府之间的关系。梁启超在《新民说·论权利思想》一篇的结尾揭示出这一实质性的目的:"为政治家者,以勿摧压权利思想为第一义;为教育家者,以养成权利思想为第一义;为一私人者,无论士焉农焉工焉商焉男焉女焉,各以自坚持权利思想为第一义。国民不能得权利于政府也则争之,政府见国民之争权利也则让之,欲使吾国之国权与他国之国权平等,必先使吾国中人人固有之权皆平等,必先使吾国民在我国所享之权利

---

① 梁启超:《新民说·论自尊》,见《梁启超全集》第二集,第 592—593 页。
② 梁启超:《新民说·论自尊》,见《梁启超全集》第二集,第 590 页。
③ 梁启超:《新民说·论权利思想》,见《梁启超全集》第二集,第 562 页。
④ 梁启超:《新民说·论权利思想》,见《梁启超全集》第二集,第 562 页。

与他国民在彼国所享之权利相平等。"①

5.3 梁启超与伯伦知理

5.3.1 一致性与张力：国家与国民

国家与国民的关系问题及政府与人民的关系问题,是梁启超这一时期讨论的两个核心议题,前者指向教养国民与建立国家的救国目的,后者指向保障权利与划分权限的政治理想。在理解国家与国民关系方面,伯伦知理(J. K. Bluntschli,1801—1881)的思想是梁启超吸收并运用的重要思想资源。伯伦知理是十九世纪的公法学家,出生在瑞士,但其主要的学习和工作经历都在德国,因而一般将其视为德国的法学家。② 伯伦知理于1827年进入柏林大学读书,跟从历史法学派法学家萨维尼学习,1828—1829年转入波恩大学并取得博士学位。③

梁启超曾在《清议报》"政治学谭"栏目中陆续刊登伯伦知理《国家论》的部分内容,首次刊登于1899年4月10日出版的《清议报》第十一册,最后一次刊登于1899年10月25日出版的《清议报》第三十一册。④ 狭间直树指

---

① 梁启超:《新民说·论权利思想》,见《梁启超全集》第二集,第563页。
② 参见雷勇:《国家比喻的意义转换与现代国家形象——梁启超国家有机体理论的西方背景及思想渊源》,《政法论坛》,2010年第6期。
③ 参见雷勇:《国家比喻的意义转换与现代国家形象——梁启超国家有机体理论的西方背景及思想渊源》,《政法论坛》,2010年第6期;郑匡民:《梁启超启蒙思想的东学背景》,上海:上海书店出版社,2009年,第234—235页。
④ 关于伯伦知理《国家论》的刊载时间及刊载内容上的取舍,参见郑匡民:《梁启超启蒙思想的东学背景》,第254,234页。关于《清议报》上刊登的《国家论》的译本,巴斯蒂指出,其为出自吾妻兵治的汉译本《国家学》,吾妻兵治的《国家学》译自平田东助翻译的《国家论》,而《国家论》实为伯伦知理1874年出版的通俗读物《为有文化的公众而写的德国政治学》的节译本。参见巴斯蒂:《中国近代国家观念溯源——关于伯伦知理〈国家论〉的翻译》,《近代史研究》,1997年第4期。狭间直树认同巴斯蒂的观点,参见狭间直树:《〈新民说〉略论》,见狭间直树编:《梁启超·明治日本·西方——日本京都大学人文科学研究所共同研究报告》(修订版),第76页。郑匡民指出,《清议报》刊登的《国家论》所依据的译本,或为吾妻兵治翻译的《国家学》,或为平田东助与平塚定二郎合译的《国家论》,因为前者又是根据后者译出的,所以《清议报》刊登的《国家论》无论依据哪个版本,在内容上都不会有太大出入。参见郑匡民:《梁启超启蒙思想的东学背景》,第228—234页。关于《清议报》所载《国家论》的内容,张佛泉评价称"字句殊晦涩,文义多不明",并且提到,黄遵宪在致梁启超的书信中曾对《国家论》的文字有所评判。参见张佛泉:《梁启超国家观念之形成》,《政治学报》(台湾),1971年第1期。

出,梁启超开始刊载伯伦知理的《国家论》与《清议报》调整章程有关,即致力于介绍"立国之本"的"政治学、理财学"方面的文章。① 孙宏云亦强调,1899年4月10日出版的《清议报》第11册刊登《本报改定章程告白》一文,同册即开设"政治学谭"专栏并刊登伯伦知理的《国家论》,这预示着梁启超的思想倾向由世界大同转向国家主义。②

此外,在《国家思想变迁异同论》(1901)中,梁启超提到,他正是参照伯伦知理对欧洲中世纪与近代国家思想的对比,将欧洲旧思想、中国旧思想及欧洲新思想三者进行比较。③ 在《论学术之势力左右世界》(1902)一文中,梁启超列举了十位在学术上左右世界的人物,其中一位便是伯伦知理。④ 在《自由书·干涉与放任》(1902)一文中,梁启超以伯伦知理为十九世纪下半叶干涉主义极盛之际国家全权论的代表,并且指出伯伦知理所代表的思想传统与卢梭相对立,卢梭是十八世纪放任主义极盛时期的代表。⑤ 张佛泉指出,梁启超在《瓜分危言》(1899)第三章第六节运用了伯伦知理的国家有机体理论,并且认为梁启超在《论近世国民竞争之大势及中国之前途》(1899)中对"国民"一词的使用及"国民"观念本身完全是受伯伦知理影响的

---

① 参见狭间直树:《〈新民说〉略论》,见狭间直树编:《梁启超·明治日本·西方——日本京都大学人文科学研究所共同研究报告》(修订版),第76页。

② 参见孙宏云:《清季梁启超的国家论及其相关理论背景》,《近代思想史研究》第10辑,2013年。

③ 梁启超:《国家思想变迁异同论》,见《梁启超全集》第二集,第321页。

④ 除了伯伦知理之外,梁启超在《论学术之势力左右世界》一文中提到的人物还包括:哥白尼(Copernicus,1473—1543)、培根(Bacon,1561—1626)、笛卡尔(Descartes,1596—1650)、孟德斯鸠(Montesquieu,1689—1755)、卢梭(Rousseau,1712—1778)、富兰克林(Franklin,1706—1790)、瓦特(Watt,1736—1819)、亚当·斯密(Adam Smith,1723—1790)、达尔文(Charles Darwin,1809—1882)。川尻文彦指出,将伯伦知理与这些人物一并列举是有些奇怪的。参见川尻文彦:《梁启超的政治学——以明治日本的国家学和伯伦知理的受容为中心》,《洛阳师范学院学报》,2011年第1期。

⑤ 从思想史角度来看,梁启超还认识到,霍布斯、洛克与卢梭同属于契约论传统,但霍布斯主张君权,属于干涉主义,而卢梭批评干涉主义。参见梁启超:《自由书·干涉与放任》,见《梁启超全集》第二集,第143页。关于伯伦知理所代表的德国历史法学派反对契约论传统及其自然法主张,参见雷勇:《国家比喻的意义转换与现代国家形象——梁启超国家有机体理论的西方背景及思想渊源》,《政法论坛》,2010年第6期。雷勇在文中指出,梁启超以伯伦知理为国家全权论的代表是对伯伦知理的误读,而这一误读与通过日本摄取伯伦知理的思想有关。巴斯蒂在概括伯伦知理国家思想时提到,伯伦知理认为人具有两重性:既有个体的一面,又有群体的一面;既要求自由,又受集体精神的支配。参见巴斯蒂:《中国近代国家观念溯源——关于伯伦知理〈国家论〉的翻译》,《近代史研究》,1997年第4期。

结果。①

虽然梁启超自流亡日本之后，除了在《清议报》上刊登伯伦知理著作的译文之外，在文章中也时常提及伯伦知理的思想，但真正系统介绍伯伦知理的思想是在《政治学大家伯伦知理之学说》(1903)一文中。这篇文章刊登在1903年5月25日出版的《新民丛报》第三十二号上，分四个部分介绍伯伦知理的思想，依次为"伯伦知理之国家有机体说""伯伦知理之主权论""伯伦知理之政体论"及"伯伦知理之论司法"。此后，梁启超又在1903年10月4日出版的《新民丛报》第三十八、第三十九号合本中再次刊登了同名文章《政治学大家伯伦知理之学说》。这一期的《新民丛报》还刊登了伯伦知理的肖像，并对肖像进行了说明，说明文字的内容为："伯伦知理为近世政治学泰斗，本号及第三十二号报中曾略揭其学说。"②

对于《新民丛报》再次刊登同名文章一事，梁启超在第二次刊登的《政治学大家伯伦知理之学说》开篇的按语中称："按：此题已见本报第三十二号中，以其所叙述尚简略也，且夫著者之所感触别有在也，故不避骈枝之诮，再撰此篇，读者谅之。"③由按语可以看出，再次刊载《政治学大家伯伦知理之学说》，一方面因为此前所刊登的文章叙述比较简略，另一方面则因为此时梁启超在思想上发生了变化。《新民丛报》第三十八、第三十九号合刊上刊登的《政治学大家伯伦知理之学说》一文即是梁启超思想转变的重要标志，对这篇文章的理解应结合同一期所刊登的《新民说·论私德》一文。④ 梁启超思想上的转变发生在1903年2月20日至1903年11月11日访美的这段时间。

关于梁启超思想在这一时期所发生的转变，《梁任公先生年谱长编（初稿）》的描述为："先生从美洲归来后，言论大变，从前所深信的'破坏主义'

---

① 参见张佛泉：《梁启超国家观念之形成》，《政治学报》（台湾），1971年第1期。
② 《新民丛报》，1903年第38—39期，第8—9页。
③ 梁启超：《政治学大家伯伦知理之学说》（二），见《梁启超全集》第四集，第207页。《梁启超全集》为对两篇同名文章进行区分，在题目下分别加了（一）（二）。
④ 关于《政治学大家伯伦知理之学说》一文的意义，及应将其与《新民说·论私德》一篇结合起来理解，参见张佛泉：《梁启超国家观念之形成》，《政治学报》（台湾），1971年第1期；孙宏云：《清季梁启超的国家论及其相关理论背景》，《近代思想史研究》第10辑，2013年。张朋园与张灏均认为这篇文章是梁启超思想转变的标志。参见张朋园：《梁启超与清季革命》，第107—109页；张灏：《梁启超与中国思想的过渡：1890—1907》，第187—191页。但巴斯蒂反对这一观点，认为这篇文章只体现了梁启超对伯伦知理思想的认同。参见巴斯蒂：《中国近代国家观念溯源——关于伯伦知理〈国家论〉的翻译》，《近代史研究》，1997年第4期。

和'革命排满'的主张,至是完全放弃,这是先生政治思想的一大转变,以后几年内的言论和主张,完全站在这个基础上立论。这便是先生考察日多,见闻益广,历练愈深的结果。"①

张朋园在讨论到梁启超此时的思想变化时称:"但是,光绪二十九年(1903)以前的任公与以后的任公,其言论几若判作两人;过去说要革命,以后则反对革命。随手拾起此后的言论,任何一篇一节,都可以看出他变了,变得是那样的迅速,使人有莫名其妙之感。例如说他在新大陆期间,对党人演讲,仍打着明为保皇实则革命的旗号,而刚刚回到日本,却登了一则启事,说他不再言革命了;不仅不言革命,还要排斥共和之论呢。他说:'至于鄙人之排斥共和,则岂惟演说,此后方将著书昌言之。'"②随后,张朋园提到,梁启超在《政治学大家伯伦知理之学说》一文中运用伯伦知理和波伦哈克的论述反思共和。

张灏在讨论梁启超这一时期的思想转变时称:"1903年初春,梁启超出访北美,暂时放弃了他在《新民丛报》的编辑工作。伴随这次出访,梁思想中开始出现了明显的国家主义倾向,但这归根到底并不完全代表一个新的起点,而是他思想中已潜伏的某些基本倾向的一个最终的发展。国家主义的倾向在随后几年中愈加明显,并决定了梁在许多重大问题上的政治态度。"③关于梁启超思想变化的原因,除了在美国的见闻之外,张灏还强调了日本国家社会环境的影响,张灏称:"梁对民主制度的忧虑和对政治权威主义的强调,绝不能只看作是由于他对民主制度在美国的运作,特别是在海外华人社团中的运作进行考察之后的一个突然的思想变化。与明治日本国家显著增长同时出现的明治寡头政府的中央集权和权威主义的强烈倾向,不能不给梁留下深刻印象。因为他生活在20世纪转折时期的日本,必然要受日本思想界这一总趋势的影响,即从盎格鲁—撒克逊政治思想中的自由主义立场转到突出19世纪德国国家主义的权威主义。由于梁对他所称的西方帝国主义作了亲自考察,因此所有这些因素在梁思想中便显得十分重要。"④

对比《年谱长编》及张朋园和张灏对梁启超思想转变的刻画,《年谱长

---

① 丁文江、赵丰田编:《梁任公先生年谱长编(初稿)》,第171页。
② 张朋园在注释中注明,梁启超刊登的启事为《新民丛报》第49号(第3年第1号)上刊登的《辨妄再白》一文。张朋园:《梁启超与清季革命》,第107页注释1。
③ 张灏:《梁启超与中国思想的过渡:1890—1907》,第181页。
④ 张灏:《梁启超与中国思想的过渡:1890—1907》,第185页。

编》与张朋园的刻画均侧重于梁启超在革命问题上的退守,张灏的刻画侧重于梁启超国家主义思想的凸显。此外,虽然三者都讨论了梁启超这一时期的思想变化,但对变化发生过程的理解有所不同,《年谱长编》与张朋园认为梁启超的思想变化是访美期间突然发生的,张灏认为梁启超的思想转变是原本存在于其思想中的倾向,即德国传统影响下的日本社会环境中的国家威权主义逐渐显现的结果。① 虽然张灏强调梁启超访美之后的国家主义转向是日本社会环境长期影响的结果,但总体上认为1903年美洲之行前后,梁启超在思想上确实存在从自由主义到国家主义的转变。② 梁启超思想上的这次转变亦被刻画为由主张民权转向主张强有力的国家权力的过程,或者从宣扬卢梭转向批评卢梭并认同伯伦知理的过程。③ 有研究者对有关梁启超思想转向的论述进行反思,并倾向于认为1903年前后梁启超的思想主张不构成对立,国家主义与民权主张之间不存在矛盾,伯伦知理不是全然对卢梭进行批评。④

就梁启超这一时期的思想主张来说,转变是真实存在的,并且这一转变在其早年政治思想中具有重要的地位,但是其思想中也确实存在着不变的面向,即对国家的关切与建立现代国家的目的是前后一致的。⑤ 梁启超这一既存在变化又具有一贯性的思想形态,落实到国家与国民、国权与民权问

---

① 关于张朋园与张灏在理解梁启超这一时期思想转变时存在差别,参见孙宏云:《清季梁启超的国家论及其相关理论背景》,《近代思想史研究》第10辑,2013年。

② 张灏:《梁启超与中国思想的过渡:1890—1907》,第185页。张灏这里提到的自由主义,指的是梁启超对自由、权利等自由主义概念的强调,而不是指梁启超持有西方自由主义传统的自由主义主张。张灏认为,西方自由主义不是梁启超的立场,西方自由主义的核心是个人主义及保证公民权利和自由的制度,而梁启超将自由、权利等自由主义概念置于对公德的讨论中,实际上是以集体主义的关切运用自由、权利等自由主义概念。参见张灏:《梁启超与中国思想的过渡:1890—1907》,第142页。

③ 参见郑匡民:《梁启超启蒙思想的东学背景》,第254—259页。狭间直树指出,以访美为界,认为梁启超从卢梭转向伯伦知理的理解不太合适。狭间直树强调这一点的用意在于,突出梁启超访美之后对卢梭的批评是以"承认卢梭的历史意义"为前提的。狭间直树指出,梁启超以卢梭为十九世纪之母,以伯伦知理为二十世纪之母,将两位思想家对应于不同的时代,体现的正是梁启超对卢梭历史意义的肯定。参见狭间直树:《〈新民说〉略论》,见狭间直树编:《梁启超・明治日本・西方——日本京都大学人文科学研究所共同研究报告》(修订版),第71页。

④ 参见孙宏云:《清季梁启超的国家论及其相关理论背景》,《近代思想史研究》第10辑,2013年。

⑤ 狭间直树曾提到,其赞同梁启超1903年前后国家思想是一贯的这一理解。参见狭间直树:《〈新民说〉略论》,见狭间直树编:《梁启超・明治日本・西方——日本京都大学人文科学研究所共同研究报告》(修订版),第70页注释2。

题上则体现为,国家与国民、国权与民权在梁启超的思想中既具有一致性又具有张力。流亡日本之后到1903年美洲之行以前,梁启超在一体之中理解国家与国民,并且逐渐基于国权来理解民权,此时,国家与国民、国权与民权均具有一致的关系。在这一时期,梁启超同时认同卢梭的民权思想与伯伦知理的国家有机体论。1903年结束美洲之行返回日本之后,在梁启超的思想中,国家的统一与秩序重于国民的民权与自由,国权具有优先于民权的地位,民权与君权共同位于国权之下。而这两种对于国家与国民、国权与民权的理解,均与伯伦知理有关。将国家与国民、国权与民权理解为一体的关系是受伯伦知理国家有机体论影响的结果,以国权具有优先于民权的地位与伯伦知理的国家主权论直接相关。

张灏基于幽暗意识,从自由民主的角度指出梁启超思想的国家主义转向。结合梁启超一直以来对民权的讨论,国家关切与民权思想在梁启超这一时期的思想当中是同时存在的。其实不仅仅是在这一时期,在梁启超到日本之前,以国家为目的和以国民为目的两者便同时存在于他的思想当中。对于梁启超思想中同时存在的国家倾向与国民倾向,狭间直树在《〈新民说〉略论》中进行了分析。狭间直树根据梁启超在《政治学大家伯伦知理之学说》中以国家为目的的论述指出,梁启超以国权优越于民权,同时,狭间直树根据梁启超在《新民说·论权利思想》中对个人权利积而为国家权利的论述指出,梁启超并不是"毫不承认国民之权利的国家主义者"。[1] 再者,狭间直树指出,日本思想界"内则民权,外则国权"的思想结构正符合梁启超的思想期待,即面对国内国民时讲民权,面对世界各国时讲国权。此外,狭间直树提到,在梁启超的思想中,国家由国民构成,国权由民权构成,国家与国民在内涵与外延上完全重合,故而在梁启超的思想中,国家关切与对个体的尊重并不矛盾。最后,狭间直树总结称:"概而言之,梁启超的阐述以个人为出发点,以国家之优位为归结。由于国家与新民并无矛盾,当他的国权和民权论从'国民'的观点展开时就倾向于民权主义,从'国家'的观点展开时就倾向于国家主义,可以说有两个轴心,正像椭圆有两个焦点一样。"[2] 狭间直树的讨论揭示出,梁启超的思想中同时存在着国家与国民两个重心,狭间直树的讨论很好地呈现了梁启超思想中国家与国民之间的关系。现代以来被视

---

[1] 狭间直树:《〈新民说〉略论》,见狭间直树编:《梁启超·明治日本·西方——日本京都大学人文科学研究所共同研究报告》(修订版),第77页。

[2] 狭间直树:《〈新民说〉略论》,见狭间直树编:《梁启超·明治日本·西方——日本京都大学人文科学研究所共同研究报告》(修订版),第78页。

为具有紧张关系的国家与国民在梁启超的思想中获得了统合,而两者能够获得统合的原因在于,梁启超对国家与国民之间的关系持有的是一种更具有古典倾向的理解。

就国家主义这一概念来说,在梁启超的思想及研究中,国家主义具有两个面向:一个是与大同或世界主义相对的国家主义,另一个是与国民或民权相对的国家主义。① 在梁启超的思想中,与大同或世界主义相对的国家主义意味着教育国民形成国家意识;与国民或民权相对的国家主义是梁启超对十九世纪下半叶处于民族帝国主义阶段的国家中国民与国家关系的刻画。梁启超研究者在评价他属于国家主义时,通常指的是后者,而将梁启超评价为国家主义,往往是认为梁启超思想中带有牺牲国民个人的倾向。梁启超对与大同或世界主义相对的国家主义亦有讨论,如在刊登于1899年12月23日(光绪二十五年十一月二十一日)出版的《清议报》第三十三册的《自由书·答客难》一文中,梁启超称:"客难任公曰:子非祖述春秋无义战,墨子非攻之学者乎? 今之言何其不类也。任公曰:有世界主义,有国家主义。无义战、非攻者,世界主义也。尚武敌忾者,国家主义也。世界主义属于理想,国家主义属于事实;世界主义属于将来,国家主义属于现在。今中国岌岌不可终日,非我辈谈将来道理想之时矣。故坐吾前此以清谈误国之罪,所不敢辞也;谓吾今日思想退步,亦不敢辞也。谨谢客。"②在《清代学术概论》(1920)第二十七篇中,梁启超提到,居于日本之后,受到欧洲及日本思想的影响,思想上由世界主义转变为"褊狭的国家主义"。③ 在与大同或世界主义相对的意义上,梁启超在论及国家主义时,针对的是与世界相对的国家,或者用梁启超在《新民说·论国家思想》中的讲法,其用意在于使国民"对于世界而知有国家"。④ 世界主义以世界范围内的平等与和平为理想,国家主义以国家利益为原则,两者均是在国家间的层面进行讨论,本身不直接涉及国民个人层面。因此,梁启超在这个意义上所讨论的"国家主义"不存在牺牲国民个人的问题。

但就与国民或民权相对的国家主义来说,梁启超的论述中的确存在要求国民个人为国家牺牲利益的内容。如在《国家思想变迁异同论》(1901)

---

① 孙宏云在论述中提到国家主义具有两个侧面,参见孙宏云:《清季梁启超的国家论及其相关理论背景》,《近代思想史研究》第10辑,2013年。
② 梁启超:《自由书·答客难》,见《梁启超全集》第二集,第91页。
③ 梁启超:《清代学术概论·二十七》,见《梁启超全集》第十集,第284页。
④ 梁启超:《新民说·论国家思想》,见《梁启超全集》第二集,第543页。

中,梁启超指出:"十九世纪下半纪之国家主义,亦颇言人民为国家而立,然与旧思想有绝异之点。"① 在《论学术之势力左右世界》(1902)一文中,梁启超在概述伯伦知理的国家学时称:"伯伦知理之学说,与卢梭正相反对者也。虽然,卢氏立于十八世纪,而为十九世纪之母;伯氏立于十九世纪,而为二十世纪之母。自伯氏出,然后定国家之界说,知国家之性质、精神、作用为何物,于是国家主义乃大兴于世。前之所谓国家为人民而生者,今则转而云人民为国家而生焉,使国民皆以爱国为第一之义务,而盛强之国乃立,十九世纪末世界之政治则是也。而自今以往,此义愈益为各国之原力,无可疑也。"② 在《自由书•干涉与放任》(1902)一文中,梁启超称:"而伯伦知理之国家全权论,亦起于放任主义极盛之际,不数十年已有取而代之之势。畴昔谓国家恃人民而存立,宁牺牲凡百之利益以为人民者,今则谓人民恃国家而存立,宁牺牲凡百之利益以为国家矣。"③ 在《新民说•论合群》(1902)中,梁启超称:"真有公共观念者,常不惜牺牲其私益之一部分,以拥护公益,其甚者或乃牺牲其现在私益之全部分以拥护未来公益。"④ 可以发现,这些提及国民个人为群体或国家而牺牲利益的论述在梁启超思想转变之前就已经存在。

其实,就国民与国家、民权与国权问题来说,过度强调任何一端都会带来危险,过度强调国民与民权容易使国家丧失秩序,过度强调国家与国权容易使国民个人受到威胁。梁启超在与国民或民权相对的国家主义层面展开的论述正提醒后人:过度的国家主义具有威胁国民个人的危险。此外,需要注意的是,与国民或民权相对的国家主义思想是将个人与群体或国家视为相对立的关系。若将个人真正置于群体或国家共同体当中,将国民与国家理解为一体的关系,则不存在利益矛盾与牺牲利益的情况。所以,如何理解国民与国家之间的关系是问题的关键。梁启超的思想在这一问题上是存在张力的,他虽然认为国民与国家是一体的,但没能将这一理解稳定地灌注到每一处具体的讨论当中。不过正如狭间直树所指出的,不能根据梁启超呈现的国家优位的论述,便认为他完全不承认国民个人的权利。在反思梁启超思想时应重新思考国民与国家、个人与共同体之间的关系。古典伦理在这一问题上提供了更有借鉴意义的视角,即在个人与共同体相统一的伦

---

① 梁启超:《国家思想变迁异同论》,见《梁启超全集》第二集,第322页。
② 梁启超:《论学术之势力左右世界》,见《梁启超全集》第二集,第468页。
③ 梁启超:《自由书•干涉与放任》,见《梁启超全集》第二集,第143页。
④ 梁启超:《新民说•论合群》,见《梁启超全集》第二集,第596页。

理关系中理解个人,而不是继续沿着现代以来的思路,将个人从共同体中抽离出来作为与共同体相对立的存在。

以国家与国民为一体的理解与国家有机体说有关,国家有机体说不是伯伦知理最先提出的,这一理论可以追溯至古希腊时期的哲学传统,伯伦知理使这一理论趋于完备。① 在继承古希腊传统的基础上,以伯伦知理为代表的德国国家有机体论传统是在反对早期现代的契约论传统及国家机械论思想的基础上兴起的。② 关于国家有机体说,《清议报》刊载的伯伦知理《国家论》第二章"国家之主义"第一节的论述为:"今之文明诸邦,皆民人国家也。民人国家者,凡国中之民,合成一体,自断其理,自宣其意,自行其政之谓也。故民人之意志,即国家之精神。宪法为其体,官府议院为其四支五官,以成一活动体之国家也。由是观之,国家之要旨,可一言以蔽之,曰无人民则无真国家。"③梁启超借国家有机体说强调国民之于国家的构成意义,这一构成的关系主要体现在精神方面,即国民的意志构成国家的精神。按照伯伦知理的论述,国家形体由宪法及政府构成:宪法构成国家之体,联结各肢体,④政府构成国家之四肢及五官。

对于国家有机体的"有机"意涵,《国家论》第二章第五节有更进一步的阐释:"以国民为社会,以国家为民人聚成一体,此说由来尚矣。而德国政学家,独以新意驳之曰:国家,有生气之组织体也。""故国家者,非徒聚民人之谓也,非徒有制度府库之谓也。国家者,盖有机体也。""据此四者观之,可知国家之为物,元与无生气之器机相异。器机虽有枢纽可以运动,然非若国家之有支体五官也。且器机不能长育,唯一成不变之运动耳,岂同国家可随其心之所欲,有临机应变之力乎。"⑤国家有机体之"有机"与机械相区别,两者的区别在于,国家作为有机体具有独立的意志与自主的行动,能够因时做出决断。梁启超在两次刊登的《政治学大家伯伦知理之学说》中均对伯伦知理的国家有机体说进行了介绍,梁启超引述了伯伦知理对国家有机体的

---

① 参见雷勇:《国家比喻的意义转换与现代国家形象——梁启超国家有机体理论的西方背景及思想渊源》,《政法论坛》,2010年第6期。
② 参见雷勇:《国家比喻的意义转换与现代国家形象——梁启超国家有机体理论的西方背景及思想渊源》,《政法论坛》,2010年第6期。
③ 伯伦知理:《国家论》,见《梁启超全集》第十八集,第213页。
④ 梁启超:《政治学大家伯伦知理之学说》(二),见《梁启超全集》第四集,第211页。
⑤ 伯伦知理:《国家论》,见《梁启超全集》第十八集,第214—215页。

讨论,并突出作为有机体的国家是有行动、有意志的这一特征。①

在《卢梭学案》(1901)中,梁启超曾指出,卢梭以邦国与人民之间的关系为全体与肢节之间的关系这一理解,是卢梭对古希腊以来故有理解的延续,并对卢梭的这一理解进行了批评。梁启超称:"盖卢梭浸淫于古者柏拉图之说,以邦国为全体,以各人为肢节,而因祖述其义者也。夫邦国之与人民,其关系诚有如全体之于肢节者,盖人在邦国相待而为用,又有诸种之职各分任之,犹人之一身,手足头目肺肠各司其职以为荣养。是说也,古昔民主国往往实行之,而斯巴达、罗马二国其尤著者也。彼其重邦国而轻各人,惟实行此主义之故。"②梁启超据此认为,"以国为重"的"故旧主义"与"以民为重"的"新主义"掺杂于卢梭的思想当中。对基于全体与肢节之关系理解邦国与人民之关系的论说,梁启超的批评为:"此等之论,仅自财利上言之,可谓毫发无遗憾。若夫自各人自由权言之,则稍有未安者。果如此说,则邦国独有一身之全体,而各人不过其支节脏腑,是人民为国家之附庸也。是惟邦国为能有自由权,而各人之自由,不过如冥顽无觉之血液,仅随生理循环之转动也。夫卢氏之倡民约也,其初以人人意识之自由为主,及其论民约之条项,反注重邦国而不复顾各人,殆非卢氏之真意。"③

由梁启超的评述可以看出,梁启超基于个人自由批评,认为以全体与肢节之关系类比邦国与人民之关系的理解消解了个人所具有的自由。这段论述体现出梁启超重视国民的思路,同时揭示出以全体与肢节之关系类比邦国与人民之关系这一理解所具有的问题,即很容易将个人消解于国家当中。结合梁启超在《卢梭学案》中的论述和其他地方的论述来看,虽然梁启超在《卢梭学案》中对这一问题有所揭示,但在其他地方的讨论中,梁启超常常使用类似的表述,表达类似的思想。如梁启超在《新民说·叙论》中称:"国也者,积民而成。国之有民,犹身之有四肢、五脏、筋脉、血轮也。未有四肢已断,五脏已瘵,筋脉已伤,血轮已涸,而身犹能存者;则亦未有其民愚陋、怯弱、涣散、混浊,而国犹能立者。故欲其身之长生久视,则摄生之术不可不

---

① 梁启超:《政治学大家伯伦知理之学说》(一),见《梁启超全集》第四集,第 196 页;梁启超:《政治学大家伯伦知理之学说》(二),见《梁启超全集》第四集,第 210—211 页。
② 梁启超:《卢梭学案》,见《梁启超全集》第二集,第 341 页。
③ 梁启超:《卢梭学案》,见《梁启超全集》第二集,第 341 页。

明;欲其国之安富尊荣,则新民之道不可不讲。"①狭间直树对梁启超类似的表述进行了整理,指出梁启超以国家为"积民而成"的观点在《商会议》《论近世国民竞争之大势及中国之前途》《中国积弱溯源论》《国家思想变迁异同论》《论立法权》《论中国国民之品格》《论独立》等文章中是一贯的。②梁启超一方面批评用全体与肢体比喻国家与国民的关系,一方面又运用这一类比,此处的张力反映出梁启超对于国家机械论和国家有机体论两个思想传统没有形成明确的区分,虽然其意识到伯伦知理的思想对卢梭的思想构成批评与挑战。两个思想传统虽然都论及身体比喻,但所主张的内容有所不同,国家机械论的身体比喻强调国民与国家之间存在机械化的构成关系,而国家有机体论的身体比喻强调国民与国家之间存在意志或精神上的构成关系。③国家机械论是国家有机体论反对和批评的理论传统。梁启超对两个传统之间的区别没有形成清晰的认识,在论述中有所混淆。此外,梁启超论述中的张力也反映出,运用国家有机体论阐明国民与国家关系这一做法会带来理论上的问题,而这也是国家有机体论本身所隐含的问题。总体上来讲,梁启超在伯伦知理的影响下采取国家有机体的理解,其要表达的要义在于,强调国民对于强国具有重要的意义。

梁启超对民权与国权关系的理解以对国民与国家关系的理解为基础。如梁启超在《爱国论·三·论民权》中称:"国者何?积民而成也。国政者何,民自治其事也。爱国者何?民自爱其身也。故民权兴则国权立,民权灭则国权亡。……故言爱国,必自兴民权始。"④据此可以看出,在梁启超的理解中,不仅国民与国家是一体的,民权与国权同样是一体的。进而,可以得出的推论是,虽然从目的上来讲,强国是其目的,但正如狭间直树所指出的,强国与新民具有一致性⑤,所以强国即是新民,新民并非只是手段,民权也

---

① 梁启超:《新民说·叙论》,见《梁启超全集》第二集,第528页。参见狭间直树:《〈新民说〉略论》,见狭间直树编:《梁启超·明治日本·西方——日本京都大学人文科学研究所共同研究报告》(修订版),第67—68页;巴斯蒂:《中国近代国家观念溯源——关于伯伦知理〈国家论〉的翻译》,《近代史研究》,1997年第4期。梁启超:《爱国论》,见《梁启超全集》第一集,第697页。
② 参见狭间直树:《〈新民说〉略论》,见狭间直树编:《梁启超·明治日本·西方——日本京都大学人文科学研究所共同研究报告》(修订版),第67页注释2。
③ 雷勇:《国家比喻的意义转换与现代国家形象——梁启超国家有机体理论的西方背景及思想渊源》,《政法论坛》,2010年第6期。
④ 梁启超:《爱国论·三·论民权》,见《梁启超全集》第一集,第697页。
⑤ 狭间直树:《〈新民说〉略论》,见狭间直树编:《梁启超·明治日本·西方——日本京都大学人文科学研究所共同研究报告》(修订版),第78页。

不是国权的工具。在这个意义上,国民与国家之间的关系一定不是机械化的肢节与全体之间的关系。就以国家为"积民而成"的国家有机体论来说,这一对于国家的理解既具有积极意义,也存在一定的问题,积极意义在于强调国民的重要性,存在的问题在于容易将国民个体消解于国家整体当中。

5.3.2 建立新国家:国民与民族

梁启超第二次刊登的《政治学大家伯伦知理之学说》一文,在内容上已不限于对伯伦知理的思想进行介绍,而是借伯伦知理的讨论呈现其自身的思想主张。从呈现梁启超自身思想主张的角度来看,这篇文章体现的主要是:首先,基于国民与民族的区分,提出对建立国家和反对排满问题的主张;再者,对共和进行反思。

巴斯蒂指出,《新民丛报》第二次刊登的《政治学大家伯伦知理之学说》一文的第二节"论国民与民族之差别及其关系",是《清议报》在刊载《国家论》时未刊出的部分。① 在这一节中,梁启超首先引述伯伦知理对国民与民族的区分与界定,强调不能将两者混同。梁启超称,伯伦知理将民族的特质概括为八个方面:其始也同居于一地,其始也同一血统,同其支体形状,同其语言,同其文字,同其宗教,同其风俗,同其生计。② 伯伦知理对民族的界定侧重于强调民族是一个具有自身特质的、有别于其他民族的团体。关于对国民的界定,梁启超称,伯伦知理一方面将国民界定为人格,另一方面将国民界定为法团。伯伦知理对国民的界定侧重于强调,国民与国家是一体的,"有国民即有国家,无国家亦无国民,二者实同物而异名也"③。伯伦知理区分民族与国民的用意在于,说明民族不等于国家,民族与国家不构成一一对应的关系,与国家构成对应关系的是国民。"故夫族民者,有同一之言语风俗,有同一之精神性质,其公同心渐因以发达,是固建国之阶梯也。但当其未联合以创一国之时,则终不能为人格为法团,故只能谓之民族,不能谓之国民。"④梁启超指出,虽然民族国家是现代以来渐昌的建国方式,但若以民族为建立国家的唯一根据,或者说以单一民族对应于独立国家,则是过偏的思想主张。"自千八百四十年以后,而民族建国之义乃渐昌,虽或间遇

---

① 巴斯蒂:《中国近代国家观念溯源——关于伯伦知理〈国家论〉的翻译》,《近代史研究》,1997年第4期。
② 梁启超:《政治学大家伯伦知理之学说》(二),见《梁启超全集》第四集,第211页。
③ 梁启超:《政治学大家伯伦知理之学说》(二),见《梁启超全集》第四集,第211页。
④ 梁启超:《政治学大家伯伦知理之学说》(二),见《梁启超全集》第四集,第211—212页。

抵抗，或稍被制限，而其势力之不可侮，则固已为有识者所同认矣。虽然，或持之过偏，以谓民族为建国独一无二之源泉，推其意，一若地球上之邦国，必适从于民族之数而分立，此又暗于实际之论也。"①

在引述伯伦知理对民族建国的历史刻画之后，梁启超在按语中称："按：由此观之，伯氏固极崇拜民族主义之人也，而其立论根于历史，案于实际，不以民族主义为建国独一无二之法门。诚以国家所最渴需者，为国民资格，而所以得此国民资格者，各应于时势而甚多途也。两年以来，民族主义，稍输入于我祖国，于是排满之念，勃郁将复活。"②在这段按语中，梁启超表明，其关注国民与民族之区别的原因在于，国家当下正面临着如何建立现代国家的问题，而且受民族主义思想的影响而兴起了排满的观念。梁启超借助伯伦知理的思想资源反对以民族建国为由的排满主张，因为现代国家的建立不必然基于单一的民族。此外，在这段按语中，梁启超还揭示出，新国家的建立会受到很多时势因素的限制和影响，由此会产生诸多不同的建国方式，世界各国的经验很难被中国直接效仿。

梁启超随后向持有排满主张的时人提出了三个问题：第一个问题是，汉人是否已经具有新立国之资格；第二个问题是，排满者主张排满，是因为其满人而排之，还是因为其为恶政府而排之；第三个问题是，新国家的建立，是必须排除满人才能建立，还是可以融合满族乃至蒙苗回藏诸民族而建立。梁启超提出第一个问题是为了说明，就当时的国民状况来说，无论是满人还是汉人，乃至国民整体，还不具备建立新国家的能力，因此当下的任务与目标应当是培育国民建立新国家的能力，即梁启超所谓"新立国之资格"。梁启超提出第二个问题是为了说明，持有排满思想者应当意识到，当时反对的对象是腐败的政府，而不是满族，应当将两者分开，明确反对的对象。而梁启超之所以反对排满，原因还在于，其认为排满主张会引起仇恨，进而使原本的救国与建国事业发生偏离，偏转成复仇的行为。如此则于国于民均极为不利。

梁启超结合中国的情况及伯伦知理所概括的民族的八个特质，提到中国思考民族问题应在小民族主义之外提倡大民族主义。小民族主义适用于汉族与国内其他民族之间，大民族主义适用于国内所有民族的结合体与别国之民族之间。"吾中国言民族者，当于小民族主义之外，更提倡大民族主

---

① 梁启超：《政治学大家伯伦知理之学说》（二），见《梁启超全集》第四集，第212页。
② 梁启超：《政治学大家伯伦知理之学说》（二），见《梁启超全集》第四集，第213页。

义。小民族主义者何？汉族对于国内他族是也。大民族主义者何？合国内本部属部之诸族以对于国外之诸族是也。"①

在《国家思想变迁异同论》中，关于世界形势，梁启超提到："今日之欧美，则民族主义与民族帝国主义相嬗之时代也。今日之亚洲，则帝国主义与民族主义相嬗之时代也。专就欧洲而论之，则民族主义全盛于十九世纪，而其萌达也在十八世纪之下半；民族帝国主义全盛于二十世纪，而其萌达也在十九世纪之下半。今日之世界，实不外此两大主义活剧之舞台也。"②关于民族主义与民族帝国主义的特征及两者之间的关系，梁启超进一步论述称："民族主义者，世界最光明正大公平之主义也，不使他族侵我之自由，我亦毋侵他族之自由。其在于本国也，人之独立；其在于世界也，国之独立。"③就理上言，民族主义将使各国保持彼此独立、互不侵犯的关系。但民族主义发生了扩张，进而演变为民族帝国主义。欧洲国家已然进入民族帝国主义的阶段，中国正面临着欧洲国家基于民族帝国主义进行侵略的世界形势。梁启超对世界形势的理解及对民族主义必然发展到民族帝国主义的理解，是受到高田早苗译、灵绶著《十九世纪末世界之政治》影响的结果。④

就十九世纪末以来的民族帝国主义来说，为了与对外侵略政策相适应，其内部政治思想亦有变化，由以民权契约思想为主导转变为以政府万能思想为主流。而十九世纪末以来的帝国主义与十八世纪以前的帝国主义又有区别，十八世纪以前的帝国主义国家，是以君主为政府的主体，十九世纪末以来的帝国主义国家，是以国民为政府主体。比较来看，只有民族主义阶段在政治思想上以民权为主导。梁启超认为，只有民权思想才能实现建国的目标，即只有经过民族主义才能建国，"凡国而未经过民族主义之阶级者，不得谓之为国"。⑤ 因此，面对民族帝国主义的世界形势，梁启超提出的应对策略是："速养成我所固有之民族主义以抵抗之，斯今日我国民所当汲汲者

---

① 梁启超：《政治学大家伯伦知理之学说》（二），见《梁启超全集》第四集，第214页。
② 梁启超：《国家思想变迁异同论》，见《梁启超全集》第二集，第324页。
③ 梁启超：《国家思想变迁异同论》，见《梁启超全集》第二集，第325页。
④ 参见郑匡民：《梁启超启蒙思想的东学背景》，第181—188页。梁启超在《论民族竞争之大势》一文中，对民族主义必然发展成民族帝国主义这一趋势亦有讨论，并对自己的思想来源进行了说明。参见梁启超：《论民族竞争之大势》，见《梁启超全集》第二集，第692—712页。此外，梁启超在《自由书·干涉与放任》一文中的讨论也与此相关。梁启超提道："帝国主义者，干涉主义之别名也。"参见梁启超：《自由书·干涉与放任》，见《梁启超全集》第二集，第143—144页。
⑤ 梁启超：《国家思想变迁异同论》，见《梁启超全集》第二集，第326页。

也。"①故而不管是固守十八世纪以前帝国主义时期的政治思想，还是以十九世纪末以来民族帝国主义国家的政治思想为有效措施，在梁启超看来均是应当反对的。梁启超称："顽锢者流墨守十八世纪以前之思想，以欲与公理相抗衡，卵石之势，不足道矣。吾尤恐乎他日之所谓政治学者，耳食新说，不审地位，贸然以十九世纪末之思想为措治之极则，谓欧洲各国既行之而效矣，而遂欲以政府万能之说移殖于中国，则吾国将永无成国之日矣。"②由此可以看出，梁启超希望通过国民主体使国家真正地成为国家。此外，据此还可以看出，梁启超此时既反对专制又反对集权，总体上以民权为理想，希望通过民权建立现代国家。

结合梁启超的新民主张来看，在《新民说》第二节收录的《论新民为今日中国第一急务》一篇中，梁启超以民族帝国主义作为其讨论的背景，即外交上的形势因素决定了"新民为今日中国第一急务"。由于民族帝国主义在欧洲国家是由整个民族推动的，所以处于民族帝国主义扩张目标范围内的中国，必须合民族全体之力才能抵抗和应对，梁启超此时主张通过民族主义抵抗欧洲国家的民族帝国主义。在此基础上，梁启超提出："惟有我行我民族主义之一策。而欲实行民族主义于中国，舍新民末由。"③由此可见，梁启超提倡新民与其民族主义的策略直接相关，最直接的目标是："使吾四万万人之民德、民智、民力，皆可与彼相埒。"④

5.3.3 反思共和：美德困境与专制循环

《新民丛报》第二次刊登的《政治学大家伯伦知理之学说》一文，涉及反思共和的内容，《清议报》刊登伯伦知理《国家论》时没有刊登这个部分。⑤梁启超在文中不仅呈现了伯伦知理对共和的反思，还附译了波伦哈克（Conrad Bornhak，1861—1944）反思共和政体的内容。⑥

在《政治学大家伯伦知理之学说》一文的第三节"论民主政治之本相及

---

① 梁启超：《国家思想变迁异同论》，见《梁启超全集》第二集，第 327 页。
② 梁启超：《国家思想变迁异同论》，见《梁启超全集》第二集，第 326—327 页。
③ 梁启超：《新民说·论新民为今日中国第一急务》，见《梁启超全集》第二集，第 531 页。
④ 梁启超：《新民说·论新民为今日中国第一急务》，见《梁启超全集》第二集，第 532 页。
⑤ 巴斯蒂：《中国近代国家观念溯源——关于伯伦知理〈国家论〉的翻译》，《近代史研究》，1997 年第 4 期。
⑥ 梁启超在按语中指出，波伦哈克为德国柏林大学的教授，文中附译的内容出自早稻田大学不久前译出的波伦哈克所著《国家论》一书。梁启超：《政治学大家伯伦知理之学说》（二），见《梁启超全集》第四集，第 219 页。

其价值"的开始,梁启超称:"伯氏博论政体,而归宿于以君主立宪为最良,谓其能集合政治上种种之势力,种种之主义,而调和之。其说繁,今不备引,谨介绍其论共和政体者,而以鄙见发明之。"①接着,梁启超简要概括了伯伦知理对共和政体特征的描述:"伯氏以为主治权与奉行权分离,是共和政体之特色也。主治之权,掌之于多数之选举者,奉行之权,委之于少数之被选举者。以故奉行者虽为臣仆,而反常治人;主治者虽为主人,而反常治于人。以牵制之得宜,故无滥用国权之弊,而多数国民得所庇焉,此其所长也。"②从这段叙述可以看出,伯伦知理没有基于公民作为统治者的角度概括共和政体的特征,而是从代议与制衡的角度刻画共和政体,并以之为共和政体的长处。关于伯伦知理对共和政体的描述,需结合《清议报》刊载的《国家论》译文中的内容来看。伯伦知理在评价亚里士多德政体分类学说时称:"可谓谬矣。夫政体之别,视其政府之构造何如耳。凡天下邦国,必推一人为最上官,使之专当国事。此最上官之人品,足以辨别国体之种类。希腊人别国体,各由其主宰者之种类,以附名称,亦以此故耳。"③伯伦知理的政体分类思想与亚里士多德的政体分类思想不同,其反对将统治主体作为政体划分的标准,认为任何国家均有一个最高的统治者,所以不应依据统治主体划分政体类型,而应当依据政府构造划分政体类型。与政府构造相对应的是被治者的参政情况。伯伦知理认为,政体分类思想应以被治者为标准:"亚氏别国体,以主治者为依据。余谓据被治者以别国体,亦无不可。即就被治者参政之方法,与参政权之大小,定其国民之状态,而断其政体属何种,是也。"④按照伯伦知理的论述,在政体分类标准上,伯伦知理将原本的以统治主体为标准,转变为以政府结构或国民状态为标准。在这一标准之下,伯伦知理认为,立宪君主政治与代议共和政治,虽然在名称上存在差异,但就"行政施设"来说,两者具有很大的相似性,均是国民享有自由和参政权的政体。

关于共和政体的短处,梁启超对伯伦知理观点的概括为:"虽然,坐是之故,而国权或渐即微弱,侪国家于一公司,加以民众之意向,变动靡常,而国之基础,因以不固,此其所短也。"⑤此处揭示出共和政体具有统治基础不

---

① 梁启超:《政治学大家伯伦知理之学说》(二),见《梁启超全集》第四集,第216页。
② 梁启超:《政治学大家伯伦知理之学说》(二),见《梁启超全集》第四集,第216页。
③ 伯伦知理:《国家论》,见《梁启超全集》第十八集,第228页。
④ 伯伦知理:《国家论》,见《梁启超全集》第十八集,第231页。
⑤ 梁启超:《政治学大家伯伦知理之学说》(二),见《梁启超全集》第四集,第216页。

稳固的问题,而存在这一问题的原因在于,共和政体在很大程度上依赖于其内部的国民素养。梁启超在叙述中称:"故行此政体而能食其利者,必其人民于共和诸德,具足圆满,不惜牺牲其力其财,以应国家之用,且已藉普及之学制,常受完备之教育。苟如是,其庶几矣。若其人民浸染衰废之俗,务私欲而不顾公益,气力微弱,教育缺乏,而欲实行此政体,则未睹其利,而先已不胜其弊矣。其甚也必至变为阿里士多德所谓暴民政治者,而国或以亡。"① 这段论述揭示出,实行共和政体需要一定的国民条件作为支撑,共和政体的推行需要国民接受完备的教育并具有牺牲的精神,这些要求对于国民个体来说并不是容易的事情,对于推行共和政体的国家来说,亦是一个极大的挑战。如果国家本身是一个刚刚建立起来的共和国,普及教育和培养美德都需要漫长的过程,在没有形成稳固的基础之前,很容易陷入混乱。如果国家本身是一个具有一定历史的共和国,对国民的教育与培养必须持续且完备地推行,否则国家就会走向堕落。而作为共和国主体的国民具有很大的不确定性,国民的不确定性是共和政体发生变动的主要因素,使共和国面临着堕入暴民政体的危险。塑造公民美德是共和政体的优势,但依赖公民美德又是共和政体的短板。实现公民掌握政治权力是争取建立共和国或选择推行共和政体的主要原因,但公民掌握政治权力又包含着暴力的倾向,对共和政体的稳定构成威胁。

在进行总体上的讨论之后,梁启超引述伯伦知理基于历史考察而提出的共和政体对国民性情的要求,提到的国民性情包括自助、相济、稳定以及自治。自助相当于独立,相济相当于互助,国民同时具有自助与相济两种性情,意味着国民既独立又互助。② 梁启超称,自助与相济两主义"为安居乐业之本原,共和政治之精神,实根于此"。③ 稳定的性情意味着不能"好新易迁"。关于自治,梁启超称:"自治者,共和政治最切要之条件也。"④

梁启超在叙述伯伦知理对共和政体之比较优势的概括时称:"以故苟为国民者,能于共和所不可缺之诸德具足圆满,则行此政体,实足以培养爱国心,奖厉民智,驯至下等社会之众民,其政治思想,亦日发达以进于高尚。

---

① 梁启超:《政治学大家伯伦知理之学说》(二),见《梁启超全集》第四集,第216页。
② 关于德性之间看似相反实则相成的关系,梁启超在《十种德性相反相成义》一文中有所讨论。参见梁启超:《十种德性相反相成义》,见《梁启超全集》第二集,第284—291页。
③ 梁启超:《政治学大家伯伦知理之学说》(二),见《梁启超全集》第四集,第216页。
④ 梁启超:《政治学大家伯伦知理之学说》(二),见《梁启超全集》第四集,第217页。

美哉共和!"① 梁启超这里赞美了共和政体在培养国民爱国之心、促进民智发展及成就高尚政治思想方面的意义。但他亦在论述中提到,只有当共和政体所要求的诸多美德在国民身上"具足圆满"时推行共和政体,才能将这些意义真正地实现出来。梁启超的叙述揭示了共和政体的内在困境,即以培养美德为优势的共和政体实际上以公民具有美德为前提。梁启超赞美共和政体是因为看到了共和政体在增进国民爱国心、民智及政治思想方面的意义,希望通过共和政体完成对国民的教育。但问题在于,共和政体教育功能的实现以教育所期待的结果为前提,这是共和政体所具有的内在困境。梁启超在叙述中呈现了这一困境,但他对共和政体的反思不只是基于这一理论上的困境,还基于游历美洲期间对共和政体推行状况的现实观察。梁启超称:"虽然,天下事之结果,每不能如其所期,虽以最适于共和之美国,而其政治社会之趋势,犹有与此诸德适相背驰者二事。"② 梁启超所提到的实际政治社会中与共和诸美德相背驰的二事为,"一曰贱视下级之国民","二曰猜忌非常之俊杰"。③ 前者威胁自由平等的实现,后者限制卓越个体的成就,使国民整体趋向平庸,"故共和政体者,最适于养中等之人物,齐国民之程度而为一者也"。④ 梁启超引述伯伦知理的论述称:"伯氏又曰:共和政体,为国民谋普通之利益则有余,谋高尚之幸福则不足。"⑤ 这一论述同样与成就高尚人格的问题有关,揭示出共和政体成就高尚人格的理想在现实政治社会中很难实现。梁启超提到,文学、哲学、美术等高尚之事业,无形之文明,在人格培养方面具有非常重要的意义,但在现实共和政体中没有得到足够的重视。现实共和政体中的真实情况是,人们更多地谋求实际的利益,造成品格的堕落。

在所附波伦哈克的论述之前,梁启超在按语中称:"又按:伯氏所论共和政体之价值可谓博深切明,然犹有未尽者。顷读德国柏林大学教授波伦哈克所著《国家论》,有足以相表里者,附译如下。波氏者,比较法制派之巨子。原书以千九百九十六年出版,日本早稻田大学校于三月前译出,实最新之学说也。"⑥

---

① 梁启超:《政治学大家伯伦知理之学说》(二),见《梁启超全集》第四集,第217页。
② 梁启超:《政治学大家伯伦知理之学说》(二),见《梁启超全集》第四集,第217页。
③ 梁启超:《政治学大家伯伦知理之学说》(二),见《梁启超全集》第四集,第217—218页。
④ 梁启超:《政治学大家伯伦知理之学说》(二),见《梁启超全集》第四集,第218页。
⑤ 梁启超:《政治学大家伯伦知理之学说》(二),见《梁启超全集》第四集,第218页。
⑥ 梁启超:《政治学大家伯伦知理之学说》(二),见《梁启超全集》第四集,第219页。

梁启超所附波伦哈克反思共和的内容，主要围绕共和政体的国民基础，及通过革命建立的共和政体将陷入革命的循环两个方面。就共和政体的国民基础来说，译文同样提到国民应当具有自治的品质。国民若长期处于专制统治之下，则不具有自治的品质，而通过打破专制的方式推行的共和政体，会因国民不具有自治品质而导向民主专制。"若夫数百年卵翼于专制政体之人民，既乏自治之习惯，复不识团体之公益，惟知持个人主义以各营其私。其在此等之国，破此权衡也最易。既破之后，而欲人民以自力调和平复之，此必不可得之数也。其究极也，社会险象，层见叠出，民无宁岁，终不得不举其政治上之自由，更委诸一人之手，而自帖耳复为其奴隶，以图性命财产之安全，此则民主专制政体所由生也。"①这段论述揭示出由专制政体建立共和政体时会产生的问题。此时，建立共和政体需要先打破原有的专制政体，这一过程本身并不是困难所在，困难在于专制政体被打破之后建立共和政体的过程。长期处于专制政体之下的人们不具有政治治理的能力，所以专制政体被打破之后，社会必然陷入混乱，最终只能依靠强权者终止混乱，终止混乱的代价是，人们交付自由权利，重新接受专制统治。在这个意义上，对不具有自治能力的民众来说，专制政体是最合适的政体形式，"若此者，自当以君主专制政体为最宜者也"。② 在不具有国民基础的国家推行共和政体，这只会使国家陷入不断重复的冲突与革命当中，"虽然，彼高尚完美之共和制，与此等之国程度不相应，以故累冲突以冲突，重革命以革命"。③ 因此，就共和政体的建立来说，"因于习惯而得共和政体者常安，因于革命而得共和政体者常危"④。这一判断成为梁启超1903年游历美洲之后反对通过革命建立共和政体的一个主要原因。若共和政体只有在国民具有自治能力的国家"因于习惯"地建立起来，才能获得稳固的基础，那么实行专制政体的国家只能一直实行专制，因为国民没有机会获得自治的能力。这亦是共和政体所具有的内在困境。

基于对建立共和政体需要国民基础的理解，及游历美洲期间的见闻，加之对当时中国国民状态的判断，梁启超放弃了通过革命建立共和政体的政治思想。在波伦哈克的译文之后，梁启超在"译者曰"的部分称：

---

① 梁启超：《政治学大家伯伦知理之学说》（二），见《梁启超全集》第四集，第220页。
② 梁启超：《政治学大家伯伦知理之学说》（二），见《梁启超全集》第四集，第220页。
③ 梁启超：《政治学大家伯伦知理之学说》（二），见《梁启超全集》第四集，第220页。
④ 梁启超：《政治学大家伯伦知理之学说》（二），见《梁启超全集》第四集，第220页。

吾心醉共和政体也有年,国中爱国蹴踘之士之一部分,其与吾相印契而心醉共和政体者亦既有年。乃吾今读伯、波两博士之所论,不禁冷水浇背,一旦尽失其所据,皇皇然不知何途之从而可也。如两博士所述共和国民应有之资格,我同胞虽一不具,且历史上遗传性习,适与彼成反比例,此吾郦所不能为讳者也。今吾强欲行之,无论其行而不至也。即至矣,吾将学法兰西乎?吾将学南美诸国乎?彼历史之告我者,抑何其森严而可畏也。岂惟历史,即理论,吾其能逃难耶?吾党之醉共和、梦共和、歌舞共和、尸祝共和,岂有他哉,为幸福耳,为自由耳,而孰意稽之历史,乃将不得幸福而得乱亡。征诸理论,乃将不得自由而得专制,然则吾于共和何求哉?何乐哉?吾乃自解曰:牺牲现在以利方来,社会进化之大经也。吾尽吾对于吾子孙之义务,吾今之苦痛,能无忍焉?而彼历史与理论之两巨灵,又从而难余曰:南美诸邦人之子孙,藏其自由铁券于数十层僵石之下,谁敢定其出世之当在何日也?曰:法兰西自一七九三年献纳牺牲以后,直至一八七〇年始获缮焉,而所缮者犹非其所期也。今以无量苦痛之代价,而市七十年以后未可必得之自由,即幸得矣,而汝祖国更何在也?呜呼痛哉!吾十年来所醉、所梦、所歌舞、所尸祝之共和,竟绝我耶?吾与君别,吾涕滂沱。吾见吾之亲友,昔为君之亲友者,而或将亦与君别,吾涕滂沱。吾见吾之亲友,昔为君之亲友,而遽颠倒失恋,不肯与君别者,吾涕滂沱。呜呼!共和共和,吾爱汝也,然不如其爱祖国;吾爱汝也,然不如其爱自由。吾祖国、吾自由,其终不能由他途以回复也,则天也。吾祖国、吾自由而断送于汝之手也,则人也。呜呼!共和共和,吾不忍再污点汝之美名,使后之论政体者,复添一左证焉以诅咒汝,吾与汝长别矣。问者曰:然则子主张君主立宪者矣,答曰:不然,吾之思想退步,不可思议,吾亦不自知其何以锐退如此其疾也。吾自美国来而梦俄罗斯者也,吾知昔之与吾同友共和者,其将唾余。虽然,若语于实际上预备,则不在多言,顾力行何如耳;若夫理论,则吾平生最惯与舆论挑战,且不惮以今日之我与昔日之我挑战者也。吾布热诚,以俟君子。①

梁启超在这段论述中言明,基于理论方面、历史方面与现实方面的原因,他不再将共和政体作为国家当下实际的制度选择。此外,在《国家思想

---

① 梁启超:《政治学大家伯伦知理之学说》(二),见《梁启超全集》第四集,第222—223页。

变迁异同论》中,梁启超曾提出通过欧洲民族主义阶段民权思想建立国家的策略,此时这一策略也发生了变化。在《政治学大家伯伦知理之学说》(二)一文中,梁启超在论述伯伦知理对卢梭的反驳时触及了这一问题,他称:"以卢氏学说为过渡时代必不可避之一阶级乎?抑无须尔尔,迳向于国家之正鹄而进行乎?此一大问题也。"①梁启超重新思考以何种政治思想来指导政治方向的原因在于他意识到:"深察祖国之大患,莫痛乎有部民资格,而无国民资格。以视欧洲各国,承希腊罗马政治之团结,经中古近古政家之干涉者,其受病根原,大有所异。故我中国今日所最缺点而最急需者,在有机之统一,与有力之秩序,而自由平等直其次耳。"②梁启超认为,对当下的中国来说,保持国家的统一与稳定的秩序是最要紧之事。而在国民资格尚未养成之前,过度地讨论自由平等会带来思想的误用,导致现实的混乱,而且当时已然出现这样的趋势,"今新思想方始萌芽耳,顾已往往滥用自由平等之语,思想过度,而能力不足以副之"③。同样基于理论与现实的考量,梁启超改变了既有的策略。梁启超虽然放弃了以卢梭的思想作为政治方向的指导,但并不否定卢梭的思想本身,只是认为卢梭的思想不适合当时的中国。关联于其放弃共和的主张,梁启超言明不再以共和政体作为现实的制度选择,亦不是否定共和政体本身,同样是认为共和政体不适合当时的中国。

若结合梁启超游历美洲之前所持有的目的和对共和政体所怀有的向往,或许更能理解,其决定放弃将共和政体作为国家现实的制度选择时,内心的感受更多的是苦闷与无奈。《梁任公先生年谱长编(初稿)》1903年条目记述称:"正月,先生应美洲保皇会之邀,游历美洲。十月,复返日本。先生自记其出发时情形和此行目的。"④接着,《年谱长编》摘录梁启超对美洲之行目的的概述:"余去国以来,航海游白人殖民地者,凡三次:第一次游夏威夷岛,第二次游澳大利亚州,第三次游亚美利加洲,即今度也。以正月二十三日发程横滨,先至英属之加拿大,此行目的,一以调查我皇族在海外

---

① 梁启超:《政治学大家伯伦知理之学说》(二),见《梁启超全集》第四集,第209页。
② 梁启超:《政治学大家伯伦知理之学说》(二),见《梁启超全集》第四集,第209页。在《答某君问法国禁止民权自由之说》(1903)一文中,梁启超表达了类似的思想。参见梁启超:《答某君问法国禁止民权自由之说》,见《梁启超全集》第四集,第119—120页。关于对国人国民资格状况的判定,梁启超在《新大陆游记》(四十)中提到,"一曰有族民资格而无市民资格""二曰有村落思想而无国家思想""三曰只能受专制不能享自由""四曰无高尚之目的"。参见梁启超:《新大陆游记节录》,见《梁启超全集》第十七集,第211—214页。
③ 梁启超:《政治学大家伯伦知理之学说》(二),见《梁启超全集》第四集,第209页。
④ 丁文江、赵丰田编:《梁任公先生年谱长编(初稿)》,第157页。

者之情状,二以实察新大陆之政俗。"①另外,梁启超在第一次至夏威夷岛期间写作的《二十世纪太平洋歌》中称:"誓将适彼世界共和政体之祖国,问政求学观其光。"②从梁启超的记述中可以看出,他对于共和政体及推行共和政体的新大陆抱有很强的向往和极高的期待。但现实与理想之间存在巨大的差距,现实与理想之间的落差使他不得不放弃之前的政治理想。梁启超思想上的这次转变实际上包含着极大的痛苦与无奈,对共和政体亦不是简单的放弃。从共和主义的视角来看梁启超放弃共和政体的行为,正是基于共和主义以政治美德为基础的考量,从国民程度的现实情况出发,做出了放弃共和政体的决定。这一行为正说明梁启超从共和主义的视角出发思考国家的现实问题。

---

① 丁文江、赵丰田编:《梁任公先生年谱长编(初稿)》,第157页。
② 梁启超:《二十世纪太平洋歌》,见《梁启超全集》第十七集,第602页。关于《二十世纪太平洋歌》的写作时间,《梁启超全集》标注的是1901年;李国俊《梁启超著述系年》标注的是1900年。李国俊《梁启超著述系年》1900年"二十世纪太平洋歌"条目下的记录为:"1月作;1902年2月8日《新民》第1号;《文集》(第16册)之四十五(下)第17页(作光绪二十七年)。"参见李国俊:《梁启超著述系年》,上海:复旦大学出版社,1986年,第56页。

第 6 章 《新民说》中的公德与私德

6.1 德育与公德

6.1.1 《新民丛报》的德育宗旨

民智、民力与民德是梁启超从执笔《时务报》时便开始重视的内容,这一得自严复的思想关切贯穿他的一生。他在上海执笔的《时务报》,及流亡到日本之后在日本创办的《清议报》与《新民丛报》,构成梁启超早年思想的连贯线索。在早年不同阶段的著述中,民智、民力与民德三者的侧重有所变化,在《时务报》和《清议报》时期,民智一直居于首要位置,到《新民丛报》时期,民德凸显出来,成为首要内容。《时务报》时期,梁启超最具代表性的著作是《变法通议》,在《变法通议》中,梁启超提出"以开民智为第一义"。①《清议报》时期,在为庆祝《清议报》出版一百册所作的"祝辞"中,梁启超概括了《清议报》的四点精髓,并最终归结为"广民智、振民气"。②《新民丛报》以《新民说》为核心,③《新民说》的主要内容是民德,具体体现为对公德与私德的论述。

1902 年 2 月 8 日(光绪二十八年正月初一),《新民丛报》第一号出版,刊登《本报告白》一文。《本报告白》第一章为"宗旨",共包括三条内容:

> 本报取《大学》"新民"之义,以为欲维新吾国,当先维新吾民。中国所以不振,由于国民公德缺乏,智慧不开。故本报专对此病而药治之,

---

① 梁启超:《论学校一(〈变法通议〉三之一)总论》,见《梁启超全集》第一集,第 34 页。
② 梁启超:《本馆第一百册祝辞并论报馆之责任及本馆之经历》,见《梁启超全集》第二集,第 355—356 页。梁启超将《清议报》的精髓概括为:倡民权、衍哲理、明朝局、厉国耻。
③ 黄进兴指出,《新民说》为《新民丛报》的灵枢所在。参见黄进兴:《追求伦理的现代性:梁启超的"道德革命"及其追随者》,见黄进兴:《从理学到伦理学:清末民初道德意识的转化》,北京:中华书局,2014 年,第 92 页。

务采合中西道德,以为德育之方针;广罗政学理论,以为智育之本原。

　　本报以教育为主脑,以政论为附从。但今日世界所趋,重在国家主义教育,故于政治亦不得不详。惟所论务在养吾人国家思想,故于目前政府一二事之得失,不暇沾沾词费也。

　　本报为吾国前途起见,一以国民公利公益为目的,持论务极公平,不偏于一党派。不为灌夫骂坐之语,以败坏中国者咎非专在一人也;不为危险激烈之书,以导中国进步当以渐也。①

《新民丛报》宗旨揭示出,欲"维新吾国",应当先"维新吾民",即新民,而国之不振的原因在于国民公德缺乏,智慧不开,所以新民首先落实为培养公德。梁启超以德为首要之务思考国家建立问题是具有其独特性的,这一思路并不符合通常的理解。② 按照通常的理解,德根本无法用来解决当下危机,试图通过德来解决当下危机会被认为是迂阔之事,孟子的遭遇即是典型的例证。结合梁启超在《变法通议》中所述通过教育解决政治问题的方案来看,《新民说》中通过德解决建国问题的思路与之具有一致性,概括来说,都是一种反本的思路,与孟子是相承继的。

"维新吾国"意味着建立现代国家,出于此目的,《新民丛报》最初创立时的目标是培养国民的国家思想,亦即培养公德。参照《法理学大家孟德斯鸠之学说》一文,梁启超在文中将孟德斯鸠所论共和政体美德原则等同于公德,所以《新民丛报》宗旨中所提到的公德,即孟德斯鸠所揭示的爱国与爱平等的政治美德。③《新民丛报》以德育为宗旨,从《本报告白》中可以看出,《新民丛报》最初确立的德育宗旨主要指培育公德,虽然公德的意涵在宗旨中没有得到具体的说明,但国家与政治的指向得到了清晰地揭示。

在《新民说》第一节"叙论"中,梁启超阐释了为强国而讲新民的用意,"欲其国之安富尊荣,则新民之道不可不讲",④并从建国的角度暗示教育国

---

① 梁启超:《本报告白》,见《梁启超全集》第二集,第460页。
② 黄进兴对梁启超这一独特的思路有所揭示,其在论述中称:"梁氏一反俗见,坚信道德之学并非不切急用,实为济世的根本精神。"参见黄进兴:《追求伦理的现代性:梁启超的"道德革命"及其追随者》,见黄进兴:《从理学到伦理学:清末民初道德意识的转化》,第92页。
③ 梁启超:《法理学大家孟德斯鸠之学说》,见《梁启超全集》第三集,第152页。唐文明指出,梁启超对公德私德的区分受到孟德斯鸠讨论共和政体政治美德的影响。参见唐文明:《共和危机、现代性方案的文化转向与启蒙的激进化》,《古典学研究》,2019年第1期;唐文明:《现代儒学与人伦的规范性重构——以梁启超的〈新民说〉为中心》,《云梦学刊》,2019年第6期。
④ 梁启超:《新民说·叙论》,见《梁启超全集》第二集,第528页。

民的重要性,"国也者,积民而成"。① 在《新民说》第二节《论新民为今日中国第一急务》中,梁启超从抵御列强之民族帝国主义的角度讨论了新民的必要性和紧迫性。在《新民说》第三节《就优胜劣败之理以证新民之结果而论及取法之所宜》中,梁启超基于天演论优胜劣败的道理,从民族国家的角度表明,应以盎格鲁撒逊人,即英美两国为取法对象,对国民的缺陷与薄弱之处进行弥补。"在民族主义立国之今日,民弱者国弱,民强者国强,殆如影之随形,响之应声,有丝毫不容假借者。"② 由以上论述同样可以看出,国家是梁启超公德主张的核心关切,同时也可以看出,民族主义是连接国民与国家的纽带,或者说,在以民族主义为基础的现代国家中,国民对国家起到决定性的作用,国民的状态决定着国家的状态。梁启超正是认识到了这一点,所以提倡"新民",将建国目标落实为"新民"事业。当时的时代背景是,世界上最强大的欧美国家奉行民族帝国主义政策,民族帝国主义意味着对内实行民族主义对外实行帝国主义,而对外实行帝国主义意味着对外进行侵略扩张。中国身处这样的世界环境当中,抵抗他国入侵、建立独立国家是当时最紧迫的任务。梁启超认为,当时之中国唯有通过民族主义才能建立起独立的国家,③ 其实梁启超所说的民族主义即是国家主义,是与世界主义相对的对本民族及国家的认知与爱。民族主义或国家主义在《新民说》中则表现为公德。

在《新民说·论公德》的开篇,梁启超承接《新民说》前面几节的内容指出:"我国民所最缺者,公德其一端也。"④ 接着,梁启超对公德进行了解释:"公德者何? 人群之所以为群,国家之所以为国,赖此德焉以成立者也。""非徒空言高论曰群之群之,而遂能有功者也。必有一物焉贯注而联络之,然后群之实乃举,若此者谓之公德。"⑤ 通过梁启超的阐述可以明确的是,在他的理解中,公德是国家得以建立的前提,是一种聚合群体的要素,或者说是一种贯注于群体当中使群体凝聚的精神。这种要素或精神落实在个人身上则

---

① 梁启超:《新民说·叙论》,见《梁启超全集》第二集,第 528 页。
② 梁启超:《新民说·就优胜劣败之理以证新民之结果而论及取法之所宜》,见《梁启超全集》第二集,第 535 页。
③ 黄进兴强调了梁启超通过民族主义建立现代国家的思路,将梁启超的这一思路概括为:"主张凡'国'未经过'民族主义'的洗礼,则不得谓之为'国'。"黄进兴进一步揭示出,梁启超所主张的民族主义,重点在"国",而不在"民族"。参见黄进兴:《追求伦理的现代性:梁启超的"道德革命"及其追随者》,见黄进兴:《从理学到伦理学:清末民初道德意识的转化》,第 98 页。
④ 梁启超:《新民说·论公德》,见《梁启超全集》第二集,第 539 页。
⑤ 梁启超:《新民说·论公德》,见《梁启超全集》第二集,第 539 页。

是一种美德,梁启超将其称为公德。这种要素或精神对于群体来说是必须的,使群体真正地成为群体,而不仅仅是形态意义上的群体。国家亦属于群体,因而需要公德,对于国家来说,公德的具备依赖于国民。缺乏公德的国家虽然具有国家的外在形态,但不能成为真正的国家。因此,公德是落实于个人并贯注于国家当中的,充实国家并且使国家获得内在凝聚力与内在精神的美德。在这个意义上,梁启超称公德为利群之德,"公德之大目的既在利群"。①

国家的关切与利群的目的很容易使人认为,梁启超此时主张以国家为中心的国家主义,个人完全被淹没于国家当中。国家主义的确是梁启超这一时期的主张,但是,其国家主义主张首先针对的是之前以大同为理想的世界主义,即国家主义意味着对于世界形成民族国家观念,在国家范围内思考政治理想,这一政治理想具体指建立现代国家。梁启超的国家主义也指向个人与国家的关系。但就个人与国家关系问题来说,不能因为梁启超公德思想中的国家关切与利群目的,而认为梁启超认同以国家利益为由剥夺个人。从建立现代国家的问题关切出发,梁启超将政治方案的具体措施落实为教育国民,以新民为"今日中国第一急务",并且提到,洋务运动数十年来成效不显著的原因在于,未能重视新民之道。从梁启超的新民主张来看,国民维度在他的思想中占据着极为重要的位置,并且被凸显为变法的主要议题。再者,在他的新民思想中,新民的责任由国民自己承担,新民意味着自新。"新民云者,非新者一人,而新之者又一人也,则在吾民之各自新而已。孟子曰:子力行之,亦以新子之国。自新之谓也,新民之谓也。"②自新意味着独立,即责己不责人,望己不望人,这针对的是国民责人不责己,望人不望己的陋习。因此,不管梁启超公德思想中包含着多少对国家与政治的关注,其培育国民美德的用意都是非常明确的,他从始至终重视国民主体,强调美德问题。狭间直树称:"《新民丛报》也可以说是为了发表《新民说》而创办的杂志。"③如果将狭间直树的判断进一步推进的话,或许可以说,《新民丛报》是为培养国民美德而创办,《新民说》亦是为培养国民美德而写作,国民美德是"新民"的主题。

强调德育的面向,不代表淡化智育的面向,德育与智育在《本报告白》中

---

① 梁启超:《新民说·论公德》,见《梁启超全集》第二集,第 542 页。
② 梁启超:《新民说·论新民为今日中国第一急务》,见《梁启超全集》第二集,第 530 页。
③ 狭间直树主讲:《东亚近代文明史上的梁启超》,第 74 页。

同时被提及,只是相对来说,这里梁启超更加突出德育的面向。此外,虽然梁启超在概括《清议报》精髓时没有提到民德,但他在《清议报》上刊登了直接讨论民德或与民德内容相关的文章,如《国民十大元气论》《中国积弱溯源论》《十种德性相反相成义》等。由此也可以看出,民德的维度在梁启超的思想中经历了一个逐渐清晰的过程。而民德问题意识的凸显也与梁启超身处其中的日本社会环境有关。研究者指出,日本语境中的公德概念是福泽谕吉首先提出来的,在明治八年(1875)出版的《文明论概略》一书中,他将道德划分为公德与私德,这一论述引发了日本社会对于伦理道德问题的长期关注与激烈讨论。① 日本社会对公德的关注与讨论深刻地影响着梁启超,但梁启超所提倡的公德与日本社会所讨论的公德侧重并不一致。梁启超所提倡的公德主要指向国家政治层面,日本社会所讨论的公德则主要指向社会秩序层面。②

6.1.2 公德思想的激进性及其限度

《新民说》最初确立的核心是培育国民的公德,如果结合变法背景来看,梁启超提倡公德相当于将变法深入到伦理道德领域,相较于器物、制度、学术思想来说,应该算进一步的深化,而且梁启超自身明确地认识到这一点。梁启超将其提倡公德的行为界定为"发明一种新道德",甚至将自己的言论称为"道德革命之论"。就当时维新变法的整体言论来说,梁启超指出:"今世人夫谈维新者,诸事皆敢言新,惟不敢言新道德。"③他深知,自己提倡公德,"必为举国之所诟病"。可见在当时的历史处境中,梁启超所提倡的公德是一种非常激进的思想主张。因为传统中的伦常是天经地义的,是永恒不变的,在这个意义上,梁启超提倡公德并以之更新传统伦常无异于摧毁天

---

① 史少博:《福泽谕吉"公德私德论"探究》,《社科纵横》,2019 年第 9 期。
② 陈来也提到梁启超所推崇的公德与日本近代社会所讨论的公德不同,梁启超所推崇的公德主要指"爱国利群的政治公民道德",日本近代社会所讨论的公德主要指社会"公共道德"。参见陈来:《中国近代以来重公德轻私德的偏向与流弊》,见陈来:《儒学美德论》,北京:生活·读书·新知三联书店,2019 年,第 35 页。陈弱水指出,梁启超的公德观念是群学思潮的一部分,包括指向国家与社会两个层面的关切,其所使用的公德概念是借用自日本的词汇,福泽谕吉《文明论之概略》中有将德分为公德与私德、将智分为公智与私智的讲法。参见陈弱水:《公德观念的初步探讨——历史源流与理论建构》,见《公共意识与中国文化》,北京:新星出版社,2006 年,第 4—9 页。唐文明指出,梁启超对公德私德的区分受到孟德斯鸠讨论共和政体政治美德的影响。参见唐文明:《共和危机、现代性方案的文化转向与启蒙的激进化》,《古典学研究》,2019 年第 1 期。
③ 梁启超:《新民说·论公德》,见《梁启超全集》第二集,第 542 页小字夹注。

地,从这个角度来说,公德思想具有极强的冲击性和颠覆性。黄进兴指出,梁启超此时思想上的激进性表现在各个领域,政治上与革命派亲近,为革命思想所吸引,学术上写作《新史学》(1902)倡言"史学革命"、写作《论小说与群治的关系》(1902)倡言"小说界革命"、写作《新民说》倡言"道德革命"。①

但对公德思想的激进性又不能表面化地予以理解,梁启超提倡公德不是彻底地否定传统,也不以颠覆传统为目的,这一点与辛亥革命之后陈独秀所主张的伦理之觉悟存在本质上的区别。陈独秀将传统伦理的本原归于三纲,并将其视为阶级制度。因为阶级制度与自由平等相背离,与共和立宪制度理想不相容,所以陈独秀主张彻底废弃三纲、废弃传统伦理。梁启超提倡公德的前提是,相信伦理道德具有不可改变的部分,同时具有因时而变的部分,先哲之论无法完全合于后世的实际要求,所以需要对伦理道德的具体内容因时损益。"道德之为物,由于天然者半,由于人事者亦半,有发达,有进步,一循天演之大例。前哲不生于今日,安能制定悉合今日之道德?使孔、孟复起,其不能不有所损益也亦明矣。"②所以,梁启超是在相信存在天经地义之伦常的基础上,基于当时的时势,认为需要培育国民的公德。

忠与孝在梁启超的思想中是天经地义之德,"吾中国相传天经地义,曰忠,曰孝,尚矣",并且是人之为人的前提,"忠、孝二德,人格最要之件也,二者缺一,时曰非人"。③ 在确立国家观念、建立现代国家的现实要求之下,梁启超将忠的对象由君转换成国家,"言忠国则其义完,言忠君则其义偏"。忠君之义偏的原因在于,在现代国家的背景之下,君亦当忠于国,这是君之为人的必然之义,同时也是君的责任之所在。就忠于国的程度来说,君对于国的忠更甚于民:

> 君之当忠,更甚于民,何也?民之忠也,仅在报国之一义务耳。君之忠也,又兼有不负付托之义务,安在其忠德之可以已耶?夫孝者,子所对于父母之责任也,然为人父者,何尝可以缺孝德?父不可不孝,而君顾可以不忠乎?仅言忠君者,吾见其不能自完其说也。④

---

① 参见黄进兴:《追求伦理的现代性:梁启超的"道德革命"及其追随者》,见黄进兴:《从理学到伦理学:清末民初道德意识的转化》,第95页。
② 梁启超:《新民说·论公德》,见《梁启超全集》第二集,第542页小字夹注。
③ 梁启超:《新民说·论国家思想》,见《梁启超全集》第二集,第545页。
④ 梁启超:《新民说·论国家思想》,见《梁启超全集》第二集,第545页小字夹注。

梁启超在阐明君亦忠于国时,还将忠于国与孝于亲关联在一起,这一论证实际上是基于孝而讲忠,基于父而讲君。如果从个人与家庭和国家的关系角度来看,梁启超对国家的理解是奠基在家庭之上的,国家与家庭一样,均有恩于个人,与个人的生养、生存息息相关。个人不能脱离家庭,同样不能脱离国家,个人应感恩并回报家庭与国家。从现代观念来说,则是个人对家庭与国家承担责任与义务。"人非父母无自生,非国家无自存,孝于亲,忠于国,皆报恩之大义。"①梁启超将国家类比为父母,"惟兹国家,吾侪父母兮! 无父何怙,无母何恃兮",②并将国家称作"父母之邦"。③ 基于父母与家庭来理解国家,从恩与报的角度来理解个人与国家的关系,体现出梁启超对于国家及个人与国家的关系采取的是中国传统的理解方式。这一理解方式与现代西方基于契约来理解国家,从侵犯与防范的角度来理解个人与国家的关系不同。由此可以看出,梁启超虽然强调现代国家观念,但理解方式不完全是现代的,在很大程度上持有的是中国传统的理解。梁启超对现代国家的非现代的理解并不妨碍国人接受现代国家观念,也不妨碍中国建立起现代国家,而且,这一非现代的理解或许有助于当时的民众在个人与国家之间建立起更为适宜的关系。

此外,梁启超在分析现实伦理道德领域所存在的问题时,依然有意识地将其与前哲所论区分开,或者说与传统经典教化区分开。先哲所论皆有其特定的指向与目的,不能脱离具体的情景作一般化抽象的解读,而流俗的理解又将先哲之教加以曲解,久而久之在习俗中产生偏差与误导。"吾中国先哲之教,曰宽柔以教,不报无道,曰犯而不校,曰以德报怨,以直报怨。此自前人有为而发之言……而末俗承流,遂借以文其怠惰恇怯之劣根性,而误尽天下。"④再者,现实中的很多观念是流俗所传简单之道德,并不能呈现先哲的精微之理与深刻之意。如果将流俗所传等同于先哲所论,并将现实的陈腐归于传统伦常,进而认为应该尽弃传统,那将带来极大的祸患与灾难。"今日正当过渡时代,青黄不接,前哲深微之义,或湮没而未彰,而流俗相传简单之道德,势不足以范围今后之人心,且将有厌其陈腐,而一切吐弃之者。吐弃陈腐,犹可言也,若并道德而吐弃,则横流之祸,曷其有极?"⑤除了对流

---

① 梁启超:《新民说·论国家思想》,见《梁启超全集》第二集,第545页。
② 梁启超:《新民说·论国家思想》,见《梁启超全集》第二集,第548页。
③ 梁启超:《新民说·论权利思想》,见《梁启超全集》第二集,第558页。
④ 梁启超:《新民说·论权利思想》,见《梁启超全集》第二集,第559页
⑤ 梁启超:《新民说·论公德》,见《梁启超全集》第二集,第542页小字夹注。

俗所传与先哲所论进行区分之外,这段论述还包含梁启超对当时学术思想研究状况的判断,即当时的学术思想研究处于青黄不接的状态,前哲的思想没有得到准确阐释与全面呈现。面对这样的情形,梁启超认为,按照时人的做法,试图单纯借助传统内部资源阐释出解决现实问题的伦理道德方案只是杯水车薪,而且持论会因无法解决现实问题而被归于陈腐,进而与流俗所传陈腐之论一同被否定掉。也就是说,如果不能及时对传统进行更新,单纯依靠传统中已有的资源应对变化的时局,会使传统面临被否定和摧毁的危险。在这个意义上,适时且切实地对传统进行更新实际上是对传统的保护。正因为如此,梁启超基于对传统与现实的考量,认为必须综合古今中外的思想资源,提出一种适应现代需要的新道德。这一点对于当时中国建立现代国家的需要与目的来说是至关重要的,也是尤为必要的。

梁启超公德主张的限度也体现在他对新民之义的界定当中。在《本报告白》的开篇,他便指出,新民取自《大学》"新民"之义,这一取用既揭示出新民为传统经典的本有之意,又暗示着新民之新实乃基于传统。在《新民说》第三节《释新民之义》中,梁启超基于对"新"的分析,阐释"新民"的含义。在《释新民之义》的开篇,梁启超称:"新民云者,非欲吾民尽弃其旧以从人也。新之义有二:一曰,淬厉其所本有而新之;二曰,采补其所本无而新之。二者缺一,时乃无功。先哲之立教也,不外因材而笃与变化气质之两途,斯即吾淬厉所固有、采补所本无之说也。一人如是,众民亦然。"①梁启超在解释"新"的含义之前,先行明确指出的是,"新民"不等于尽弃其所固有,即"新民"不等于抛弃自身原有的传统,这与《变法通议》中的主张是一致的。在明确"新民"不等于抛弃传统这一根本前提之后,梁启超阐释了"新"的两层涵义:第一层涵义是针对"所本有"来说的,即"淬厉其所本有而新之";第二层涵义是针对"所本无"来说的,即"采补其所本无而新之",换一个角度来说,亦是使传统所本有的内容得到更新和补正。因此可以说,梁启超所阐释的"新"的两层涵义均是基于"所本有"的,与其言明的不抛弃固有传统的根本前提相吻合。在"新"的两层涵义当中,相较于"淬厉"来说,"采补"涉及不同于自身文明传统的其他文明传统,这要求国民在面对其他文明传统时,能够取人之长。如果说不抛弃固有传统是梁启超在讨论"新民"思想时特别强调的前提,那么取人之长则是他在讨论"新民"思想时特别强调的途径。

梁启超进一步围绕"新"的另一层面"淬厉"的必要性展开论述。国民所

---

① 梁启超:《新民说·释新民之义》,见《梁启超全集》第二集,第533页。

独有的高尚品格,传统所沿承的独立精神,应当予以保存,"国民独具之特质""独立之精神","吾人所当保存之而勿失坠也"。① 但保存不等于放任,而应对其加以养护与锻炼,养护与锻炼的过程即是淬厉以新之的过程。在这个意义上,顺其本性的日新才是对传统最好的成全。因此,对于所本有来说,淬厉是必需的过程,日新同样是必需的过程。梁启超称:"旧也而不得不谓之新,惟其日新,正所以全其旧也。濯之拭之,发其光晶;锻之炼之,成其体段;培之浚之,厚其本原;继长增高,日征月迈。国民之精神,于是乎保存,于是乎发达。世或以'守旧'二字为一极可厌之名词,其然岂其然哉! 吾所患不在守旧,而患无真能守旧者。真能守旧者何? 即吾所谓淬厉其固有而已。"②梁启超面向"旧"而讨论淬厉与日新,具有针对守旧者的用意,其在论述中突出了淬厉与日新之于"旧"的必要性,这里同样说明唯有日新才是对"旧"的真正意义上的守护与成全。在《新民说·释新民之义》的结尾,梁启超再次提到其新民思想在对待"新""旧"问题上的态度:"故吾所谓新民者,非必如心醉西风者流,蔑弃吾数千年之道德、学术、风俗,以求伍于他人;亦非如墨守故纸者流,谓仅抱此数千年之道德、学术、风俗,遂足以立于大地也。"③

6.1.3 采补公德:国家观念及国民身份认知

对于新民之"新"的"采补"意涵,梁启超对需要"采补"的内容进一步予以说明。需要采补的内容即是自身传统中所本无的部分,就当时的中国来说,则是国民对自身国民身份的认知及对现代国家的认知,两者之间,对自身国民身份的认知基于对现代国家的认知,即国民基于国家并立的世界环境认识到中国是一个独立的国家,而自身具有中国国民的身份,梁启超称之为对"国民之资格"的认知。国家与国民身份在传统中没有得到呈现或呈现得不够清晰的原因有很多,梁启超分析的主要是形势上的原因,即中国在历史上所面对的主要是大国巍然屹立、小国环绕其周围的形势,而不是列国并立的形势。在这样的处境之下,国民既没有对于国家的认知,也没有对于自身国民身份的认知。梁启超称:

---

① 梁启超:《新民说·释新民之义》,见《梁启超全集》第二集,第533页。
② 梁启超:《新民说·释新民之义》,见《梁启超全集》第二集,第533页。
③ 梁启超:《新民说·释新民之义》,见《梁启超全集》第二集,第534页。

吾国巍然屹立于大东,环列皆小蛮夷,与他方大国,未一交通,故我民常视其国为天下。耳目所接触,脑筋所濡染,圣哲所训示,祖宗所遗传,皆使之有可以为一个人之资格,有可以为一家人之资格,有可以为一乡一族人之资格,有可以为天下人之资格,而独无可以为一国国民之资格。①

因为国家观念及国民身份认知是在与其他国家相对待的关系中形成的,中国历史上所处的环境中没有与之相对待的"大国",所以地理环境使得中国的国民没有形成国家观念及对自身国民身份的认知。"故中国之视其国如天下,非妄自尊大也,地理使然也。夫国也者,以对待而成,中国人国家思想发达所以较难于欧洲者,势也。"②梁启超在《新民说·论国家思想》一篇中提到:"国家者,对外之名词也。使世界而仅有一国,则国家之名不能成立。"③《新民说·论合群》一篇中也提到:"见群之成,必以对待。"④梁启超这里的论述揭示出,相对待的他者在自我身份认知形成的过程中具有重要的意义。再者,梁启超指出,先秦时期的思想学说也是造成国人无国家思想的原因,孔子之《春秋》,孟子之"定于一",乃至墨子、老子等诸子的政治思想均指向统一。这些思想学说原本为矫正春秋战国时期诸国争战、生灵涂炭的时弊,秦汉以来,统一思想为统治者表彰利用,压抑了国家思想,以至于国人知有依天而立的朝廷,而不知有国家。梁启超此论没有批判孔子、孟子及先秦各家的用意,只是就思想上分析国人缺乏国家观念的原因,他指出,就历史时势来说,先哲思想具有挽救时弊的意义。基于列国并立的世界形势,从原有的认知起点出发,梁启超认为国民应从以下四个方面认识国家:"国家思想者何?一曰对于一身而知有国家,二曰对于朝廷而知有国家,三曰对于外族而知有国家,四曰对于世界而知有国家。"⑤

"对于一身而知有国家"涉及对自我与国家关系的理解。梁启超从对内通功易事、对外抵御侵犯的角度说明国家的必要性。在阐释个人如何理解自我与国家的关系时,他选取的是功利的视角,运用墨子的思想,认为个人对国家及其他国民的爱是一种兼爱,这种兼爱的初衷在于,利群有助于利

---

① 梁启超:《新民说·释新民之义》,见《梁启超全集》第二集,第533页。
② 梁启超:《新民说·论国家思想》,见《梁启超全集》第二集,第547页。
③ 梁启超:《新民说·论国家思想》,见《梁启超全集》第二集,第544页。
④ 梁启超:《新民说·论合群》,见《梁启超全集》第二集,第597页。
⑤ 梁启超:《新民说·论国家思想》,见《梁启超全集》第二集,第543页。

己。梁启超虽然主张基于墨子的兼爱来理解个人与国家的关系,但他批评为一己之爵禄而事外族的利己主义,认为这种行为体现出的是奴隶之根性。① 梁启超希望通过扩充利己主义的方式,令国人在认识到个人不能脱离国家而生存的前提下,寻求真正的利己。这里梁启超虽然意识到国家这一政治共同体在现代文明中的重要地位,但从功利视角展开的论证根本不能建立起个人与国家之间的良性关系。个人与国家之间的关系应当基于个人对政治共同体的承认与认同建立起来,而不应基于个人的自利。按照孟子对义利之辨的讨论,求利将导致相争,相当于缘木求鱼,最终无法获得所欲求之利。"对于朝廷而知有国家"是在知有朝廷的基础上分离出对国家的认知,朝廷不等于国家,朝廷是国家内部的一个机构,君主及廷臣是国家的管理者。将国家从朝廷之中分离出来意味着国民直接与国家相关,朝廷作为管理者,其正当性不是自然而然的,而是需要以民意及程序作为基础。国家是固定的,而朝廷是可变的。爱国家与爱朝廷具有不同的性质,"两者性质不同,而其大小轻重,自不可以相越"。② 当朝廷具有正当性基础时,爱国家与爱朝廷相重合;反之,爱国家则需要正朝廷。"朝廷由正式而成立者,则朝廷为国家之代表,爱朝廷即所以爱国家也。朝廷不以正式而成立者,则朝廷为国家之蟊贼,正朝廷乃所以爱国家也。"③ "对于外族而知有国家"则是在与他国相分别、相对待的关系中认识到国家具有独立的、不容别国侵犯的主权,国家主权丝毫不能让于他人,"知有我故,是故我存"。④ 梁启超也将这一理解应用于历史中他族统治中国领土的情形。⑤ "对于世界而知有国家"是在反思世界主义的基础上以国家为政治共同体的最高单位,梁启超不再将大同作为世界未来的理想,认为大同不存在于历史当中,而是内心的状态,"今世学者非不知此主义之为美也,然以其为心界之美,而非历史上之美"。⑥ 梁启超还在文明的意义上肯定国家,认为未建立起国家与打破国家界限均意味着野蛮。在以国家为"最上之团体"的基础上,梁启超提出:"国也者,私爱之本位,而博爱之极点。"⑦ 从建立现代国家观念的角度来说,梁

---

① 梁启超:《新民说·论国家思想》,见《梁启超全集》第二集,第 547—548 页。
② 梁启超:《新民说·论国家思想》,见《梁启超全集》第二集,第 543 页。
③ 梁启超:《新民说·论国家思想》,见《梁启超全集》第二集,第 544 页。
④ 梁启超:《新民说·论国家思想》,见《梁启超全集》第二集,第 544 页。
⑤ 梁启超:《新民说·论国家思想》,见《梁启超全集》第二集,第 545—546 页。
⑥ 梁启超:《新民说·论国家思想》,见《梁启超全集》第二集,第 544 页。
⑦ 梁启超:《新民说·论国家思想》,见《梁启超全集》第二集,第 544—545 页。

启超如此重视国家是具有现实意义的,但这一界定具有其弊端,将国家作为私爱之本位,一方面会将个人消解于国家之中,另一方面也会弱化家庭的意义。梁启超这里从现代国家观念出发展开讨论,没有注意到过度强调国家所包含的危险。

在梁启超看来,养成对国家与国民身份的认知,是时下国民必不可少的素养。梁启超称:"夫国民之资格,虽未必有以远优于此数者,而以今日列国并立、弱肉强食、优胜劣败之时代,苟缺此资格,则决无以自立于天壤。"① 既然对国民之资格的认知是当今世界形势的必然要求,而中国国民又由于历史原因没能形成此种认知,故而从世界各国"采补"便是中国国民形成这一认知的唯一途径。"故今日不欲强吾国则已,欲强吾国,则不可不博考各国民族所以自立之道,汇择其长者而取之,以补我之所未及。"② 可以说,采补是中国建立现代国家的必要途径,而现代国家和国民观念则是需要采补的一项重要内容,也是公德的主要内容。

对国民之资格的认知决定着能否事实上建立起现代国家,对建国有着决定性的意义。梁启超曾在《国家思想变迁异同论》中基于思想与事实的关系揭示这一道理:"思想者,事实之母也。欲建造何等之事实,必先养成何等之思想。""苟思想之普及,则吾国家之成立,殆将不远矣。"③ 对国民之资格的认知,不只是一种知识,梁启超还将其视作公德的内容,关乎于国民的整体素养。需要采补的内容是对国民之资格的认知,这同样意味着,向西方学习的领域,相较于梁启超在《变法通议》中所强调的制度与学术,这里有更进一步的推进,推进至国民素养或者说国民美德的领域,梁启超亦称之为"国民之性质"。④ 梁启超称:"今论者于政治、学术、技艺,皆莫不知取人长以补我短矣,而不知民德、民智、民力,实为政治、学术、技艺之大原。不取于此而取于彼,弃其本而鹜其末。""故采补所本无以新我民之道,不可不深长思也。"⑤ 这里可以更清晰地看出,《新民说》在延续民德、民智及民力议题的同时,将民德置于首位,而且将民德、民智及民力整体作为政治、学术和技艺的本原,此处既体现出梁启超对民德的强调,也体现出变法领域的深入。梁

---

① 梁启超:《新民说·释新民之义》,见《梁启超全集》第二集,第 533 页。
② 梁启超:《新民说·释新民之义》,见《梁启超全集》第二集,第 533 页。
③ 梁启超:《国家思想变迁异同论》,见《梁启超全集》第二集,第 321 页。
④ 梁启超:《新民说·就优胜劣败之理以证新民之结果而论及取法之所宜》,见《梁启超全集》第二集,第 538 页。
⑤ 梁启超:《新民说·释新民之义》,见《梁启超全集》第二集,第 534 页。

启超洞察到需要在国民素养或国民美德的层面进行变法,采补所本无的内容,并意识到建立现代国家以国民具有国家观念及国民身份认知为前提,故而将养成国家观念及国民身份认知作为公德的主要内容,总体上意在培养国民的爱国之心。黄进兴指出,梁启超所提倡的公德说使得"救中国必先培养国民之公德"成为晚清的伦理基调。①

6.2 公德之条目

6.2.1 利群贯通公德诸条目

《新民说》共二十节,从《新民丛报》第一号开始刊出,第二十节《论民气》载于《新民丛报》第七十二号,从时间上看,《新民说》的刊载由1902年初延续到1906年初。在这四年当中,《新民说》的写作与刊载并不是一个完全连续的过程。第一节《叙论》至第十七节《论尚武》以近乎连载的方式刊出,时间是从1902年2月到1903年4月。梁启超1903年2月开始的美洲之行中断了《新民说》的写作与刊载,1904年2月左右发刊的《新民丛报》第三十八、第三十九号合刊,刊出《新民说》第十八节《论私德》的内容时,距离此前最后一次刊出第十七节《论尚武》,相距近一年的时间。《论私德》之后的两篇《论政治能力》与《论民气》在刊载时亦间隔较长时间。就《论政治能力》一篇来说,其内容前后两部分分别刊登在《新民丛报》第四十九号和第六十二号上,中间间隔近半年的时间。②

以《新民说》中断处的第十七《论尚武》和第十八节《论私德》为界,《新民说》可以分为上下两部。上半部,也就是从第一节到第十七节,以培养公德为核心,下半部,也就是从第十八节到第二十节,讨论的重点发生了转变,《论私德》将讨论的重点转向公德的基础,即私德修养问题。③ 就《新民说》

---

① 参见黄进兴:《追求伦理的现代性:梁启超的"道德革命"及其追随者》,见黄进兴:《从理学到伦理学:清末民初道德意识的转化》,第102页。

② 关于《新民说》的刊载情况,参见梁启超:《新民说》,见《梁启超全集》第二集,第526—527页;狭间直树主讲:《东亚近代文明史上的梁启超》,第80—81页。狭间直树指出,第一次刊载《论私德》的《新民丛报》第三十八、第三十九号合刊,出版时间写为1903年10月,但实际的发刊时间为1904年2月左右;此外,继续刊载《论私德》的第四十、第四十一号合刊及第四十六、第四十七、第四十八号合刊的发刊时间,相较于出版日期均有推迟;刊载《论政治能力》的第四十九号与第六十二号存在同样的问题。

③ 狭间直树:《梁启超:东亚文明史的转换》,第110—111页。

上半部来说，以《论公德》为核心的表现为，前面四章为提出公德进行铺垫，后面各章对公德条目展开论述。在《论公德》的前一节《就优胜劣败之理以证新民之结果而论及取法之所宜》的结尾，梁启超称："今请举吾国民所当自新之大纲小目，条分缕析，于次节详论之。"①接下来则是《论公德》一节，也就是梁启超所说的大纲的内容。在《论公德》一节的结尾，梁启超称："故本节但论公德之急务，而实行此公德之方法，则别著于下方。"②

《新民说》从第六节到第十七节，每节讨论一个主题，共论及十二个公德之条目，依次为《论国家思想》《论进取冒险》《论权利思想》《论自由》《论自治》《论进步》《论自尊》《论合群》《论生利分利》《论毅力》《论义务思想》《论尚武》。这些条目均是在群己关系的框架下指向利群，公德诸条目以利群为目的。同样在《论公德》一篇的结尾，梁启超称："公德之大目的既在利群，而万千条理，即由是生焉。本论以后各子目，殆皆可以'利群'二字为纲以一贯之者也。"③

利群指的是公德自身的性质，是公德所具有的功能与意义，而不应成为对个体的道德要求。因为公德是个人所具有的美德，所以真正具有公德的人在做出具体行为抉择时，自然会带来利群的结果，即利群是具有公德的个人在主动做出行为抉择时自然产生的结果；而不应反过来，以利群为目的对群体中的个人进行道德要求。这样不仅是对个人的剥夺，也无法真正达到利群的目的。利群本身不直接作为教育内容，公德才是直接的教育内容，利群是培养公德所收获的结果。但在实际的理解与讨论当中，公德及其利群的性质很容易偏离成个人应为集体牺牲这一呈现方式。梁启超的阐述也包含着这一理解与呈现上的偏离，如在《新民说·论合群》中分析国民缺乏公共观念时，梁启超称："真有公共观念者，常不惜牺牲其私益之一部分，以拥护公益，其甚者或乃牺牲其现在私益之全部分以拥护未来公益。"④在《十种德性相反相成义》中讨论独立与合群之德时，梁启超称："合群之德者，以一身对于一群，常肯绌身而就群；以小群对于大群，常肯绌小群而就大群。"⑤梁启超的论述，使得作为公德性质的利群倾向于变成对个体的要求，

---

① 梁启超：《新民说·就优胜劣败之理以证新民之结果而论及取法之所宜》，见《梁启超全集》第二集，第538页。
② 梁启超：《新民说·论公德》，见《梁启超全集》第二集，第542页。
③ 梁启超：《新民说·论公德》，见《梁启超全集》第二集，第542页。
④ 梁启超：《新民说·论合群》，见《梁启超全集》第二集，第596页。
⑤ 梁启超：《十种德性相反相成义》，见《梁启超全集》第二集，第285页。

也使得其原本对公德进行刻画的用意,倾向于带有对个体进行评价的意思。这一偏离是理解作为美德的公德时应当予以警惕的,是很容易发生的,也是公德及其利群性质遭到诟病的一个主要原因。避免这一偏离的方式是,首先,回到作为美德的公德本身,更多地关注对公德的培养,而非过多地关注利群的结果;其次,避免外部评价的视角,在具体的处境中充分尊重个人的决定,而非用道德标准对个人提出要求。

6.2.2 公德诸条目中的现代观念

梁启超在《新民说》六至十七节所讨论的公德诸条目可分为两类,一类属于现代观念,包括第六节《论国家思想》、第八节《论权利思想》、第九节《论自由》、第十节《论自治》、第十一节《论进步》、第十三节《论合群》、第十四节《论生利分利》、第十六节《论义务思想》;另一类属于精神品格,包括第七节《论进取冒险》、第十二节《论自尊》、第十五节《论毅力》、第十七节《论尚武》。在公德之条目中讨论现代观念说明,在梁启超看来,具有现代观念是具有公德,培养现代观念也是培养公德。在公德之条目中讨论精神品格则暗示出,落实于个人的品格必然具有公共意义,德之为德即在于其具有公共意义。

《论国家思想》一节在个人与朝廷、外族和世界的对照中阐明国家的存在,使国民形成国家思想,激起国民的爱国之心。《论权利思想》一节将耶林"权利通过斗争获得"的斗争权利观与加藤弘之"权利属于强者"的强者权利观结合在一起,向国民阐释在竞争中争取权利、不能放弃权利的思想。国民享有权利是国家具有权利的前提。《论自由》一节首先言明自由与奴隶相对待,进一步强调自由以法律和秩序为前提。以法律和秩序为前提的自由是"团体之自由",亦即无害于团体的自由;反之,不以法律为前提的、为所欲为的"自由"是"个人之自由",亦即损害团体的自由。"团体之自由"是文明时代的特征,具有利群爱国的意义;"个人之自由"是野蛮时代的特征,个人以追求"薄物细故,日用饮食"为自由,不思进国利群之道。梁启超在区分个人放纵欲望之"自由"与进国利群之自由的前提下,提到"身与群较,群大身小,诎身伸群"。① 此处的"诎身伸群"相当于节制欲望,而进国利群之自由指"求宪法、伸国权"②等政治性的事务。在这个意义上,自由首先意味着"团体之自由"。"团体之自由"一方面指法律与秩序之内的自由,另一方面

---

① 梁启超:《新民说·论自由》,见《梁启超全集》第二集,第568页。
② 梁启超:《新民说·论自由》,见《梁启超全集》第二集,第568页。

指对内争取建立宪法、对外争取确立主权。但"团体之自由"并不意味着个人无自由，或者说自由不行于个人。自由为"团体之自由"的意涵是，个人只有在独立的团体中才能享有自由，团体为个人自由提供保障，如果团体沦为奴隶，受到其他团体的侵犯、压迫与剥夺，团体中的个人则必定无自由可言。而"团体之自由"的实现又必然落实为个人，"团体自由者，个人自由之积也"，①即自由必然行于个人。至于个人如何才能求得真自由，梁启超在区分身体与心灵的基础上指出，个人必须摆脱自我心灵的奴隶，包括勿为古人之奴隶、勿为世俗之奴隶、勿为境遇之奴隶和勿为情欲之奴隶。②

梁启超所谓的"团体之自由"可以理解为广义上的政治自由。梁启超将欧美国家国民所争之自由概括为四个方面，分别为政治上之自由、宗教上之自由、民族上之自由和生计上之自由；具体涉及六个问题，分别为四民平等问题、参政权问题、属地自治问题、信仰问题、民族建国问题和工群问题。六个问题中，当时之中国急需解决的是参政权问题和民族建国问题，对应于四个方面来看，国民要争取的主要是政治之自由和民族之自由。因此，梁启超所讨论的自由相当于广义上的政治自由，而不是指行为上为所欲为的"自由"。这一广义上的政治自由既包括参政权问题，也包括民族建国问题，从国内来看，是国民相对于政府所具有的自由，也就是政治参与的自由；从国际来看，是中国相对于别国所具有的自由，也就是主权不容侵犯，领土不容分割，统治不容干涉。梁启超基于个人与团体的关系来理解自由，揭示出个人不能离开团体的事实，而团体之独立依赖于个人对自由的落实，个人对欲望的节制和对法律的遵守是其享有自由的前提，也是团体获得独立的基础。在现代国家的背景之下，"团体之自由"意味着个人不能脱离国家，国家是个人自由的保障，而个人对自由的争取又是国家主权得以确立的根基。

梁启超对自治的讨论与自由有相似之处，均突出法律与秩序的重要性，《论自治》一节针对国民仰治于人的习惯，提出以法律为依据的自治思想："虽其自治之范围广狭不同，其精神则一也。一者何？一于法律而已。"③自治所依据的法律不是外部强加的，而是"人人心中良知所同然"，自治意味着自觉地服从心所同然的人道秩序。"然此法律者，非由外铄也，非有一人首出，制之以律群生也，盖发于人人心中良知所同然，以为必如是乃适于人道，

---

① 梁启超：《新民说·论自由》，见《梁启超全集》第二集，第 568 页。
② 梁启超：《新民说·论自由》，见《梁启超全集》第二集，第 569—571 页。
③ 梁启超：《新民说·论自治》，见《梁启超全集》第二集，第 574 页。

乃足保我自由而亦不侵人自由。故不待劝勉,不待逼迫,而能自置于规矩绳墨之间,若是者谓之自治。"①梁启超化用孟子仁义礼智非由外铄的思想,将其与王阳明及康德的思想结合起来,强调自治所依据的法律是人心所同然的人道秩序,不是一人制定的结果。正因为如此,自治与治于人完全不同,自治是基于个人心中良知对秩序的认同,治于人是对他人的听任与顺从。梁启超指出,法律"发于人人心中良知所同然,以为必如是乃适于人道",因此个人能够主动遵循秩序,无需外力逼迫;法律是"人人之良心所结成"的结果,出自众人,而非一人,因此自治有别于专制,有制但不专。梁启超在讨论秩序时引用《尚书》"天叙有典""天秩有礼"的论述,据此可以看出良知所同然的法律实则源于天。他在讨论自治时还触及了良知、法律和人道秩序的关系,但相关论述具有模糊性,容易令人产生良知制定法律的理解。准确的理解应当是,良知认知并认同人道秩序,依据人道秩序形成法律,而人道秩序来自天道,这几组关系构成了自治的基础。

针对当时的国家状况,梁启超提出,应当务求"一身之自治"与"一群之自治"。"一身之自治"即是节制,是一项重要的品格,而个人的自治体现为群体的秩序,是群治之大原;"一群之自治"指各级行政机构及各种专业机构依法律在各自的管辖范围内进行自我管理,不仰仗和顺从其他力量。"一群之自治"的基础在于国民个人:"吾民乎,吾民乎,勿以此为细碎,勿以此为迂腐,勿徒以之责望诸团体,而先以之责望诸个人。吾试先举吾身而自治焉,试合身与身为一小群而自治焉,更合群与群为一大群而自治焉,更合大群与大群为一更大之群而自治焉,则一完全高尚之自由国、平等国、独立国、自主国出焉矣。"②由此也可以看出,自治被视为实现当时所宣扬的现代政治理想的前提。"抑今士大夫言民权、言自由、言平等、言立宪、言议会、言分治者,亦渐有其人矣。而吾民将来能享民权、自由、平等之福与否,能行立宪、议会、分治之制与否,一视其自治力之大小、强弱、定不定以为差。"③梁启超认为国民自治能力是关乎现代政治理想能否实现的决定性因素,基于良知与心之所同然的人道秩序讨论自治,突出了国民个人与秩序规范的重要性,同时也在一定程度上揭示出天道秩序的存在,天道秩序是人道秩序的根源。自治的依据是法律与秩序,自治的目的在于群治,梁启超希望通过自

---

① 梁启超:《新民说·论自治》,见《梁启超全集》第二集,第573页。
② 梁启超:《新民说·论自治》,见《梁启超全集》第二集,第575页。
③ 梁启超:《新民说·论自治》,见《梁启超全集》第二集,第575页。

治实现群的自立自强。

《论进步》一节又名《论中国群治不进之原因》，前半部分分析中国群治濡滞不进的原因，后半部分申明通过破坏寻求进步的主张。《论进步》一节可以说是《新民说》中最激进的部分，特别是讨论破坏的这部分内容。从表面看，梁启超的论述内容似乎在动员国民打破现有制度与思想，发动一场破坏一切的革命。"盖当夫破坏之运之相迫也，破坏亦破坏，不破坏亦破坏。破坏既终不可免，早一日则受一日之福，迟一日则重一日之害。早破坏者，其所破坏可以较少，而所保全者自多；迟破坏者，其所破坏不得不益甚，而所保全者弥寡。"①据此，梁启超要表达的思想是，形势逼迫之下的破坏终不可免，因此，与其推迟破坏，不如尽早进行破坏。但梁启超所谓的破坏，实际上意味着在国家的各个领域，例如政治制度、学术思想、人心风俗、科学技术和教育事业等，实行全面且彻底的变革，只是破坏比变革在言辞和情感上更为激烈，更加具有颠覆性。

想达成破坏目的，即以实现全面彻底的变革为目的，方法有两种，一为无血之破坏，一为有血之破坏，无血之破坏以日本为代表，有血之破坏以法国为代表。就这两种途径来说，梁启超希望通过无血之破坏达成目的，但如果无血之破坏行不通，有血之破坏将不可避免，这是梁启超不忍看到的结果。由此也可以看出，梁启超所谓的破坏不等于暴力革命，主动改革与暴力革命均是实现破坏之目的的途径与方法，两种途径当中，主动改革是首选，若不进行主动改革或者主动改革不彻底，那么暴力革命将无法避免。梁启超以不忍之心来言革命，不忍言又不忍不言，不忍言是因为暴力革命将导致战乱流血，不忍不言是因为按照现实的情态，革命将成为必然。

从梁启超的言论可以看出，他此时非常急迫地想改变现状，但他言辞激烈的破坏之论背后又具有极为严格的前提。首先，"破坏亦破坏，不破坏亦破坏"的言论是出于解救国民的用意。梁启超指出，按照生存状况，国民可以称为"戮民"，国民被暴君污吏外族杀戮，被饥寒灾疫酷刑杀戮，在国民处于如此生存状态的前提之下，言破坏则不是过激之论。"呜呼，中国人之为戮民久矣！天戮之，人戮之，暴君戮之，污吏戮之，异族戮之。其所以戮之之具，则饥戮之，寒戮之，夭戮之，疠戮之，刑狱戮之，盗贼戮之，干戈戮之。……我国民一念及此，当能信吾所谓'破坏亦破坏，不破坏亦破坏'者之

---

① 梁启超：《新民说·论进步》，见《梁启超全集》第二集，第580页。

非过言矣。"①其次,破坏绝非轻易之论,必以不忍破坏之仁言破坏,必以建设之力行破坏。"虽然,破坏亦岂易言哉?玛志尼曰:破坏也者,为建设而破坏,非为破坏而破坏。使为破坏而破坏者,则何取乎破坏,且亦将并破坏之业而不能就也。吾请更下一解曰:非有不忍破坏之仁贤者,不可以言破坏之言;非有能回破坏之手段者,不可以事破坏之事。而不然者,率其牢骚不平之气,小有才而未闻道,取天下之事事物物,不论精粗美恶,欲一举而碎之灭之,以供其快心一笑之具……故夫破坏者,仁人君子不得已之所为也……"②梁启超揭示出,言破坏者必须是具有不忍之心的仁者,行破坏者必须是具有建设能力的贤者,因此破坏之论与破坏之事不是轻易之论与轻易之事,而对论者与行事者具有极高的要求,要求论者与行事者在见道的基础上具有仁和的心境与明辨的智慧。破坏绝不是一时的义愤之语,也绝不是不加区分地破坏一切,梁启超在激烈地宣扬破坏之后,审慎地提醒着破坏之论与破坏之事的前提。回到题目所揭示的进步与群治的主题,破坏关联于对群的建设,以群治之进步为目标。

《论合群》一节直接言明公德及诸条目的意义,梁启超讨论公德及诸条目的用意即在于合群。合群之必要性在于群是人类的存在方式,人类只有结合成群体才能保证自己的生存。梁启超认同亚里士多德"人是天生的政治动物"的理解,并在进化论的结构之下将能否结合成群体作为胜败的根源。梁启超强调合群,除了合群本身具有必要性之外,还因为当时国民不群的现状。《论合群》一节主要指出了国民不群的四点原因,分别为公共观念之缺乏、对外之界说不分明、规则意识缺乏和具有嫉妒之恶质。在分析中梁启超提到孟德斯鸠对三种政体原则的讨论,专制政体的原则是畏惧,君主政体的原则是荣誉,共和政体的原则是美德。结合当时中国建立现代国家的目标,中国要完成的是由专制政体向共和政体的转变。正是在这样的时代背景与历史任务的前提下,梁启超从孟德斯鸠的思想中明确了转变的途径,即通过培养美德实现由专制政体向共和政体的转变:

吾闻孟德斯鸠之论政也,曰:专制之国,其元气在威力;立宪之国,其元气在名誉;共和之国,其元气在道德。夫道德者,无所往而可以弁髦者也。然在前此之中国,一人为刚,万夫为柔。其所以为群者,

---

① 梁启超:《新民说·论进步》,见《梁启超全集》第二集,第 586 页。
② 梁启超:《新民说·论进步》,见《梁启超全集》第二集,第 586—587 页。

在强制而不在公意,则虽稍腐败,稍涣散,而犹足以存其鞬以迄今日。若今之君子,既明知此等现象不足以战胜于天择,而别思所以易之,则非有完全之道德,其奚可哉!其奚可哉!①

孟德斯鸠所论政体原则是政体得以维系和运行的动力,梁启超基于孟德斯鸠的论述指出,中国现行的专制政体通过强制实现群的结合,即"其所以为群者,在强制而不在公意",而作为目标的共和政体依靠美德实现群的凝聚,即"非有完全之道德,其奚可哉"。由此,改专制行共和的关键在于变强制为公意。公意即美德,梁启超称之为道德,美德对于共和政体尤为重要,是政体维系和运行所依靠的主要因素,在建立现代国家的过程中,培养美德必然成为一项紧迫且长远的事业。梁启超正是在孟德斯鸠的启发下认识到美德之于现代国家的重要意义,故而在《新民说》中提倡公德及诸条目。此处可以清晰地看出,梁启超重视美德与其共和理想密切相关,并将共和政体作为理想的政治制度。梁启超提到,反对共和的顽固者认为当时的中国不应言共和,否则只会带来混乱,应当继续推行专制统治,如此才能免于祸患。梁启超写作《新民说·论合群》一节时将共和政体作为变革现实政治制度的方向,对反共和、倡专制的主张持反对态度,但对于顽固者所给出的反对共和理由,梁启超同样心怀忧虑:

吾恶其言,虽然,吾且悲其言,吾且惭其言。呜呼!吾党其犹不自省不自戒乎,彼辈不幸言中犹小焉者也,而坐是之故,以致自由、平等、权利、独立、进取等最美善高尚之主义,将永为天下万世所诟病。②

梁启超将反对者之论视为一种警诫,认为提倡新思想、新知识和新学术的维新者应当对反对者之论有所反思。若现实的情况真如顽固者所言,共和制度理想及自由、平等、权利、独立和进取等诸多现代观念与美德,将因现实的混乱而成为被诟病的对象。对比梁启超1903年美洲之行之后的转变,可以看出,他此后的论述与顽固者几乎相同,由共和转向了专制,理由与此时的担忧有一致之处,包括对现代观念与美德遭到诟病的忧虑。但即便梁启超在思想上有所退守,仍不应将转变之后的梁启超评价为落后者或顽固

---

① 梁启超:《新民说·论合群》,见《梁启超全集》第二集,第599页。
② 梁启超:《新民说·论合群》,见《梁启超全集》第二集,第599页。

者,因为他放弃共和不是因为固守专制,而是基于现实考量对制度方案加以取舍的结果。同时,美洲之行也令梁启超对共和有了更直观、更现实的了解,即共和政体本身具有很多弊病,并非如他之前所想象的那般美好。梁启超虽然不再以共和作为当下政治制度的选择,但对美德的重视却一直延续下来。由此也可以说明,无论政治制度最终采取怎样的形式,国民美德都是现代国家的根基,在不宜立即变革政治制度的阶段,培育国民美德一定是正确且必要的方向。

《论生利分利》一节涉及经济学领域,核心主张依然是利群,结合《大学》"生财有大道,生之者众,食之者寡,为之者疾,用之者舒,则财恒足矣"与亚当·斯密的论述,讨论如何实现群体财富增长的问题。梁启超的核心主张是,使更多的国民具备劳动能力,从事生产劳动,由分利者转变为生利者,从而创造出更多的财富,使生产大于消费,进而促进群体财富的增长。

《论义务思想》为《新民说》第十六节,位置上与第八节《论权利思想》相隔较远,但内容上与之遥相呼应。梁启超对义务的讨论基于权利,通过义务为权利奠基,认为权利最初皆源于义务,①国民无权利思想是因为无义务思想,②若不急养义务思想,则日言之权利思想只是不完全之权利思想。③ 结合"权利因斗争而来"的理解,进行斗争即是尽义务,因斗争而获得权利即是因尽义务而获得权利。因此,在梁启超看来,权利必然以义务为前提,权利一定是义务之权利,在这个意义上,《论义务思想》一节应视为对《论权利思想》一节的补充,或者说,梁启超讨论义务思想是对其所论权利思想的补充:

> 吾国民义务思想之薄弱也。吾昔著论权利思想之切要,吾知闻者必将喜焉,则嚣嚣然起曰:我其争权利,我其争权利。虽然,吾所谓权利思想者,盖深恨吾国数千年来有人焉长拥此无义务之权利,而谋所以抗之也。而误听吾言者,乃或欲自求彼无义务之权利,且率一国人而胥求无义务之权利,是何异磨砖以求镜,炊沙以求饭也。吾请申言权利与义务相待之义。④

---

① 梁启超:《新民说·论义务思想》,见《梁启超全集》第二集,第 620—621 页。
② "今之论者,每以中国人无权利思想为病,顾吾以为,无权利思想者乃其恶果,而无义务思想者实其恶因也。"参见梁启超:《新民说·论义务思想》,见《梁启超全集》第二集,第 621 页。
③ 梁启超:《新民说·论义务思想》,见《梁启超全集》第二集,第 622 页。
④ 梁启超:《新民说·论义务思想》,见《梁启超全集》第二集,第 621 页。

梁启超明确指出,他之前所论权利思想本为义务之权利,针对的是历史上国民所形成的无义务之权利观念,相当于不合于理的私利。而误解梁启超先前所论权利思想者,认为他所论权利为无义务之权利,故而以权利为名拒绝承担义务,寻求无义务之权利。梁启超此处专论义务,言明权利与义务相对待,便是针对国人以权利之名谋求无义务之权利的现象。

梁启超在解释权利与义务相对待时,将伦常与主佣关系作为例子,相当于对伦常进行了义务性的阐释。这一做法在一定程度上使得伦常获得了一种现代性的理解,也使其在现代背景下获得了更强的约束力,但对伦常的义务性阐释有其弊端,即消解了伦常原本所具有的崇高与恒常的特性。梁启超将伦常的义务性阐释为:

> 父母之于子也,盖年有养子之义务,故晚年有受养于子之权利。夫之于妻也,有保护之之义务,故有使妻从我之权利。佣之于主也,有尽瘁执事之义务,故有要求薪俸之权利。此其最浅者也。为子者必能自尽其为人之义务,而无借父母之代劳,然后得要求父母许以自由之权利,亦其义也。①

在梁启超的论述中,义务与权利类似于付出与补偿,承担义务相当于获得权利的条件,两者间存在利益交换的关系,通过获利之目的构建起联系。用这种基于利益交换的权利义务关系阐释父子与夫妻之伦,则父母对子女的养育、丈夫对妻子的爱护变成了父母有权获得子女赡养、丈夫有权获得妻子听从的条件。如此则完全扭曲了伦常原本基于天地秩序的天经地义之意,也完全磨灭了父子、夫妻之间由人性而生发的爱敬之情。对人伦进行义务性的阐释,更为恰当的方式应当是梁启超在《新民说·论自尊》一篇中所论及的,将义务与位分关联起来,将位分之要求理解为义务。基于位分理解义务,义务便不再是以获利为目的的付出,而是一种具有崇高信念与责任意识的行动。

此外,梁启超同样基于获利阐释个人与群体的关系。个人结合而成群体,能够从群体中获利,即通过群体享有种种权利,但前提是个人在群体中承担各自的职责,即为群体尽义务。梁启超以此说明,就个人与群体的关系而言,权利基于义务,权利与义务相对应,不尽义务则不能享有权利,不存在

---

① 梁启超:《新民说·论义务思想》,见《梁启超全集》第二集,第621页。

无义务之权利,也不存在无权利之义务。梁启超在阐释个人与群体的权利义务关系时,同样将权利等同于获利,将义务与权利阐释成付出与获利之间的交换:

> 然此不过就一私人与一私人之交涉言耳,若夫相聚而成一群,所以乐有群者,为群既立而我可借群之力以得种种之权利也。然群非漫然而能成立者也,必循生计学上分劳任功之大例。一群之人咸各亹亹焉,群之匮乏,我既补之;群之急难,我既赴之。则群之安富尊荣,我固得自享之,是谓无无权利之义务。使群中之人有一焉游手而无业者,则其群之实力少一分,使群中之人而皆尔焉,则是群之自杀也。故群中之有业者,虽取彼无业者饮食之权利而并夺之,亦不得谓之非理。何也?是债主对于负债者所得行之手段也。践群之毛,食群之土,乃逋群负而不偿,则群中之权利,岂复彼所得过问也,是谓无无义务之权利。①

根据梁启超的论述,个人聚合成群的原因是个人可以从群体中获利。因获利而合群的理解与将群作为人之本性的理解完全不同,后者是亚里士多德的理解,同时也是梁启超认同并引用的理解。在《新民说·论公德》的开篇,梁启超便基于这一理解引出公德的重要性。他提道:"人也者,善群之动物也。"并在小字夹注中指出:"此西儒亚里士多德之言。"②梁启超并未意识到,在个人与群体的关系问题上,以利益交换为核心的权利义务式的理解与以群作为人之本性的理解存在冲突。以利益交换为核心的权利义务式的理解必然会使群成为一个逐利的共同体,以获利为出发点的人群关系也一定无法实现合群的目的,更无法如他所论生出爱国之心。③ 从义务的角度阐释个人与群体的关系,恰当的方式同样应当基于位分,即义务是群体中的个人依其所处之位而应承担的职责。梁启超基于利益交换理解权利与义务,并通过此种理解阐释人伦与人群关系,这样的解读具有严重的问题。权利义务相对待的理解没有问题,但不应将尽义务理解成为享有利益而做事

---

① 梁启超:《新民说·论义务思想》,见《梁启超全集》第二集,第621—622页。
② 梁启超:《新民说·论公德》,见《梁启超全集》第二集,第539页。
③ 梁启超在论述中指出,个人向国家尽义务、向国家行使权利有助于使个人与国家之间的关系日益紧密,权利义务思想为爱国心所由生。而国民无义务思想、不向国家尽义务则使个人与国家之间的关系日益淡薄,乃至使个人对国家的兴废存亡漠不关心。参见梁启超:《新民说·论义务思想》,见《梁启超全集》第二集,第622页。

情,也不应将权利等同于获得利益。对现代权利义务思想的恰当理解是,义务思想重在强调个人应尽位分所规定之责,权利思想重在强调个人与群体具有独立与尊严。个人应当维护自身及所在国家或群体的独立与尊严,并尊重他人及其他国家或群体的独立与尊严,在这个意义上,权利即是义务,这也符合权利因斗争而来的理解。虽然梁启超对权利义务的阐释有所偏离,但在《论义务》一节接近结尾的地方,梁启超再次基于位分来理解义务,批评当时居于各种身份的国人无人能按照自己所处的位分尽到应尽的义务。

在《论义务》一节的结尾,梁启超强调了义务思想对于现代国家及国民身份的重要意义:"虽有四万万人之国,而无一人以国家之义务为义务,虽谓之无民焉可也。无民之国,何以能国。"①义务思想,特别是对国家的义务思想是国民资格的前提,不具有对国家的义务思想的人不能称为国民,没有国民则无法建立起真正的国家。在梁启超看来,虽然当时的国人缺乏义务思想,但中国先哲之教即义务教育,孝、悌、忠、节,皆是对义务的要求。梁启超进一步指出,尽管中国先哲之教多言义务,但所言为不完全之义务,其不完全表现在,一方面,所言义务为无权利之义务,相当于无报偿之劳动;另一方面,所言义务为私人对私人之义务,无个人对团体之义务:

> 抑吾中国先哲之教,西人所指为义务教育者也,孝也、弟也、忠也、节也,岂有一焉非以义务相责备者。……虽然,此又不完全之义务思想也,无权利之义务,犹无报偿之劳作也,其不完全一也;有私人对私人之义务,无个人对团体之义务,其不完全二也。吾今将论公义务。②

梁启超将先哲教化中的诸美德等同于对义务的教育。因为德与位相对应,义务可以理解为位分的要求,所以在同样基于位分的意义上,美德与义务具有相似性。关于梁启超提到的先哲"义务教育"的两点不足,首先,对于无权利之义务这一点,他同样是从利益交换的角度出发得出的判断,国人缺乏权利观念是事实,但他采取利益交换、劳动与回报的分析视角并不合适。其次,对于无个人对团体之义务这一点,梁启超的判断与其对公德的分析相一致,他在《论公德》一节中指出,先哲之教在公德方面较为匮乏,表现为没

---

① 梁启超:《新民说·论义务思想》,见《梁启超全集》第二集,第623页。
② 梁启超:《新民说·论义务思想》,见《梁启超全集》第二集,第623页。

有个人对团体之伦理,这里具体到义务思想领域,先哲之教在公义务方面存在不足,表现为没有个人对团体之义务。将两处结合起来可以更明显地看出,梁启超特别强调"公"。他所强调的"公",对应于现代政治生活的核心要求,现代政治生活要求广泛的公民政治参与,即国家中的公民个人需要直接面对具有公共性的政治生活。而政治参与在古代只是士及以上在位者的责任,先哲之教中触及具有公共性政治事务的内容均是针对这些特定的人,因而在广泛的国民层面出现"公德""公义务"缺乏的局面,即在伦理方面缺少对国民与国家之伦的指导。① 梁启超对于"公"的揭示和强调本身极具现代意义,但其根据现代政治生活的要求评价中国先哲之教完全没有"公德""公义务"则是有些超出限度的。在古今之变的处境中,梁启超敏锐地把握住了古今之别的一个要点,但其基于现代性的特征评判古代的教化传统容易带来后人彻底批判传统的结果。

6.2.3 公德诸条目中的精神品格

《论进取冒险》一节出于促进国家进步的目的,呼吁国民养成进取冒险的精神。《论自尊》一节以自尊为主题,梁启超因福泽谕吉的影响而重视独立自尊的美德:"日本大教育家福泽谕吉之训学者也,标提'独立自尊'一语,以为德育最大纲领。"② 梁启超对于自尊何以为美德的解释说明个人美德影响、甚至决定着国家政治与公共事务。"夫自尊何以谓之德?自也者,国民之一分子也,自尊所以尊国民故;自也者,人道之一阿屯也,自尊所以尊人道故。"③ 美德之为美德的原因在于,它同时成就个人与共同体。自尊作为个人的品格与美德,关乎国家乃至人类,由自尊而尊国民,由自尊而尊人道,梁启超在个人与国家或群治的框架内讨论自尊正是基于美德的这一性质。从个人角度来看,个人的自尊影响着其对国家的理解与认同,决定着现代国家的建立与强大。"为国民者而不自尊其一人之资格,则断未有能自尊其一国之资格焉者也;一国不自尊,而国未有能立焉者也。"④ 从国家角度

---

① 基于霍耐特的承认理论,唐文明由梁启超的《新民说》阐释出,以对平等的人格尊严之承认为基础,可以将传统人伦重构为国民之伦,而这构成一条对传统人伦进行规范性重构的路径。参见唐文明:《现代儒学与人伦的规范性重构——以梁启超的〈新民说〉为中心》,《云梦学刊》,2019 年第 6 期。
② 梁启超:《新民说·论自尊》,见《梁启超全集》第二集,第 588 页。
③ 梁启超:《新民说·论自尊》,见《梁启超全集》第二集,第 588 页。
④ 梁启超:《新民说·论自尊》,见《梁启超全集》第二集,第 588 页。

来看,国家的独立自尊必然依靠国民个人。"夫国家本非有体也,借人民以成体,故欲求国之自尊,必先自国民人人自尊始。"①梁启超对自尊的讨论不仅揭示出个人美德必然具有公共意义的特质,还揭示出个人与国家之间国家基于个人、个人支撑国家的关系。由此可见,梁启超对自尊的讨论根本上聚焦于对个人美德的强调。

由个人自尊决定国家独立这一关系说明,梁启超对公德诸条目的讨论虽然从利群宗旨出发,基于国家立场,但诸美德最终必然落实于个人。因此,若想切实地实现利群的宗旨,则必须在个人层面真正地培养美德。此时,利群绝不是表面上的谋求国家利益,个人也绝不是谋求国家利益的工具,无法通过剥夺个人使国家真正地获利,个人与国家在本质上具有相互成就的关系。在这个意义上,奴役个人的国家终将遭到奴役,尊重个人的国家终会获得尊重。梁启超此处虽然没有过多地从国家的角度讨论国家对于个人的尊重,但从国家的角度来说,尊重个人是国家本应如此的事业,也唯有如此,国家才能真正获得独立,赢得尊重。试图通过剥夺和奴役个人实现国家利益,无异于缘木求鱼。这里更为清晰地呈现了梁启超对于个人与国家或群体关系的理解:个人与国家既属于彼此独立的两个层面,又具有相互成就的关系,个人不能脱离国家,国家必须依靠个人。由此可以看出,个人主义与国家主义都不适用于概括梁启超的政治思想,相较之下,他的政治思想更合于整体地理解个人与共同体的西方古典共和主义传统及以身家国为一贯结构的中国古典儒家传统。总之,梁启超在讨论个人时,是将个人置于国家当中,而在讨论国家时,是将国家奠基于个人之上。

关于如何培养和实现自尊,梁启超提到自爱、自治、自立、自牧与自任五个方面,通过这五个方面界定自尊。"吾敢申言之曰:凡不自爱、不自治、不自立、不自牧、不自任者,决非能自尊之人也。"②实现自尊要做到的五个方面中,自治被梁启超作为《新民说》的一节加以讨论,可见梁启超所讨论的公德诸条目相互关联,甚至有所重合。

自尊者要做到的第一方面是自爱,指超拔于流俗的志向与节操。自尊者要做到的第二方面是自治,即依法而治。自尊者要做到的第三方面是自立,指不倚靠他人,能够自食其力。梁启超特别说明,自立不否定亲亲尊尊,与亲亲尊尊一同为利群之德:

---

① 梁启超:《新民说·论自尊》,见《梁启超全集》第二集,第 590 页。
② 梁启超:《新民说·论自尊》,见《梁启超全集》第二集,第 594 页。

> 夫吾之为此言，非谓欲使人尽去其所尊所亲者而倔强跋扈以为高也，乃正所以为合群计也。凡一群之中，必其人皆有可以自立之道，然后以爱情自贯联之，以法律自部勒之，斯其群乃强有力。不然，则群虽众而所倚赖者不过一二人，则仍只能谓之一二人，不能谓之群也。①

梁启超在强调自立的同时告诫读者，自立不等于斩断人伦关系，不是打破亲亲尊尊，也不是尽弃其所亲者和所尊者而成为一个脱离人伦关系的孤独个体。自立意味着身处人伦关系中的每个人都能够承担自己的生活，其典型的表现是"生计上之自劳自活"与"学问上之自修自进"。② 与之相应的教育则是成"人"的教育，即通过"授之实业而使之可以自活"及"授之常识而使之可以自谋"来养成自立之人格。③ 与之相反的情况是，人伦关系中的多数人依赖少数几位劳动者而生活。由此，自立是人伦关系中需要加以培养的一种美德或能力，其对立面是依赖与倚靠，而不是亲其亲与尊其尊，不能将自立与亲亲尊尊对立起来。以人伦关系为前提又决定了自立一定不是完全不依赖，亦如梁启超在《十种德性相反相成义》(1901)中所揭示的，独立与合群并非不能并存，理想状态应当是既独立又合群。

自尊者要做到的第四方面是自牧，即君子之谦德，具有温良恭俭让之德。"自尊者必自牧"说明自尊绝不是傲慢自大，自尊者必然谦逊有礼。梁启超这里将人所居的三才之位与应尽的义务结合起来，以此说明人本具有"高尚之资格"，而之所以能够保有此"高尚之资格"，是因为尽了应尽之义务，做到了最基本的要求，故而不足以自我炫耀，由此应保持谦逊之心：

> 况夫人也者，参天两地，列为三才，吾之能保存其高尚之资格也，不过适完其分际上应尽之义务，而何足以自炫耀也。是故欲立立人，先圣所以垂训；贡高我慢，世尊所以设戒。④

梁启超将儒家传统三才之道及各居其位、各尽其分的理解与现代义务观念结合起来，既肯定了人之为人的高尚人格，又落实了这一高尚人格所要求的责任与担当。这一结合将中国传统与西方现代观念关联在一起，在中

---

① 梁启超：《新民说·论自尊》，见《梁启超全集》第二集，第592页。
② 梁启超：《新民说·论自尊》，见《梁启超全集》第二集，第593页。
③ 梁启超：《新民说·论自尊》，见《梁启超全集》第二集，第593页。
④ 梁启超：《新民说·论自尊》，见《梁启超全集》第二集，第593页。

西如何融汇、古今如何贯通这一仍然具有时效性的历史问题上提供了极具启发意义的阐释。

自尊者应做到的第五方面是自任,与位分之职责相关,自任即是以位分之职责为天职并尽其所能地承担。"其自任也,非欲人之尊我而以此为钓也,彼实自认其天职之不可以不尽。苟不尔者,则为自贬,为自污,为自弃,为道义上之自鸞,为精神上之自戕。是故逾自尊者逾自任,逾自任者逾自尊。"①在具体讨论如何做到自尊时,梁启超完全聚焦于个人,并且最终指向尽己——尽己所居位分之职责,成就高尚的人格。据此,利群的根源实在于个人的成己成人。

《论毅力》一节可以结合《论自尊》一节来理解,两者均揭示了个人美德的公共意义,个人美德成就国家民族的美德。梁启超对毅力的讨论基于《论语·泰伯》所记载的曾子之语:"曾子曰:'士不可以不弘毅,任重而道远。仁以为己任,不亦重乎?死而后已,不亦远乎?'"梁启超据此强调国民应当具有在逆境中坚持前行的毅力,特别向当时的维新者强调,面对阻力不能放弃最初所确立的志向与责任。

《论尚武》是《新民说》中断之前刊出的最后一节,同样属于公德之条目。《论尚武》所讨论的内容在一定程度上可以和传统的"勇"德相对应,在民德、民智和民力的结构中则与民力相对应。尚武主张中具有梁启超受天演论及民族帝国主义影响而融入的新内容,如强调竞争与军备。但与欧美列强所推行的民族帝国主义不同的是,梁启超在《论尚武》中主要强调国防而非扩张。基于尚武思想,梁启超批评了国民文弱、怯懦、阴柔、畏缩的民性,并将国民受病之根源归于"国势之一统""儒教之流失""霸者之摧荡""习俗之濡染"四点。"儒教之流失"一点针对儒家思想。梁启超一方面根据《中庸》"宽柔以教,不报无道"与《孝经》"身体发肤,受之父母,不敢毁伤"批评儒家教化具有"儒懦儒缓"的倾向,另一方面则强调孔子并不只以儒缓为教。刚强义勇同样是孔子之教的内容,但后世儒者出于藏身的考量,仅取其阴柔之教,不法其阳刚之教,篡夺孔学之正统,故而形成怯弱的民风。"后世贱儒,便于藏身,摭拾其悲悯涂炭、矫枉过正之言以为口实,不法其刚而法其柔,不法其阳而法其阴,阴取老氏雌柔无动之旨,夺孔学之正统而篡之,以莠乱苗。"②梁启超在《新民说》时期对儒家的上述批评极为深远地影响着后世学者,对

---

① 梁启超:《新民说·论自尊》,见《梁启超全集》第二集,第593—594页。
② 梁启超:《新民说·论尚武》,见《梁启超全集》第二集,第627页。

于这些批评,需要注意的是,首先,梁启超在批评中亦有肯定,而且批评以肯定为前提,他肯定的是孔子教化之于当时的意义,批评的是后世流俗对孔子之教的曲解;再者,梁启超对孔子刚强义勇之教的强调揭示出,孔子及其开创的儒家传统具有非常丰富的面向,孔子之教是全面且具体的,后世学者在提出批评时很可能忽视了这些丰富的面向及教化背后的深刻指向。

回到梁启超所处的历史时期,他在当时主张尚武,最直接的目的是寻求国家和民族的独立,建立起现代中国。"然则尚武者,国民之元气,国家所恃以成立,而文明所赖以维持者也。卑斯麦之言曰:天下所可恃者非公法,黑铁而已,赤血而已。宁独公法之无足恃,立国者苟无尚武之国民,铁血之主义,则虽有文明,虽有智识,虽有众民,虽有广土,必无以自立于竞争剧烈之舞台。"①梁启超提出尚武主张与欧美列强奉行民族帝国主义的世界形势直接相关。外在之势使得身处其中的中国必须抵御列强的侵略,必须培养起尚武的民风,"盖强权之世,惟能战者乃能和"。② 尚武主张实际上否定了野蛮尚力、文明尚智的进化论式的理解,说明智与力皆是文明社会的生存所需。

就事实来说,洋务运动以来,国家一直重视武备,但梁启超所论尚武与洋务的事业有所不同。梁启超指出:"然吾闻吾国之讲求武事数十年矣,购舰练兵,置厂制械,整军经武,至勤且久,然卒一燷而尽者,何也?曰:彼所谓武,形式也;吾所谓武,精神也。"③可见,梁启超所主张的尚武主要指尚武之精神。在他看来,缺乏尚武之精神,则所建造的器械根本无法抵抗外敌的入侵。关于如何培养尚武精神,梁启超提出应具备"三力",分别为心力、胆力和体力。于心力上要专凝不涣散,于胆力上要自信不气馁,于体力上要强健不虚弱。关于体力的培养,梁启超特别强调,应借鉴欧洲国家重视体育教育的做法,通过体育运动锻炼体魄。体魄与精神密切相关,"体魄者,与精神有切密之关系者也。有健康强固之体魄,然后有坚韧不屈之精神"。④ 由此可以看出,梁启超尚武主张的根本目的在于培养国民坚韧不屈的精神,这种精神对于个人来说与自尊、毅力一样是一种非常珍贵的美德,并且同样具有公共的意义。从公德之条目来看,梁启超所论及的诸美德均属于个人,同时又对国家或群体具有积极的意义。此外,梁启超的讨论还揭示出,传统教化

---

① 梁启超:《新民说·论尚武》,见《梁启超全集》第二集,第624页。
② 梁启超:《新民说·论尚武》,见《梁启超全集》第二集,第631页。
③ 梁启超:《新民说·论尚武》,见《梁启超全集》第二集,第629页。
④ 梁启超:《新民说·论尚武》,见《梁启超全集》第二集,第631页。

在遭遇公德之条目时并非完全无力应对,而是有能力应对现代国家所提出的要求。

6.3 德育与私德

6.3.1 对"论德而别举其公"的反思

《新民说》第十八节《论私德》是《新民说》中断近一年之后重新刊载的第一篇文章,所针对的是体现《新民说》核心主张的《论公德》一节。《新民说》中断的这一年(1903),梁启超游访了美洲,在此期间其思想经历了一次重大的转变,这次转变在他一生的思想进路中具有非常重要的意义,被认为是梁启超思想由激进趋向保守的转折点。① 梁启超思想转变最显著的三个表现是:第一,由提倡公德转为强调私德;第二,由主张破坏转为反对破坏;第三,由以共和作为现实制度理想转为放弃共和作为现实制度理想。对放弃共和作为现实制度理想的阐述主要体现在《新民丛报》第三十八、第三十九号合本刊登的《政治学大家伯伦知理之学说》一文中,这是《新民丛报》第二次刊出的同名文章。由提倡公德到强调私德的转变及由主张破坏到反对破坏的转变,则集中体现在《论私德》这一节当中。

在《论私德》中,梁启超对《论公德》中的思想主张进行了调整,对其所提出的"道德革命"之论进行了反思,改变了其在破坏问题上的态度,并基于王阳明的思想提出儒家的修身工夫。提倡儒家修身工夫是梁启超在学术思想上转向中国传统的一个标志。② 在《论私德》一篇的题记中,梁启超对《论私德》一文的写作目的进行了说明:

> 吾自去年著《新民说》,其胸中所怀抱欲发表者,条目不下数十,而以《公德》篇托始焉。论德而别举其公焉者,非谓私德之可以已。谓夫

---

① 张朋园:《梁启超与清季革命》,上海:上海三联书店,2013年。关于梁启超此次思想转变的原因,张朋园概括了五点,分别为:来自康有为的压力;对破坏之后难以建设的畏惧及对当时高涨之革命风潮的担忧;与革命党关系的破裂;美洲之行令其看到民主共和政体存在严重的弊病;受到黄遵宪的影响。参见张朋园:《梁启超与清季革命》,第110—116页。

② 陈来据此认可梁启超是近代儒家学者,并对张灏的判断提出批评。张灏认为梁启超的人格理想已不是儒家传统的内圣外王,并且有意拉开梁启超与儒家传统的距离。参见陈来:《梁启超的公德说与私德说》,见陈来:《儒学美德论》,第156—157页;陈来:《梁启超的"私德"论及其儒学特质》,《清华大学学报》(哲学社会科学版),2013年第1期。

私德者,当久已为尽人所能解悟,能践履,抑且先圣昔贤,言之既已圆满纤悉,而无待末学小子之哓哓词费也。乃近年以来,举国嚚嚚靡靡,所谓利国进群之事业,一二未睹,而末流所趋,反贻顽钝者以口实,而曰新理想之贼人子而毒天下。噫,余又可以无言乎!作《论私德》。[①]

梁启超在这段说明中强调,"论德而别举其公"并不意味着私德不重要,特举公德不等于对私德的培养可以停止。梁启超之所以特别标举公德,乃是因为中国先圣先贤已经对私德进行完满、充分且细致的讨论,而且国人长久以来对私德也能够理解和践行。在此前提下,加之出于建立现代国家的目的,梁启超意识到,缺乏对国家及公共性认知的国民根本无法凝聚起一个现代国家,而公德指向对国家及公共性的认知,是国家得以凝聚的关键所在。公德是国人所缺乏的美德,因此,梁启超希望通过提倡公德弥补国人在国家及政治意识方面的不足。可是就现实情况来看,虽然他大力提倡有助于建国利群的公德,但建立现代国家的事业并没有取得明显的成就。梁启超在《新民说》中宣扬的国家、自由以及权利等"新理想"反而被末流所滥用,为顽固者反对新思想提供了新的口实。梁启超据此得出判断,他为建立现代国家而提倡的"新理想"非但没能在当时发挥效用,更糟糕的是,社会乱象将使这些"新理想"在中国失去未来。为了矫正现实的乱象,梁启超写作了《论私德》。从他撰写的这段说明中可以看出,在对"论德而别举其公"的做法进行反思时,梁启超并没有放弃建立现代国家的目标,也没有完全否定现代思想观念。

"论德而别举其公"的做法的确容易造成对私德的忽视,但当时国民忽视私德、滥用公德的现象不能完全归咎于梁启超对公德的提倡。尽管如此,基于对国民现状的观察,梁启超对其"论德而别举其公"的做法进行反思并对公德与私德的关系重新进行阐释。他指出:"私德与公德,非对待之名词,而相属之名词也。"[②]梁启超以此说明私德与公德不是相对立的概念,而是相关联的概念。接着,他引用严复译斯宾塞《群学肄言》中的论述称:"斯宾塞之言曰:凡群者皆一之积也,所以为群之德,自其一之德而已定。群者谓之拓都,一者谓之幺匿。拓都之性情形制,幺匿为之,幺匿之所本无者,不

---

① 梁启超:《新民说·论私德》,见《梁启超全集》第二集,第633页。
② 梁启超:《新民说·论私德》,见《梁启超全集》第二集,第633页。

能从拓都而成有；幺匿之所同具者,不能以拓都而忽亡。"①梁启超通过引用斯宾塞的论述揭示出,个体美德决定着群之整体的"性情形制",这意味着对群之公德的呼吁应转变为对个体美德的培育。

《论私德》中所论述的公德与《论公德》中所讲的公德内涵有所不同。《论公德》中对公德的界定为"人人相善其群者谓之公德"。所对应的伦理是"一私人对于一团体之事"。《论私德》中对公德的界定为"夫所谓公德云者,就其本体言之,谓一团体中人公共之德性也；就其构成此本体之作用言之,谓个人对于本团体公共观念所发之德性也"。②《论私德》中"就其本体言之"的公德意涵指同一团体中的人所共有的德性,也可以抽象地理解为此团体所具有的德性,这一点梁启超在《论公德》中并未提及。而"就其构成此本体之作用言之"的公德意涵指此团体中人所具有的有利于群的德性,这与《论公德》中对公德的界定相同。

将公德理解为一团体中人所共有的德性,意味着公德成立与否完全依赖于组成团体的个人是否具有德性,一个具有美德的团体必然由具有美德的个人组成。在这种理解方式之下,个人德性的重要性更为凸显。"故一私人而无所私有之德性,则群此百千万亿之私人,而必不能成公有之德性,其理至易明也。"③这里提到了"私有之德性"和"公有之德性"。"公有之德性"对应于梁启超在《论私德》中新阐释出的"就其本体言之"的公德意涵,而"私有之德性"指个人所具有的美德,即《论私德》中的私德。可见,梁启超此时对私德的理解相较于《论公德》中对私德的理解同样发生了变化,由《论公德》中以私德为"一私人之独善其身"或"一私人与他私人交涉之道义",转变为《论私德》中以私德为"私有之德性"。对公德与私德理解方式转变的实质是划分标准的转变,将依照对象进行划分转变为依照主体进行划分,即《论私德》中的公德与私德不再是对公与对私,而是团体所具有和个人所具有,并且团体所具有的公德完全基于个人所具有私德。这一转变可以说明：首先,美德不分公私,皆为个人所具有,而且皆具有公共的意义；其次,一个团体的美德必然以组成团体之个人的美德为基础,团体美德由个人美德凝聚而成。基于《论私德》中对公德与私德的理解,《论公德》中依照对公和对私划分出的公德与私德在《论私德》中皆为个人所具有的美德,"德一而已,无

---

① 梁启超：《新民说·论私德》,见《梁启超全集》第二集,第633页。
② 梁启超：《新民说·论私德》,见《梁启超全集》第二集,第633页。
③ 梁启超：《新民说·论私德》,见《梁启超全集》第二集,第633页。

所谓公私"①。

关于划分公德与私德的标准由对象转变为主体，以及不存在依照对象划分出的公德与私德，梁启超详细的论述为：

> 且公德与私德，岂尝有一界线焉区划之为异物哉！德之所由起，起于人与人之有交涉。而对于少数之交涉与对于多数之交涉，对于私人之交涉与对于公人之交涉，其客体虽异，其主体则同。故无论泰东、泰西之所谓道德，皆谓其有赞于公安公益者云尔；其所谓不德，皆谓其有戕于公安公益者云尔。公云私云，不过假立之一名词，以为体验践履之法门。就泛义言之，则德一而已，无所谓公私；就析义言之，则容有私德醇美，而公德尚多未完者，断无私德浊下，而公德可以袭取者。孟子曰：古之人所以大过人者无他焉，善推其所为而已矣。公德者，私德之推也。知私德而不知公德，所缺者只在一推；蔑私德而谬托公德，则并所以推之具而不存也。故养成私德，而德育之事思过半焉矣。②

梁启超认识到，很难通过一条明确的界限划分出公德与私德。这意味着他已意识到，不应当将公德从私德中剥离并单独强调，这相当于对其此前公德论述的根本否定。梁启超对公德说的反思基于其对德的重新理解：德必然起于关系之中；德是就主体而言的，并且在主体身上获得了统一性；德之为德必然有助于"公安公益"。如果说梁启超在《论公德》中依照对象划分出公德和私德是对德的表面化的理解，那么，《论私德》中基于主体与关系突出统一性与公共性的理解，则更符合德的本质。梁启超在重新统合公德与私德的过程中，指出德皆因人与人的交涉而起，即皆发生在人与人的关系之中，这一理解又忽视了个人独处时同样需要美德。这种独处时所需要的美德发生在与他人的关系之外，却处于与自己的关系之中，但会在与他人的关系中产生积极的影响。关于美德的公共性问题，其实梁启超在《新民说》中对公德诸条目进行讨论时已经提示出，德之为德即在于其具有公共性，也就是说美德必然具有公共意义，具有美德的个人能更好地处理与他人、与群体的关系，从而有益于公共生活及共同体本身。

梁启超以对象为标准划分公德与私德，实际上是受现代以来划分公私

---

① 梁启超：《新民说·论私德》，见《梁启超全集》第二集，第 634 页。
② 梁启超：《新民说·论私德》，见《梁启超全集》第二集，第 634 页。

领域影响的结果,在现代性的理解中,出于对公权力的防范,划分出独立的私人领域,家庭也被归为私人领域,私人领域被认为是不受公权力干预的领域。① 梁启超受这一现代性思想倾向的影响,基于公私划分的视角审视中国传统伦理与教化,得出传统五伦偏重私人领域、传统美德教化重视私德的结论。在《论私德》中,梁启超将关注点由对象转向主体,基于美德皆为个人主体所具有,说明公德与私德不存在清晰的界限,即不管对象为何者,美德皆为个人主体所具有。这一转变说明梁启超关注的侧重发生了变化,由看重公德之于群体的效益转变为看重个人美德的意义。他从国家共同体的角度出发关切到个人美德的重要性,无论在思想上还是在实践上,他的思想转向均具有指导性的意义,提醒现代国家的筹建者重视对个人美德的培养。他在倡议公德之后重提私德,唤起培育国民美德的事业,并且将德育作为有别于智育的独立事业。②

梁启超在《论私德》中虽然提出了新的对于公德、私德的理解,但也没有完全放弃《论公德》中对私德与公德的划分,而是将私德作为公德的前提,"故我对于我而不信,而欲其信于待人,一私人对于一私人之交涉而不忠,而欲其忠于团体,无有是处,此其理又至易明也"。③ 梁启超此时意识到,信于己、忠于人、忠于团体是一贯的,待己不信之人很难做到忠信于人,亦很难做到忠信于团体。由此也可以说明,美德很难根据对象分离出一个纯粹的公德,落实于个人身上的美德,在个人独处、待人及待群的每一个具体情境当中具有一贯性的体现。

虽然梁启超对先前的公德之论进行了反思,"论德而别举其公"的做法也确有弊病,但他提出公德说本身是有意义的,一个重要的意义在于,他的公德思想对现代思想观念进行了集中的揭示并对国人产生了广泛的影响。梁启超指出国民缺乏公德思想,实际上是指出国民缺乏现代思想,这对于当时的国民来说是真实存在的问题。向国民介绍现代思想,帮助国民形成现代观念,这是梁启超公德论所具有的不容忽视的意义。在肯定梁启超公德思想现代意义的基础上,再来看梁启超对公德之论的反思,则更能凸显出美德之于现代性的意义,即现代思想观念的实现必须以美德为基础,美德为现

---

① 对划分公德私德所体现的现代性的反思,参见唐文明:《美德伦理学、儒家传统与现代社会的普遍困境——以陈来"儒学美德论"为中心的讨论》,《文史哲》,2020 年第 5 期。
② 梁启超强调有别于智育的德育事业,参见梁启超:《新民说·论私德》,见《梁启超全集》第二集,第 647—648 页。
③ 梁启超:《新民说·论私德》,见《梁启超全集》第二集,第 633 页。

代理想奠基。以国家观念或爱国思想为例,国民必先具有爱国观念,否则无法做到爱国,梁启超最初写作《新民说》的用意即是帮助国民培养这一观念,这也是他讨论公德问题时要实现的目标。但当国民具有爱国观念之后,梁启超意识到,要真正做到爱国,只有爱国观念是不够的,必须以私德作为支撑。例如,只有诚实的人才能真正做到爱国,虚伪的人很可能将爱国当作牟利的口号,而不落实,爱国所具有的利群性质也无法发挥出来。在这个例子中,如果延续对于公德与私德的划分,那么爱国属于公德,诚实属于私德,当人们具有爱国观念之后,只有诚实的人才能真正做到爱国,这说明,公德作为观念或知识被认知后的真正落实需要以私德为基础。正因为如此,梁启超转而提倡私德,相当于强调个人美德,即指向个人品格的美德,例如忠、孝、信等。这些美德直观地看与国家或群体无关,但国民个人所具有的美德无形中作用于国家,只有好人才能成为真正的国民,进而凝聚成一个团结的、优良的国家。"若是乎今之学者,日言公德,而公德之效弗睹者,亦曰国民之私德有大缺点云尔。是故欲铸国民,必以培养个人之私德为第一义;欲从事于铸国民者,必以自培养其个人之私德为第一义。"①由提倡公德转向重视私德体现出,梁启超意识到,利国进群不在德之公私,而在人之好坏。培养私德意在培养好人、有美德的人,属于成德成人之教。

6.3.2 不可须臾离之私德

梁启超化用《中庸》对道的论述强调私德之必要,"私德者,人人之粮,而不可须臾离者也"。梁启超对私德之必要性的论证可以概括为三个方面,分别为破坏必需道德,成群必需道德,任事必需道德。

梁启超在《论私德》中讨论了他对破坏之论的态度。持有高涨革命热情的极端者认为"破坏无需道德",并且动辄便言"一切破坏"。梁启超对"破坏无需道德"和"一切破坏"之论均进行了批评。针对"破坏无需道德"的观点,梁启超指出:"而今之走于极端者,一若惟建设为需道德,而破坏则无需道德,鄙人窃以为误矣。古今建设之伟业,固莫不含有破坏之性质;古今破坏之伟人,亦靡不饶有建设之精神。实则破坏与建设,相倚而不可离,而其所需之能力,二者亦正相等。"②梁启超明确反对"破坏无需道德"的观点,从建设的角度来看待破坏,指明并不是为破坏而破坏。梁启超揭示出,古今建设

---

① 梁启超:《新民说·论私德》,见《梁启超全集》第二集,第633页。
② 梁启超:《新民说·论私德》,见《梁启超全集》第二集,第642页。

之业必含破坏的性质,行破坏之伟人必有建设的精神与能力,以此说明破坏必然关联于建设。从建设的角度来看待破坏,建设所需要的道德即是破坏所需要的道德。梁启超强调破坏与建设不可分离,并且强调破坏之事对行事之伟人具有极高的要求,意在说明破坏是一件非常艰难的事情,以此反对轻言破坏的言论。"故非有大不忍人之心者,不可以言破坏;非有高尚纯洁之性者,不可以言破坏。虽然,若此者,言之甚易,行之实难矣。"① 对于破坏绝非易言,且必有不忍人之心才能言破坏这一要点,梁启超之前在《新民说》中的《论进步》一篇中已有揭示。②《论进步》一篇中对破坏的讨论被认为是梁启超激进言论的代表,但他对破坏之言的审慎的一面却被忽视了。对照《论私德》与《论进步》中对破坏问题的讨论可以发现,梁启超对破坏之言和破坏之事所持有的审慎态度是一贯的,或者说即使是在梁启超激烈主张破坏之时,也是有限度和底线的,而不是认为应该破坏一切。

对于破坏一切,或曰"一切破坏"的言论,梁启超是明确反对的,并据此反思自己的公德思想,尽管他的公德思想并不是要破坏一切。"今之言破坏者,动曰一切破坏。此讆言也。吾辈曷为言破坏?曰:去其病吾社会者云尔。如曰一切破坏也,是将并社会而亦破坏之也。"③ 破坏之论原本相当于医治社会,即破坏的是社会原本坏掉的部分,但一切破坏之论相当于破坏了整个社会,即"并其所挟持以为破坏之具者而亦破坏之"。④ 由于当时国家面临着全面的危机,处于"无一部分而无病态"的状态,所以出于不忍人之心所言"欲翻根柢而改造之"与轻言"一切破坏"在表面上难以区分。梁启超特别强调二者存在本质上的区别。以不忍人之心言破坏在发心上不以破坏为目的,这一点至关重要,而"一切破坏"之论将导致"道德之制裁"无可复施,进而"社会必至于灭亡"。梁启超反对"一切破坏"之论正说明,在他看来存在着不能被破坏的"标准"。他用"道德之制裁"来概括不能被破坏的"标准"是受康德影响的结果,并且"道德之制裁"也是一种非常具有现代性的讲法。暂且不论用"道德之制裁"的讲法概括"标准"是否恰当,梁启超要强调的是存在着不能被破坏的恒常的存在,这种恒常的存在便是教化传统中的德。

基于德不能被破坏的认识,梁启超对其公德思想进行了反思:

---

① 梁启超:《新民说·论私德》,见《梁启超全集》第二集,第 644 页。
② 梁启超:《新民说·论进步》,见《梁启超全集》第二集,第 586—587 页。
③ 梁启超:《新民说·论私德》,见《梁启超全集》第二集,第 643 页。
④ 梁启超:《新民说·论私德》,见《梁启超全集》第二集,第 644 页。

> 吾畴昔以为中国之旧道德,恐不足以范围今后之人心也,而渴望发明一新道德以补助之。由今以思,此直理想之言,而决非今日可以见诸实际者也。夫言群治者,必曰德、曰智、曰力,然智与力之成就甚易,惟德最难。今欲以一新道德易国民,必非徒以区区泰西之学说所能为力也,即尽读梭格拉底、柏拉图、康德、黑智儿之书,谓其有"新道德学"也则可,谓其有"新道德"也则不可。何也? 道德者行也,而非言也。苟欲言道德也,则其本原出于良心之自由,无古无今,无中无外,无不同一,是无有新旧之可云也。苟欲行道德也,则因于社会性质之不同,而各有所受。其先哲之微言,祖宗之芳躅,随此冥然之躯壳,以遗传于我躬,斯乃一社会之所以为养也。一旦突然欲以他社会之所养者养我,谈何容易耶?①

梁启超此时对公德思想的反思及从公德主张的退守是非常彻底的。他认为,西方伦理思想,即"新道德学",在中国只能作为思想学说,不能指导实践;中国有其自身的教化传统,国民身处这一文明传统的教养之中,先哲之教构成国民实践的指引,是文明传统的根基。梁启超认识到,相较于智与力,在德的层面进行改变更为困难。黄进兴揭示出梁启超与严复在此处的关联,严复在《原强》修订稿中将国之富强统于三端,一曰鼓民力,二曰开民智,三曰新民德,三者之中,新民德最难;梁启超在《新民说》中将群治之事归于三端,必曰德,曰智,曰力,三者之中,惟德最难。② 但黄进兴对梁启超《新民说》的分析仅限于公德说及"道德革命"之论,没有涉及《新民说》后半部分的私德与传统转向,故而没有意识到,梁启超此处提到"惟德最难"是为了表达放弃"道德革命"的主张。梁启超在《新民说》中对德的关注是前后一贯的,但态度发生了转变,由前半部分主张变革传统转变为后半部分决定植根传统、阐释传统。

梁启超对于放弃西方"新道德",转而以中国传统之德作为国民德育内容的明确阐述为:

> 窃尝举泰西道德之原质而分析之,则见其得自宗教之制裁者若干

---

① 梁启超:《新民说·论私德》,见《梁启超全集》第二集,第 643—644 页。
② 参见黄进兴:《追求伦理的现代性:梁启超的"道德革命"及其追随者》,见黄进兴:《从理学到伦理学:清末民初道德意识的转化》,第 103 页。

焉,得自法律之制裁者若干焉,得自社会名誉之制裁者若干焉。而此三者,在今日之中国能有之乎?吾有以知其必不能也。不能而犹云欲以新道德易国民,是所谓磨砖为镜,炊沙求饭也。吾固知言德育者,终不可不求泰西新道德以相补助。虽然,此必俟诸国民教育大兴之后,而断非一朝一夕所能获,而在今日青黄不接之顷,则虽日日闻人说食,而己终不能饱也。况今者无所挟持以为过渡,则国民教育一语,亦不过托诸空言,而实行之日,终不可期。是新道德之输入,因此遂绝望也。然则今日所恃以维持吾社会于一线者何在乎?亦曰:吾祖宗遗传固有之旧道德而已。①

梁启超指出,西方人所受的道德约束来自其宗教、法律和社会名誉,当时之中国不具备此三者,因此不具备引入西方道德的条件。他此时对中西之德的分析考虑到了文明传统之间的差异性及德育的适用性问题,这一认识相较于《变法通议》时期是一种进步。从这段论述能更清晰地看出,梁启超并不是完全放弃对西方道德思想的引入,而是认为就当时的中国来说,应当暂时搁置通过西方"新道德"补助中国传统之德的想法。他提出这一判断的关键原因在于,以当时国民的状况,根本无法从西方"新道德"中获益,相反,以"新道德"为名破坏传统之德将导致彻底失去根基的严重后果。因此,基于现实的考量,梁启超提出,在当时青黄不接的过渡时期,必须依靠中国传统之德对国民开展德育。

梁启超这一反思的意义在于揭示出变革求新的限度,即先哲之教作为文明传统的根基不能被遗弃和替代,德教是先哲教化的核心内容,因而不容破坏,试图破坏先哲之教的行为无异于葬送整个文明传统。虽然梁启超认为当时应当暂时停止对"新道德"的输入,但从长远来看,他明确认识到西方道德是中国传统必须面对的对象,而且中国传统之德必须吸纳西方道德的内容。梁启超的这一认识是富有远见的,提示出现代性是现代中国必须面对的现实处境,现代西方所提倡的德是现代中国及其承载的文明传统必须接纳的内容。梁启超在《论私德》中对公德或"新道德"的反思既触及了德教作为文明之根基不容破坏的道理,也触及了现代西方道德必然为中国传统所接纳的道理。对于梁启超放弃公德、转向私德的主张,恰当的理解是,将他此前对公德的提倡和此时对私德的关注统合起来,在肯定其公德思想具

---

① 梁启超:《新民说·论私德》,见《梁启超全集》第二集,第644页。

有现代性意义的前提下,重视其对私德的强调,从而在传统与现代、中国与西方的通贯与交融中找到平衡。

梁启超除了从破坏亦需道德及先哲之德教不容破坏的角度说明私德的必要性之外,还从共同体凝聚和任事者德性的角度对私德的必要性加以说明。这两个角度同样基于破坏问题。前者从共同体角度强调共事者必然结成团体,而团体的建立唯有依靠德才能实现;后者从个人角度强调行破坏之事容易戕害德性,故而任事者必须重视德性修养。德性为万事之基础,是个人聚合成群体的前提。"吾以为学识之开通,运动之预备,皆其余事,而惟道德为之帅。无道德观念以相处,则两人且不能为群,而更何事之可图也。"① 这里需要结合梁启超《论私德》一节所针对的主体来理解。梁启超在《论私德》第三部分"私德之必要"的开篇言明,他此处所论"不得不限于少数国民中之最少数者"。在他看来,这些最少数者将足以动摇其余多数之人,"顾吾信夫此最少数者,其将来势力所磅礴,足以左右彼大多数者而有余也"。② 这些国民中之最少数者则为"新学之青年"。"新学之青年"是梁启超写作《论私德》时所责望之人。与《新民说》最初写作时以国民全体为对象相比,此处将救国之希望寄托于最少数之"新学之青年",这是一个重大变化。缩减对象的原因在于,那些多数之人乃是"无可望无可责"之人,是梁启超笔墨势力所不能及者。从这一主体上的变化可以看出他此时的失望与退守。梁启超对寄予救国希望的"新学之青年"言私德,原因在于,这些有望救国的人唯有结合成团结的群体才能有所作为,实现救国的目的,而团体的凝聚唯有依靠私德。"夫今之志士,必非可以个个分离孤立而能救此濒危之国,明也。其必协同运动,组成一分业精密、团结巩固之机体,庶几有济。吾思之,吾重思之,此机体之所以成立,舍道德之感情将奚以哉。"③ 梁启超从凝聚共同体的角度强调私德之必要,特别指出共同体之凝聚乃是依靠"道德之感情",因为"惟彼此道德之感情深者,可以有责善而无分离"。此处"道德之感情"的讲法不是将道德作为情感,而是揭示出德具有提升感情的作用,或者说会形成一种超越普通情感的情感。"道德之感情"指个人彼此之间具有一种超越意义上的认同,这种认同使得共同体能够在真正的意义上建立起来,也使得共同体成员之间切实实现"有责善而无分离"。

---

① 梁启超:《新民说·论私德》,见《梁启超全集》第二集,第 645 页。
② 梁启超:《新民说·论私德》,见《梁启超全集》第二集,第 642 页。
③ 梁启超:《新民说·论私德》,见《梁启超全集》第二集,第 646 页。

梁启超对私德的讨论具有明显的实践导向,即针对"新学之青年"的救国事业。他对任事者之德性的强调也是沿着这一实践导向,"在学堂里讲道德尚易,在世途上讲道德最难"。梁启超指出:"且任事者,最为漓汩人之德性,而破坏之事,又其尤甚者也。"①梁启超基于所见认识到,任事本身容易使人变得刻薄机诈,而行破坏之事则更易导致德性沦丧,但行破坏之事又要求行事者必须具有德性。因此,行破坏之事者需要尤为重视对德性的持守,对德性修养时时保持勤勉戒惧的状态。"夫任事者修养道德之难既若彼,而任事者必须道德之急又若此,然则当兹冲者,可不栗栗耶,可不孳孳耶?"②梁启超在讨论私德之必要的部分特别提到任事者之德,这既是从儒家心性论上强调对德的持守,也是从实践的角度看到德性与实践的关联。总体上来看,梁启超对私德的讨论落实于个人,同时关切着共同体;既导向实践,又收束到心性;一方面基于现实的考量回归中国传统之德,另一方面基于长远的眼光重视西方之德,并且基于文明根基不容破坏的认知反对破坏先哲之德教。梁启超对个人德性及德性之于共同体意义的思考也同样符合共和主义的视角。

6.3.3 安身立命之德教

梁启超对先哲之教态度的变化,也是观察《新民说》前后变化的一个缩影,由访美之前《论公德》时期的批评,转向访美之后《论私德》时期的维护。但需要注意的是,之前的批评不代表梁启超对先哲德教缺乏认同,他只是在中西对比的前提下更多地站在反思与批判的立场上看待中国的传统。

在《论公德》中,梁启超批评中国传统德教偏于私德,缺乏公德;批评中国传统伦理侧重一私人对一私人之事,缺乏一私人对一团体之事;批评中国历史上以束身寡过主义为德育之中心。梁启超的批评具有历史性但又不仅仅具有历史性,还具有超历史的面向。历史性的批评即他指出的世俗偏见性的理解,例如束身寡过主义。而超历史性的批评则指他对经典教化及五伦的批评,这个层面的批评会导致严重的后果。梁启超批评经典教化缺乏公德的论述为:

> 试观《论语》《孟子》诸书,吾国民之木铎,而道德所从出者也。其中

---

① 梁启超:《新民说·论私德》,见《梁启超全集》第二集,第 646 页。
② 梁启超:《新民说·论私德》,见《梁启超全集》第二集,第 647 页。

所教,私德居十之九,而公德不及其一焉。如《皋陶谟》之九德;《洪范》之三德;《论语》所谓温良恭俭让,所谓克己复礼,所谓忠信笃敬,所谓寡尤寡悔,所谓刚毅木讷,所谓知命知言;《大学》所谓知止慎独,戒欺求慊;《中庸》所谓好学力行知耻,所谓戒慎恐惧,所谓致曲;《孟子》所谓存心养性,所谓反身强恕。凡此之类,关于私德者,发挥几无余蕴,于是养成私人之资格,庶乎备矣。虽然,仅有私人之资格,遂足为完全人格乎?是固不能。①

由这段论述可以看出,梁启超对传统教化的批评在于,在他看来,传统德教虽然在私德方面有完备的论述,但在公德方面指导不足,故而其教化的结果只能养成私人之资格,无法养成与私人资格相对的国民之资格。梁启超对传统教化的批评与其养成国民之资格的关切直接相关,而且是在划分和割裂公私的前提之下站在公的角度提出的。与对传统教化的批评相关,梁启超还对传统伦理进行了批评,其用"泰西新伦理"来衡量中国传统的五伦。梁启超的具体思路是:首先指出"中国旧伦理"分为君臣、父子、兄弟、夫妇、朋友,"泰西新伦理"分为家族伦理,社会伦理和国家伦理,由分类可以看出,"中国旧伦理"所重的是"一私人对于一私人之事","泰西新伦理"所重的是"一私人对于一团体之事";其次进一步用"泰西新伦理"归纳中国传统的五伦,将五伦分别归入家族伦理、社会伦理与国家伦理的范畴,其中父子、兄弟、夫妇三者归入家族伦理,朋友归入社会伦理,君臣归入国家伦理,由此得出中国传统伦理在家族伦理方面较为完备,而在社会伦理与国家伦理方面较为缺乏的结论。② 产生这一结果的原因仍与公私领域划分有关。其实,五伦并不基于家庭、社会和国家这种依公私而区分出的领域,而是基于生活中所处的位分和所要面对的关系,如果用"中国旧伦理"归纳"泰西新伦理",则五伦中的每一伦都包含着"泰西新伦理"的三级领域,或者说包含着共同体与公共的领域,只是对社会与国家可能不做明确的区分。

虽然不应根据梁启超的分析得出中国传统伦理偏重家庭领域而在社会

---

① 梁启超:《新民说·论公德》,见《梁启超全集》第二集,第539页。
② 黄进兴认为梁启超得出这一判断的原因在于,群的观念的引入带来了不同的社会关系,以至于传统的伦理论述无法完全覆盖这些新的社会关系。黄进兴还指出,严复在《原强》中同样表达了传统伦理论述不足以覆盖"群"的全部范围的问题,但严复意识到,"群学"与《大学》"诚正修齐治平"有相合之处。参见黄进兴:《追求伦理的现代性:梁启超的"道德革命"及其追随者》,见黄进兴:《从理学到伦理学:清末民初道德意识的转化》,第101页。

与国家领域存在不足的结论,但通过他的分析可以看到,中国传统伦理在应对现代性方面的确存在不足,即单纯依靠中国传统伦理很难指导国民进行广泛的政治参与。而梁启超对中国传统伦理的批评以及对公德的提倡,与其对现代国家及现代社会的觉知有关,他认识到当时的中国需要建立一个不同于以往的国家形态,当时的国民需要面对不同于以往的生活方式,国家政治生活这一原本属于士及以上在位者职分的事务,在现代国家中需要每一位公民的参与,因而国家与国民需要新的与之相适应的伦理与德教。传统伦理与德教在应对新的国家形态和生活方式方面存在空当是正常的。但就中国传统伦理与德教来说,暂时呈现出空当并不意味着其没有应对新的国家形态、指引新的生活方式的能力。

梁启超在《东籍月旦》中介绍日本学者元良勇次郎的《中等教育伦理讲话》时,同样提到了家庭伦理、社会伦理和国家伦理的划分;在介绍日本文部省发布的中学所教伦理之训令时,列举了对于自己之伦理、对于家族之伦理、对于社会之伦理、对于国家之伦理、对于人类之伦理、对于万有之伦理六条内容,并指出中国传统对伦理的讨论在完备性上与日本近况存在差距。① 张灏提到,日本文部省的训令所体现的伦理科目的完备性给梁启超留下了深刻的印象,刺激了他更新中国传统伦理体系的想法。② 这里涉及对伦理进行学术研究的问题,即将伦理作为一门学科,而当时之中国与西方及日本相比,对伦理学这门学科的研究存在不足。

批评传统教化缺乏公德方面的指导、批评传统伦理在社会和国家层面不完备是梁启超在《论公德》中所持有的观点,也是他在《新民说》前期所持有的观点。但在《论私德》中梁启超改变了对传统教化的态度,不再基于公德视角对传统教化提出批评。这一态度的转变与他对德的理解上的变化有关,而对德的理解上的变化又与他对公私理解上的变化有关。对公私理解的转变具体表现在他对公德私德关系的重新论述上,即梁启超不再依据德之对象是对一人还是对团体来划分私德与公德,而是从德之主体在于个人的角度说明德不分公私,德在于养成一己之人格,同时具有公共的意义。梁启超的反思提示出,他意识到对德进行公私划分本身是有问题的。

梁启超对待传统德教的态度由批评转向维护,还与他认识到德中存在永恒不变的维度有关。一方面他从破坏的问题出发,指出不能破坏一切,而

---

① 梁启超:《东籍月旦》,见《梁启超全集》第三集,第468—470页。
② 张灏:《梁启超与中国思想的过渡:1890—1907》,第116页。

不能被破坏者即是传统德教；另一方面他将德与俗见进行区分，指出俗见因时因地发生变化，而德则恒常不变，恒常不变的德如忠之德、爱之德。梁启超在《论私德》中提出用先哲遗传之旧道德来维持当时社会之一线希望，接着便在小字夹注中指出："道德与伦理异，道德可以包伦理，伦理不可以尽道德。伦理者，或因于时势而稍变其解释，道德则放诸四海而皆准，俟诸百世而不惑者也。如要君之为有罪，多妻之非不德，此伦理之不宜于今者也。若夫忠之德，爱之德，则通古今中西而为一者也。诸如此类，不可枚举。故谓中国言伦理有缺点则可，谓中国言道德有缺点则不可。"①

此外，在 1905 年年末编成的《德育鉴》的例言部分，梁启超延续了对伦理与道德的区分，并同样强调了道德的不可变革性。梁启超称："《记》有之，有可得与民变革者，有不可得与民变革者。窃以为道德者，不可得变革者也。"②基于道德不可变革的理解，梁启超指出，加藤弘之阐明道德进化的《道德法律进化之理》一书所论并非道德，而只属于伦理，即使"借曰道德"，所论只是"道德之条件"，而非"道德之根本"，"道德之根本"是"无古无今无中无外而无不同"的。③

梁启超在写作《新民说·论公德》及《东籍月旦》时并未对伦理与道德进行区分，在具体论述中，他有时使用伦理，有时使用道德，有时将两者连用称伦理道德。但在《新民说·论私德》及《德育鉴》中，他对二者进行了区分。梁启超此时对伦理与道德的用法与后世一般的用法不同，有自己特定的意涵。他所说的道德既包括底线性的法则也包括更高的美德，而伦理实际上指的是俗见。梁启超将习俗中的偏见从道德中剥离并归诸伦理，将因时因地变化的部分从道德中剥离从而确立起道德的永恒性，而确立道德永恒性的目的是重新肯定传统教化，即肯定传统教化对现实的指导意义。梁启超对伦理与道德的区分应当在重新肯定传统教化的用意下加以理解。

在回归中国传统德教的基础上，关于如何真正发挥传统德教的教化意义，梁启超主张选择对自己有针砭夹辅之用的先哲之语作为安身立命的本原，终身由之而不能尽。他在《新民说·论私德》中以王阳明《拔本塞源论》为"学道之第一著"，并据王阳明及其后学的讨论提炼出三点修德之方，作为

---

① 梁启超：《新民说·论私德》，见《梁启超全集》第二集，第 644 页。
② 梁启超编：《德育鉴》，见《梁启超全集》第五集，第 208 页。
③ 梁启超编：《德育鉴》，见《梁启超全集》第五集，第 208 页。

以求道之心学道的门径,依次为正本、慎独和谨小。① 梁启超指出,这三点是他心最有所得之处,也是力所笃行之处,总体上是受用之方。而他提炼出这三点遵循的是黄宗羲提出的学问以受用为真和贵在守约的教诲。

梁启超引用王阳明在《拔本塞源论》中辟功利的论述说明,必须通过拔本塞源之功去除功利之心,正本工夫必须从"心髓入微处用力"。以功利之心做事是"有所为而为之",以真诚之心做事是"无所为而为之",去除功利之心必须反身而诚,对一念之发心谨慎持守,使其不被私欲侵夺。梁启超以爱国之心为例分析正本的心性工夫:诚者之爱国是绝对而纯洁的,伪者之爱国则是假借爱国之名号以满足自身的私欲;发心之伊始的爱国心无不绝对而纯洁,之后逐渐产生诚伪之别,因此拔本塞源的正本工夫是保持最初一念之爱国心,即是诚。由此可以看出,梁启超在人性问题上持有的是孟子性善论的理解:"其最初一念之爱国心,无不为绝对的纯洁的,此尽人所同也。乃浸假而或有分之者,浸假而或有夺之者。"②拔本塞源之正本工夫因作用于最初一念之发心,是于"心髓入微处用力",因此是极为精微和隐秘的,可以说完全是属于"私"的,"吾辈试于清夜平旦返观内照,其能免于子王子之所诃与否,此则非他人所能窥也"。但正是这一极其精微和隐秘的工夫决定着"德"之诚伪。据此也可以说明,梁启超在《论私德》中意识到的德无分公私,是对德的正确理解,而所培育之德一定是以诚心养成之德。

如果说拔本塞源的正本工夫是立志于道与鼓起勇气之功,那么慎独则是去除社会熏染与习气之功。慎独之法的具体实践为涵养、省察与克治。梁启超所讲的慎独乃是基于《大学》《中庸》君子慎独之教、王阳明良知之教及刘宗周慎独之教。梁启超引用王阳明以慎独为致良知之语说明,阳明良知之教,慎独尽之矣。此外,他认为,以良知为本体、以慎独为致之功是王阳明与康德的共通之处。③ 梁启超讲慎独之功主要针对其美洲之行所见"志士"的猖狂之态。这些所谓的"志士"以爱国、忘身、自由、平等为护符,实

---

① 陈来指出,王学在梁启超德育观中占有主导的地位。参见陈来:《梁启超的公德说与私德说》,见陈来:《儒学美德论》,第136页。黄进兴指出,梁启超在理学立场上服膺阳明学,但"新民"之义却向程朱靠拢,因为梁启超"新民"取自《大学》,而于《大学》取"新民"是依程朱改本,若依阳明欲复之《大学》古本,当为"亲民"。参见黄进兴:《追求伦理的现代性:梁启超的"道德革命"及其追随者》,见黄进兴:《从理学到伦理学:清末民初道德意识的转化》,第99页。

② 梁启超:《新民说·论私德》,《梁启超全集》第二集,第649页。

③ 陈来指出,梁启超此论开启了当代中国哲学以康德贯通心学的先河。参见陈来:《梁启超的公德说与私德说》,见《儒学美德论》,第142页。

则明目张胆行小人所为之事,不以为耻,并且以天赋之权理应如此作为辩护。时人亦不非之,反而相率崇拜。梁启超认为唯有慎独能够扭转这一猖狂之态,并指出慎独与祈祷有类似的意义,但不是指希福,而是指勿自欺地省察自身,做到收视返听,诚心无欺。传统教化中的论述,如《诗经·大雅·大明》所云"上帝临女,无贰尔心",《诗经·大雅·抑》所云"相在尔室,尚不愧于屋漏"。梁启超强调,个人应以勿自欺之心行涵养、省察、克治之功,日进其德,人人渐进其德,社会之德亦得以渐进,"日日如是,则个人之德渐进;人人如是,则社会之德渐进"。[①] 慎独同样是致力于心性上的非常精微的工夫,而其产生的影响会作用于整个社会。

谨小主要强调对自己的小过不能忽视、原谅和放纵,过无大小,皆为不善。梁启超引用了钱端洪对"虞"的讨论和刘宗周对自恕容过的讨论说明,不能为己之小过进行辩护进而将其放过。将小过置于因果关系中来看,小过皆有其因,同时皆会导致更大的果,因此,在因果关系中,小即为大。小过不仅会造成大祸,更严重的是还会戕害德性,会从根本上败坏人心。因此,梁启超认为《论语·子张》所载子夏之语"大德不逾闲,小德出入可也"并不适用于常人,对常人来说,小德之出入将导致大德之逾闲。再者,针对时人所称颂的英雄不必拘小节的论调,梁启超是明确反对的,他在讨论正本和谨小时都对时人的这一主张进行了批评。正本、慎独、谨小皆属于儒家的修身工夫,梁启超基于儒家修身工夫思考德育问题,可见其切中了德育的根本。而基于王阳明及后学所论提炼出这三点,并指出王阳明及后学所言为其所愿学者、有所受者,可见梁启超将传统德教,特别是王阳明之学作为安身立命之所在。

梁启超以儒家修身工夫作为进路讨论德育问题,可以体现出他尤为重视德育的实践面向。1905年年末,梁启超延续《论私德》所秉持的德育宗旨,编成《德育鉴》一书,摘录先儒之说并加案语,书中所摘录的内容皆为先儒所论治心治身之要。梁启超编《德育鉴》的目的在于为"欲从事修养以成伟大之人格"的有志之士,提供"日置坐右,可以当一良友"之书。[②]《德育鉴》在指导德育实践的用意上与《新民说·论私德》是一贯的。关于德育实践,梁启超还强调,不能以智育取代德育,更不能以智育为德育。在《新民说·论私德》一篇中,他通过正本、慎独、谨小界分有别于智育的德育,由此

[①] 梁启超:《新民说·论私德》,见《梁启超全集》第二集,第651页。
[②] 梁启超编:《德育鉴》,见《梁启超全集》第五集,第209页。

可见,有别于智育的德育主要指儒家修身工夫。在《德育鉴》"例言"中,梁启超也特别强调,此书不可用作教科书,而是作为人格修养的涵养之书。由梁启超对德育与智育的区分可以看出,他对德育的理解是深刻的,即德育不只是传授道德知识,更根本的是修养身心,涵养美德。

在《新民说》论说重点发生转变之后的《论私德》中,梁启超聚焦于国民个人的美德,通过儒家修身工夫讨论德育问题。不容忽视的是,他现实的政治关切仍然是建立现代国家,也就是说他强调私德是以对公德的关切为前提的。《新民说》在《论私德》一节之后,还有《论政治能力》与《论民气》两节,虽然发表时间相隔都很长,但从内容中仍可以看到梁启超的建国关切,同时也可以看到他对实践的重视。

政治能力与政治思想相对,梁启超在《论政治能力》中提到:"故欲进无思想者为有思想者,其事犹易;欲进无能力者为有能力者,其事实难。"①梁启超进一步指出:"今后之中国,非无思想之为患,而无能力之为患。"②梁启超在与国民思想的对照中揭示出国民能力的问题,相较于此前所提倡的增进国民思想,此时对国民能力的明确揭示,意味着他对此问题的认识有了更进一步的深化。如果关联于《论私德》一篇,从重视实践的角度来看,《论政治能力》是对《论私德》的推进,由美德到能力,美德构成能力的基础。其实可以说,美德本身就是一种能力,能力同样也是一种美德,而提炼出国民能力是实践关切的必然结果。梁启超进一步言明:"然则今日谈救国者,宜莫如养成国民能力之为急矣。"③但国民只是所养之客体,就能养之主体来说,能养之主体既不是强有力的当道者,也不是大多数的国民,而是"既有思想之中等社会"。梁启超此处所提到的"中等社会"与《论私德》中所提到的"新学之青年"是一贯的,两者与《新民说》最初所主张的国民"自新"的主体不同。从新民主体的变化可以看出,梁启超新民的思路是有所变化的,这种变化与其对国民之民德、民智、民力程度的观察与评价有关。关于"中等社会"如何培养自身的政治能力,梁启超提出"分业不迁"与"互相协助"两点。其中"互相协助"主要针对正在论战中的立宪派与共和派成员。梁启超希望两派成员认识到,立宪与共和均是为了救国和反对专制政府,只是所取道路不同,两派应进行平和的讨论,而不应互相进行攻击和诋毁。

---

① 梁启超:见《新民说·论政治能力》,《梁启超全集》第二集,第654页。
② 梁启超:见《新民说·论政治能力》,《梁启超全集》第二集,第656页。
③ 梁启超:见《新民说·论政治能力》,《梁启超全集》第二集,第659页。

《新民说》最后一节为《论民气》,梁启超将民气以及民力、民智与民德三者构成的整体关联在一起,认为民气必待民力、民智与民德,在民力、民智与民德未得到充分涵养时不能擅用民气,而且当民气不可用时,应当于最难发生、最难成立的民力、民智与民德反复致意。梁启超讨论民气也有其现实指向,即认为当时之时代,就全局而论,各方力量不可动用民气。从《新民说》最后两篇的内容来看,梁启超的讨论既有对《新民说》主题的延续,又有超出《新民说》原本关切的内容,例如融入了很多指向立宪与革命之争的讨论。正如狭间直树所指出的,《新民说》到后面掺进了很多异质,而且最后以《论民气》这篇"无法作为《新民说》之结尾"的文章作为结尾,说明梁启超思想的重心已经不在新民。[①]《新民说》最后两篇,包括《论私德》在内,都体现着梁启超思想向下一个阶段的转向,即转向主张君主立宪,更进一步说是转向主张开明专制。

回到《论私德》一篇后半部分强调儒家工夫的内容及《新民说》一贯的建立现代国家的思想关切,梁启超在公德关切下讨论私德问题说明,必须将以儒家修身工夫为核心的德育置于建立现代国家的理想当中。由此可以得出的结论是,德育,特别是以儒家工夫论为核心内容的德育在现代国家建设中具有奠基性的意义。而这正是梁启超在探索现代国家建国方案的过程中为后人提供的启示。

[①] 狭间直树:《〈新民说〉略论》,见狭间直树编:《梁启超·明治日本·西方——日本京都大学人文科学研究所共同研究报告》(修订版),第83—85页;狭间直树主讲:《东亚近代文明史上的梁启超》,第81页。

结　　语

　　从写作《变法通议》到写作《新民说》，特别是《新民说·论私德》一篇，从时间跨度上看，是1896年到1903年。在这段并不算长的时间里，梁启超经历了戊戌变法和戊戌政变，经历了自立军起义的失败，对保皇事业由怀有一线希望到彻底失望，对新民事业由激进宣扬到谨慎保守，对民主共和政体由无限仰慕到无奈放弃。刚刚三十岁的梁启超已经深深地影响着他所处的时代，推动历史的进程，宣传西方的思想，批评时下的观念，稳固传统的根基，分析现实的问题，探索未来的方向。梁启超早期的著述已经为后人提供了非常丰富的思想资源，从中不仅可以看到他对晚清变局反思，还能看到他对整个文明传统的反思。这些著述指引的不仅是身处晚清变局中的国人，也包括身处后世的国人。梁启超多变的思想与矛盾的表述反映的既是时局和处境的瞬息万变，也是他认知和判断的时时调整。梁启超对思想的表达与其所处的时局直接相关，对同一人物同一思想前后矛盾的态度与他对国家形势的判断紧密相连。面对梁启超思想中的变化与矛盾，除了跟随其转向理解变化之后的思想之外，还应将变化前后的思想结合起来加以思考，从而理解梁启超在论述侧重上的变化，并从中得出对后世更有意义的启示。

　　从执笔《时务报》写作《变法通议》到执教时务学堂这段时间，梁启超的思想主张曾一度激进，在时务学堂时期曾盛倡排满革命。经历戊戌变法之后，梁启超的思想转向主张保皇，同时因参与商谈两党合作，曾于1899年夏秋间与革命派有所往来。随着对保皇事业的失望，思想再度倾向于革命，于1902年5月在给康有为的信中提到清政府已然无望，唯有排满才能立国。此时梁启超以卢梭的《社会契约论》为救治中国的药方，接续着戊戌之前所提倡的民权，主张人民主权与自由。但是梁启超此时所理解的民权，除了与君权相对之外，还多了与国权相对待的维度，这是他在日本形成的认知，君与民共同被置于国之内。就三者的关系来说，梁启超认为，民权不否定君位，不以推翻君位为目的，但排斥民权会招致君位被推翻的结果，因此承认民权才是保全君位。民权与国权是一体的关系。他在《爱国论·三·论民权》中进行了明确的揭示："民权兴则国权立，民权灭则国权亡。"在民权与国权的统一中理解国家,是梁启超流亡到日本之后思想上的一个突出变化。同时,在孟德斯鸠的影响下,梁启超强调共和政体与政治美德,宣扬以国家思想为核心的公德。梁启超在初到日本的这一时期以民主共和政体为现实的政治理想,并以公德作为现代国家得以建立的基础。需要注意的是,在现实政治制度的选择上,梁启超此时同样认可君主立宪的方案,即清政府制定宪法并承认民权,通过宪法限定政府与人民的权限。巴斯蒂认为,梁启超在两者如何抉择的问题上犹豫不决。① 1903年美洲之行期间,梁启超看到了民主制度的弊端与华人社会的混乱,开始对民主共和制度理想进行反思。由美洲返回日本后,他的思想言论发生了巨大的转变,不再激烈地强调破坏,而是强调作为文明根基的经典传统不能被破坏;不再以民主共和政体作为当下的制度选择,而是以开明专制作为当下的制度方案;不再以卢梭人民主权作为医治中国的药方,不再以民权自由为首位,而是以伯伦知理国家主权作为医治中国的药方,以统一与秩序为首位;不再单纯地提倡以国家思想为核心的公德,而是强调个人品格意义上的美德。梁启超的思想由激进转为保守,由希望鼓动国民自新以建国,转向在更为基础的意义上培养国民的美德。他的思想言论前后经历了巨大的起伏与变化,但巨大的起伏与变化背后有一个不变的关切,即如何使中国建立起一个现代国家。将当时清政府统治下的旧中国建立成现代国家这一目标没有改变,变化的只是路径,在现实高涨的革命呼声中,梁启超鉴于现实的民情,选择了更为温和的路径。

如果共和主义为理解梁启超提供了一个更恰当的视角,基于共和主义视角理解梁启超需要予以回应的问题是,如何看待他在1903年思想转变之后放弃以民主共和政体作为现实制度方案的思想主张。梁启超放弃民主共和政体,明确以开明专制作为现实政治制度的选择,依然可以在共和主义的视角中加以理解。因为梁启超放弃以共和政体作为现实制度方案,正是以共和主义视角进行思考的结果,即他基于共和主义对国民政治参与能力及政治美德的要求,认为国人当时不具备施行共和政体的条件。而这也反映出共和政体所具有的制度困境,即共和政体的优势在于重视美德,在于能够培养国民的美德,但共和政体在建立之初就对美德具有极高的要求,长期生活于专制政体之下的人们很难具备共和政体所要求的美德。在美德问题

---

① 巴斯蒂:《中国近代国家观念溯源——关于伯伦知理〈国家论〉的翻译》,《近代史研究》,1997年第4期。

上,要求公民具有美德与培育公民养成美德之间的矛盾是共和政体所具有的制度困境,带来的结果是,要么共和政体从一开始就无法建立,要么即使建立起来也会再次陷入无序,并且回到专制状态,进而堕入混乱的循环。此外,从萧高彦在《西方共和主义思想史论》中刻画的现代宪政共和主义一脉来看,宪政分权及这一建制下的秩序是现代宪政共和主义的主要特征。梁启超转向开明专制实际上是为君主立宪做准备,而宪法与秩序是梁启超思想转变之后尤为重视的面向,这与现代宪政共和主义的特征相一致。因此,从现代宪政共和主义来看梁启超转变后的思想主张,有助于突出宪法下的秩序这一面向。由此可见,基于共和主义的视角不仅可以理解梁启超转变后的思想主张,还可以证明梁启超自身以共和主义视角进行思考,同时能够将其重视宪法下的秩序这一面向呈现出来。

传统与新学,或者说中学与西学构成孕育梁启超早期政治思想的思想资源。在继承中国传统思想的同时,梁启超结合新接触到的西方思想,阐述他在古今之变的特殊时期针对救国与建国问题所进行的思考。黄克武在刻画明末至清末中国公私观念的发展脉络时,论及梁启超对公私问题的讨论,提到他除了继承顾炎武、黄宗羲及晚清以来思想家的论述之外,还开始围绕国民与国家问题展开讨论。[①] 黄克武的研究将梁启超置于晚清思想史的脉络当中,既呈现出梁启超对中国传统思想的继承,又揭示出梁启超在接受西方思想的基础上分析中国所面临的新问题。从中西学术资源的角度来看,梁启超从写作《变法通议》到执教时务学堂,再到流亡日本,每一个时期,思想当中都蕴含着对中国传统思想的继承和对西方思想的吸收,包括在吸收西方思想的过程中所进行的转化。在流亡日本最初的几年时间里,西方思想通过日本对梁启超产生了极为深刻的影响。他利用积累的中国传统思想和新获得的西方思想分析中国所面临的问题,并提出挽救中国的药方和建立现代中国的方案。

在《变法通议》中,梁启超总体主张"改科举,归于学校"的变法方向,其根本的用意是改变现行以取士为核心的制度,转向以培养教育为核心的制度。将科举合于学校,意味着将取士之制合于教育之制,使学校在完成教育目的的同时完成取士的事业。同时,这一制度变革也说明,取士本身不是目的,教育才是目的,教育是第一位的,取士是教育之后的事情,而且是以教育

---

① 黄克武:《从追求正道到认同国族——明末至清末中国公私观念的重整》,见黄克武:《近代中国的思潮与人物》,北京:九州出版社,2012年,第 25 页。

为基础的自然而然的事情。对比康有为在《教学通义》中的方案可以发现,梁启超与康有为在学校的功能与对象方面理解不同。康有为认为学校主要针对士人,对于广大庶民来说,需要通过孔教会施行教化。在梁启超看来,学校面向全部符合年龄要求、需要接受教育的国民,通过地域层级分布满足广泛的教育需求。梁启超对学校制度的设计以三代学校制度的地域层级分布为典范,所依据的经典是《礼记》。以三代为典范构成晚清时期维新思想家的一种共同话语,①但梁启超与前辈维新思想家不同的是,他在讨论学校制度时以三代为典范,不是将其对应于现代西方的议会选举与民主制度,而是取三代学校之制的地域层级安排及学制安排等,以此实现"群萃而州处,相语以事,相示以功,故其父兄之教不肃而成,其子弟之学不劳而能"的儒家教化传统,同时满足现代国家对于教育普及的要求。

关于如何对待中西思想资源,梁启超在《变法通议》中总体上强调以孔子之学为志向,并将强国之方归结于"兴政学"。在《学校余论》一篇中,梁启超将政学划分为三个层次,依次为经、纬和用;三个层次所对应的内容依次为六经诸子、历朝掌故和按切当今时势;三个层次在主体内容之外还依次以西方思想作为辅助,作为辅助的内容依次为"西人公理、公法之书""希腊、罗马古史"和"各国近政近事"。在梁启超所设计的结构中,对于划定的三个层次,可以依次概括为取道、取法和取事。在每一个层次中,梁启超对中西皆有所取,但存在主辅之别,即以中国为主、以西方为辅。此外,他还分别在中西传统内部兼顾经史之分与古今之别。整体而言,梁启超的设计包含了古今中西四个维度,以中国传统经典为标准、以中国古代制度为参考,同时考虑到其在现代中国的可行性;主张学习借鉴西方的思想资源,同时关注到其在中国的适应性。据此可以看出梁启超对于传统与现代、中国与西方的整体性思考,也可以看出,梁启超以古代为典范、以现今为考量的传统面向和现实关切,及以中学为根基、以西学为借鉴的思想底色和远见卓识。

《变法通议》集中体现着梁启超从政治视野思考教育问题的思路,这也

---

① 晚清时期梁启超的前辈维新思想家,从徐继畲到冯桂芬,再到王韬、郑观应,均以现代西方民主制度具有三代之意。参见黄克武:《从追求正道到认同国族——明末至清末中国公私观念的重整》,见黄克武:《近代中国的思潮与人物》,第15—17页。汪荣祖在概述晚清维新思想时指出,以现代西方民主制度与三代相比体现的是"厚今"的主张,即推崇现代西方的民主制度;同时,这一比拟也说明,三代同样是被推崇的对象,因而可以说"厚远古",但晚清维新思想家批驳秦以来的政治制度,对其进行专制批判,即"薄近古"。参见汪荣祖:《从传统中求变——晚清思想史研究》,南昌:百花洲文艺出版社,2001年,第13页。

是他进行整全性政治思考所得到的结果。梁启超思想的意义在于,首先,揭示出教育对于政治共同体具有根本且长久的意义。虽然学校与教育领域的变法不能在短时间内收获成果,但必须将其作为变法的首要举措,并用以指明变法的方向与布局。其次,他试图使理想的教育在制度上得以落实,从教育角度来说,制度是不可或缺的要素,从制度角度来说,教育是不容忽视的问题。当然,制度不能实现教育的全部功能,但制度确实承载着也发挥着教育的意义。若结合梁启超在流亡日本期间对中国政治制度的批判,可以发现,专制制度对人心造成的戕害构成他专制批判的重要面向。梁启超在《变法通议》中既强调了教育的根本性意义,又提示了从制度上落实教育的思考方向。教育与制度的问题本身也是涉及古今之变的问题,即传统的教化如何与现代学术及现代制度相结合。虽然梁启超在《变法通议》中思考的学校制度并不明确地指向现代学校制度,但其思考的思路隐隐地指向了这一方向。此外,教育与学校要解决的现实问题是,为变法培养人才,或者说解决民智、民力与民德的问题。这一在严复的影响下形成的认知一直贯穿在梁启超的现实关切当中,执教时务学堂是对这一现实关切的践行。流亡日本初期,在经历一段时间的保皇努力之后,梁启超转向新民的思路,依然是在对于民智、民力与民德的现实关切之下推进自己的思想。而民智、民力与民德背后更为根本的现实关切是:挽救当时之中国,将清政府统治下的中国建设成为现代中国。

在时务学堂时期,梁启超基于《孟子》与《春秋》讨论民权与革命思想,并将民权纳入到世界大同的理想当中。梁启超对大同的理解受到康有为的影响,这一时期大同思想成为他关注和讨论的主要议题。从梁启超对大同的重视可以看出他对孔子之教的认同,他对大同的信念即基于对孔子之教的信念,相信孔子之教可以实现大同,具有垂范万世的意义,认为孔子之教的内容即是"太平大同之教"。从现实层面来讲,梁启超强调大同与列强发动侵略战争有关,大同与现实构成对照,代表着梁启超理想中的世界秩序,这一理想中的世界秩序所具有的最重要的特征是平等与和平。《孟子》《春秋》及讨论大同思想的《礼记·礼运》一篇,是他这一时期政治思想所主要依据的经典,大同思想体现着梁启超思想中的传统面向,民权与平等则是梁启超从西方传统中获得的思想资源。大同、民权与平等共同构成梁启超执教时务学堂时所着力提倡的政治理想。

流亡日本初期,在对梁启超产生影响的众多西方思想家当中,孟德斯鸠尤为值得关注。孟德斯鸠的政体理论既为梁启超批判秦以来中国的政治制度提供了思想资源,也为梁启超探索中国未来理想的政治制度提供了方向。梁启超对孟德斯鸠的阐释还在思想史领域对后世产生了深远的影响,在极大程度上使后世形成君主制即专制、秦二千年来的制度为专制的理解。在政体分类理论上,梁启超将孟德斯鸠所论三种政体中的专制政体与君主政体合为一种,称为君主专制政体,并将孟德斯鸠单独予以讨论的英国政体纳入到三种政体类型当中,称为君主立宪政体,加上孟德斯鸠所论三种政体当中的共和政体,称为民主共和政体,从而形成了新的政体分类方式。梁启超用他改造后的政体分类理论纠正当时中国通行的王韬对政体分类的表述。他认为,应当将中国旧译的政体分类,即君主之国、君民共主之国和民主之国,改成君主专制政体、君主立宪政体和民主共和政体,以此突出宪法的重要性。梁启超对政体分类的表述,成为后世思想史领域对孟德斯鸠政体分类理论的通行概括。而梁启超所提出的表述是他对孟德斯鸠政体分类理论加以改造的之后结果,在这个意义上,梁启超对孟德斯鸠的阐释塑造了后世对孟德斯鸠的理解。

孟德斯鸠所提出的共和政体的政治美德对梁启超产生了极大的影响。梁启超对孟德斯鸠所论共和政体的美德原则尤为推崇,在介绍孟德斯鸠所论共和政体原则时,梁启超将之概括为"共和国尚德",并且将孟德斯鸠所揭示的爱国家、爱平等的内容直接等同于公德。① 由此可见,梁启超对公德意涵的理解来自孟德斯鸠所论共和政体的政治美德。因此,公德的讲法虽然来自福泽谕吉,但梁启超所使用的公德概念的意涵实际上来自孟德斯鸠,或者说孟德斯鸠所讨论的共和政体的政治美德正符合梁启超心中对于公德的理解。梁启超在孟德斯鸠的影响下认识到,由自由平等的个体结合而成的国家必须以美德为基础,即现代国家必须依靠美德才能真正地凝聚起来。梁启超实际是将孟德斯鸠对古代共和政体的论述应用到现代国家当中,这一无意识的挪用为现代国家奠定了美德的基础,作为现代国家根基的美德最初主要指政治美德。基于共和主义的视角理解梁启超,有助于突出他对美德的重视。

梁启超在初到日本的几年中主要借助西方思想资源展开写作,但同时关照着中国传统思想,特别关注中国传统思想如何与现代思想相融合这一

---

① 梁启超:《法理学大家孟德斯鸠之学说》,见《梁启超全集》第三集,第152页。关于孟德斯鸠所论共和政体美德原则对梁启超所产生的影响,参见唐文明:《共和危机、现代性方案的文化转向与启蒙的激进化》,《古典学研究》,2019年第1期。

时代议题。梁启超对人伦的诠释是其这一时期传统面向的一个体现。他对人伦的诠释，既为思考中国传统思想如何与现代思想相融合这一议题提供了可能的方向，也为思考这一议题提供了警示。梁启超在《新民说》中对人伦进行了两种现代诠释：一种是基于平等的诠释，这种诠释方式强调，人伦关系中的个体应当互相承认彼此具有独立平等的人格；另一种是基于利益的诠释，这种诠释方式是基于权利义务来阐释人伦，并且将权利义务视为一种利益交换。基于利益的人伦诠释认为，人伦关系中的个体向对方承担义务是其获得权利的前提。两种诠释方式当中，前者为人伦的现代诠释提供了可供选择的方向，而后者则是对人伦进行现代诠释时应当避免的路径。梁启超基于利益诠释权利义务观念，并用其解释人伦，这一做法是很危险的。基于利益诠释人伦完全扭曲了伦常原本基于天地秩序的天经地义之意，也完全磨灭了人伦关系中由人性而生发的爱敬之情。这里涉及对义务观念的诠释问题，对传统思想的现代诠释中也包含着对现代思想的传统诠释。其实梁启超在《新民说·论自尊》一篇中提到基于儒家传统三才之道来理解义务，相较于基于利益交换的理解方式，基于三才之道是一种更恰当的对于义务的理解。将义务理解为人尽所居位分之职责，义务则不再是以获利为目的付出，而是一种具有崇高信念与责任意识的实践活动。

梁启超流亡至日本之后很快便形成了现代国家的理念，并以此为理想思考如何使中国成为一个现代国家的问题，建国问题成为他此时的一个主要关切，他的思考与写作在很大程度上围绕这一主题展开。救国问题与建国问题结合在了一起。并且，梁启超在放弃保皇之后，将建国与新民结合在一起。国家与国民在梁启超的思想中是一体的关系。在新民问题上，梁启超的目标在于"养成一种特色之国民，使之结为团体以自立竞存于优胜劣败之场也"，概括来说，"要之，使其民备有人格，享有人权"，人格包括品行、智识与体力，亦即民德、民智与民力，人权指向自主、自治与自立。① 由此可见，新民的目标与建国的目的直接相关。结合梁启超在戊戌变法之前的思想主张可以发现，在其民权主张具有一贯性的基础上，他所讨论的民权的实现方式由侧重民智转向了侧重民德，刊登在《新民丛报》创刊号上的《本报告白》一文揭示了这一转向。梁启超将培养国民公德作为《新民丛报》的宗旨，其实这也是《新民说》最初写作的宗旨。将民德放在首要位置，不代表民智不重要，只是梁启超思想的侧重发生了变化。而由智到德的转变也意味着

---

① 梁启超：《论教育当定宗旨》，见《梁启超全集》第二集，第 490、496 页。

变法领域的深入,即从思想学术领域转入伦理道德领域。梁启超认为中国传统伦理道德缺乏建立现代国家所需要的公德,因而提倡以国家思想为主要内容的公德,并将公德主张评价为道德革命。这一评价体现的正是其公德的思想所具有的激进性。

但应当注意的是,梁启超公德思想所具有的激进性和批判性是有限度的,即公德是在中国所本有之伦理道德的基础上加以"采补"的内容,公德本身不否定传统。其实梁启超在《论公德》中并没有针对私德本身提出批评,也没有说私德不重要。他强调的是,国民在公德方面极为缺乏,"我国民所最缺者,公德其一端也",而建立现代国家又必须依靠公德,"人群之所以为群,国家之所以为国,赖此德焉以成立者也",故而国民需要养成公德。基于这一判断,梁启超所批评的是,首先,国人"知有私德,不知有公德";其次,传统教化"偏于私德,而公德殆阙如";最后,从分类上来看,西方新伦理重视个人对团体的伦理,中国旧伦理重视个人对个人的伦理,以西方新伦理之家族伦理、社会伦理和国家伦理为标准,中国旧伦理的五伦当中,对家族伦理的规定较为完备,对社会伦理与国家伦理的规定严重不足。这些批评并不涉及私德本身。而且,梁启超在论述中提到,公德与私德皆为人生所必需,也皆是建国所必需。"道德之本体一而已,但其发表于外,则公私之名立焉……二者皆人生所不可缺之具也。无私德则不能立,合无量数卑污、虚伪、残忍、愚懦之人,无以为国也;无公德则不能团,虽有无量数束身自好、廉谨良愿之人,仍无以为国也。"①"无私德则不能立"说明只有具有美好品格的人才能建立起一个真正的国家,"无公德则不能团"说明只有具有公共意识的人才能建立起一个真正的国家。在这个意义上,国民的美好品格与公共意识共同构成建立现代国家的前提。公德与私德合在一起作为整全意义上的美德,整全意义上的美德是现代国家的建国基础。因此,整全意义上的美德理应成为现代国家极力追求的目标。梁启超在提倡公德的时期将中国传统之德归为私德,这一理解本身是有问题的。在写作《新民说·论私德》时,梁启超对这一问题也进行了反思,他基于德之所在为主体一人反思《新民说·论公德》中基于对象将德分为公私的做法。但梁启超之后的一代学者,没有对他的反思予以足够的重视,进而走上对传统进行过度批判乃至彻底否定的道路。

梁启超对公德与私德问题的讨论揭示出,美德对于现代国家具有不容

---

① 梁启超:《新民说·论公德》,见《梁启超全集》第二集,第 539 页。

忽视的意义,现代国家应当将培养国民美德作为长久且根本的事业。在这个问题上,梁启超受到孟德斯鸠的启发,将孟德斯鸠所揭示的古典共和政体必须依靠政治美德的道理纳入到现代国家当中,从而实现了政治美德的古今转化。在此基础上,梁启超无意间将孟德斯鸠所论政治美德向前推进了一步,而且做出了非常有意义的一步推进,这一步推进即是,将政治美德拓展到整全意义上的美德,从而将个人的美好品格融入现代国家的建设当中。

参 考 文 献

[1] 安靖如著.人权与中国思想——一种跨文化的探索[M].黄金荣,黄斌译,北京:中国人民大学出版社,2012
[2] 安尊华.梁启超教育思想研究[M].北京:知识产权出版社,2014
[3] 敖福军.梁启超民族国家思想研究[D].北京:中央民族大学,2011
[4] 巴斯蒂.中国近代国家观念溯源——关于伯伦知理《国家论》的翻译[J].近代史研究,1997(4)
[5] 蔡乐苏,张勇,王宪明著.戊戌变法史述论稿[M].北京:清华大学出版社,2001
[6] 蔡乐钊.孟德斯鸠分权论研究[M].上海:上海三联书店,2016
[7] 陈壁生.晚清的经学革命——以康有为《春秋》学为例[J].哲学动态,2017(12)
[8] 陈来.梁启超的"私德"论及其儒学特质[J].清华大学学报(哲学社会科学版),2013(1)
[9] 陈来.儒学美德论[M].北京:生活·读书·新知三联书店,2019
[10] 陈来.中国近代以来重公德轻私德的偏向与流弊[J].文史哲,2020(1)
[11] 陈敏荣.梁启超与中国近代政治思想范式转换研究[M].北京:中国社会科学出版社,2019
[12] 陈敏荣,徐龙.梁启超自由主义思想形成的脉络[J].中南民族大学学报(人文社会科学版),2012(3)
[13] 陈鹏鸣.梁启超学术思想评传[M].北京:北京图书馆出版社,1999
[14] 陈启云著.梁启超与清末西方传教士之互动研究——传教士对于维新派影响的个案分析[J].宋鸥译.史学集刊,2006(4)
[15] 陈乔见.公德与私德辨正[J].社会科学,2011(2)
[16] 陈乔见.清末民初的"公德私德"之辩及其当代启示——从"美德统一性"的视域看[J].文史哲,2020(5)
[17] 陈弱水.公共意识与中国文化[M].北京:新星出版社,2006
[18] 陈始强."兴民权""广民智""育人才"——戊戌变法时期梁启超民权思想初探[J].贵州教育学院学报(社会科学版),1994(1)
[19] 陈泗铮.梁启超道德教育思想研究[D].黑龙江:哈尔滨工程大学,2015
[20] 陈泽环.儒学创新与人权——关于中国道德史的一点思考[J].哲学动态,2014(5)
[21] 程立涛,苏建勇."私德外推即为公德"吗?——兼论梁启超的公德私德观[J].河北师范大学学报(哲学社会科学版),2007(2)
[22] 程亚丽.新身体·新民·新国家——论晚清民族危机中现代身体话语的生成

[J].社会科学辑刊,2010(6)
[23] 川尻文彦.梁启超的政治学——以明治日本的国家学和伯伦知理的受容为中心[J].洛阳师范学院学报,2011(1)
[24] 崔志海.梁启超与日本——评郑匡民《梁启超启蒙思想的东学背景》[J].近代史研究,2004(4)
[25] 崔志海.评海外三部梁启超思想研究专著[J].近代史研究,1999(3)
[26] 丁文江,赵丰田编.梁任公先生年谱长编(初稿)[M].欧阳哲生整理.北京:中华书局,2010
[27] 董方奎.梁启超与立宪政治[M].武汉:华中师范大学出版社,2011
[28] 段江波.危机·革命·重建——梁启超论"过渡时代"的中国道德[D].上海:华东师范大学,2006
[29] 范广欣.超越暴力革命:梁启超有关卢梭论述对自由和权利的探讨(1899—1901)[J].天府新论,2015(3)
[30] 方平.卢梭民约论的一份中国遗产——略论梁启超的国民国家思想及其历史价值[J].学术研究,2002(8)
[31] 福泽谕吉著.文明论概略[M].北京编译社译.北京:商务印书馆,1960
[32] 干春松主编.中国政治哲学史(第三卷)[M].北京:中国人民大学出版社,2019
[33] 高力克.梁启超的道德接续论[J].天津社会科学,2005(6)
[34] 高力克.梁启超的公民民族主义及其困境[J].政治思想史,2011(3)
[35] 高力克.启蒙先知:严复、梁启超的思想革命[M].北京:东方出版社,2019
[36] 高力克.中国现代国家主义思潮的德国谱系[J].华东师范大学学报(哲学社会科学版),2010(5)
[37] 高瑞泉.早期自由主义视阈中的平等——以梁启超、严复为中心的考察[J].上海师范大学学报(哲学社会科学版),2011(6)
[38] 葛耘娜.论孟德斯鸠对亚里士多德式政体理论的改造[J].云南大学学报(社会科学版),2013(2)
[39] 葛耘娜.孟德斯鸠对政治自由的限定[J].云南大学学报(社会科学版),2015(6)
[40] 耿云志.重读梁启超的《立宪法议》[J].广东社会科学,2014(1)
[41] 龚郭清.论戊戌变法时期梁启超政治思想两大基本倾向[J].浙江师范大学学报(社会科学版),1999(5)
[42] 郭道平.19世纪后期关于"富强"的本末观——以郭嵩焘和严复为中心[J].北京大学学报(哲学社会科学版),2014(5)
[43] 郭嵩焘撰.郭嵩焘奏稿[M].杨坚校补.长沙:岳麓书社,1983
[44] 哈耶克著.自由秩序原理[M].邓正来译.北京:生活·读书·新知三联书店,1997
[45] 何休解诂,徐彦疏.春秋公羊传注疏[M].刁小龙整理.上海:上海古籍出版社,2014
[46] 赫胥黎著.天演论[M].严复译著.北京:华夏出版社,2002
[47] 侯旭东.中国古代专制说的知识考古[J].近代史研究,2008(4)

[48] 黄金荣.人权的中国特色及其普遍性之途——评安靖如的《人权与中国思想：一种跨文化的探索》[J].清华法学,2014(6)
[49] 黄进兴.从理学到伦理学：清末民初道德意识的转化[M].北京：中华书局,2014
[50] 黄克武.一个被放弃的选择：梁启超调适思想之研究[M].北京：新星出版社,2006
[51] 黄克武.近代中国的思潮与人物[M].北京：九州出版社,2012
[52] 黄克武,张哲嘉主编.公与私：近代中国个体与群体之重建[M].台北："中央"研究院近代史研究所,2000
[53] 黄敏兰.质疑"中国古代专制说"依据何在——与侯旭东先生商榷[J].近代史研究,2009(6)
[54] 黄彰健.戊戌变法史研究[M].上海：上海书店出版社,2007
[55] 黄宗羲著.黄宗羲全集[M].吴光主编.杭州：浙江古籍出版社,2012
[56] 贾小叶.戊戌时期梁启超民权话语的思想逻辑[J].中山大学学报(社会科学版),2021(5)
[57] 江湄.创造"传统"——梁启超、章太炎、胡适与中国学术思想史典范的确立[M].北京：社会科学文献出版社,2013(7)
[58] 江湄."新史学"之"新"义——梁启超"人群进化之因果"论中的儒、佛思想因素[J].史学月刊,2008(4)
[59] 蒋广学,何卫东.梁启超评传[M].南京：南京大学出版社,2011
[60] 蒋凌楠.晚清"专制"概念的接受与专制历史谱系的初构[J].史学理论与史学史学刊,2015(0)
[61] 焦润明.梁启超法律思想综论[D].北京：中国政法大学,2004
[62] 康有为.大同书[M].北京：华夏出版社,2002
[63] 康有为撰.康有为全集[M].姜义华,张荣华编校.北京：中国人民大学出版社,2007
[64] 孔祥吉编著.康有为变法奏章辑考[M].北京：北京图书馆出版社,2008
[65] 赖骏楠.清末《新民丛报》与《民报》论战中的"国民"议题[J].法学研究,2018(4)
[66] 乐斌.社会契约论在中国的传播[D].北京：中国政法大学,2011
[67] 勒文森著.梁启超与中国近代思想[M].刘伟,刘丽,姜铁军译.成都：四川人民出版社,1986
[68] 雷勇.国家比喻的意义转换与现代国家形象——梁启超国家有机体理论的西方背景及思想渊源[J].政法论坛,2010(6)
[69] 李恭忠.晚清的"共和"表述[J].近代史研究,2013(1)
[70] 李恭忠."共和国尚德"——20世纪初梁启超的积极共和观念[J].江苏社会科学,2020(5)
[71] 李华兴,张元隆,李海生著.索我理想之中华：中国近代国家观念的形成与发展[M].合肥：安徽教育出版社,2005
[72] 李猛.孟德斯鸠论礼与"东方专制主义"[J].天津社会科学,2013(1)
[73] 李楠,姚远.严复《国闻汇编》及其天演论传播[J].西北大学学报(自然科学版),

2013(2)
- [74] 李强.自由主义[M].北京：东方出版社,2015
- [75] 李提摩太著.亲历晚清四十五年——李提摩太在华回忆录[M].李宪堂,侯林莉译.北京：人民出版社,2011
- [76] 李喜所,元青.梁启超新传[M].北京：商务印书馆,2015
- [77] 李浴洋.梁启超对于康有为"大同之说"的选择与叙述[J].励耘学刊(文学卷),2013(1)
- [78] 李忠林.西学中源说论略——从夷夏之防到师夷长技[J].史林,2018(2)
- [79] 梁景和,余华林.梁启超的近代国民思想[J].首都师范大学学报(社会科学版),2003(6)
- [80] 梁启超著.梁启超全集[M].汤志钧,汤仁泽编.北京：中国人民大学出版社,2018
- [81] 梁启超著.饮冰室合集[M].北京：中华书局,2015
- [82] 林家有,赵立彬.论严复的"三民思想"[J].广东社会科学,1999(4)
- [83] 刘广京.一八六七年同文馆的争议——洋务运动专题研究之一[J].复旦学报(社会科学版),1982(5)
- [84] 刘菊素.浅析戊戌时期梁启超的民权思想[J].黑龙江社会科学,2001(2)
- [85] 刘珊珊.新民·新知·新文化：《新民丛报》研究[D].天津：南开大学,2010
- [86] 柳诒徵编著.中国文化史[M].北京：中国人民大学出版社,2012
- [87] 卢梭著.社会契约论[M].何兆武译.北京：商务印书馆,2003
- [88] 罗耀九主编.严复年谱新编[M].厦门：鹭江出版社,2004
- [89] 罗轶轩.孟德斯鸠论共和政体[J].中南大学学报(社会科学版),2021(5)
- [90] 罗轶轩.孟德斯鸠论英国政制[J].政治思想史,2020(4)
- [91] 罗轶轩.主权与分权的现代和解——对现代宪法政治理论的政治思想史考察[J].政治思想史,2019(1)
- [92] 闾小波.近代中国民主观念之生成与流变——一项观念史的考察[M].南京：江苏人民出版社,2012
- [93] 吕怡维."天赋人权"的中国话语阐释及其蕴含的古代人权思想[J].云南民族大学学报(哲学社会科学版),2018(5)
- [94] 马克锋,孙钦梅.近代中国世界主义的思想历程[J].教学与研究,2014(3)
- [95] 马来平.格物致知：儒学内部生长出来的科学因子[J].文史哲,2019(3)
- [96] 马永康.康有为与"公理"[J].中山大学学报(社会科学版),2009(3)
- [97] 麦金太尔著.追寻美德：道德理论研究[M].宋继杰译.南京：译林出版社,2011
- [98] 麦克法兰著.孟德斯鸠与现代世界的诞生[M].彭启民译.深圳：深圳报业集团出版社,2019
- [99] 茅海建.从甲午到戊戌：康有为《我史》鉴注[M].北京：生活·读书·新知三联书店,2009
- [100] 茅海建.梁启超《变法通议》进呈本阅读报告[J].近代史研究,2016(6)
- [101] 茅海建.论戊戌时期梁启超的民主思想[J].学术月刊,2017(4)

[102] 茅海建.戊戌时期康有为、梁启超的思想[M].北京：生活·读书·新知三联书店,2021
[103] 茅海建.中学或西学？——戊戌时期康有为、梁启超学术思想与政治思想的底色[J].广东社会科学,2019(4)
[104] 孟德斯鸠著.论法的精神[M].许明龙译.北京：商务印书馆,2012
[105] 潘戈著.孟德斯鸠的自由主义哲学——《论法的精神》疏证[M].胡兴建,郑凡译.北京：华夏出版社,2016
[106] 潘树广,吕明涛.梁启超与丛书——为纪念戊戌变法一百周年而作[J].中国典籍与文化,1998(4)
[107] 皮锡瑞著.经学历史[M].周予同注释.北京：中华书局,2008
[108] 戚其章.晚清社会思潮演进史[M].北京：中华书局,2012
[109] 钱穆.国史大纲[M].北京：商务印书馆,2010
[110] 乔秀岩,叶纯芳著.学术史读书记[M].北京：生活·读书·新知三联书店,2019
[111] 邱远猷,王贵松.梁启超宪法学思想研究[J].法学家,2004(3)
[112] 桑兵.康梁并称的缘起与流变[J].近代史研究,2013(2)
[113] 桑兵.梁启超与共和观念的初兴[J].史学月刊,2018(1)
[114] 沈世锋.梁启超与孔教[J].学术界,1990(4)
[115] 施特劳斯讲疏.从德性到自由——孟德斯鸠《论法的精神》讲疏[M].潘戈整理,黄涛译.上海：华东师范大学出版社,2017
[116] 史华兹著.寻求富强：严复与西方[M].叶凤美译.南京：江苏人民出版社,2005
[117] 史珂拉著.政治思想与政治思想家[M].霍夫曼编,左高山等译.上海：上海人民出版社,2009
[118] 史少博.福泽渝吉"公德私德论"探究[J].社科纵横,2019(9)
[119] 司马迁.史记[M].北京：中华书局,1982
[120] 斯克拉著.孟德斯鸠[M].李连江译.北京：中国政法大学出版社,2018
[121] 苏舆撰.春秋繁露义证[M].钟哲点校.北京：中华书局,1992
[122] 孙春在.清末的公羊思想[M].台北：台湾商务印书馆股份有限公司,1985
[123] 孙德鹏.清末君主立宪话语中的宪法概念[D].北京：中国政法大学,2008
[124] 孙宏云.清季梁启超的国家论及其相关理论背景[C]//近代思想史研究(第10辑).北京：社会科学文献出版社,2013：95-113
[125] 孙希旦撰.礼记集解[M].沈啸寰,王星贤点校.北京：中华书局,1989
[126] 谭安奎.公共理性与民主理想[M].北京：生活·读书·新知三联书店,2016
[127] 汤志钧.戊戌变法史(修订本)[M].上海：上海社会科学院出版社,2003
[128] 汤志钧.梁启超其人其书[M].北京：中国人民大学出版社,2011
[129] 汤志钧编.康有为政论集[M].北京：中华书局,1981
[130] 唐文明.敷教在宽：康有为孔教思想申论[M].北京：中国人民大学出版社,2012
[131] 唐文明.共和危机、现代性方案的文化转向与启蒙的激进化[J].古典学研究,

2019(1)
[132] 唐文明.立宪与共和之争中的国家、国族与国民问题[J].中国文化,2018(1)
[133] 唐文明.美德伦理学、儒家传统与现代社会的普遍困境——以陈来"儒学美德论"为中心的讨论[J].文史哲,2020(5)
[134] 唐文明.儒教文明的危机意识与保守主题的展开[J].清华大学学报(哲学社会科学版),2017(4)
[135] 唐文明.现代儒学与人伦的规范性重构——以梁启超的《新民说》为中心[J].云梦学刊,2019(6)
[136] 唐文明.彝伦攸斁——中西古今张力中的儒家思想[M].北京:中国社会科学出版社,2019
[137] 汪晖.现代中国思想的兴起[M].北京:生活·读书·新知三联书店,2008
[138] 汪荣祖.从传统中求变——晚清思想史研究[M].南昌:百花洲文艺出版社,2001
[139] 王宝平.康有为《日本书目志》资料来源考[J].文献,2013(5)
[140] 王飚.传教士文化与中国文学近代化变革的起步[J].汉语言文学研究,2010(1)
[141] 王尔敏.晚清政治思想史论[M].桂林:广西师范大学出版社,2005
[142] 王人博.宪政的中国语境[J].法学研究,2001(2)
[143] 王人博.中国近代宪政思潮研究[D].北京:中国政法大学,2001
[144] 王韬著.弢园文新编[M].李天纲编校.上海:中西书局,2012
[145] 王艳勤.国权与民权调和:梁启超的自由主义民权观[J].求索,2011(10)
[146] 王艳勤.晚清中国民权话语的形成[J].江苏社会科学,2014(6)
[147] 王瑶.梁启超对卢梭思想的容受与推演[J].天津社会科学,2019(5)
[148] 王颖.梁启超公德论的实践困境及现代应对[J].齐鲁学刊,2016(5)
[149] 王中江.进化主义原理、价值及世界秩序观——梁启超精神世界的基本观念[J].浙江学刊,2002(4)
[150] 王中江.进化主义在中国的兴起——一个新的全能式世界观[M].北京:中国人民大学出版社,2010
[151] 王中江.世界秩序中国际法的道德性与权力身影——"万国公法"在晚清中国的正当化及其限制[J].中国儒学,2017
[152] 翁有为.梁启超对专制体制批判之发覆[J].清华大学学报(哲学社会科学版),2020(5)
[153] 吴宁宁.梁启超伦理思想研究[M].北京:首都师范大学出版社,2019
[154] 吴其昌.梁启超传[M].天津:百花文艺出版社,2009
[155] 吴蓉.梁启超的"公德""私德"观[J].西南民族大学学报,2012(12)
[156] 吴天任.梁启超年谱[M].广州:广东人民出版社,2018
[157] 狭间直树编.梁启超·明治日本·西方——日本京都大学人文科学研究所共同研究报告(修订版)[M].北京:社会科学文献出版社,2012
[158] 狭间直树,石川祯浩主编.近代东亚翻译概念的发生与传播[M].袁广泉等译.

北京：社会科学文献出版社,2015
- [159] 狭间直树主讲.东亚近代文明史上的梁启超[M].高莹莹译.上海：上海人民出版社,2016
- [160] 狭间直树著.梁启超：东亚文明史的转换[M].高莹莹译.北京：北京大学出版社,2021
- [161] 夏克尔顿著.孟德斯鸠评传[M].沈永兴,许明龙等译.上海：上海人民出版社,2018
- [162] 夏晓虹.阅读梁启超[M].北京：生活·读书·新知三联书店,2006
- [163] 夏晓虹编.追忆梁启超[M].北京：生活·读书·新知三联书店,2009
- [164] 夏晓虹.梁启超：在政治与学术之间[M].北京：东方出版社,2013
- [165] 项锷.再论同文馆之争[J].深圳大学学报(人文社会科学版),2006(2)
- [166] 肖少启.孟德斯鸠在晚清[M].广州：暨南大学出版社,2019
- [167] 萧高彦.探索政治现代性：从马基维利到严复[M].新北：联经出版事业股份有限公司,2020
- [168] 萧高彦.西方共和主义思想史论[M].北京：商务印书馆,2016
- [169] 萧公权.中国政治思想史[M].北京：中国人民大学出版社,2014
- [170] 小野川秀美著.晚清政治思想研究[M].林明德,黄福庆译.台北：时报文化出版事业有限公司,1982
- [171] 熊月之.论戊戌时期梁启超的民权思想——兼论梁启超与康有为思想的歧异[J].苏州大学学报(哲学社会科学版),1984(3)
- [172] 熊月之.西学东渐与晚清社会(修订版)[M].北京：中国人民大学出版社,2010
- [173] 熊月之.中国近代民主思想史[M].上海：上海社会科学院出版社,2002
- [174] 徐复观.两汉思想史[M].北京：九州出版社,2013
- [175] 许纪霖.在现代性与民族性之间——现代中国的自由民族主义思想[J].思想与文化.2005(0)
- [176] 许纪霖.政治美德与国民共同体——梁启超自由民族主义思想研究[J].天津社会科学.2005(1)
- [177] 许建良."新民"与"实学"的救国模式[J].江淮论坛,2004(6)
- [178] 薛恒,刘宇星.民族进步：梁启超民族主义思想向度探析[J].浙江师范大学学报(社会科学版),2017(5)
- [179] 亚里士多德著.尼各马可伦理学[M].廖申白译著.北京：商务印书馆,2003
- [180] 严复著.严复集[M].王栻主编.北京：中华书局,1986
- [181] 颜德如.梁启超、严复与卢梭社会契约思想[M].长春：吉林人民出版社,2003
- [182] 耶林著.为权利而斗争[M].郑永流译.北京：商务印书馆,2016
- [183] 喻中.梁启超与中国现代法学的兴起[J].政法论坛,2016(4)
- [184] 喻中.梁启超与中国现代法学的兴起[M].北京：中国人民大学出版社,2019
- [185] 喻中.论梁启超对权利义务理论的贡献[J].法商研究,2016(1)
- [186] 喻中.辛亥革命与梁启超单一制国家结构思想的形成[J].中国法学,2011(4)

[187] 曾亦,郭晓东著.春秋公羊学史[M].上海:华东师范大学出版社,2017
[188] 曾亦,黄伟.论儒家的"象贤"说对政治权力过渡的一种阐释——兼论《春秋公羊传》"讥世卿"及儒家对封建制的不同理解[J].复旦学报(社会科学版),2018(4)
[189] 翟奎凤.梁启超《德育鉴》思想新论[J].国际儒学论丛,2019(2)
[190] 张弛.从兴民权到开民智——梁启超的两次湖南之行[J].云梦学刊,2013(6)
[191] 张灏著.梁启超与中国思想的过渡:1890-1907[M].崔志海,葛夫平译.北京:中央编译出版社,2016
[192] 张灏著.转型时代与幽暗意识[M].任锋编校.上海:上海人民出版社,2018
[193] 张佛泉.梁启超国家观念之形成[J].政治学报(台湾),1971(1)
[194] 张宏杰.论梁启超早年的思想突破及其对自由主义与国家主义的调适[D].辽宁:辽宁师范大学,2021
[195] 张鸿,王贞."私学产生于春秋时期"属于重大学术误判[J].江海学刊,2015(6)
[196] 张朋园.梁启超与清季革命[M].上海:上海三联书店,2013
[197] 张淑娟.民族主义与近代中国民族理论[D].北京:中国社会科学院大学,2010
[198] 张兴成.民族国家、民主国家与文明国家——梁启超对现代中国国家形象的构想[J].华文文学,2012(1)
[199] 张勇.梁启超与晚清"今文学"运动:以梁著清学史三种为中心的研究[M].北京:北京大学出版社,2017
[200] 张允起.永久和平的理念与制度:从"万民法"到国际立宪主义[J].北大政治学评论,2018(2)
[201] 张允起.政道溯源[M].北京:商务印书馆,2019
[202] 赵霏.政治自由与社会平等——孟德斯鸠与卢梭的政治法学思想比较[J].法国研究,2006(2)
[203] 郑大华主编.湖南时务学堂研究[M].北京:民主与建设出版社,2015
[204] 郑匡民.梁启超启蒙思想的东学背景[M].上海:上海书店出版社,2009
[205] 郑匡民.西学的中介:清末民初的中日文化交流[M].成都:四川人民出版社,2008
[206] 郑师渠.梁启超的爱国论[J].河北学刊,2005(4)
[207] 郑师渠.梁启超与今文经学[J].中州学刊,1994(4)
[208] 郑师渠.思潮与学派:中国近代思想文化研究[M].北京:北京师范大学出版社,2005
[209] 中国科学院近代史研究所史料编辑室,中央档案馆明清档案部编辑组编.洋务运动[M].上海:上海人民出版社,1961
[210] 朱慧玲.共同体主义、共和主义以及自由主义的区别——桑德尔访谈录[J].伦理学与公共事务,2011(5)
[211] 朱维铮.康有为和朱一新[J].中国文化,1991(5)
[212] 朱熹.四书章句集注[M].北京:中华书局,2012
[213] 庄泽晞.梁启超的革命论及其转变(1987—1903)[J].近代中国,2017(0)

[214] 庄泽晞.梁启超对《民约论》的接触、认知及所受影响[J].中西法律传统,2017(1)
[215] 庄泽晞."民权兴则国权立":梁启超称颂《民约论》本意考[J].中山大学学报(社会科学版),2021(5)
[216] 佐藤慎一著.近代中国的知识分子与文明[M].刘岳兵译.南京:江苏人民出版社,2006
[217] Montesquieu,The Spirit of the Laws,Cambridge:Cambridge University Press,1989
[218] Huang P C,Liang Ch'i-ch'ao and Modern Chinese Liberalism,Washington:University of Washington Press,1972

致　　谢

　　随着博士论文的写作进入尾声，读博的生活也进入了最后阶段，虽然未来还有很多不确定的因素，但读博这段经历，特别是博士论文写作所带来的磨砺，足以让心安定下来。

　　在博士论文的最后，最想感谢的是导师，感谢导师让我成为他的学生。感谢导师给出的每一份论文修改意见，不只是围绕博士论文，还包括发表的文章及课堂的习作。感谢导师在每一次面对面的交流中给予的指导，不只限于读书与思考，还包括处事与生活。从老师身上能够感受到对于学术研究的信念感与力量感，同时也能够感受到对于生活的平和感与踏实感。感谢老师给予的所有支持与帮助，能够成为老师的学生，是幸运的。要一并感谢人文学院哲学系中国哲学方向的老师们，感谢老师们在平时学习生活中所给予的指导与帮助，感谢老师们在博士论文培养环节中所提出的意见与建议。

　　其次，要感谢师门的同学，师门的同学组成一个学术的共同体，一起交流学习，一起进步蜕变，同时也形成一个温暖的小家庭，相互鼓励，相互支撑。感谢师门同学在读书会与论文讨论会中触发的思考，也感谢师门同学平日里随时分享的书籍与文献材料。师门的同学既是学习上的伙伴也是生活中的挚友。读博期间最快乐的时光大多和师门的同学在一起。

　　再者，要感谢父母家人及昔日的同学。父母和家人尽己所能地为我提供最好的学习条件，默默支持我做出的每一个决定，尽管有些决定不符合他们最初的期待，但他们最终还是选择全力支持，支持我按照内心的想法继续前行。硕士期间的同学对我的博士论文也提出了建议并提供了帮助，从硕士到博士，这份持续的来自昔日同学的建议与帮助弥足珍贵。

　　此外，要感谢本专业与我论文相关领域的前辈学者，前辈学者的研究积累了丰富的研究成果，在论文写作过程中不管遇到什么问题都可以找到相应的梳理。这让我慢慢放下恐惧，因为相信，自己所遇到的困难总可以找到解决的办法。前辈学者的研究成果构成一种潜在的陪伴，以另一种方式驱散黑暗。

  最后,还要感谢清华大学,清华的整体氛围对我产生很大影响,改变着我的性格。感谢清华带给我的变化,让我在读博期间收获成长。感谢在清华读博的这段时间,感谢在清华遇到的老师与同学,感谢整个在清华读书学习的经历,这里的一切留给我沉甸甸的记忆。